高等院校国际经济与贸易专业系列教材

海关与报关实务

第2版

主　编　翟士军
参　编　王　平　闫瑞军　毛海涛

U0367013

机械工业出版社

随着关检融合、通关一体化、单一窗口、自贸区建设等改革措施的不断推进和深化，我国进出境通关的时间和效率均有所提高。2018年，我国进口、出口整体通关时间分别比2017年压缩了56.36%和61.19%，改革红利进一步彰显，对我国外贸发展起到了积极作用。同时，上述政策对外贸管制、海关监管、报关内容、报关程序等进行了较大幅度的调整，因此掌握最新的通关管理措施是企业顺利开展进出口贸易的必要条件。另外，跨境电商、海外代购等新业态的出现，也对海关监管提出了更高的要求。

本书正是在这个背景下修订的。本书调整了部分章节顺序，并增加了海关检验检疫章节，删除了已经不适用、失效的内容。本书整理了海关现代化改革的有关资料，重点介绍了关检融合、海关信息化建设、国际贸易"单一窗口"、通关无纸化改革、海关国际合作，适应了海关发展方向。

本书可作为高校国际经济与贸易专业或其他相关专业的教学用书，也可供社会读者参考。

图书在版编目（CIP）数据

海关与报关实务/翟士军主编. —2版. —北京：机械工业出版社，2020.7
（2025.2重印）

高等院校国际经济与贸易专业系列教材

ISBN 978-7-111-65543-5

Ⅰ.①海…　Ⅱ.①翟…　Ⅲ.①海关-业务-中国-高等学校-教材②进出口贸易-海关手续-中国-高等学校-教材　Ⅳ.①F752.5

中国版本图书馆CIP数据核字（2020）第075409号

机械工业出版社（北京市百万庄大街22号　邮政编码100037）
策划编辑：常爱艳　责任编辑：常爱艳　於　薇　商红云
责任校对：李亚娟　封面设计：鞠　杨
责任印制：常天培
北京机工印刷厂有限公司印刷
2025年2月第2版第6次印刷
184mm×260mm·20.75印张·515千字
标准书号：ISBN 978-7-111-65543-5
定价：55.00元

电话服务　　　　　　　网络服务
客服电话：010-88361066　机　工　官　网：www.cmpbook.com
　　　　　010-88379833　机　工　官　博：weibo.com/cmp1952
　　　　　010-68326294　金　书　网：www.golden-book.com
封底无防伪标均为盗版　机工教育服务网：www.cmpedu.com

前　言

据海关统计，2018 年，我国外贸进出口总值 4.62 万亿美元，与 2017 年相比，增长 12.6%。其中，出口 2.48 万亿美元，增长 9.9%；进口 2.14 万亿美元，增长 15.8%；贸易顺差 3517.6 亿美元，收窄 16.2%。我国外贸继续保持较高速度的增长，这一方面是因为我国持续积极开拓海外市场，"一带一路"沿线国家外贸增速明显加快；另一方面也是我国全面深化改革、进一步优化营商环境的结果。

本书正是在这个背景下修订的。本书调整了部分章节顺序，增加了海关检验检疫、全国通关一体化、跨境电商进出口商品报关程序、行邮税征收等内容，整理了海关现代化改革的有关内容，介绍了关检融合、海关信息化建设、国际贸易"单一窗口"、通关无纸化改革等内容，删除了已经不适用、失效的内容，适应了海关发展方向。

基于上述理由，编者对本书进行了以下几处修订，以期能够更好地服务教学工作。

（1）调整部分章节顺序，并增加了海关检验检疫章节。本书仍然分为基础篇、操作篇、技能篇、制度篇和境外海关篇，保持了本书的一贯性。

（2）根据国家最新政策，将本书中已经不适用、失效的内容进行了删除，对已经修改的措施进行了调整，使之更具有时效性。

（3）本书整理了海关现代化改革的有关资料，重点介绍了关检融合、海关信息化建设、国际贸易"单一窗口"、通关无纸化改革、海关国际合作，适应了海关发展方向。

（4）本书章节都增加了教学案例，丰富了学习内容，与理论教学相得益彰，既提高了读者的学习兴趣，也能够从案例中得到一定的启示。

本书分为 5 篇，共 13 章，由翟士军担任主编，承担统稿和定稿工作，其中河南科技学院翟士军编写第一、二、三、四章；河南理工大学高等职业学院王平编写第五、六、七章；山西理工大学阳泉学院闫瑞军编写第八、九、十章；中南财经政法大学毛海涛编写第十一、十二、十三章。本书是在编者辛苦劳动的基础上形成的，凝聚了各位编者从事外贸教学和工作实践的心血。另外，在本书编写过程中，我们参考、借鉴了国内外众多学者的研究成果，在此一道表示衷心的感谢。

本书可作为普通高等学校国际经济与贸易专业、国际商务专业、物流管理专业以及其他经济管理类专业的本、专科教材，也可作为从事外贸工作人员的自学用书。

我们为选择本书作为授课教材的老师免费提供教学电子课件（PPT）、教学大纲及课后习题答案，请联系责任编辑索取：changay@126.com。

由于编者水平有限，书中难免有不足和疏忽之处，敬请广大读者批评指正。

编　者

目　　录

第四篇 境 外 海 关

第一篇

基础篇

海关是国家发展的产物，有了国家之后才会有国与国之间的经济交流，国家为维护主权、保护利益，就通过设立海关来进行外贸管制。本章主要阐述海关的基本内容，以及中国海关的性质、职能、权力和组织机构，并对我国海关的现代化建设进行介绍。

第一节 海关概述

海关是依据本国（或地区）的法律、行政法规行使进出口监督管理职权的国家行政机关。海关要依照本国《海关法》和其他有关法律、行政法规，监管进出关境的运输工具、货物、行李物品、邮递物品和其他物品，征收关税和其他税、费，查缉走私，并编制海关统计和办理其他海关业务。

一、海关的产生和发展

海关的产生根源于国家的产生，它是国家发展的产物。有了国家之后才会有国与国之间的交往，才会有国与国之间的经济往来以及国与国之间的贸易关系。在这个基础上，国家为了维护自己的主权，同时也是为了维护自己的利益，才设立海关，对出入境的货物和人员进行监督管理。

海关（Customs）一词，最早是指商人贩运商途中缴纳的一种地方税捐，带有"买路钱"或港口、市场"通过费""使用费"的性质。这种地方税捐取消后，Customs 一词则专指政府征收的进出口税，the Customs 是征收进出口税的政府机构，即海关，是对出入国境的一切商品和物品进行监督、检查并照章征收关税的国家机关。

最早的外国海关机构出现在公元前 5 世纪中叶的古希腊城邦雅典。11 世纪以后，威尼斯共和国成立以"海关"命名的机构，即威尼斯海关。在漫长的封建社会，各国除继续在沿海、沿边设置海关外，在内地水陆交通要道也设置了许多关卡。资本主义发展前期（17—18 世纪），海关执行保护关税政策，重视关税的征收，并建立了一套周密烦琐的管理、征税制度。19 世纪，为发展对外贸易，欧洲各国先后撤除内地关卡，废止内地关税，并且基本停止了出口税的征收。

海关历史悠久的发达国家有法国、英国、荷兰、意大利、德国、日本和美国等。而发展中国家大部分布于亚洲、非洲和拉丁美洲，这些国家曾经长期遭受殖民者的侵略和剥削，经济比较落后，因此这些国家的海关承担着建立现代海关制度，规范进出口程序以及与发达国家一起构建国际贸易新格局的重任。

我国海关历史悠久，早在西周和春秋战国时期，古籍中就已有关于"关和关市之征"的记载。秦汉时期进入统一的封建社会，对外贸易发展，西汉元鼎六年（公元前 111 年）在合浦等地设关。宋、元、明时期，先后在广州、泉州等地设立市舶司。清政府宣布开放海禁后，于康熙二十三至二十四年（1684—1685），首次以"海关"命名，先后设置粤（广州）、闽（福州）、浙（宁波）、江（上海）四海关。1840年鸦片战争后，我国逐渐丧失关税自主权、海关行政管理权和税款收支保管权，海关沦为半殖民地性质，长期被帝国主义国家控制把持，成为西方列强掠夺中国的一个重要工具。直至1949年中华人民共和国建立以后，人民政府接管海关，宣告受帝国主义控制的半殖民地海关历史结束，标志着社会主义性质海关的诞生。中华人民共和国政府对原海关机构和业务进行彻底变革，经历了曲折的发展过程，逐步完善海关建制。现在，中华人民共和国海关是国家的进出关境监督管理机关。

二、海关的性质

在不同的历史时期，不同的国家，尽管海关的具体组织形式有所不同，或者有些任务也不同，但是海关的基本性质是有共同之处的，也就是海关是由于国家的需要而设立的。

（一）海关是国家行政机关

海关是国家行政机关之一，从属于国家行政管理体制，一般是本国最高国家行政机关的直属机构，对内对外代表着国家依法独立行使行政管理权。如我国海关隶属于国务院，代表我国从事进出关境监督管理职能；但是也有些国家的海关隶属于其他国家行政机关，如美国海关隶属于美国国土安全部，负责边境执法与案件调查；日本海关总部为日本海关及关税局，隶属于财政部。另外，欧盟海关隶属于欧洲委员会，下辖欧盟各成员国的海关当局。

（二）海关是国家进出关境监督管理机关

海关履行国家行政制度的监督职能，是国家宏观管理的一个重要组成部分。海关实施监督管理的范围是进出关境及与之有关的活动，监督管理的对象是所有进出关境的运输工具、货物、物品。

关境是指适用于同一海关法或实行同一关税制度的领域。关境同国境一样，包括其领域内的领水、领陆和领空，是一个立体的概念。

关境与国境有着密切的关系：在一般情况下，关境的范围等于国境。但关境也可能大于国境。如关税同盟的成员国之间货物进出国境不征收关税，只对来自和运往非同盟国的货物在进出共同关境时征收关税，因而对于每个成员国来说，其关境大于国境，如欧盟。关境还可能小于国境。若在国内设立自由港、自由贸易区等特定区域，因进出这些特定区域的货物都是免税的，因而该国的关境小于国境。我国的关境范围是除享有单独关境地位的地区以外的中华人民共和国的全部领域，包括领水、领陆和领空。目前，我国的单独关境有香港、澳门和台、澎、金、马单独关税区。在单独关境内，各自实行单独的海关制度。因此，我国的关境小于国境。

（三）海关的监督管理是国家行政执法活动

海关依据法律赋予的权力，对特定范围内的社会经济活动进行监督管理，并对违法行为依法实施行政处罚，以保证这些社会经济活动按照国家的法律规范进行。因此，海关的监督管理是保证国家有关法律、法规实施的行政执法活动。

三、海关在国际贸易中的地位和作用

（一）海关的管理是国际贸易中必不可少的环节之一

为维护本国利益，国家会对本国的国际贸易进行管理，主要包括对外贸经营秩序的管理、对货物进出关境的海关管理、对进出口商品检验检疫的管理、外汇的管理等。其中,海关管理是一国开展对外贸易必不可少的一环,国家通过海关对货物、技术、服务、物品、运输工具进行进出关境的监管,能够自由进出口的,可以自由进出口;如果是限制进出口的,则要根据有关法律法规进行限制;如果是禁止进出口的,则要禁止其进口或出口。

(二) 海关税收是国家财政收入的重要组成

海关作为国家的进出关境监督管理机关,征收关税是其重要职能和任务之一,依据国家有关关税征收的立法,具体实施对进出口货物的征税。海关征收关税、进口环节税等,不仅可以有效调节不同货物的进出口数额,而且对国家财政收入至关重要。

(三) 海关对国际贸易的其他监管措施提供有力支持

国家对本国国际贸易进行管理的各项措施,需要海关在进出关境环节进行把关,如外汇管理,外汇核销想要完成,需要海关放行货物,打印报关单后才能办理核销手续;又如出口退税,由海关总署向国家税务总局传输出口报关单结关信息电子数据后,才能办理出口退税。从这种意义上说,海关管理构成了对进出口贸易各个环节管理的再管理。

另外,海关还可以通过查缉走私对其他监管措施进行有力支持。查缉走私是对违反对外贸易管理各项措施的违法行为的抑制,没有海关的进出关境管理,国际贸易的其他措施就如同虚设。

(四) 促进企业提高外贸管理水平

进出口经营活动的企业从事进出口货物的通关活动,需要向海关办理报关登记手续;在实际进出口货物时,应当遵守海关有关货物通关的管理规定,依法办理货物通关手续;除了通关环节对进出口企业的管理外,为了保证通关活动的合法性,在法定期限内,海关还需要对有关企业进行相应的后续管理或稽查管理,这些管理措施都会提高企业的外贸管理水平。另外,海关还通过企业信用管理、企业资质管理来促进企业提高自身的外贸管理水平,进而为企业进出口提供便利条件。

(五) 促进国际投资健康进行

一般国家的海关都会对国际投资进行管理,其对国际投资管理主要体现在加工贸易管理和对外商投资企业的管理等方面。由于加工贸易的开展离不开海关对加工贸易采取的保税措施,因此没有海关对加工贸易的有效管理,加工贸易就不可能健康发展。从吸引外商投资的目的出发,一国也会对外资企业的进出口货物或设备等实行特殊的政策,海关对外资企业的管理,是保证国家对外资企业投资鼓励政策落实的关键。

第二节 中国海关

中华人民共和国海关是国家进出关境监督管理机关,实行垂直领导体制,其基本任务是进出境监管、征收关税和其他税费、查缉走私、编制海关统计,并承担口岸管理、保税监管、海关稽查、知识产权海关保护、国际海关合作等职责。以下章节,如果没有特别标明,海关即指中华人民共和国海关,报关即指向中华人民共和国海关进行报关。

一、中国海关的性质

《中华人民共和国海关法》以立法的形式明确表述了中国海关的性质与任务,其中第2

条规定："中华人民共和国海关是国家的进出关境监督管理机关。海关依照本法和其他有关法律、行政法规，监管进出关境的运输工具、货物、行李物品、邮递物品和其他物品，征收关税和其他税、费，查缉走私，并编制海关统计和办理其他海关业务。"

我国海关执法的依据是《中华人民共和国海关法》（简称《海关法》）、《中华人民共和国进出口商品检验法》（简称《商检法》）、《中华人民共和国进出境动植物检疫法》（简称《动植物检疫法》）、《中华人民共和国国境卫生检疫法》（简称《国境卫生检疫法》）、《中华人民共和国食品安全法》（简称《食品安全法》）和其他有关法律、行政法规。

《海关法》是管理海关事务的基本法律规范，关检融合后，《商检法》《动植物检疫法》《国境卫生检疫法》《食品安全法》也成为管理海关事务的基本法律规范。

其他有关法律是指由全国人民代表大会或者全国人民代表大会常务委员会制定的与海关监督管理相关的法律规范，主要包括《中华人民共和国宪法》；基本法律如《中华人民共和国刑法》《中华人民共和国刑事诉讼法》《中华人民共和国行政诉讼法》《中华人民共和国行政复议法》《中华人民共和国行政处罚法》《中华人民共和国行政许可法》等；以及其他行政管理法律，如《中华人民共和国对外贸易法》《中华人民共和国固体废物污染环境防治法》等。

其他有关行政法规是指由国务院制定的法律规范，包括专门适用于海关执法活动的行政法规以及其他与海关管理相关的行政法规。省、自治区、直辖市人民代表大会和人民政府不得制定海关法律规范，其制定的地方法规、地方规章也不是海关执法的依据。

二、中国海关的职能

《海关法》规定海关有四项基本职能，即监管进出关境的运输工具、货物、行李物品、邮递物品和其他物品；征收关税和其他税费；查缉走私；编制海关统计。2018 年 4 月，按照《深化党和国家机构改革方案》，出入境检验检疫管理职责和部门归入海关（即前文提到的"关检融合"）。由此，海关在传统职能基础上，又新增了检验检疫职能。

（一）进出境监管

海关依照《海关法》规定，对进出关境运输工具、货物、行李物品、邮递物品和其他物品进行监管。2016 年，我国海关全面推进无纸化通关，全年监管进出口货运量 39.78 亿 t，监管运输工具 3381.9 万辆（架、艘）；强化行邮快件监管，支持跨境电商、市场采购、外贸综合服务企业等发展，加强通关监管环节反恐维稳工作，稳步推进全国通关一体化改革落地生根。

（二）征收税费

海关税收是我国财政收入的重要来源，也是政府实施宏观调控的重要工具。根据法律规定，我国海关除担负征收关税的任务外，还负责对进口货物征收进口环节增值税和消费税。2016 年，关税税收净入库 15 388.14 亿元，较上年增长 1.95%。我国海关稳步推进税收征管方式改革，"一次申报、分步处置"改革试点范围已覆盖全国。海关税收发挥了财政和经济调节作用，促进了转型升级，也为加大民生投入等发挥了应有的作用。

（三）查缉走私

我国海关法律规定："国家实行联合缉私、统一处理、综合治理的缉私体制。海关负责组织、协调、管理查缉走私工作。"这一规定从法律上明确了海关打击走私的主导地位以及与有关部门的执法协调。为了严厉打击走私犯罪活动，我国组建了专司打击走私犯罪的海关缉私警察队伍，负责对走私犯罪案件的侦查、拘留、执行逮捕和预审工作。根据我国的缉私体制，除了海关以外，公安、工商、税务、烟草专卖等部门也有查缉走私的权力，但这些部门查获的走私案件，必须按照法律规定统一处理。各有关行政部门查获的走私案件，应当给予行政处罚的，移送海关依法处理；涉嫌犯罪的，应当移送海关侦查走私犯罪公安机构、地方公安机关，依据案件管辖分工和法定程序办理。

2016 年，我国海关积极开展"国门利剑 2016"联合专项行动，围绕重点领域、重点渠道、重点商品，全面加大打击力度，全年侦办走私犯罪案件 2633 起，案值 529.3 亿元，特别是查证走私大米 36.6 万 t，缴获各类毒品 4.9t，从 25 个国家和地区抓获外逃走私犯罪嫌疑人 76 名。

（四）海关统计

海关统计制度规定，对于凡能引起中国境内物质资源储备增加或减少的进出口货物，均列入海关统计。对于部分不列入海关统计的货物和物品，则根据中国对外贸易管理和海关管理的需要，实施单项统计。1992 年 1 月 1 日，海关总署以国际通用的《商品名称及编码协调制度》为基础，编制了《中华人民共和国海关统计商品目录》，把税则与统计目录的归类编码统一起来，规范了进出口商品的命名和归类，使海关统计进一步向国际惯例靠拢，适应了我国对外开放和建立社会主义市场经济体制的需要。如据海关统计，2018 年，我国货物贸易进出口总值人民币 30.51 万亿元，比 2017 年（下同）增长了 9.7%。其中，出口 16.42 万亿元，增长 7.1%；进口 14.09 万亿元，增长 12.9%；贸易顺差 2.33 万亿元，收窄 18.3%。

（五）检验检疫

对进出口货物实施检验检疫，是国家赋予海关对进出口货物监管的一项重要职能，是国际贸易活动的重要组成部分。它是依据我国相关法律法规和标准，以及我国政府所缔结或参加的国际条约、协定，运用强制性手段和科学技术方法，对进出口货物实施检验检疫的监管措施。

检验主要是对《法检目录》及法律法规规定的商品实施包括安全、卫生、健康、环境保护、防止欺诈等要求，以及相关的品质、数量、重量、包装鉴定、残损鉴定等的合格评定，维护进出口商品的质量安全和贸易公平。检疫主要负责进出口动植物及其产品和食品的疫情疫病检测，预防或阻断疫情疫病的发生及在地区间的传播，维护人和动物的生命健康安全、生态安全。

检验检疫职能包括进出口商品检验、进出境动植物检疫、进出口食品安全监督管理、国境卫生检疫等内容。

（六）其他海关职能

除上述海关职能外，近年来，国家通过有关法律、行政法规还赋予了海关一些新的职能，比如口岸管理、保税监管、海关稽查、知识产权海关保护、国际海关合作等。

中国海关总署作为国务院口岸工作主管部门，按照党中央、国务院关于口岸"大通关"建设的总体要求，积极发挥口岸管理职能作用，加强口岸综合治理，科学规划口岸布局，倡导和推动国际贸易"单一窗口"建设。2016 年，国际贸易"单一窗口"在沿海口岸全部建成启用，基本实现了口岸大通关核心环节信息共享。

加工贸易和保税监管是我国海关的一项重要职责。改革开放 30 多年来，随着国际产业转移和生产分工的逐步深化，加工贸易始终是我国开放型经济的重要组成部分。海关不断适应物流配送、金融租赁和检测维修等生产性服务业从制造业中分离和进行衍生的态势，完善保税监管措施，促进了加工贸易产业链条延伸，形成了具有中国海关特色，集保税加工、保税物流、保税服务多种形态于一体的保税监管制度。2016 年，我国海关积极推进加工贸易行政审批制度改革，联合商务部取消了加工贸易业务审批和加工贸易内销审批，简化内销征税模式，试点单耗自核；调整加工贸易禁止类目录，淘汰"两高一资"落后产能；支持战略性新兴产业的发展；新设海关特殊监管区域和保税监管场所向中西部倾斜。

海关稽查涉及企业稽查、风险管理和企业管理三块业务。企业稽查是指中国海关依法依规对与进出口货物直接有关的企业、单位进行核查，监督其进出口活动的真实性和合法性。风险管理是指中国海关系统地实施一整套管理体系和制度，通过各层级、部门、环节的分工负责、协调运作，识别、分析、评估、处置和监控海关可能面临的各种风险，改善海关管理的效益和效率。企业管理是指中国海关基于对进出口货物的监管，对与此相关的当事人或其代理人的进出口活动及其有关活动和内部管理控制是否符合海关法律法规的规定而实施的行政管理，主要包括企业资格管理、企业信用管理、AEO 国际互认合作等，其核心是企业信用管理。2016 年，海关推动出台了《中华人民共和国海关稽查条例》，全年完成稽查作业 8409 起，查发问题作业 4512 起，稽查追补税款 56.85 亿元，同比增长 10.94%，创历史新高。

知识产权海关保护也称知识产权的边境保护，1994 年 9 月，我国开始对知识产权实施边境保护，目前，我国海关已经建立起一套包括报关单证审核、进出口货物检验、对侵权货物的扣留和调查、对违法进出口当事人进行处罚以及对侵权货物进行处置等环节在内的完善的知识产权执法制度。2016 年，知识产权海关保护"清风行动"取得积极进展，全年共扣留侵权货物 1.7 万余批，扣留侵权商品 3 600 余万件，案值人民币 2.2 亿元，知识产权海关备案申请量同比增长 59.3%。

随着中国对外经贸关系的不断深化发展，海关的新职责和新任务还会不断增加。

三、海关的权力

海关权力，是指国家为保证海关依法履行职责，通过法律、行政法规赋予海关的对进出关境运输工具、货物、物品的监督管理权能。海关权力属于公共行政职权，其行使受一定范围和条件的限制，并应当接受执法监督。

（一）海关权力的特点

海关权力作为一种行政权力，除了具有一般行政权力的单方性、强制性、无偿性等基本特征外，还具有以下特点：

1. 特定性

由于海关是国家的进出关境监督管理机关，因此享有对进出关境活动进行监督管理的行政主体资格，具有进出关境监督管理权。其他任何机关、团体、个人都不具备行使海关权力的资格，并且不拥有这种权力。

2. 独立性

海关权力是国家权力的一种，为了确保海关实现国家权能的作用，必须保证海关拥有自身组织系统上的独立性和依法行使职权的独立性。因此，海关行使职权只对法律和上级海关负责，而不受地方政府以及其他机关、企事业单位或个人的干预。

3. 效力先定性

海关权力的效力先定性表现在海关行政行为一经做出，就应推定其符合法律规定，对海关本身和海关管理相对人都具有约束力。在没有被国家有关机关宣布为违法和无效之前，即使管理相对人认为海关行政行为侵犯其合法权益，也必须遵守和服从。

（二）海关权力的内容

根据《海关法》及有关法律、行政法规的规定，海关权力主要有行政审批权、税费征收权、行政检查权、行政强制权、行政处罚权、其他权力等。

1. 行政审批权

行政审批权包括对企业报关权以及从事海关监管货物的仓储、转关运输货物的境内运输、保税货物的加工、装配等业务的审批和对报关员的报关从业许可等权力。

2. 税费征收权

税费征收权是我国海关代表国家征收进出口关税、进口增值税、进口消费税和船舶吨税的权力；另外还可以征收反倾销税、反补贴税等；而且海关对偷逃漏税具有依法补征、追征的权力。

3. 行政检查权

行政检查权是海关履行其行使行政监督管理职能的基本权力。主要包括：

（1）检查权。

海关有权检查进出关境运输工具，有走私嫌疑的运输工具和有藏匿走私货物、物品嫌疑的场所，以及走私嫌疑人的身体。

海关对进出关境运输工具的检查不受海关监管区域的限制；对走私嫌疑人身体的检查应在海关监管区和海关附近沿海沿边规定的地区内进行，并应得到海关关长的批准；对于有走私嫌疑的运输工具和有藏匿走私货物、物品嫌疑的场所，在海关监管区和海关附近沿海沿边规定的地区内，海关人员可直接进行检查，超过这个范围的，在调查走私案件时，应经海关关长批准后才能进行检查，但不能检查公民住宅。

海关监管区，是指设立海关的港口、车站、机场、国界孔道、国际邮件互换局（交换站）和其他有海关监管业务的场所；以及虽未设立海关，但是经国务院批准的进出境地点。

海关附近沿海沿边规定地区的范围，由海关总署和公安部门会同有关省级人民政府确定。

（2）查验权。

查验权是指对进出口货物、物品，海关有查验权。

（3）提取货样、施加封志权。

根据《海关法》规定，海关认为必要时可以提取货样；海关对未办结海关手续、处于海关监管状态的运输工具、货物、物品有权施加封志，任何人不得擅自损毁封志和擅自提取、转移、动用在封的货物、物品和运输工具。

（4）查阅、复制权。

包括查阅进出境人员的证件，查阅复制与进出境运输工具、货物、物品有关的合同、发票、账册、单据、记录、文件、业务函电、录音录像制品和其他有关资料。

（5）查问权。

海关根据法律、行政法规的规定，对违反海关规定的当事人进行查问，调查其违法行为。

（6）查询权。

海关在调查走私违法案件时，经海关关长批准，可以查询当事人在金融机构、邮政企业的存款、汇款。

（7）稽查权。

海关根据《海关法》《稽查条例》的有关规定，自进出口货物放行之日起 3 年内或者保税货物、特定减免税货物的海关监管年限内，及海关监管年限期满的次日起 3 年内，对有关企业进行稽查。

4. 行政强制权

（1）扣留权。

海关对违反《海关法》或者其他有关法律、行政法规的进出境运输工具、货物、物品以及有关的合同、发票、账册、单据、记录、文件、业务函电、录音录像制品和其他有关资料，可以依法扣留。

在海关监管区和海关附近沿海沿边规定的地区，对有走私嫌疑的运输工具、货物、物品和走私嫌疑人，经海关关长批准，可以扣留；对走私犯罪嫌疑人扣留时间不得超过 24 小时，在特殊情况下可以延长至 48 小时。

在海关监管区和海关附近沿海沿边规定的地区以外，对其中有证据证明有走私嫌疑的运输工具、货物和物品，可以扣留。

南通海关查获涉嫌侵权毛毯 2830 条、童装 1143 件

2019 年 9 月 23 日，南通海关依法扣留涉嫌侵犯"DISNEY""LOUIS VUITTON""CHANEL""BURBERRY"商标权以及小猪佩奇美术作品形象的毛毯 2830 条，涉嫌侵犯"ADIDAS 三叶草（图形）""Champion 及图形""飞人乔丹图形""Minnie Mouse device""FILA""GUCCI"商标权的儿童外套 1143 件。

近日，南通海关连续查获两票出口涉嫌侵权的货物。在对一票申报出口的毛毯货物进行查验时，发现 2400 条使用了"Mickey Mouse device""DISNEY"标识，290 条毛毯使用了"LOUIS VUITTON"图形标识，90 条使用了"CHANEL"图形标识，30 条使用了"Burberry 骑士图形商标""BURBERRY"标识，20 条使用了"Peppa Pig, George Pig, Daddy Pig, Mommy Pig"美术作品形象；在对另一票出口的儿童外套货物进行查验时，发现 378 件使用了"ADIDAS 三叶草（图形）""ADIDAS"标识，239 件使用了"Champion（图形）""C（图形）"标识，236 件使用了"飞人乔丹（图形）"标识，152 件使用了"Minnie Mouse device"标识，137 件使用了"FILA"标识，1 件使用了"GUCCI""GUCCI（图形）"标识。经联系相关商标权利人、著作权人确认，以上毛毯及儿童外套货物未经授权，侵犯了权利人在海关总署备案的商标专用权及著作权。

根据权利人申请，南通海关依法对上述涉嫌侵权的毛毯和儿童外套进行扣留处置。目前，案件正在进一步侦办中。

资料来源：中国海关网站

（2）滞报金、滞纳金征收权。

海关对超过规定时限向海关申报的货物，征收滞报金；对逾期缴纳进出口税费的纳税人，征收滞纳金。

（3）提取货物变卖、先行变卖权。

进口货物自进入关境之日起超过 3 个月未向海关申报的，海关可以提取依法变卖；进口

货物收货人或其所有人声明放弃的货物、物品，海关有权提取依法变卖；海关依法扣留的货物、物品不宜长期保存的，经海关关长批准，可以先行变卖。

（4）强制扣缴和变卖抵缴税款权。

海关对超过规定期限未缴纳税款的纳税人或其担保人，经海关关长批准，可以书面通知其开户银行或者其他金融机构在其存款内扣缴税款；或者将应税货物依法变卖，以变卖所得抵缴税款；或者扣留并依法变卖其价值相当于应缴纳税款的货物或其他财产，以变卖所得抵缴税款。

（5）海关有权采取税收保全措施。

税收保全措施是指海关在征税以前依法采取的保证税款依法征收和及时入库的措施。海关责令纳税义务人提供纳税担保，而纳税义务人不能提供担保的，经海关关长批准，海关可以采取下列税收保全措施：书面通知纳税义务人的开户银行或其他金融机构暂停支付纳税义务人相当于税款的存款；或者扣留纳税义务人价值相当于应纳税款的货物或其他财产。

（6）抵缴、变价抵缴罚款权。

逾期不履行处罚决定而又不申请复议或提起诉讼时，可采用保证金抵缴、变价被扣货物、物品或运输工具抵缴的方式。

（7）其他特殊行政强制。

海关对以下情况可以具有处罚担保：有走私嫌疑但无法或不便扣留的；有走私嫌疑但申请先予放行或解除扣留的。

海关对以下情况可以具有税收担保：纳税人规定期限内有藏匿应税货物或其他财产嫌疑的；被批准暂准进出境、保税的。

海关对以下情况可以具有其他海关事务担保：商品归类、估价、提供有效单证、办结其他海关手续前，要求先行放行。

5. 行政处罚权

海关对尚未构成走私罪的走私行为以及尚未构成走私的违反海关法规的行为，有权按照《海关法》《海关行政处罚实施条例》及有关的海关规章进行处罚。

6. 其他权力

除上述权力以外，海关还有佩戴和使用武器权，海关工作人员佩带和使用武器的规则由海关总署会同公安部门制定，报国务院批准；进出关境运输工具或者个人违抗海关监管逃逸的，海关有连续追缉权；对知识产权实施边境海关保护权；海关缉私局还有对走私案件的调查权、侦查权以及对走私罪嫌疑人的逮捕权和预审权等。

（三）海关行使权力的基本原则

1. 合法原则

海关是行政执法国家机关，海关行政执法首先应遵循的基本原则是合法的原则，也就是依法行政原则。

2. 适当原则

适当原则是指海关在行政执法过程中对进出口货物在验、放、征、减、免及对违反海关法规行为的处罚尺度上有较大的自由裁量权，所以海关在依法行政原则下，应当根据具体情况采取最合适的行为方式及内容行使职权。

3. 依法独立行使原则

依法独立行使原则是指海关实行高度集中统一管理体制和垂直领导方式。一般由海关总署领导全国各地海关，代表国家依法独立行使职权，全国各地的海关对海关总署负责，各地方、各部门应当支持海关依法行使权力，不得非法干预海关的执法活动。

4. 依法受到保障原则

各地方、各部门应当支持海关依法行使职权，不得非法干预海关的执法活动。海关依法履行职责，有关单位和个人应当如实回答询问，并予以配合，任何单位和个人不得阻挠。海关执行职务受到暴力抗拒时，执行有关任务的公安机关和人民武装警察部队应当予以协助。

（四）海关权力的监督

海关权力的监督即海关执法监督，是指特定的监督主体依法对海关行政机关及其执法人员的行政执法活动实施的监察、检查、督促等，以此确保海关权力在法定范围内运行。海关履行职责时必须遵守法律，依照法定职权和法定程序严格执法，接受监督，这是海关的一项法定义务。

海关执法监督主要是指国家最高权力机关的监督、国家最高行政机关的监督、监察机关的监督、审计机关的监督、司法机关的监督、管理相对人的监督、社会监督，以及海关上下级机构之间的相互监督、机关内部不同部门之间的相互监督、工作人员之间的相互监督等。

四、中国海关的管理体制与机构

（一）海关的领导体制

国务院设立海关总署，海关总署是国务院直属部门，统一管理全国海关；海关依法独立行使职权，向海关总署负责；海关的隶属关系不受行政区划的限制。海关集中统一的领导体制既适应了国家改革开放、社会主义现代化建设的需要，又适应了海关自身建设与发展的需要，有力地保证了海关各项监督管理职能的发挥。

（二）海关的设关原则

国家在对外开放的口岸和海关监管业务集中的地点设立海关，海关的隶属关系不受行政区划的限制。

1. 对外开放的口岸

对外开放的口岸是指由国家批准，运输工具及所载人员、货物、物品直接出入国（关）境的港口、机场、车站，以及允许运输工具、人员、货物、物品出入国（关）境的边境通道。国家规定，对外开放的口岸应根据需要设立边防检查、海关、港务监督等机构。

按开放程度，口岸分为一类口岸和二类口岸。其中，一类口岸是指由国务院审批，中国籍和外国籍人员、货物、物品和交通工具都可以直接出入国（关、边）境的海、河、陆、空客/货口岸。而二类口岸则是指由国务院审批，只允许中国籍人员、货物、物品和交通工具，直接出入国（关、边）境的海、河、陆、空客/货口岸。一类口岸和二类口岸的关键区别在于外国籍人员、货物、物品和交通工具是否可以直接出入境。

按照出入境的交通方式划分，可将口岸分为水运口岸、陆路口岸和空运口岸。水运口岸是国家在江河湖海沿岸开设的供货物和人员进出国境及船舶往来挂靠的通道，分为海港口岸和河港口岸。陆路口岸是国家在陆地上开设的供货物和人员进出国境及陆上交通工具停站的通道，分为铁路口岸和公路口岸。空运口岸是国家在开辟有国际航线的机场上开设的供货物和人员进出国境及航空器起降的通道。

截至 2018 年年底，我国共有经国家批准的对外开放口岸 306 个，其中包括水运口岸 135 个（海运口岸 81 个，河运口岸 54 个）、陆路口岸 97 个（铁路口岸 21 个、公路口岸 76 个）、空运口岸 74 个。

2. 海关监管业务集中的地点

海关监管业务集中的地点是指虽然不是国务院批准的对外开放的口岸，但是海关某类或者某几类监管业务（如转关运输监管、保税加工监管等）比较集中的地方也会设置海关，如郑州出口加工区便设置有海关。

（三）海关的组织机构

中华人民共和国海关实行垂直管理体制，在组织机构上分为三个层次：第一层次是海关总署；第二层次是广东分署、天津特派办、上海特派办、直属海关和海关院校；第三层次是隶属海关和派驻机构。

1. 海关总署

海关总署是国务院下属的正部级直属机构，统一管理全国海关，统一管理调配全国海关机构、人员编制、经费物资和各项海关业务，是海关系统的最高领导部门。海关总署的基本任务是在国务院领导下，领导和组织全国海关正确贯彻实施《海关法》和国家的有关政策、行政法规，积极发挥依法行政、为国把关的职能，服务、促进和保护社会主义建设。

海关总署现有 18 个内设部门、8 个在京直属企事业单位，管理着 2 个社会团体（海关学会、保税区出口加工区协会），并在欧盟、俄罗斯、美国等地派驻海关机构。中央纪委在海关总署派驻纪检组。

2. 直属海关

直属海关是直接由海关总署领导，负责管理一定区域范围内海关业务的海关。截至 2016 年年底，全国海关共有 47 个直属海关单位（广东分署、天津特派办、上海特派办，42 个直属海关，2 所海关院校），分布在全国 31 个省、直辖市、自治区。直属海关对本关区内的海关事务独立行使职责，向海关总署负责。

海关总署下设广东分署，作为其派出机构，协助其管理广东省内的海关。除此之外，海关总署在上海和天津还设立了海关总署特派员办事处以协助其工作。

直属海关承担着在关区内组织开展海关各项业务和关区集中审单作业、全面有效地贯彻执行海关各项政策、法律、法规、管理制度和作业规范的重要职责。2001 年 1 月 1 日，通关改革开始在全国海关实施，实行电子信息化管理，重新划分了海关总署、直属海关和基层海关的三级事权，强化了直属海关的业务处理和业务运行职能。下面将直属海关在海关业务方面的主要职责介绍如下：

（1）对关区通关作业实施运行管理，包括执行海关总署业务参数，建立并维护审单辅助决策参数，对电子审单通道判别进行动态维护和管理，对通关数据进行有效监控和综合分析。

（2）实施关区集中审单，组织和指导隶属海关开展接单审核、征收税费、查验、放行等通关作业。

（3）组织实施对各类海关监管场所、进出口货物和运输工具的实际监控。

（4）组织实施贸易管制措施、税收征管、保税和加工贸易海关监管、企业分类管理和知识产权进出境保护。

（5）组织开展关区贸易统计、业务统计和统计分析。

（6）组织开展关区调查、稽查和侦查业务。

（7）按规定程序及权限办理各项业务审核、审批、转报和注册备案手续。

（8）开展对外执法协调和对行政纠纷、争议的处理。

（9）开展关区各项业务的执法检查、监督和评估。

3. 隶属海关

隶属海关是指由直属海关领导，负责办理具体海关业务的海关，是海关进出境监督管理的基本执行单位。截至2016年年底，全国海关共有740余个隶属海关和派驻机构（含办事处、审单处、现场业务处）。

隶属海关一般都设在口岸和海关监管业务集中的地点，通关改革实施后，强化了隶属海关的实际监管职能。在直属海关指导下，隶属海关的主要职责包括：

（1）开展接单审核、征收税费、验估、查验、放行等通关作业。

（2）对辖区内的加工贸易实施海关监管。

（3）对进出关境的运输工具及其燃料、物料、备件等实施海关监管，征收船舶吨税。

（4）对各类海关监管场所实施实际监控。

（5）对通关、转关及保税货物的存放、移动、放行或者其他处置实施实际监控。

（6）开展对运输工具、进出口货物、监管场所的风险分析，执行各项风险处置措施。

（7）办理辖区内报关单位通关注册备案业务。

（8）受理辖区内设立海关监管场所、承运海关监管货物业务的申请。

（9）对辖区内特定减免税货物的后续管理。

三海关机构同一天揭牌

2019年9月19日，长沙海关所属长沙黄花机场海关、郴州海关、永州海关同天揭牌，依法承担属地进出关境运输工具、货物、物品的通关监管、征税、卫生检疫、动植物检疫、食品检验、商品检验、查缉走私、编制海关统计等职责，为当地开放型经济发展注入新的动力。

此前，三地的海关办事处只能以长沙海关的名义开展海关业务，行政审批受理和决定需由长沙海关做出；升格为隶属海关后，所有授权事项均可由隶属海关按照职责、权限直接受理或者审批，将更便于当地外贸企业办理海关业务。据介绍，这三个隶属海关的设立，将在进一步完善区域功能、打造外贸竞争优势、提升对外开放形象、优化营商环境等方面发挥更重要的作用。三地海关的负责人表示，将主动对接当地开放发展需求，认真履行好海关职责，切实强化监管优化服务，全力服务于开放崛起。

据了解，在去年海关机构改革中，海关总署批准在湖南设立正处级隶属海关16个，实现了全省各市州海关机构全覆盖，原先设在长沙黄花机场、郴州、永州的海关办事处全部升格为正处级海关，以前未设立海关机构的怀化、邵阳、益阳、娄底、长沙邮局也都全部设立了正处级隶属海关，全面补齐了湖南省海关机构这个重要开放要素的数量短板，为加快湖南省的开放崛起创造了更好条件。

资料来源：《湖南日报》

4. 海关缉私警察机构

海关缉私警察是专司打击走私犯罪活动的警察队伍。根据国务院决定，海关总署设立走私犯罪侦查局，2003年更名为海关总署缉私局，在广东分署走私犯罪侦查分局更名为海关总署广东分署缉私局，各直属海关走私犯罪侦查局更名为直属海关缉私局，各隶属海关走私犯罪侦查支局更名为隶属海关缉私分局，已纳入公安序列，履行对辖区内的走私案件的调查及走私犯罪案件的侦查、拘留、执行逮捕、预审等职责。

5. 海关关员

海关关员是从事海关工作的人员，应当具有法律和相关专业知识，符合海关规定的专业岗位任职要求。海关关员与报关员是不同的，海关关员在海关工作，要通过国家公务员考试，属于国家公务员编制；报关员一般在企业工作，经报关单位向海关备案，是专门负责办理所在单位报关业务的人员。

海关招收海关关员应当按照国家规定，公开考试，严格考核，择优录用。海关应当有计划地对其工作人员进行政治思想、法制、海关业务的培训和考核。海关工作人员必须定期接受培训和考核，成绩不合格的，不得继续上岗执行职务。

6. 海关关衔制度

中国海关实行关衔制度。关衔制度是我国继军衔、警衔后实行的第三种衔级制度。关衔是区分海关关员等级、表明海关关员身份的称号和标志，是国家给予海关关员的荣誉。

海关关衔设五等十三级。分别为一等：海关总监、海关副总监；二等：关务监督（一级、二级、三级）；三等：关务督察（一级、二级、三级）；四等：关务督办（一级、二级、三级）；五等：关务员（一级、二级）（见图1-1）。

2003年9月12日，全国海关首次授予关衔总人数为32 236人，并于2003年10月1日正式佩戴衔级标志上岗工作。我国海关现有关员（含海关缉私警察）近6万名。

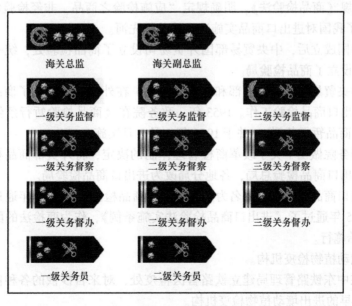

图1-1　海关关衔标志式样

第三节　海关现代化

一、关检融合

2018年2月，中国共产党第十九届中央委员会第三次全体会议通过《深化党和国家机构改革方案》，要求深化国务院机构改革，将国家质量监督检验检疫总局的出入境检验检疫管理职责和队伍划入海关总署。

2018年3月，第十三届全国人民代表大会第一次会议表决通过了国务院机构改革方案。根据方案，将组建国家市场监督管理总局，不再保留国家工商行政管理总局、国家质量监督检验检疫总局、国家食品药品监督管理总局，其中出入境检验检疫管理职责和队伍划入海关总署。

2018年4月20日起，原中国出入境检验检疫部门正式并入中国海关，统一以海关名义对外开展工作。

（一）关检机构的演变历程

1. 检验检疫机构的演变

（1）出入境商品检验机构。

中国出入境检验检疫产生于19世纪后期，迄今已有100多年的历史。上海仁记洋行作为英商劳合氏的保险代理人，于1864年开始代办水险、船舶检验和鉴定业务，这是中国第一个商检机构。

1928年，当时的中华民国政府的工商部颁布了《商品出口检验暂行规则》，就生丝、棉麻和茶叶等8类商品实施检验。1929年颁布了《商品出口检验局暂行章程》并设立了上海商品检验局，成为中国第一个官方商品检验机构。1932年，民国政府行政院通过了中国最早的商品检验法规《商品检验法》，明确规定"应施检验之商品，非经检验领有证书不得输入输出"，开创了我国对进出口商品实施法定检验的先河。

1949年新中国成立后，中央贸易部国外贸易司设立了商品检验处，统一领导全国商检工作，并在各地设立了商品检验局。

1952年，中央贸易部分为商业部和对外贸易部，在外贸部内设立了商品检验总局，统一管理全国的进出口商品检验工作。1953年，政务院在《商品检验暂行条例》的基础上制定了《输出输入商品暂行条例》，并于1954年1月3日实施。

1980年，国务院做出了关于改革商检管理体制的决定，将外贸部商品检验总局改为中华人民共和国进出口商品检验总局，各地分局改为进出口商品检验局。

1982年进出口商品检验总局更名为国家进出口商品检验局。1989年通过了《进出口商品检验法》，2005年通过了《进出口商品检验法实施条例》，作为商检法的配套法规于2005年12月1日开始施行。

（2）出入境动植物检疫机构。

1903年，在中东铁路管理局建立铁路兽医检疫处，对来自沙俄的各种肉类食品进行检疫，这是中国最早的进出境动植物检疫机构。

1927年在天津设立了"农工部毛革肉类检查所"，成为中国第一个官方检验动植物机构。1928年国民政府制定了《农产物检查所检查农产物规则》和《农产物检查所检验病虫害暂行办法》等中国最早的官方动植物检疫法规。

1952年明确外贸部商品检验总局负责对外动植物检疫工作，畜产品检验处负责动物检疫，农产品检验处负责植物检疫。

1964年，国务院将动植物检疫划归农业部领导（动物产品检疫仍由商检局管理），并在全国27个口岸设立了中华人民共和国动植物检疫所，又相继在开放口岸设立了进出境动植物检疫机构。

1982年成立了国家动植物检疫总所，并颁布了《中华人民共和国进出口动植物检疫条例》。

1983年，农业部制定了《中华人民共和国进出口动植物检疫条例实施细则》，使进出境动植物检疫的执法行为更加规范化。

1991年10月30日，第七届全国人大常委会第二十二次会议通过并公布了《中华人民共和国进出境动植物检疫法》。

1995年，国家动植物检疫总所更名为国家动植物检疫局。

（3）国境卫生检疫机构。

1873年，印度、泰国、马来半岛等地流行霍乱并向海外传播，在华各国列强在上海、厦门海关设立了卫生检疫机构和相应的检疫章程，并任命了一批卫生官员登轮检疫，这是中国国境卫生检疫的雏形。

1949年中华人民共和国成立后，卫生部防疫处将原有的17个海陆空检疫所合并更名为"交通检疫所"。

1957年，第一届全国人大常委会第88次会议通过了《中华人民共和国国境卫生检疫条例》，这是中华人民共和国成立以来颁布的第一部卫生检疫法规。

1958年，卫生部发布《中华人民共和国国境卫生检疫条例实施细则》。

1980年，卫生部发布《过境卫生传染病检测试行办法》等规章，极大地丰富了卫生检疫工作的内容。

1986年12月2日，第六届全国人大常委会第十八次会议通过并公布了《中华人民共和国国境卫生检疫法》。

1988年5月4日，中华人民共和国卫生检疫总所成立。1995年更名为中华人民共和国卫生检疫局。

（4）国家出入境检验检疫局。

1998年，国家进出口商品检验局（原属对外贸易经济合作部）、国家动植物检疫局（原属农业部）、国家卫生检疫局（原属卫生部）合并为国家出入境检验检疫局，实现了三检合一，由海关总署管理。

2001年，国务院机构调整，国家出入境检验检疫局、国家质量技术监督局合并为国家质量监督检验检疫总局。

2018年3月，国家质量监督检验检疫总局的出入境检验检疫管理职责和队伍划入海关总署。

2. 海关机构的演变

1949年10月25日，中华人民共和国海关正式成立，标志着我国彻底结束了由西方列强控制海关的屈辱历史，标志着中国海关进入了一个崭新的历史时期。海关总署正式成立及颁布海关总署第一号通令是我国海关正式成立的最主要标志事件。

我国海关直属国务院，国务院下设海关总署，海关总署管理全国海关，全国各海关隶属海关总署。

我国海关成立后第一部基本法律是《中华人民共和国暂行海关法》，1951 年 5 月 1 日颁布实施，1987 年 7 月 1 日废止。

随着中国改革开放，海关在对外开放中的作用越来越重要，海关也由传统的"防范为主"转变为"促进为主"，强调为国家对外开放服务。自 1980 年 1 月 1 日起，海关恢复对外贸进出口货物征收关税。1987 年 1 月 22 日第六届全国人民代表大会常务委员会第十九次会议通过了《中华人民共和国海关法》，这是真正意义上的由国家立法机关通过的海关法。国务院又相继颁布了《海关行政处罚实施细则》《关税条例》等行政法规，海关总署也制定了部门规章，初步形成了由海关法、海关行政法规和海关行政规章组成的海关法律体系。

中国加入世界贸易组织，中国海关逐渐与国际接轨，顺应了国际海关管理的发展。2000 年 7 月 8 日，第九届全国人民代表大会常务委员会第十六次会议通过了《关于修改〈中华人民共和国海关法〉的决定》。海关法在修改过程中重点对照了世界贸易组织，特别是世界海关组织《京都公约》的相关规定。鉴于当时日益严重的走私违法犯罪活动，国家成立了缉私警察，赋予海关刑事执法权。同时，为了防止权力腐败，还对海关执法监督进行了规定。

随着国内外政治经济环境的不断变化，我国海关管理也在不断调整和加强。全国人民代表大会常务委员会分别于 2013 年 12 月 28 日、2016 年 11 月 7 日对《中华人民共和国海关法》进行了第三次、第四次修订。现行《中华人民共和国海关法》的版本是全国人民代表大会常务委员会在 2017 年 11 月 4 日进行第五次修订后的版本。

按照国务院机构改革的总体思路，关检融合后，新的海关实质上全面承担着服务外贸发展、守护国门安全的重要职责。其职能定位主要包括口岸规划、关税征缴、口岸缉私、编制统计、口岸核生化反恐、口岸检疫查验、口岸携带监管、进出口商品检验监管、大通关、协同配合国家外交商务国防职责等。

（二）关检融合的内容

1. 机构融合

出入境检验检疫系统统一以海关名义对外开展工作，一线旅检、查验等岗位统一上岗、统一穿着海关制服、统一佩戴关衔，对外统一使用海关标识，设置统一的政策宣传设施。

关检两个窗口整合为一个窗口，统一对外办理相关业务。各业务现场按照优化整合后的业务流程，统一以海关名义对外开展工作，检验检疫原有管理要求、作业标准不变，实现"一口对外、一次办理"。

2. 职能融合

在国门安全管控方面，海关将在原有安全准入（出）、税收征管风险防控基础上，增加卫生检疫、动植物检疫、商品检验、进出口食品安全监管等职责，并建立信息集聚、优化高效、协调统一的风险防控体系。在促进贸易便利化方面，全国检验检疫作业将全面融入，优化作业流程，减少非必要的作业环节和手续。

在旅检监管方面，旅客进出境原有的 8 个环节（海关原有申报、现场调研、查验、处置 4 个作业环节，检验检疫原有卫生检疫、现场调研、查验、处置 4 个环节）整合优化为卫生检疫、申报、现场调研、查验、处置 5 个环节。同时，对海关与检验检疫的原旅客通道进行合并，监管检查设备统一使用，行李物品只接受一次查验。与之前行李须经海关和检验检疫两次查验相比，通关速度明显加快。

在运输工具登临检查方面，原有关检 3 个监管环节（海关原有登船检查 1 个环节，检验检疫原有卫生检疫、登船检验 2 个环节）优化整合为检疫处置、登临检查 2 个环节，由海关根据对运输工具开展卫生检疫、动植物检疫、登临检查等环节的不同检查要求，安排调度各类专业人员实施作业。

在进出口货物监管方面，将原先的"串联式"查验流程优化为"并联式"，将原先"两次申报、两次查验、两次放行"6 个步骤简化为"一次申报、一次查验、一次放行"3 个步骤。一次申报是指通过"单一窗口"可实现报关和报检的申报；一次查验是指对进出口货物全面实施一次查验，海关、检验检疫的查验指令下达，只保留 3 个环节即：查验指令下达、实施查验、查验结果异常处置 3 个环节；一次放行是指凭海关放行指令提离货物，实现一次放行。

在邮件监管方面，原有的关检 17 个监管环节，优化整合为邮袋消毒并放射性检查、查验、分流处理等 6 个环节。在快件监管方面，原有的关检 9 项监管环节（海关有申报、机检查验、开箱查验、放行 4 个环节，检验检疫有动植物检疫、申报、机检查验、开箱查验、放行 5 个环节）优化整合为申报、动植物检疫、查验、放行 4 个环节，作业现场进行整合，设施设备统一安排使用。

此外，在辐射探测方面，统一使用一套辐射探测设备，进行一次探测。

3. 企业报关报检资质整合

检验检疫自理报检企业备案与海关进出口货物收发货人备案，合并为海关进出口货物收发货人备案。企业备案后同时取得报关和报检资质。

检验检疫代理报检企业备案与海关报关企业（包括海关特殊监管区域双重身份企业）注册登记或者报关企业分支机构备案，合并为海关报关企业注册登记和报关企业分支机构备案。企业注册登记或者企业分支机构备案后，同时取得报关和报检资质。

检验检疫报检人员备案与海关报关人员备案，合并为报关人员备案。报关人员备案后同时取得报关和报检资质。

4. 关检申报项目整合

海关总署制订《全国通关一体化关检业务全面融合框架方案》，明确了海关、原国检申报系统及数据合并整合，目标做到五个统一：申报统一、系统统一、风控统一、指令下达统一、现场执法统一。2018 年 8 月 1 日，海关完成关检申报项目的整合工作，取消入境/出境货物报检单，报关报检合并为一张报关单及一套随附单据。

中国电子口岸数据中心按照海关总署 2018 年第 60 号、61 号、67 号公告的要求，对国际贸易"单一窗口""互联网＋海关"一体化网上办事平台申报系统进行了升级改造，现行中国电子口岸 QP 系统一次申报子系统将于 2018 年 8 月 1 日同步下线，用户将转由中国国际贸易"单一窗口"标准版、"互联网＋海关"全面接入，申报新版报关单数据。

（1）原报关报检单整合形成一张报关单。整合后的新版报关单以原报关单 48 个项目为基础，增加部分原报检内容，形成了具有 56 个项目的新报关单打印格式。对进口、出口货物报关单和进境、出境货物备案清单的布局结构进行优化，版式由竖版改为横版，与国际推荐的报关单样式更加接近，纸质单证全部采用普通打印方式，取消套打，不再印制空白格式单证。修改后的进口、出口货物报关单和进境、出境货物备案清单格式自 2018 年 8 月 1 日起启用，原报关单、备案清单同时废止，原入境、出境货物报检单也同时停止使用。

（2）整合原报关、报检申报数据项。新版报关单对海关原报关单和检验检疫原报检单申报项目进行梳理整合，通过合并共有项、删除极少使用项，将原报关、报检单合计 229 个货物申报数据项精简到 105 个，大幅减少企业申报项目。

（3）原报关报检单据单证整合为一套随附单证。整合简化申报随附单证，对企业原报关、报检所需随附单证进行梳理，整理随附单证类别代码及申报要求，整合原报关、报检重复提交的随附单据和相关单证，形成统一的随附单证申报规范。

（4）原报关报检参数整合为一组参数代码。对原报关、报检项目涉及的参数代码进行梳理，参照国际标准，实现现有参数代码的标准化。梳理整合后，统一了 8 个原报关、报检共有项的代码，包括国别（地区）代码、港口代码、币制代码、运输方式代码、监管方式代码、计量单位代码、包装种类代码和集装箱规格代码。

（5）原报关报检申报系统整合为一个申报系统。在申报项目整合的基础上，将原报关报检的申报系统进行整合，形成一个统一的申报系统。用户由"互联网 + 海关"、国际贸易"单一窗口"接入。新系统按照整合申报内容对原有报关、报检的申报数据项、参数、随附单据等都进行了调整。

（三）关检融合的意义

1. 降低企业成本

关检融合带给企业的最大好处或许就是降低企业成本了，因为关检融合之后，报关、报检的申报项目会大幅减少，这无疑会降低企业的报关、报检成本并减少企业的人力资源开支。

2. 提高通关效率

一次登记就能同时进行报关报检，不需要再在海关、检疫分别备案注册，一次查验就能完成对货物的查验、检疫、放行。而且关检融合之后，递交材料的审核速度也大大提升，这都将有效提高通关效率。

3. 实现国际化

关检融合之后，会对原报关、报检项目涉及的参数代码进行梳理，参照国际标准，实现现有参数代码的标准化，统一 8 个原报关、报检共有项的代码，将其整合为一组参数代码，从而达到国际标准，帮助出口货物在全世界关口通行无阻。

二、海关信息化建设

1993 年 12 月，为适应全球建设信息高速公路的潮流，国务院正式启动了国民经济信息化的起步工程——"三金工程"，即金桥工程、金关工程和金卡工程。其中，金关工程是我国政府利用计算机网络技术实现国家的对外经济贸易和相关领域进行标准化、规范化、科学化、网络化和现代化管理的一项国家信息化重点系统工程。

（一）金关工程

1. 金关工程概述

金关工程是指对外贸易的信息化管理工程，金关工程的核心有两块：一是海关内部的通关系统；二是外部的口岸电子执法系统。金关工程的近期目标是建设配额许可证管理、进出口统计、出口退税、出口收汇和进口付汇核销四个应用系统，实现外经贸相关领域的网络互连和信息共享；中长期目标是逐步推行各类对外经贸业务单证的计算机网络传输，提高对外经济贸易的现代化管理水平，实现国际电子商务，增强政府的宏观调控能力。

2000 年，配额许可证管理、进出口统计、出口退税、出口收汇和进口付汇核销四个应用系统已经取得了一定的进展，并在此基础上构建了中国电子口岸系统，通过对中国电子口岸系统的不断改进，其应用系统已经逐渐增加到了目前的十几个，对于国家各个部门而言，可以随时进行信息查询和信息共享；对于进出口企业，可以进行电子报关，并为海关管理业务的进一步改革奠定了基础。

2. 金关工程二期

2012 年 9 月国务院批准金关工程二期立项，2013 年 7 月启动建设，2018 年竣工验收。金关工程二期实现了监管通关、关税征管、加贸保税、统计分析等共 488 个指标的展示，实现了全国通关一体化预申报、现场验估、查验、放行、征收税款等共 20 个指标以及报关单、舱单、运输工具、查验、旅检、快件等 94 个业务指标的实时运行监测，全国海关的业务运行状况数据尽收眼底。

金关工程二期完成了十二大应用项目集群建设，为海关各项业务的开展提供了有效技术手段。监控指挥应用系统实现了海关总署与直属海关及隶属海关的全国三级监控指挥中心视频监控、视频会议、语音通话的互联互通。企业进出口信用管理系统实现了简政放权、效率优化；实施 AEO⊖ 制度，与国际先进海关接轨；搭建关企合作新桥梁；实现"由企及物"管理。加工和保税管理系统实现海关保税管理流程优化、海关保税管理模式创新、海关特殊监管区域、保税物流系统的全国统一。物流监控系统构建全国统一的物流监控框架体系；实现查验无纸化；依托全国物流底账提供可视化管理手段；利用物联网技术提升物流监控严密性和高效性。通关管理系统实现无纸通关，大幅提升通关效率；推进通关一体化改革，进一步压缩通关时间。关税管理系统实现政务公开、效率优化，工作规范、手段丰富，整合资源，辅助作业。缉私管理系统实现系统集成数据无障碍关联查询分析、亿级海量数据的秒级响应；确保执法办案流程"进系统、留痕迹、可追溯"，整体作战能力和缉私执法质量有效提升。统计基础数据管理系统将海关数据作为战略资产，实现数出一源、一源多用，成为监测预警工作一大"利器"。跨部门综合应用系统依托中国电子口岸平台，对外联网，实现信息互通、数据共享，构建进出口领域诚信体系；业务实现无纸化办理，有效降低企业负担。政务公开系统助力"服务型海关"建设，提升对外服务能力。跨境贸易电子商务通关服务平台落实财政部颁布的跨境电子商务零售进口税收政策，营造公平竞争的市场环境，助力形成配套完善的产业链，带动地方经济快速发展。廉政及行政系统加强审计监督，降低审计成本；实现全流程管理，提高办公效率；实现信息资源共享。

金关工程二期为海关把好国门，做好服务，落实中央全面深化改革等重大决策部署提供

⊖ Authorized Economic Operator，即经认证的经营者。

了有力支撑，也为海关防好风险，带好队伍，建设高素质的队伍提供了有力保障。

（二）海关 EDI 通关系统

EDI 通关系统是海关报关自动化系统的简称，是中国海关利用计算机对进出口货物进行全面信息化管理，实现监管、征税、统计三大海关业务一体化管理的综合性信息利用项目。EDI 通关系统涉及进出口货物报关、审单、征税、放行等通关环节，以及报关行、金融单位、仓储、运输企业和国际贸易行政管理等部门。

1992 年 9 月，海关总署办公会议做出决定，批准 EDI 通关系统工程正式立项，1994 年4 月首先在北京首都机场海关试点，9 月起在上海浦东外高桥保税区海关试点。EDI 通关系统在两个海关试点成功后，海关总署开始有计划地进行推广。1998 年 12 月，海关总署和外汇管理局联合开发了"进口付汇报关单联网核查系统"，并且在此基础上建构了中国电子口岸系统。目前，EDI 通关业务已经遍及全国所有海关，是海关通关作业的主要操作系统。

作为海关内网的执法审单系统，最早采用的是 H883 以及 H2000 通关系统，目前采用的H2010 通关系统是海关以企业信用管理和风险分析为基础，运用信息化技术对企业联网申报的报关单及随附单证的电子数据进行无纸审核、验放处理等通关作业，实现计算机电子审单和人工专业化无纸审单，整个作业模式称为无纸化通关。该系统与互联网物理隔离，企业不能访问，也不能直接与 H2010 交换单证和报文，只能通过中国电子口岸的专用通道转发。中国电子口岸为进出口企业提供的客户端程序是电子口岸预录入系统（QP 系统），企业可以申请安装 QP 客户端，并通过 QP 系统与中国电子口岸的专用通道接入海关 H2010 系统。

（三）中国电子口岸系统

中国电子口岸系统是 2000 年海关信息化建设中影响最大的建设项目。该系统于 2001 年1 月至 3 月在北京、天津、上海和广州试点运行，并在北京等地发放 IC 卡进行试验，2001年 6 月 1 日起在全国范围内全面实施。

中国电子口岸，也称为口岸电子执法系统，是利用现代信息技术，借助国家电信公网，将工商、税务、海关、外贸、外汇、银行、公安、交通、铁路、民航等 12 个部门分别掌握的信息流、资金流、货物流都存放到一个公共数据中心里，实现部门间的数据信息共享，从而加强政府行政管理机关的综合管理能力，同时方便企业办理进出口手续。

电子口岸专网由内部网和外部网组成，内部网是通过电信公用宽带数据网把海关总署、直属海关和隶属海关及业务现场连在一起的虚拟专网，用于实现海关系统内部的资源共享。外部网则是一个公众数据中心和数据交换平台，依托国家电信公网，实现工商、税务、海关、外汇、外贸、质检、银行等部门以及进出口企业、加工贸易企业、外贸中介服务企业、外贸货主单位的联网，将进出口管理流信息、资金流信息、货物流信息集中存放在一个数据库中，随时供国家各行政管理部门进行跨部门、跨行业、跨地区的数据交换和联网核查，并向企业提供应用互联网办理报关、结付汇核销、出口退税、网上支付等实时在线服务。

过去企业需要去海关现场递单申报，而现在企业通过中国电子口岸 QP 系统（Quick Pass，快速报关/通关系统），能够全天候、全方位地联网办理进出口报关业务，申报的信息直接在 QP 系统中传给海关审核，并实时接收海关的反馈信息，从而提高通关效率，降低贸易成本；另外，海关在不改变现行通关作业总体流程的情况下，在通关过程中实现了审单、查验、放行环节的无纸化作业，简化了通关手续，提高了通关效率。

自2018年8月1日起，原货物报检、报关申报融合为统一报关申报（即关检融合统一申报），申报企业通过"单一窗口"实现统一报关单申报，全面融合关检业务。申报企业只能通过国际贸易"单一窗口"或"互联网+海关"一体化网上办事平台完成货物（包含关务、检务）申报。该业务改革影响主要集中在申报端，对于申报企业来讲，报关界面改变较大；但对关务、检务人员基本没有影响，H2010通关流程、eCIQ（电子检验检疫系统）操作没有变化，只是整合了部分数据源、随附单据和监管证件。

2018年8月1日到2018年年底，H2010、eCIQ系统仍将并行，企业申报的新报关内容会转换成旧的报文分发至eCIQ、H2010待审。2018年12月9日，H2018新一代海关通关管理系统在广州海关正式开展试点测试，H2018系统梳理整合海关H2010和原检验检疫eCIQ的接审单职责功能，统一接审单业务操作系统，实现关检融合统一作业，进一步推进关检业务融合。

2019年6月30日，中国电子口岸数据中心对QP部分应用系统进行下线工作。具体应用系统包括新舱单（海空运）、公路舱单申报系统、运输工具管理系统（海空运）、公路运输工具申报系统、保税担保系统、金二加工贸易手册管理系统、金二加工贸易账册管理系统、金二特殊监管区域管理系统、金二加工贸易保税物流管理系统、展览品申报、减免税、减免税后续系统。QP系统中以上12个项目的功能都已迁移到新架构系统（国际贸易"单一窗口"或"互联网+海关"），只有新舱单（海空运）、公路舱单申报系统、运输工具管理系统（海空运）、公路运输工具申报系统在QP系统中仍保留对老数据的查询功能。2019年11月15日，QP转关单系统、集中申报系统、快件通关管理子系统、公自用物品系统等下线；2019年12月14日，QP一次申报、集中申报系统下线；2019年12月31日，QP系统中"海关特殊监管区域原产地"下线；2020年1月7日，QP系统中"转关单"系统下线。相关业务可以登录国际贸易"单一窗口"或"互联网+海关"一体化网上办事平台或中国电子口岸门户进行操作。

（四）"互联网+海关"一体化网上办事平台

"互联网+海关"一体化网上办事平台按照国务院印发的《"互联网+政务服务"技术体系建设指南》开发建设，涵盖用户访问（"我"）、信息资讯（"我要看"）、信息检索（"我要查"）、服务引导（"我要办"）、咨询问答（"我要问"）、监督评价（"我要评"）、个性化推送（"我的"）七大功能。其中，"我要办"包括运输工具、货物通关、物品通关、税费业务、加贸保税、企业管理、行政审批、知识产权等海关业务的办理。

海关很早就实现了大部分通关业务网上办理，为全国企业提供报关预录入、出口退税、行政审批、知识产权备案等网上办事服务。自2014年海关全面深化改革以来，"三互"大通关（口岸管理部门实现监管互认、执法互助、信息互换）、"单一窗口"、全国通关一体化等顶层设计的理念和架构较好地体现了"互联网+政务服务"的内涵。此外，部分海关发挥基层首创精神，开展了一些"互联网+政务服务"先行先试，如广州海关的互联网"易通关"、黄埔海关的互联网"e通关"、江门海关的"一窗通"、深圳海关的网上办事大厅建设、重庆海关的"全域审核一体化"等。在此基础上，2018年，"互联网+海关"一体化网上办事平台在海关网站正式上线。

"互联网+海关"一体化网上办事平台基本实现了"单点登录、全网通办"。办事平台统一服务入口、统一身份认证，用户通过一体化平台登录后，可办理目前全国海关所有的海关网上服务事项。"互联网+海关"基本实现了"同一事项、同一标准、同一编码"，建立了海关政务服务事项清单，实现了政务服务事项编码管理，对每一个网上办理事项均公布办事指南，从设立依据、申请条件、申办表格、随附资料、作业流程、办理部门、办理时限等方面给予明确指引，企业如何办理一目了然，办事标准更加统一，海关服务也更加规范。"互联网＋海关"基本实现了海关政务服务"应上尽上、全程在线"。企业可通过互联网随时随地办理各项上线的海关业务，提高办事效率，降低贸易成本。同时，平台在开发建设过程中，与国际贸易"单一窗口"做到统筹建设、有效衔接。最后，"互联网＋海关"一体化网上办事平台专门开设了"各关特色"栏目，保留了全国各直属海关此前已推出的特色政务服务项目。

三、国际贸易"单一窗口"

(一) 国际贸易"单一窗口"概述

"单一窗口"是WTO（世界贸易组织）贸易便利化谈判组的一个重要议题。欧盟、加拿大、土耳其、日本、泰国、韩国和新加坡等国家和组织均提交了有关"单一窗口"的议案，我国正式在WTO《贸易便利化协定》巴厘岛文本中做出承诺：于协定生效2年内建成"单一窗口"。

2016年9月26日，国务院口岸工作部际联席会议审议通过并印发了《关于国际贸易"单一窗口"建设的框架意见》，明确了我国"单一窗口"建设的指导思想、建设目标、基本原则、总体布局、建设内容、建设阶段和保障措施等，标志着国家层面"单一窗口"建设的顶层设计正式出台。中央通过国务院口岸工作部际联席会议统筹推进"单一窗口"建设，由国家口岸管理办公室牵头口岸管理相关部门组成建设工作组，负责"单一窗口"建设的统筹规划。中国电子口岸数据中心作为技术承办单位，全面承担起国际贸易"单一窗口"标准版的工程实施、运行维护、安全管理和客户服务等工作。

按照国务院有关决策部署，我国"单一窗口"建设依托中央、地方两级电子口岸公共平台，共同打造全国一体化的"单一窗口"环境。中央依托中国电子口岸平台，以"总对总"方式与各口岸管理和国际贸易相关部门系统对接，统一业务规范和技术架构，统一标准体系，统一共性基本功能，组织制定"单一窗口"标准版并在全国推广应用，主要包括：口岸执法基本服务功能，跨部门信息共享和联网应用，与境外的信息交换等。地方层面则在推广应用"单一窗口"标准版的基础上，积极拓展地方特色服务功能，涉及口岸政务服务、口岸物流服务、口岸数据服务和口岸特色应用等。

(二) 国际贸易"单一窗口"实施现状

2017年2月22日，WTO《贸易便利化协定》正式生效实施。2017年年底，国际贸易"单一窗口"标准版实现了全国所有口岸全覆盖，建成上线了货物申报、舱单申报、运输工具申报、许可证件申领、原产地证书申领、企业资质办理、查询统计、出口退税和税费支付这9大基本功能。

截至2018年9月底，"单一窗口"已覆盖全国31个省（区、市）所有口岸，单日申报量突破70.7万票，货物申报、舱单和运输工具等主要申报业务应用率达到70%以上，累计注册用户达58万家，申报业务总量超过1.4亿票。建设完成货物申报、舱单申报、运输工具申报、许可证件申领、原产地证书申领、企业资质办理、查询统计、出口退税、税费支付、加贸保税、跨境电子商务等11大基本功能，实现了与生态环境部、交通运输部、农业农村部、商务部、人民银行、海关总署、税务总局、市场监督管理总局、移民管理局、林业和草原局 10 个部委系统 "总对总" 对接，提供对外服务事项 300 多项。实现了统一数据、统一门户、统一认证、统一接口标准、统一数据管理、统一信息安全和统一运维保障，全国互联互通的一体化 "单一窗口" 环境初步形成。企业通过 "单一窗口" 一次性提交海关、海事、边检等口岸管理和国际贸易相关部门要求的标准化单证和电子信息，实现了 "一点接入、一次提交、一次查验、一键跟踪、一站办理"，各口岸管理相关部门的系统间也实现了互联互通和数据共享。

此外还依托 "单一窗口" 建立数据资源共享目录，"单一窗口" 目前已经汇集了 17 个成员单位的 71 类共 3429 条共享数据项，实时交换进出口企业资信数据 794 万条，打破了 "信息孤岛"。通过推进 "单一窗口" 运输工具（船舶）"一单多报" 无纸化改革，实现了企业船舶进出境业务办理 "最多跑一次"，改革前共有 72 种纸质申报材料，改革后取消了 17 种，53 种实现了无纸化，仅保留护照和临时入境许可申请 2 种纸质单证，有效促进了口岸部门间的信息共享、业务协同和作业无纸化。

四、通关无纸化改革

海关法律法规的完善、信息技术的发展和应用、部际合作的不断拓展、国外海关实践经验的借鉴，都为通关作业无纸化改革奠定了基础。

（一）通关无纸化改革的历程

1. 试行通关作业无纸化改革

2012 年，海关总署发布《关于在全国海关试点开展通关作业无纸化改革工作》的公告，北京海关、天津海关等 11 个直属海关试行通关作业无纸化改革。

通关作业无纸化是指海关以企业分类管理和风险分析为基础，按照风险等级对进出口货物实施分类，运用信息化技术改变海关验核进出口企业递交纸质报关单及随附单证办理通关手续的做法，直接对企业通过中国电子口岸录入申报的报关单及随附单证的电子数据采取无纸审核、验放处理的通关作业方式。对于广大进出口企业，特别是信息化程度较高的企业来说，只需将已有电子形式的随附单证联网发送给海关即可，不用再重新打印并提交纸质单证，从而大大减少纸质打印成本，还能够大幅提高通关效率、降低企业的通关成本，免去企业往返海关现场递交纸质单证的时间，简化通关手续，满足国际贸易和现代物流对海关监管和服务所提出的更高要求，实实在在地为企业减负增效。

试点企业经报关所在地直属海关审核同意，在与报关所在地直属海关、第三方认证机构（中国电子口岸数据中心）签订电子数据应用协议后，可在该海关范围内适用 "通关作业无纸化" 通关方式。经海关审核准予适用 "通关作业无纸化" 通关方式的进出口企业需要委托报关企业代理报关的，应当委托经海关审核准予适用的 "通关作业无纸化" 通关方式的报关企业。

经海关批准的试点企业可以自行选择有纸作业方式或 "通关作业无纸化" 作业方式。选择 "通关作业无纸化" 的企业在货物申报时，应在电子口岸录入端选择 "通关无纸化" 方式。

2. 深化通关作业无纸化改革

2013 年，海关总署决定在前期通关作业无纸化改革试点的基础上，在全国海关深化通关作业无纸化改革试点工作。试点企业范围扩大至海关管理类别为 B 类及以上的企业。北京、天津、上海、南京、杭州、宁波、福州、青岛、广州、深圳、拱北、黄埔等首批 12 个海关将试点范围扩大到关区全部业务现场和所有试点业务。上述 12 个海关以外的其余 30 个海关各选取 1~2 个业务现场和部分业务开展通关作业无纸化改革试点。2013 年年内，将"属地申报，口岸验放"通关模式下的报关单纳入通关作业无纸化改革试点范围。

对于经海关批准且选择"通关作业无纸化"方式申报的经营单位管理类别为 AA 类企业或 A 类生产型企业的，申报时可不向海关发送随附单证电子数据，通关过程中可根据海关要求及时提供，海关放行之日起 10 日内由企业向海关提交，经海关批准符合企业存单（单证暂存）条件的可由企业保管。对于经海关批准且选择"通关作业无纸化"方式申报的经营单位管理类别为 A 类非生产型企业或 B 类企业的，应在货物申报时向海关同时发送报关单和随附单证电子数据。

3. 深入推进通关作业无纸化改革

2014 年，海关总署决定，在 2013 年改革试点取得明显成效的基础上，在全国海关深入推进通关作业无纸化改革工作。

（1）扩大试点范围至全国海关的全部通关业务现场。全面推进转关货物和"属地申报、属地放行"货物通关作业无纸化改革，加快区域通关改革无纸化作业的深化应用。启动快件、邮运货物通关作业无纸化改革试点。

（2）试点简化报关单随附单证。

进口货物：加工贸易及保税类报关单：合同、装箱清单、载货清单（舱单）等随附单证，企业在申报时可不向海关提交，海关审核时如需要再提交。非加工贸易及保税类报关单：装箱清单、载货清单（舱单）等随附单证，企业在申报时可不向海关提交，海关审核时如需要再提交。京津冀海关实施区域通关一体化改革的报关单：合同、装箱清单、载货清单（舱单）等随附单证，企业在申报时可不向海关提交，海关审核时如需要再提交。

出口货物：出口货物各类报关单，企业向海关申报时，合同、发票、装箱清单、载货清单（舱单）等随附单证可不提交，海关审核时如需要再提交。

（3）涉及许可证件但未实现许可证件电子数据联网核查的进出口货物暂不适用"通关作业无纸化"作业方式。

4. 扩大通关作业无纸化适用范围

2017 年，海关总署第 8 号公告《关于扩大通关作业无纸化适用范围》决定将适用通关作业无纸化企业范围扩大到所有信用等级企业。企业经与直属海关、第三方认证机构（中国电子口岸数据中心）签订电子数据应用协议后，可在全国海关适用"通关作业无纸化"通关方式，不再需要重复签约。

5. 海关审价作业单证无纸化

2018 年，海关总署第 9 号公告规定，在全国海关推广审价作业单证无纸化。进口货物纳税义务人可通过海关事务联系系统接收和反馈海关价格质疑通知书、价格磋商通知书、价格磋商记录表等审价文书及随附单证资料电子数据，并可接收和查看估价告知书。符合海关管理规定要求的进口货物纳税义务人，可通过海关事务联系系统向海关提交公式定价备案和价格预审核备案申请及随附单证资料电子数据，接收海关备案决定，无须再以纸质形式提交。

6. 商品归类资料提交无纸化

2018 年，海关总署第 73 号公告规定，在全国推广实施商品归类资料提交无纸化，进出口货物的收发货人可以通过海关有关系统提交商品归类所需的资料。具体为：进出口货物的收发货人通过"互联网＋海关"一体化平台或中国电子口岸网站登录"海关事务联系系统"接收海关关于提交商品归类资料的通知，并反馈电子资料（需加盖公章或电子签名）。

7. 检验检疫单证电子化

2018 年 8 月 1 日起，自然人、法人或者其他组织向海关办理检验检疫手续，可提供单证电子化信息，无须在申报时提交纸质单证。

国内外相关主管部门或机构出具的检验检疫单证已实现联网核查或可互联网查询的，只需录入单证编号；尚未实现联网核查且不能互联网查询的，需上传单证扫描件。而海关出具的资质证明及其他检验检疫单证，只需录入相关资质证明或单证编号。

8. 舱单作业无纸化

2019 年 1 月 1 日起，全面开展舱单及相关电子数据变更作业无纸化。舱单传输人、舱单相关电子数据传输人可通过手工录入或报文导入的方式，向海关办理舱单及相关电子数据变更手续，无须提交纸质单证资料。

9. 转关作业无纸化

转关作业无纸化是指海关运用信息化技术，对企业向海关申报的转关申报单或者汽车载货清单电子数据进行审核、放行、核销，无须收取纸质单证、签发纸质关封、签注相关监管簿，实现全流程无纸化管理的转关作业方式。

2019 年 1 月 1 日起，企业无须再以纸质提交转关申报单或者汽车载货清单，只需交验汽车载货登记簿、中国籍国际航行船舶进出境（港）海关监管簿、司机签证簿。

（二）报关单的无纸化作业

1. 报关单收、付汇证明联

2013 年 9 月 16 日起，海关不再为国家外汇管理局分支局核定的货物贸易外汇管理 A 类企业提供纸质报关单收、付汇证明联。A 类企业办理货物贸易外汇收付业务，按规定需提交纸质报关单的，可通过中国电子口岸自行以普通 A4 纸打印报关单证明联（出口收汇或进口付汇用）并加盖企业公章。对于外汇局核定的货物贸易外汇管理 B 类和 C 类的企业，海关仍按现行做法为其提供纸质报关单收、付汇证明联。

2019 年 6 月 1 日起，海关总署、国家外汇管理局决定，全面取消报关单收、付汇证明联和办理加工贸易核销的海关核销联。企业办理货物贸易外汇收付和加工贸易核销业务，按规定需提交纸质报关单的，可通过中国电子口岸自行以普通 A4 纸打印报关单并加盖企业公章。

2. 报关单出口退税证明联

2015 年 5 月 1 日起，海关对出口的货物不再签发纸质出口货物报关单证明联（出口退税专用），并同时停止向国家税务总局传输出口货物报关单证明联（出口退税专用）相关电子数据，改由海关总署向国家税务总局传输出口报关单结关信息电子数据。实施启运港退税政策的出口货物，暂时仍按照现行规定打印纸质出口货物报关单证明联（出口退税专用）。

2018 年 4 月 10 日，海关总署决定全面取消打印出口货物报关单证明联（出口退税专用），对实施启运港退税政策的出口货物，海关不再签发纸质出口货物报关单证明联（出口退税专用）。原签发纸质出口货物报关单证明联（出口退税专用）相关系统将于4月30日起停止运行。

3. 报关单修改和撤销

2015年，海关总署公告第55号规定，进出口货物收发货人或者其代理人符合《中华人民共和国海关进出口货物报关单修改和撤销管理办法》（海关总署令第220号）规定情形的，可通过中国电子口岸预录入系统的"修撤单办理/确认"功能向海关办理进出口货物报关单（以下简称报关单）修改或者撤销手续。对于当事人申请办理报关单修改或者撤销手续的，当事人应在预录入系统中录入报关单修改或者撤销相关事项并提交相关材料的电子数据。海关办理后通过预录入系统将办理情况反馈给当事人，当事人可通过预录入系统查询已提交的修改或者撤销手续的办理进度。自2016年3月1日起，除因计算机、网络系统等技术原因无法通过预录入系统办理报关单修改或者撤销的，海关不再以纸质方式办理报关单修改和撤销业务。

（三）其他海关作业无纸化

1. 许可证件管理货物通关无纸化

2014年8月11日起，在中国（上海）自由贸易试验区以"一批一证"方式进口属于自动进口许可管理的货物，可采用无纸方式向海关申报，但是原油、燃料油除外。海关将通过自动进口许可证联网核查方式验凭自动进口许可证电子数据，企业免于交验纸质自动进口许可证，海关不再进行纸面签注。

2015年8月1日起，试点海关由上海自贸区相关海关扩展至包括天津、福建、广东3个新设自由贸易试验区和宁波、苏州2个国家级进口贸易促进创新示范区在内的10个海关，分别为天津、上海、南京、宁波、福州、厦门、广州、深圳、拱北、黄埔海关。试点范围为实施自动进口许可"一批一证"管理的货物（原油、燃料油除外），且每份进口货物报关单仅使用一份自动进口许可证。

2016年2月1日起，在全国范围内实施自动进口许可证通关作业无纸化。有效范围为实施自动进口许可"一批一证"管理的货物（原油、燃料油除外）。

2018年10月15日起，在全国范围内对属于自动进口许可管理的货物和属于进口许可证管理的货物（除消耗臭氧层物质以外）实行进口许可证件申领和通关作业无纸化。

海关总署积极推进与许可证件主管部门的电子数据联网工作，目前限制进出口类许可证件已实现全国或部分口岸联网核销的有：进出口许可证、两用物项和技术进出口许可证、固体废物进口许可证、有毒化学品进出口环境管理放行通知单、农药进出口登记管理放行通知单、密码产品和含有密码技术设备进口许可证、民用爆炸物品进口审批单、进口药品通关单、药品进出口准许证、精神药物进出口准许证、麻醉药品进出口准许证、进口广播电影电视节目带（片）提取单、赴境外加工光盘进口备案证明、音像制品（成品）进口批准单、古生物化石出境批件、野生动植物进出口证书、进口兽药通关、人民币调运证明、黄金及黄金制品进出口准许证等电子数据联网，实现了进出口许可证件从申领、发证、验证到核查、核销的无纸化，为实现通关无纸化作业创造了基础条件。联网许可证件电子数据实现系统自动比对、自动核扣，大大提高了海关贸易管制政策执行的有效性和准确性。

对于已实现电子联网的许可证件报关企业，按照海关通关作业无纸化改革的规定，可采用无纸化方式向海关申报。报关单位可登录中国国际贸易"单一窗口"查询证件电子数据传输状态。

2. 通关单无纸化和取消

2018 年 6 月 1 日起，全面取消《入/出境货物通关单》。涉及法定检验检疫要求的进口商品申报时，在报关单随附单证栏中不再填写原通关单代码和编号。企业可以通过"单一窗口"（包括通过"互联网 + 海关"接入"单一窗口"）报关报检合一界面向海关一次申报。如需使用"单一窗口"单独报关、报检界面或者报关报检企业客户端申报的，企业应当在报关单随附单证栏中填写报检电子回执上的检验检疫编号，并填写代码"A"。

涉及法定检验检疫要求的出口商品申报时，企业不需在报关单随附单证栏中填写原通关单代码和编号，应当填写报检电子回执上的企业报检电子底账数据号，并填写代码"B"。

海关统一发送一次放行指令，海关监管作业场所经营单位凭海关放行指令为企业办理货物提离手续。

3. 减免税申请无纸化

2017 年 12 月 15 日起，在全国海关推广减免税申请无纸化，同时取消减免税备案。除海关总署有明确规定外，减免税申请人或者其代理人可通过中国电子口岸 QP 预录入客户端减免税申报系统，向海关提交减免税申请表及随附单证资料电子数据，无须以纸质形式提交。

申请人可在首次办理进口货物减免税手续时一并向海关提交涉及主体资格、项目资质、免税进口额度（数量）等信息（以下简称"政策项目信息"）的相关材料，无须提前单独向海关办理政策项目备案。

宁波舟山港创全国首个集装箱"全程无纸化"港口

央广网宁波 4 月 30 日消息 上午 10 点，宁波港铃与物流有限公司集卡车司机王鹏来到宁波舟山港北仑第二集装箱码头分公司。在一台"易港通"箱封自助终端前，他掏出手机，点开事先收到的二维码在机器上轻轻一扫，集装箱铅封和箱单就从各自的出口出来了。从进入码头到成功提箱离开，王鹏前后仅用了 20 多分钟。

"无纸化以后很方便，现在不需要领取纸质单证，全程手机操作。以前少说也要两个小时，而且若排起队来时间可能更长。"王鹏说。

实际上，物流公司集卡车司机凭二维码提取空箱，只是宁波舟山港向以往的大量纸质单据说"拜拜"的第一步。现在，港口进出口集装箱在工厂、货代、堆场、码头、船公司等各物流节点的信息实时动态可视、可控，已经在全国港口中率先实现了集装箱全程操作无纸化。

在传统进出口集装箱物流环节中，船公司、货代、车队、集卡司机、堆场、码头等之间的业务往来需要通过纸质单证进行人工流转，存在运输效率低下、成本高企的缺点。

"2016 年，宁波市交通运输局牵头推出集装箱堆场公共提箱预约系统，尝试以构建政府公共物流信息平台来简化集装箱进出口提还箱操作，提高港口物流运作效率。"宁波市道路运输管理局副局长叶龙说，在赴上海、深圳等城市调研后，宁波交通部门提出了在全港实施集装箱物流无纸化的设想。

2015 年 4 月 15 日，宁波舟山港率先实现集装箱进口业务全程无纸化，打通了除船公司以外的各"神经元"；如今，宁波舟山港全面上线集装箱出口业务全程无纸化服务功能，实现了宁波地区从事出口集装箱业务的 5 家码头、60 余家船公司、28 家港外堆场、200 余家订舱货代、1200 余家实际用箱人、2.8 万名集卡司机之间的系统互联、数据互通，线上提箱占比已经达到 90% 以上。

无纸化后，船公司将出口设备交接单以电子数据形式传输至宁波舟山港电商平台，货代确认后获取提箱二维码，司机凭提箱二维码到码头快速办理提空箱业务，免去了装箱单、设备交接单等 5 份纸质单据的人工跑单，每箱至少可节约流程时间 1.5 小时。

变轻松的除了物流公司，还有货代企业。"以我们公司为例，去年的箱量有 80 余万箱，每天要处理 2500 箱，一天要处理 800 票左右的单子。正常我们要配备 3 位专职的箱管（人员），4 位专职的跑单（人员）处理这些业务。"浙江兴港国际货运代理有限公司订舱平台经理施孝伟说，"实现无纸化操作后，现在一个人就能干以前 7 个人的活儿。"

按照目前宁波舟山港年进出口集装箱来测算，无纸化操作可减少集卡司机作业总时长约 700 万小时，节省燃油成本 1.2 亿元，减少二氧化碳排放 4.4 万 t，减少各类单证用纸 6300 万张，折算成经济成本可为物流业降本 1.5 亿元以上。

与此同时，在"无纸化"的基础上实现的"可视化"服务，在计算机和手机上同步动态展示司机堆场提箱、工厂装货、码头进港等集装箱进出口全程物流各节点信息，为货代、船公司营销服务提供科学参考依据，为港口、车队、堆场生产作业计划提供数据支持。

据了解，未来，宁波舟山港将进一步推动"N 家货代 + 1 个平台 + M 家车队"模式布局，构建智能化集装箱运输网络，推进港域内"箱循环"管理，实现集卡运输交易集约化、规模化、高效化发展。

资料来源：央广网

五、海关国际合作

我国海关自 1983 年加入世界海关组织（WCO）以来，积极配合国家外交外经贸大局，不断加强国际交流与合作；积极参与国际海关事务决策和规则制定，承办重要会议、活动及地区机构；配合国家自贸区战略，积极做好自贸协定海关议题谈判和实施工作；加强与港澳台地区海关合作，推动我国海关现代化建设理念和实践与国际接轨。截至 2018 年年底，我国海关共与 163 个国家和地区开展了交往，签署了 205 份合作文件，我国海关的国际地位和发挥的作用明显增强。

（一）与其他国家海关的交流合作

我国海关大力推动全球贸易安全与便利，开展了中欧"安全智能贸易航线试点计划"和"经认证的经营者"合作，中美"集装箱安全倡议""特大型港口计划"和"海关商界反恐伙伴计划"，以及中哈、中蒙联合监管等项目。

为帮助企业准确把握贸易走势，我国海关与美国、俄罗斯等 9 个国家（地区）开展了贸易统计合作。在维护贸易秩序方面，我国海关与美国、俄罗斯、欧盟等国家（地区）海关签署了知识产权保护合作文件，与 40 多个国家（地区）海关开展了情报交换、案件协查、联合行动等执法合作。为配合国家"走出去"战略，我国海关发布了境外通关指南，同时发挥驻外机构、双边互访等海关国际合作渠道作用，帮助企业巩固扩大国际市场。在一带一路建设方面，我国海关加强与"一带一路"沿线国家和地区海关的"监管互认、执法互助、信息互换"合作，支持中欧陆海快线、中欧货运班列，服务国际物流大通道建设；开展 AEO 互认、安智贸、监管结果互认、农产品快速通关"绿色通道"等合作项目；加强对外能力建设援助，举办"一带一路"沿线海关培训班 17 期，涉及 28 个国家和地区的 200 余人，举办非洲中高级官员培训班 17 期，涉及 40 多个国家和地区的近 600 人。

我国海关在国际海关界的影响力显著提高，通过与亚非拉等发展中国家海关的能力建设合作，输出了我国海关的改革成果与实践经验。

中国海关总署积极参与第二届"一带一路"国际合作高峰论坛

2019 年 4 月 25 日至 27 日，第二届"一带一路"国际合作高峰论坛在北京举行。中国海关总署积极参与有关重要活动，邀请俄罗斯、哈萨克斯坦、白俄罗斯、荷兰、格鲁吉亚等"一带一路"沿线国家海关检验检疫负责人，以及联合国工业发展组织、国际道路运输联盟等国际组织高层出席高峰论坛，举行多场双边会谈等活动，达成广泛共识，收效良好。

4 月 26 日上午，中国海关总署署长倪岳峰在国家会议中心出席"一带一路"国际合作高峰论坛开幕式，并出席"一带一路"国际合作高峰论坛高级别会议；副署长王令浚当天下午出席"一带一路"国际合作高峰论坛高级别会议。4 月 25 日下午，倪岳峰、王令浚与中国海关总署邀请的外宾，出席于国家会议中心举行的"一带一路"国际合作高峰论坛"贸易畅通"分论坛。倪岳峰做了题为"深化海关智能合作，推动贸易安全便利，打造安全畅通的国际贸易大通道"的主题发言，介绍了中国海关提升区域互联互通与贸易便利化水平的举措，并就促进"一带一路"贸易畅通提出三点倡议：一是积极探索智能海关、智能边境、智能联通合作；二是大力推动贸易便利化建设；三是全方位构筑安全保障体系。倪岳峰的发言受到与会代表的积极回应与好评。

高峰论坛期间，中国海关总署领导与来访各方的部门负责人先后举行了 20 多场双边署级会谈。各方就发挥海关检验检疫作用、共建"一带一路"，开展通关便利化合作，加强执法合作，推动口岸合作和提升能力建设合作等议题深入交换了意见，有力推动了沿线国家海关检验检疫合作纵深发展，开启了合作新篇章。

同时，中国海关总署发起设立"一带一路"海关信息交换和共享平台，与智利、巴基斯坦、新加坡、格鲁吉亚等国家共建原产地电子联网，共享项目信息数据；与联合国工业发展组织、柬埔寨、尼泊尔、阿根廷、意大利等签订海关检验检疫合作文件，建立海关互助合作、疫情疫病联防联控、卫生检疫和食品安全等合作机制；与俄罗斯、哈萨克斯坦、白俄罗斯、蒙古和乌拉圭等签署关于"经认证的经营者"（AEO）互认合作相关文件，使企业享受到所在国海关提供给本国企业的通关便利化措施；与匈牙利、智利、乌兹别克斯坦、肯尼亚等签署关于食品农产品输华议定书，支持"一带一路"沿线国家（地区）风险水平可接受的肉类、乳制品、水果等食品农产品实现对华贸易，积极扩大上述国家（地区）对华出口产品种类。

> 此外，中国海关总署倡议实施"海关-铁路运营商推动中欧班列安全和快捷通关伙伴合作计划"（简称"关铁通"），与哈萨克斯坦、白俄罗斯开展"关铁通"合作，提高通关便利化水平。
>
> 中国海关总署将继续按照国家推进"一带一路"建设的整体部署，根据第二届国际合作高峰论坛达成的共识，全面有序推进沿线大通关合作，推动"一带一路"建设向高质量发展转变。
>
> 资料来源：《中国国门时报》

（二）与世界海关组织的合作

1952年，海关合作理事会（Customs Cooperation Council，CCC）在比利时布鲁塞尔成立，是世界性的为统一关税、简化海关手续而建立的政府间协调组织。1994年，海关合作理事会将"世界海关组织"（World Customs Organization，WCO）作为工作名称。世界海关组织是全球唯一专门研究海关事务的国际政府间组织，目前共有182名成员。我国海关于1983年7月18日正式加入海关合作理事会。

世界海关组织通过制定国际公约推动各国海关合作，在促进协调和简化海关手续、方便国际贸易方面发挥着积极作用。该组织成立后制定了《关于建立设立海关合作理事会的公约》《海关商品估价公约》《海关税则商品分类目录公约》《关于包装用品暂准进口海关公约》《关于专业设备暂准进口海关公约》《关于货物凭ATA报关单证册暂准进口海关公约》《关于科学设备暂准进口海关公约》《关于教学用品暂准进口海关公约》《关于在展览会、交易会、会议等事项中便利展出和需用货物进口海关公约》《关于简化和协调海关业务制度国际公约》（简称《京都公约》，于1999年进行修订，2006年生效）、《关于协调商品名称及编码制度国际公约》（简称《HS公约》）、《关于防止、调查和惩处违反海关法行为的行政互助国际公约》（简称《内罗毕公约》）、《海关暂准进口公约》等近20个国际公约。

中国海关积极履行并参与的WCO各项国际公约，参与WCO决策和规则制定，牵头制定《跨境电商标准框架》和《"经认证的经营者"互认实施指南》，深入参与《经修订的京都公约》全面审核。与WCO积极开展高层交流，如我国海关领导出席理事会年会及其他高层会议、互访等加强合作。我国海关人员在WCO担任重要职位，包括WCO的政策委员会、财政委员会、原产地技术委员会、执法委员会、《伊斯坦布尔公约》管理委员会、电子商务工作组主席/副主席等重要职位。我国海关承办了WCO举办的重要会议和活动，包括第11届WCO亚太地区联络官会议、第64届政策委员会会议、世界海关与商界论坛、首届世界海关跨境电商大会等。倡议开展联合执法行动，包括打击邮件和快递渠道走私毒品和易制毒化学品行为的"天网行动"、打击邮件和快递渠道走径枪支弹药行为的"和平女神行动"、打击走私有害废物的"大地女神行动"等。开展国际海关规则研究与实践。我国海关还积极参与能力建设，承办WCO亚太地区培训中心（RTC，上海海关学院和厦门海关教育培训基地）、亚太地区缉毒犬培训中心（RDTC），并选派业务骨干参加WCO专家认证并为其他成员海关提供能力建设援助。在WCO设立中国海关能力建设合作基金，为期五年（2019—2024），每年投入100万欧元，主要用于支持WCO的发展中成员和最不发达成员开展能力建设活动。

练习题

一、名词解释

海关　关境　企业稽查　行政审批权　税费征收权　行政检查权　稽查权　扣留权　税收保全措施　行政处罚权　海关执法监督　对外开放的口岸　一类口岸　二类口岸　水运口岸　陆路口岸　航空口岸　海关总署　直属海关　隶属海关　海关缉私警察　海关关员　海关关衔制度　金关工程　海关 EDI 通关系统　中国电子口岸系统　"互联网 + 海关"一体化网上办事平台　国际贸易"单一窗口"　通关作业无纸化　世界海关组织

二、论述题

1. 简述海关在国际贸易中的地位和作用。
2. 简述我国海关的职能。
3. 论述我国海关的权力内容。
4. 查询资料，了解我国直属海关的布局。
5. 讨论关检融合的意义。
6. 了解我国海关的金关工程及金关工程二期，并讨论我国海关的发展远景。

第二章

报　关

报关活动与国家对外贸易政策法规的实施密切相关，报关业务有着较强的政策性、专业性、技术性和操作性，报关业务的质量直接关系着进出口货物的通关速度、企业的经营成本和经济效益和海关的行政效率。本章主要阐述报关的基本内容，介绍海关对报关单位和报关员的管理措施。

第一节　报　关　概　述

报关是履行海关进出境手续的必要环节之一，也是进出口贸易的环节之一，是对外经济贸易活动的重要组成部分。

一、报关的含义

根据《海关法》第8条的规定："进出关境运输工具、货物、物品，必须通过设立海关的地点进境或出境。"因此，所有的运输工具、货物和物品在进出境时，都要向海关报告并按国家规定办理进出境手续及相关的海关事务。

报关是指进出境运输工具负责人、进出口货物收发货人、进出境物品的所有人或者他们的代理人，向海关办理运输工具、货物、物品进出境手续及相关海关事务的全过程。其中，进出境运输工具负责人、进出口货物收发货人、进出境物品的所有人或者他们的代理人是报关行为的承担者，也是报关的主体；报关的对象是进出境运输工具、货物和物品；报关的内容是办理运输工具、货物和物品进出境手续及相关的海关事务。

报关与通关存在不同。通关是指除了包括海关管理相对人（包括进出境运输工具负责人、进出口货物收发货人、进出境物品的所有人或者他们的代理人）对海关办理运输工具、货物、物品的进出境手续及相关手续外，还包括海关对进出境运输工具、货物、物品依法进行监督管理，核准其进出境的管理过程。从两者的概念上看，报关实际上只是通关的一个方面，只是从报关单位单方面来讲的；而通关是从报关单位和海关两方面讲的。因此，报关和通关活动的对象虽然都是针对运输工具、货物、物品的进出境而言的，但二者所包括的内容和视角仍然存在一定的差异。

报关与结关存在不同。结关也称为清关，是指海关管理相对人在海关办理完相关进出境手续及相关海关事务后，海关对运输工具、货物、物品不再进行监管，海关管理相对人可以自行处理运输工具、货物、物品。简单地说，结关就是办结一切海关手续，是报关中的最后环节，属于报关流程中的一部分。

二、报关的分类

（一）运输工具报关、货物报关和物品报关

由于海关对进出境运输工具、货物、物品的监管要求各不相同，履行运输工具报关、货

物报关、物品报关的具体手续也各不相同。

进出境运输工具作为货物、人员及其携带物品的进出境载体，其报关主要是向海关直接交验随附的、符合国际商业运输惯例的、能反映运输工具进出境合法性及其所承运货物、物品情况的合法证件、清单和其他运输单证，其报关手续较为简单。

进出境物品由于其非贸易性质，且一般限于自用、合理的数量，其报关手续也很简单。

进出境货物的报关较为复杂，为此，海关根据对进出境货物的监管要求，制定了一系列报关管理规范，并要求必须由具备一定的专业知识和技能且经海关核准的专业人员代表报关单位专门办理。

另外，出入境人员在必要时，要在出入境口岸向海关进行健康申报，交验健康证书、预防接种证书，配合海关进行流行病学调查、医学排查、传染病监测和检疫等。

（二）进境报关和出境报关

依据报关的目的，可分为进境报关和出境报关。由于海关对运输工具、货物、物品的进、出境有不同的管理要求，运输工具、货物、物品根据进境或出境的目的分别形成了一套进境和出境报关手续。另外，由于运输或其他方面的需要，有些海关监管货物需要办理从一个设关地点运至另一个设关地点的海关手续，在实践中产生了"转关"的需要。转关货物也需办理相关的报关手续。

（三）自理报关和代理报关

根据报关活动实施者的不同，可分为自理报关和代理报关。自理报关是指进出口货物收发货人为本单位进出口货物自行办理报关纳税手续的行为。根据规定，自理报关单位必须具有对外贸易经营权和报关权。因此，企业要想自理报关，必须在有关商务主管部门登记以获得对外贸易经营权，然后去海关进行注册登记后才能自理报关。

代理报关是指接受进出口货物收发货人的委托，代理其办理报关手续的行为，这样的企业称为报关企业。报关企业从事代理报关业务前必须先取得海关的注册登记许可，然后向海关办理注册登记手续，才能进行代理报关服务。

根据代理报关法律行为责任承担者的不同，代理报关又分为直接代理报关和间接代理报关。直接代理报关是指报关企业接受委托人（即进出口货物收发货人）的委托，以委托人的名义办理报关业务的行为。间接代理报关是指报关企业接受委托人的委托，以报关企业自身的名义向海关办理报关业务的行为。在直接代理中，代理人代理行为的法律后果直接作用于被代理人；而在间接代理中，报关企业接受进出口货物收发货人的委托，以自己的名义办理报关手续时，应当承担与收发货人相同的法律责任。目前，我国报关企业大多采取直接代理的形式报关，而经营快件业务的营运人等国际货物运输代理企业适用间接代理报关。

三、报关的范围

按照法律规定，所有进出境运输工具、货物、物品都需要办理报关手续。

（一）进出境运输工具

国际贸易的交货、人员的往来及其携带物品的进出境，除经其他特殊运输方式外，都要通过利用各种运输工具的国际运输来实现。进出境运输工具主要包括用以载运人员、货物、物品进出境，在全球运营的各种境内或境外船舶、车辆、航空器和驮畜等。

根据《海关法》规定，所有进出中国关境的运输工具必须经由设有海关的港口、车站、机场、国界孔道、国际邮件互换局（交换站）及其他可办理海关业务的场所申报进出境。进出境申报是运输工具报关的主要内容。根据海关监管的要求，进出境运输工具负责人或其代理人在运输工具进入或驶离我国关境时，均应如实向海关申报运输工具所载旅客人数、进出口货物数量、装卸时间等基本情况。

1. 运输工具申报的基本内容

根据海关监管要求的不同，不同种类的运输工具报关时所需递交的单证及所要申明的具体内容也不尽相同。总的来说，运输工具进出境报关时需向海关申明的主要内容有：运输工具进出境的时间、航次（车次）、停靠地点等；运输工具进出境时所载运货物的情况，包括过境货物、转运货物、通运货物、溢短卸（装）货物的基本情况；运输工具服务人员名单及其自用物品、货币等情况；运输工具所载旅客情况；运输工具所载邮递物品、行李物品的情况；其他需要向海关申报清楚的情况，如由于不可抗力原因，运输工具被迫在未设关地点停泊、降落或者抛掷、起卸货物、物品等情况。除此以外，运输工具报关时还需提交其从事国际合法性运输必备的相关证明文件，如船舶国籍证书、吨税证书、海关监管簿、签证簿等，必要时还需出具保证书或缴纳保证金。

进出境运输工具负责人或其代理人就以上情况向海关申报后，有时还需应海关的要求配合海关检查，经海关审核确认符合海关监管要求的，可以上下旅客、装卸货物。

2. 运输工具舱单申报

近年来，随着我国对外贸易规模的不断扩大和国际物流的不断发展，为适应国际海关合作大趋势的需要，促进国际贸易安全与便利，海关将运输工具舱单申报作为进出境运输工具报关的一个重要事项。

进出境运输工具舱单（简称舱单）是指反映进出境运输工具所载货物、物品及旅客信息的载体，包括原始舱单、预配舱单、装（乘）载舱单。原始舱单，是指舱单传输人向海关传输的反映进境运输工具装载货物、物品或者乘载旅客信息的舱单。预配舱单，是指反映出境运输工具预计装载货物、物品或者乘载旅客信息的舱单。装（乘）载舱单，是指反映出境运输工具实际配载货物、物品或者载有旅客信息的舱单。

进出境运输工具载有货物、物品的，舱单内容应当包括总提（运）单及其项下的分提（运）单信息。进出境运输工具负责人即舱单电子数据传输义务人，应当在进境货物、物品运抵目的港以前向海关传输原始舱单电子数据。海关接受原始舱单主要数据传输后，收货人、受委托的报关企业方可向海关办理货物、物品的申报手续。进境运输工具载有旅客的，舱单传输人应当在规定时限向海关传输原始舱单电子数据。

出境运输工具预计载有货物、物品的，舱单传输人应当在办理货物、物品申报手续以前向海关传输预配舱单主要数据；以集装箱运输的货物、物品，出口货物发货人应当在货物、物品装箱以前向海关传输装箱清单电子数据。海关接受预配舱单主要数据传输后，舱单传输人应当在规定时限向海关传输预配舱单其他数据。出境货物、物品运抵海关监管场所时，海关监管场所经营人应当以电子数据方式向海关提交运抵报告。运抵报告提交后，海关即可办理货物、物品的查验、放行手续。舱单传输人应当在运输工具开始装载货物、物品前向海关传输装载舱单电子数据。出境运输工具预计载有旅客的，舱单传输人应当在出境旅客开始办理登机（船、车）手续前向海关传输预配舱单电子数据。舱单传输人应当在旅客办理登机（船、车）手续后，运输工具上客以前向海关传输乘载舱单电子数据。运输工具负责人应当在货物、物品装载完毕或者旅客全部登机（船、车）后向海关提交结关申请，经海关办结手续后，出境运输工具方可离境。

已经传输的舱单电子数据需要变更的，舱单传输人可以在原始舱单和预配舱单规定的传输时限以前直接予以变更，但是货物、物品所有人已经向海关办理货物、物品申报手续的除外。

（二）进出境货物

进出境货物主要包括一般进出口货物、加工贸易货物、特定减免税货物、暂准进出境货物、其他海关监管货物。另外，一些特殊货物（如通过电缆、管道输送进出境的水、电等）以及无形货物（如附着在货品载体上的软件）等也属报关的范围。

目前，海关对一般进出口货物的通关程序是报关单位向直属海关进行电子申报，经由直属海关集中审单，接受报关单位向进境地海关递交书面单证，由报关单位配合进境地海关查验货物，进境地海关计征税款，最后海关放行货物。对一般进出口货物放行就是结关，即海关结束监管。对加工贸易货物、特定减免税货物、暂准进出境货物等在向海关申报前和海关放行后还需办理其他相关海关手续。

报关单位的报关业务程序是与海关通关程序相对应的。对于一般进出口货物，其基本报关业务程序是：报关单位准备并审核报关单证，填制报关单，向直属海关进行电子申报，向进境地海关递交书面申报单证，陪同海关查验货物，向海关指定银行缴纳税费，海关放行后提货或安排装货，办理其他相关海关事务。

（三）进出境物品

海关监管进出境物品包括行李物品、邮递物品和其他物品，三者在报关要求上有所不同。行李物品是指进出境人员携带、托运等方式进出境的物品；邮递物品是指以邮递方式进出境的物品；其他物品主要包括暂时免税进出境物品、享有外交特权和豁免权的外国机构或者人员的进出境物品、常驻机构及非居民长期旅客进出境公自用物品、高层次人才进出境物品等。

《海关法》第46条规定："个人携带进出境的行李物品、邮寄进出境的物品，应当以自用、合理数量为限，并接受海关监管。""自用"指的是进出境旅客本人自用、馈赠亲友之用而非为出售或出租，合理数量是指海关根据进出境旅客旅行目的和居留时间所规定的正常数量；对于邮递物品，指的是海关对进出境邮递物品征、免税限制。自用合理数量原则是海关对进出境物品监管的基本原则，也是对进出境物品报关的基本要求。

对于通过随身携带或邮政渠道进出境的货物要按货物办理进出境报关手续。经海关登记准予暂时免税进境或者暂时免税出境的物品，应当由本人复带出境或者复带进境。享有外交特权和豁免权的外国机构或者人员的公务用品或者自用物品进出境，依照有关法律、行政法规的规定办理。

海关依法对进出境旅客携带物品、邮递物品实施检验检疫。

1. 进出境行李物品报关

当今世界上大多数国家的海关法律都规定对旅客进出境采用"红绿通道"制度，我国海关也采用了"红绿通道"制度。我国海关规定，进出境旅客在向海关申报时，可以在分别以红色和绿色作为标记的两种通道中进行选择。带有绿色标志的通道称"无申报通道"（又称"绿色通道"），适用于携运物品在数量和价值上均不超过免税限额，且无国家限制或禁止进出境物品的旅客；带有红色标志的通道称"申报通道"（又称"红色通道"），适用于携带应向海关申报物品的旅客。对于选择"红色通道"的旅客，必须填写"中华人民共和国海关进出境旅客行李物品申报单"（以下简称申报单）或海关规定的其他申报单证，在进出境地向海关做出书面申报。

行李物品的免税标准，进境居民旅客携带在境外获取的自用物品，总值在5000元人民币（含5000元）以内的；非居民旅客携带拟留在境内的自用物品，总值在2000元人民币（含2000元）以内的，海关予以免税放行，单一品种限自用、合理数量。但烟草制品、酒精制品以及国家规定应当征税的20种商品等另按有关规定办理。短期内或当天多次进出境旅客携带进出境物品，以旅途必需为限，不按照上述标准执行。

自2008年2月1日起，海关在全国各对外开放口岸实行新的进出境旅客申报制度。进出境旅客没有携带应向海关申报物品的，无须填写申报单，选择"无申报通道"通关。除海关免予监管的人员以及随同成人旅行的16周岁以下的旅客以外，进出境旅客携带应向海关申报物品的，须填写申报单，向海关书面申报，并选择"申报通道"通关。持有中华人民共和国政府主管部门给予外交、礼遇签证的进出境旅客，通关时应主动向海关出示本人有效证件，海关予以免验礼遇。

2. 进出境邮递物品报关程序

进出境邮递物品的申报方式由其邮递运输方式决定。我国是《万国邮政公约》的签约国，根据《万国邮政公约》的规定，进出口邮包必须由寄件人填写"报税单"（小包邮件填写绿色标签），列明所寄物品的名称、价值、数量，向邮包寄达国家的海关申报。进出境邮递物品的"报税单"和绿色标签随同物品通过邮政企业或快递公司呈递给海关。

个人物品以快件形式进出境的，按照个人物品类进出境快件监管。个人物品类进出境快件是指海关法规规定自用、合理数量范围内的进出境的旅客分离运输行李物品、亲友间相互馈赠物品和其他个人物品。个人物品类进出境快件报关时，报关单位应当向海关提交"海关进出境快件个人物品报关单"、每一件进出境快件的分运单、进境快件收件人或出境快件发件人身份证件影印件和海关需要的其他单证。

个人邮寄进境物品，海关依法对其征收进口税；但应征进口税税额在人民币50元（含50元）以下的，海关予以免征。

个人寄自或寄往我国港、澳、台地区的物品，每次限值为800元人民币；寄自或寄往其他国家和地区的物品，每次限值为1000元人民币。个人邮寄进出境物品超出规定限值的，应办理退运手续或者按照货物规定办理通关手续。但邮包内仅有一件物品且不可分割的，虽超出规定限值，经海关审核确属个人自用的，可以按照个人物品规定办理通关手续。

中华人民共和国禁止携带、邮寄进境的动植物及其产品和其他检疫物名录

为防止动植物疫病及有害生物传入，保护我国农林牧渔业生产和公共卫生安全，根据《中华人民共和国进出境动植物检疫法》《中华人民共和国动物防疫法》和《中华人民共和国种子法》规定，农业部和国家质量监督检验检疫总局组织修订了《中华人民共和国禁止携带、邮寄进境的动植物及其产品和其他检疫物名录》，现予以发布。

一、动物及动物产品类

（一）活动物（犬、猫除外），包括所有的哺乳动物、鸟类、鱼类、两栖类、爬行类、昆虫类和其他无脊椎动物，动物遗传物质。

（二）（生或熟）肉类（含脏器类）及其制品；水生动物产品。

（三）动物源性奶及奶制品，包括生奶、鲜奶、酸奶，动物源性的奶油、黄油、奶酪等奶类产品。

（四）蛋及其制品，包括鲜蛋、皮蛋、咸蛋、蛋液、蛋壳、蛋黄酱等蛋源产品。

（五）燕窝（罐头装燕窝除外）。

（六）油脂类，皮张、毛类，蹄、骨、角类及其制品。

（七）动物源性饲料（含肉粉、骨粉、鱼粉、乳清粉、血粉等单一饲料）、动物源性中药材、动物源性肥料。

二、植物及植物产品类

（八）新鲜水果、蔬菜。

（九）烟叶（不含烟丝）。

（十）种子（苗）、苗木及其他具有繁殖能力的植物材料。

（十一）有机栽培介质。

三、其他检疫物类

（十二）菌种、毒种等动植物病原体，害虫及其他有害生物，细胞、器官组织、血液及其制品等生物材料。

（十三）动物尸体、动物标本、动物源性废弃物。

（十四）土壤。

（十五）转基因生物材料。

（十六）国家禁止进境的其他动植物、动植物产品和其他检疫物。

注：1. 通过携带或邮寄方式进境的动植物及其产品和其他检疫物，经国家有关行政主管部门审批许可，并具有输出国家或地区官方机构出具的检疫证书，不受此名录的限制。

2. 具有输出国家或地区官方机构出具的动物检疫证书和疫苗接种证书的犬、猫等宠物，每人仅限一只。

资料来源：农业部、国家质检总局公告第 1712 号

3. 进出境其他物品报关程序

（1）暂时免税进出境物品。个人携带进出境的暂时免税进出境物品须由物品携带者在进境或出境时向海关做出书面申报，并经海关批准登记，方可免税携带进出境，而且应由本人复带出境或进境。

（2）享有外交特权和豁免权的外国机构或者人员进出境物品。享有外交特权和豁免权的外国机构或者人员进出境物品包括外国驻中国使馆和使馆人员，以及外国驻中国领事馆、联合国及其专门机构和其他国际组织驻中国的代表机构及其人员进出境的公务用品和自用物品。

外国驻中国使馆和使馆人员进出境公用、自用物品应当以海关核准的直接需用数量为

限。其中，公务用品是指使馆执行职务直接需用的进出境物品，包括：使馆使用的办公用品、办公设备、车辆；使馆主办或者参与的非商业性活动所需的物品；使馆使用的维修工具、设备；使馆的固定资产，包括建筑装修材料、家具、家用电器、装饰品等；使馆用于免费散发的印刷品（广告宣传品除外）；使馆使用的招待用品、礼品等。自用物品，是指使馆人员和与其共同生活的配偶及未成年子女在中国居留期间的生活必需用品，包括自用机动车辆（限摩托车、小轿车、越野车、9座以下的小客车）。

使馆和使馆人员因特殊需要携运我国政府禁止或者限制进出境物品进出境的，应当事先获得我国政府有关主管部门的批准，并按照有关规定办理。有下列情形之一的，使馆和使馆人员的有关物品不准进出境：携运进境的物品超出海关核准的直接需用数量范围的；未依照规定向海关办理有关备案、申报手续的；未经海关批准，擅自将已免税进境的物品进行转让、出售等处置后，再次申请进境同类物品的；携运我国政府禁止或者限制进出境物品进出境，应当提交有关许可证件而不能提供的；违反海关关于使馆和使馆人员进出境物品管理规定的其他情形。

使馆和使馆人员首次进出境公用、自用物品前，应当到主管海关办理备案手续；使馆和使馆人员进出境公用、自用物品，应当按照海关规定，以书面或者口头方式申报。其中，以书面方式申报的，还应当向海关报送电子数据。

使馆和使馆人员运进、运出公用、自用物品，应当填写"中华人民共和国海关外交公/自用物品进出境申报单"，向主管海关提出申请，并附提（运）单、发票、装箱单、身份证件复印件等有关单证材料。其中，运进机动车辆的，还应当递交使馆照会。

使馆运进由使馆主办或者参与的非商业性活动所需物品，应当递交使馆照会，并就物品的所有权、活动地点、日期、活动范围、活动的组织者和参加人、物品的最后处理向海关做出书面说明。活动在使馆以外场所举办的，还应当提供与主办地签订的合同副本。

外交代表随身携带自用物品进境时，应当向海关口头申报，但外交代表每次随身携带进境的超过规定限额的限制性进境物品，应当向海关提出书面申请。

外国驻中国领事馆、联合国及其专门机构和其他国际组织驻中国代表机构及其人员进出境公用、自用物品，由海关按照《中华人民共和国领事特权与豁免条例》、我国已加入的国际公约，以及我国与有关国家或者国际组织签订的协议办理。

外国政府给予中国驻该国的使馆和使馆人员进出境物品的优惠和便利，低于中国政府给予该国驻中国的使馆和使馆人员进出境物品的优惠和便利的，我国海关可以根据对等原则，给予该国驻中国使馆和使馆人员进出境物品相应的待遇。

（3）常驻机构及非居民长期旅客进出境公自用物品。非居民长期旅客及常驻机构的常驻人员可以运进境内居留期间日常生活所必需的物品，但烟草制品、酒精制品除外。

常驻机构是指境外企业、新闻机构、经贸机构、文化团体及其他境外法人经我国政府主管部门批准，在境内设立的常设机构。经海关备案审批，常驻机构可申请进出境办公用品。常驻机构进境办公用品和机动交通工具时，经海关审核，在本机构自用合理数量内，海关依法免征税款。非居民长期旅客是指经公安部门批准进境并在境内连续居留1年以上（含1年），期满后仍回到境外定居地的外国公民、港澳台地区人员、华侨。非居民长期旅客取得境内长期居留证件后方可申请自用物品进境，首次进境的自用物品海关予以免税，但按规定准予进境的机动车辆和国家规定应税的20种物品除外；再次申请进境的自用物品，一律予以征税。

（4）高层次人才进出境物品。高层次人才是高层次留学人才和海外科技专家的统称。高层次人才的身份由中华人民共和国人力资源和社会保障部、中华人民共和国教育部或者其授权部门明确和认定。高层次人才回国和海外科技专家来华工作连续 1 年以上（含 1 年）的，首次进境的个人生活及工作自用的家用摄像机、照相机、便携式收录机、便携式激光唱机和便携式计算机等，海关予以免税放行。高层次人才可以申请从境外运进自用机动车辆 1 辆（限小轿车、越野车、9 座及以下小客车），海关予以征税验放。

四、报关与海关管理

报关与海关管理有十分密切的关系。报关是运输工具、货物、物品进出境的重要环节，是海关管理相对人与海关发生权利、义务关系的最主要和最直接的途径。

（一）报关与海关工作任务

报关质量与报关秩序直接影响海关监管、征税、缉私和统计工作任务的完成和通关速度。

1. 报关与海关监管

海关监管是海关完成工作任务的基础，其主要是通过法定的程序、方法、手段监管运输工具、货物、物品进出境，查处违规和违法活动。为了达到这一目的，海关规定了运输工具、货物、物品进出境的手续和要求，这些手续和要求需要通过海关管理相对人的报关活动来实现。不同的运输工具、货物和物品的海关监管条件、通关程序、报关手续和要求不同。因此，报关活动是否规范、合法会直接影响海关的工作量和工作效率。

报关活动的规范、守法程度可以影响海关监管措施的演变。海关对报关活动规范、守法的企业可以给予诸多通关便利，反之则采取严厉的监管措施。所以，报关活动与海关监管密切相关。

2. 报关与海关征税

报关活动对于海关征税有重要的影响。海关税收的征、免、退、补是以当事人的报关活动为基础的，报关是否真实、准确直接关系到国家税收的应收尽收。海关如在审核时发现报关人申报的价格不真实，即按照规定进行海关估价征税。如经调查系故意瞒报、伪报，海关将按照规定进行处理，同时会影响当事人的诚信。

3. 报关与缉私

查缉走私是海关顺利完成监管、征税等任务和维护正常的经济秩序的保障措施。从实践上看，相当一部分走私违法活动都与报关活动有关。因此，对报关活动的规范将会减少走私违法活动的发生。

4. 报关与海关统计

中国的海关统计是国家进出口货物贸易统计，是国民经济统计的重要组成部分。海关统计数据是否准确、可靠，与报关单位的申报数据有着极大的关系。因此，报关单位应该按照报关单填写规范的要求准确、高质量地填写报关数据，这是海关对外贸易统计准确、可靠、及时的重要保证。

（二）报关与海关业务改革

为了适应我国改革开放形势的需要，海关业务制度处在不断改革和发展之中。海关业务制度改革的根本目标就是建立"方便、严密"的海关业务制度，而这种业务制度的建立离不开对报关方式和规范的重新设计。海关 H883 通关系统的建立，使海关实现了从手工操作时代到计算机时代的变革，报关数据电子化是实现这一变革的基础；海关通关作业改革则是以海关对报关单的处理方式为核心进行的海关管理体系和管理职能的重新设定和调整；正在运行的海关 H2010 工程和电子口岸也与报关方式转变有着密切关系。因此，海关对报关的管理是海关业务改革的重要内容之一。

（三）报关与企业管理

海关对企业的管理是海关管理的重要组成部分，报关管理是其中的工作内容之一。为了促进和引导企业守法自律，海关总署制定了《海关企业信用管理办法》，通过对企业守法状况的评估，设置高级认证企业、一般认证企业、一般信用企业、失信企业等不同类别的管理措施，对守法企业提供通关便利，对违法企业进行严密监管。海关对企业的信用管理中，企业的报关状况是重要的指标之一。

（四）报关与海关廉政建设

不规范报关、非法报关是海关廉政建设的隐患。海关大量的常规性的工作是在报关人员的配合下完成的，因此，报关人员是海关工作人员接触最多的群体。部分报关单位及其报关人员为了牟取非法利益，经常用行贿等手段拉拢、腐蚀海关干部，影响了海关队伍的廉政建设。因此，改革报关管理模式，加强对报关活动的管理，对于海关廉政建设有着重要意义。

第二节　报关单位

报关单位是指依法在海关注册登记的报关企业和进出口货物收发货人。《海关法》第 11 条规定："进出口货物收发货人、报关企业办理报关手续，必须依法经海关注册登记。"这以法律形式明确了向海关办理报关手续的企业实行注册登记的管理制度。因此，只有向海关注册登记手续，取得报关权的境内法人、组织和个人才能成为报关单位，从事有关报关活动。

一、报关单位的类型

报关单位划分为两种类型，即进出口货物收发货人和报关企业。

（一）进出口货物收发货人

进出口货物收发货人是指依法直接进口或者出口货物的中华人民共和国关境内的法人、其他组织或者个人。这些法人、其他组织或者个人一般都有进出口经营权，进出口货物收发货人经海关注册登记后，取得报关单位资格，只能为本企业的进出口货物办理报关纳税等事宜，所以这类报关单位为自理报关类型。

进出口货物收发货人依法向国务院对外贸易主管部门或者其委托的机构办理备案登记，成为对外贸易经营者。对于一些未取得对外贸易经营者备案登记表但按照国家有关规定需要从事非贸易性进出口活动的单位，如境外企业、新闻机构、经贸机构、文化团体等依法在我国境内设立的常驻代表机构，国家机关、学校、科研院所等组织机构，临时接受捐赠、礼品、国际援助的单位等，在进出口货物时办理临时注册登记，海关也视其为进出口货物收发货人。

值得注意的是，这里所称的"进出口货物收发货人"与国际贸易运输单据上的"收发货人"可能会有不同。运输单据上的收货人（Consignee）有时是进口人，但根据国际惯例，有时发货人指定自己为收货人，比如采用《2010 年国际贸易术语解释通则》中的 DAT、DAP 和 DDP 贸易术语；另外在有些信用证业务中，开证行为了控制风险，要求运输单据上的抬头（即收货人）为开证行。对于出口货物，运输单据上的发货人（Consignor、Shipper）有时会是境外的买方，比如采用 FOB 或 FCA 等贸易术语成交的情况。另外，这里所称的收发货人也不同于进出口货物报关单上的收货单位和发货单位。根据报关单填制规范的规定，进出口货物的收货单位是指在境内的最终消费、使用单位；发货单位是指出口货物的生产单位或者销售单位，包括已经取得对外贸易经营权的单位，也包括尚未取得对外贸易经营权而委托具有对外贸易经营权的单位进口或出口货物的单位。对于由境内企业留购的展览品、样品和广告品等，其购买人为收货人。

（二）报关企业

随着外贸的不断发展，报关业务大量增加，而办理货物进出关境手续的专业性强，有些进出口货物的收发货人由于经济、时间、地点、人力等方面的原因不能或不愿自行办理报关手续，便在实践中产生了委托报关的需求，接受委托代为办理货物进出境海关手续的报关企业也就随之产生了。

报关企业是指经海关准予注册登记，接受进出口货物收发货人的委托，以进出口货物收发货人的名义或者以自己的名义，向海关办理代理报关业务、提供报关服务的境内企业法人。这类报关企业属于代理报关类型。

目前，我国提供报关服务的报关企业主要有两类：一类是经营国际货物运输代理等业务，兼营进出口货物代理报关业务的国际货物运输代理公司等；另一类是主营代理报关业务的报关公司或报关行。

二、报关单位的注册登记

报关注册登记制度是指报关企业、进出口货物收发货人依法向海关提交规定的注册登记申请材料，经注册地海关依法对其申请注册登记的材料进行审核，准予其办理报关业务的管理制度。向海关办理注册登记手续是报关单位取得报关资格的法定条件，进出口货物收发货人、报关企业办理报关纳税手续，必须依法经海关注册登记。

能够向海关办理注册登记的单位是进出口货物收发货人和报关企业，因此报关单位的注册登记分为进出口货物收发货人注册登记和报关企业注册登记。

（一）进出口货物收发货人的注册登记

1. 进出口货物收发货人注册登记的程序

进出口货物收发货人应当按照规定到所在地海关办理报关单位注册登记手续。

进出口货物收发货人可以通过两种方式申请注册登记：选择"多证合一"方式提交申请的，可以在申请办理工商注册登记时，同步办理"报关单位注册登记证书"，海关确认接收到企业工商注册信息和商务备案信息后即完成企业备案；选择"单一窗口"或"互联网＋海关"方式提交申请的，企业在网上申请提交成功后，到所在地海关提交申请材料，注册地海关依法对申请注册登记材料进行核对，经核对申请材料齐全、符合法定形式的，准予注册登记。

海关对进出口收发货人不再核发"报关单位注册登记证书",需要获取书面备案登记信息的企业,可以在线打印备案登记回执,并到所在地海关加盖海关印章。进出口货物收发货人依法设立的分支机构可以办理进出口货物收发货人分支机构备案,由进出口货物收发货人凭"报关单位情况登记表"向分支机构所在地海关申请办理。

2. 进出口货物收发货人注册登记的注销

进出口货物收发货人有下列情形之一的,应当以书面形式向注册地海关办理注销手续。海关在办结有关手续后,应当依法办理注销注册登记手续:

(1) 破产、解散、自行放弃报关权或者分立成两个以上新企业的。

(2) 被工商行政管理部门注销登记或者吊销营业执照的。

(3) 丧失独立承担责任能力的。

(4) 对外贸易经营者备案登记表或者外商投资企业批准证书失效的。

(5) 其他依法应当注销注册登记的情形。

进出口货物收发货人有破产、解散、自行放弃报关权或者分立成两个以上新企业的情形的,如果未主动办理注销手续,海关可以在办结有关手续后,依法注销其注册登记。

3. 临时注册登记单位的注册登记

申请人凭"报关单位情况登记表"和非贸易性活动证明材料即可向海关申请办理临时注册登记,海关出具临时注册登记证明。已经办理注册登记的进出口货物收发货人,海关不再办理临时注册登记手续。

(二) 报关企业的注册登记

由于报关业务的专业性强,因此海关规定,报关企业经直属海关注册登记许可后方能办理注册登记。

1. 报关企业注册登记许可

报关企业注册登记许可是指经海关依法对报关企业的报关资格审定、批准其向海关办理注册登记,从事报关服务的执法行为。具体有:

(1) 具备境内企业法人资格条件。

(2) 法定代表人无走私记录。

(3) 无因走私违法行为而被海关撤销注册登记许可的记录。

(4) 有符合从事报关服务所必需的固定经营场所和设施。

(5) 海关监管所需要的其他条件。

2. 报关企业注册登记的程序

(1) 报关企业注册登记许可申请。申请报关企业注册登记许可,应当提交"报关单位情况登记表"。申请人应当到所地直属海关对外公布受理申请的场所提出申请,并递交申请注册登记许可材料。

(2) 申请的受理。

1) 申请人不具备报关企业注册登记许可申请资格的,应当做出不予受理的决定。

2) 申请材料不齐全或者不符合法定形式的,应当当场或者在签收申请材料后5日内告知申请人需要补充的全部内容。

3) 申请材料齐全、符合法定形式,或者申请人按照海关的要求提交全部补正申请材料的,海关应当受理报关企业的注册登记许可申请,并做出受理决定。

（3）申请的审查。所在地海关受理申请后，应当根据法定条件和程序进行全面审查，并且于受理注册记许可申请之日起20个工作日内审查完毕。

（4）许可决定。申请人的申请符合法定条件的，海关应当依法做出准予注册登记许可的书面决定，并送达申请人，同时核发"中华人民共和国海关报关单位注册登记证书"。申请人的申请不符合法定条件的，海关应当依法做出不准予注册登记许可的书面决定。

（5）报关企业分支机构的注册登记。报关企业设立分支机构应当向其分支机构所在地海关提交"报关单位情况登记表"。经审查符合备案条件的，海关应当核发"中华人民共和国海关报关单位注册登记证书"。

3. 报关企业注册登记许可的注销

报关企业有下列情形之一的，海关应当依法注销其注册登记许可：

1）有效期届满未申请延续的。

2）报关企业或其跨关区分支机构依法终止的。

3）注册登记许可依法被撤销、撤回，或者注册登记许可证件依法被吊销的。

4）因不可抗力导致注册登记许可事项无法实施的。

5）法律、行政法规规定的应当注销注册登记许可的其他情形。

4. 海关特殊监管区域内企业的注册登记

海关特殊监管区域内的企业可以申请注册登记成为特殊监管区域双重身份企业，海关按照报关企业有关规定为其办理注册登记手续。

特殊监管区域双重身份企业在海关特殊监管区域内拥有进出口货物收发货人和报关企业双重身份，在海关特殊监管区外仅具有报关企业身份。

（三）报关单位注册登记的有效期

1. 进出口货物收发货人注册登记的有效期

除海关另有规定外，进出口货物收发货人的"中华人民共和国海关报关单位注册登记证书"长期有效。临时注册登记有效期最长为1年，有效期届满后应当重新办理临时注册登记手续。

2. 报关企业注册登记的有效期

报关企业注册登记许可期限为2年。被许可人需要延续注册登记许可有效期的，应当在有效期届满40日前向海关提出申请。报关企业应当在办理注册登记许可延续的同时，办理换领"报关单位注册登记证书"手续。

报关企业分支机构备案有效期为2年，报关企业分支机构应当在有效期届满前30日向分支机构所在地海关办理换证手续。

报关企业未按照规定的时限提出延续申请的，海关不再受理其注册登记许可延续申请。

（四）报关单位注册登记的变更

1. 进出口货物收发货人注册登记的变更

进出口货物收发货人的企业名称、企业性质、企业住所、法定代表人（负责人）等海关注册登记内容发生变更的，应当自变更生效之日起30日内，凭变更证明文件等相关材料向注册地海关办理变更手续。

所属报关人员发生变更的，进出口货物收发货人应当在变更事实发生之日起30日内向注册地海关办理变更手续。

2. 报关企业注册登记许可的变更

报关企业的企业名称、法定代表人发生变更的，应当凭"报关单位情况登记表""报关单位注册登记证书"及变更证明文件等相关材料，以书面形式向注册地海关申请变更注册登记许可。

报关企业分支机构企业名称、企业性质、企业住所、负责人等海关备案内容发生变更的，应当自变更生效之日起 30 日内，向所在地海关办理变更手续。

所属报关人员备案内容发生变更的，报关企业及其分支机构应当在变更事实发生之日起 30 日内，向注册地海关办理变更手续。

对被许可人提出的变更注册登记许可申请，注册地海关应当参照注册登记许可程序进行审查。经审查符合注册登记许可条件的，应当做出准予变更的决定，同时办理注册登记变更手续。经审查不符合注册登记许可条件的，海关不予变更其注册登记许可。

三、报关单位的行为规则

（一）进出口货物收发货人的报关行为规则

进出口货物收发货人在海关办理注册登记后可以在中华人民共和国关境内口岸或者海关监管业务集中的地点办理本企业的报关业务。进出口货物收发货人及其在海关备案的分支机构可以在全国办理进出口报关业务。

进出口货物收发货人应当通过本单位所属的报关人员办理报关业务，或者委托海关准予注册登记的报关企业，由报关企业所属的报关人员代为办理报关业务。

进出口货物收发货人所属人员从事报关业务的，进出口货物收发货人应当到海关办理备案手续，海关予以核发证明。

进出口货物收发货人向海关提交的进出口货物报关单应当加盖本单位的报关专用章。

进出口货物收发货人应当于每年 1 月 1 日至 6 月 30 日通过企业信用信息管理系统向海关提交《企业信用信息年度报告》。

进出口货物收发货人应当对其分支机构及所属报关人员的行为承担法律责任。

（二）报关企业的报关行为规则

报关企业向海关提交的进出口货物报关单应当加盖本单位的报关专用章。报关企业及其在海关备案的分支机构可以在全国办理进出口报关业务。

报关企业应当于每年 1 月 1 日至 6 月 30 日，通过企业信用信息管理系统向海关提交《企业信用信息年度报告》。报关企业应当在每年 6 月 30 日前向注册地海关提交《报关单位注册信息年度报告》。

报关企业所属人员从事报关业务的，报关企业应当到海关办理备案手续，海关予以核发证明。

报关企业应当对其分支机构及所属报关人员的报关行为承担法律责任。

（三）报关单位的法律责任

报关单位在办理报关业务时，应遵守国家有关法律、行政法规和海关的各项规定，并对所申报货物、物品的品名、规格、价格、数量、品质等的真实性、合法性负责，并承担相应的法律责任。

报关单位的海关法律责任，是指报关单位违反海关法律规范所应承担的法律后果，并由海关及有关司法机关对其违法行为依法予以追究，实施法律制裁。《海关法》《商检法》《动植物检疫法》《国境卫生检疫法》《食品卫生法》《海关行政处罚实施条例》等法律法规以及海关规章等，都对报关单位的法律责任进行了规定。《中华人民共和国刑法》关于走私犯罪的规定，《中华人民共和国行政处罚法》关于行政处罚的原则、程序、时效、管辖、执行等规定，也都适用于对报关单位海关法律责任的追究。

《代理报关委托书/委托报关协议》管理系统若干规定即将出台及相关问题解答

根据《监管司关于修改〈代理报关委托书/委托报关协议〉格式的请示》（署监签〔2018〕120号）文件的要求，中国报关协会对《代理报关委托书\委托协议》管理系统（简称"系统"）进行了架构升级，目前系统运行稳定。为进一步配合海关通关作业无纸化改革，加大系统规范管理力度，实现操作端有章可循，审批端有法可依。2019年8月20—22日，中国报关协会组织部分授权管理单位进行集中工作，讨论草拟了以下系统相关配套管理规定。

（一）草拟修订《代理报关委托书/委托报关协议》管理系统暂行管理办法及实施细则。

（二）草拟修订《代理报关委托书/委托报关协议》管理系统使用协议。

（三）草拟修订《代理报关委托书/委托报关协议》管理系统操作规程。

（四）草拟修订《代理报关委托书/委托报关协议》管理系统服务委托协议。

（五）草拟制订《代理报关委托书/委托报关协议》管理系统全国宣传推广方案。

以上草案经征求意见后，向社会公布，请予以关注。

下面将就一些问题进行解答：

一、什么是《代理报关委托书/委托报关协议》管理系统？

为积极配合海关通关作业无纸化改革试点，节约通关成本，促进通关便利，在总结成功实施规范统一纸质委托格式的经验基础上，中国报关协会组织研发了《代理报关委托书/委托报关协议》（简称《委托书/协议》管理系统）。电子《委托书/协议》是纸质《委托书/协议》的电子化，企业可通过该系统进行网上委托并向海关提交电子《委托书/协议》。

二、为什么要推广使用《委托书/协议》管理系统？

《中华人民共和国海关法》和《中华人民共和国海关进出口货物申报管理规定》要求报关企业以自己的名义或以委托人的名义向海关申报的，应向海关提交由委托人签署的授权委托书和委托双方签署的《委托报关协议》。为方便企业无纸报关，将《委托书/协议》系统电子化。

三、什么是委托方、代理方和被委托方？

委托方是指进出口货物收发货人及其代理人，也称经营单位；代理方是指委托方的货运代理等企业，代理委托方的货物承运及委托报关企业报关；被委托方是指报关企业，也称申报单位。在海关注册登记的报关企业和进出口货物收发货人统称为报关单位。

四、为什么被委托方需要备案登记，委托方不需要备案登记？

被委托方备案登记可在系统中形成被委托企业数据库，便于委托方查询和委托。目前，全国95%以上的报关业务均由被委托方（报关企业）代理报关。

五、地方报关协会如何审核？

报关企业备案登记和变更信息后，地方报关协会需要对企业填写的海关管理类别、是否为中国报关协会或地方报关协会会员及担任的职务、是否为全国优秀报关企业及被评时间、优秀报关员名单及被评时间等重要信息进行审核确认，确保信息的真实性。

六、为什么设立有效期？

报关企业在经营过程中经常出现联系方式、通信地址变更、人员流动等现象，为规范本系统的良好运行，保证企业及时更新信息，方便委托方查询委托，报关企业须在有效期截止之日前，向地方报关协会重新提交备案登记申请，否则系统将自动暂停该企业使用本系统的权限。

七、系统中的确认键代表什么？

委托双方在系统中点击确认键即表示签名同意的意思。

八、《委托书/协议》电子系统的法律效力？

电子《委托书/协议》与纸质《委托书/协议》具有同等的法律效力。经委托双方确认的电子《委托书/协议》，可作为电子报关单的随附单证发送至海关通关系统。

九、企业使用本系统的好处？

（一）使用《委托书/协议》管理系统，可开展网上委托，操作简便、易于理解、成本低，能够有效解决异地委托、长期委托给企业造成的困难，有利于提高企业的工作效率，降低经营成本，既可维护企业的合法权益，又有利于海关的后续监管。

（二）中国报关协会作为委托方和被委托方的网上委托第三方证人，负责保存电子《委托书/协议》数据、提供委托证明、查询统计分析、监督系统运行等，能够更好地服务企业，切实维护企业利益。

（三）所有备案登记的报关企业形成一个被委托企业数据库，按各关区排序形成一个列表，并能进行搜索，方便委托方在系统中开展查询、委托等业务。

（四）本系统具备查询、统计和打印等功能，报关单位可通过系统查询、统计、分析和打印本企业需要的相关信息。

十、本系统为什么由中国报关协会管理？

总署领导要求报关协会要加强以诚信为核心的报关行业文化建设，强化行业自我约束，增强社会公信力，当好维护会员利益的"娘家人"，当好改进海关监管和服务的"中间人"。根据海关总署《海关通关作业无纸化改革实施方案》中提到的"发挥行业协会职能作用，规范报关行为"，中国报关协会负责组织研发和管理企业与企业之间使用《委托书/协议》管理系统，并在系统上授权管理单位（地方报关协会和部分海关）协助管理和服务，是行业规范和自律。

十一、如何提供电子证明？

电子代理报关委托业务出现纠纷时，由被授权的地方报关协会查询相关企业签署的电子《委托书/协议》，打印签章、提供电子委托证明。

资料来源：中国报关协会网站

四、企业信用管理

根据《海关法》及其他有关法律、行政法规的规定，海关按照社会信用体系建设的总体要求，根据企业经营管理、内控规范、守法守信等信息，明确了认证企业、一般信用企业和失信企业的认定标准及管理措施。

（一）企业信用信息采集和公示

海关采集能够反映企业进出口信用状况的信息，建立企业信用信息管理系统，包括：企业注册登记或者备案信息，以及企业相关人员基本信息；企业进出口及与进出口相关的经营信息；企业行政许可信息；企业及其相关人员行政处罚和刑事处罚信息；海关与国家有关部门实施联合激励和联合惩戒信息；AEO 互认信息；企业产品检验检疫合格率、国外通报、退运、召回、索赔等情况；因虚假申报导致进口方原产地证书核查，骗取、伪造、变造、买卖或者盗窃出口货物原产地证书等情况；以及其他能够反映企业信用状况的相关信息。

海关在保护国家秘密、商业秘密和个人隐私的前提下，公示企业如下信用信息：企业在海关注册登记或者备案信息，海关对企业信用状况的认定结果，海关对企业的行政许可信息，海关对企业的行政处罚信息，海关与国家有关部门实施联合激励和联合惩戒信息，海关信用信息异常企业名录，以及其他依法应当公示的信息。

（二）企业信用状况的认定标准和程序

1. 认证企业

经认证的经营者（简称认证企业，AEO）是指以任何一种方式参与货物国际流通，并被海关当局认定符合世界海关组织或相应供应链安全标准的一方，包括生产商、进口商、出口商、报关行、承运商、理货人、中间商、口岸和机场、货站经营者、综合经营者、仓储业经营者和分销商等。

我国海关依法开展与其他国家或者地区海关的 AEO 互认，并给予互认 AEO 企业相应的通关便利措施，充分体现了与国际海关接轨的要求。

《海关认证企业标准》分为一般认证企业标准和高级认证企业标准，每类标准均包括通用认证标准和根据企业经营类别不同而制定的单项认证标准，具体包括内部控制、财务状况、守法规范、贸易安全 4 大类标准。认证企业应当同时符合通用认证标准和与其实际情况相符的相应经营类别的单项认证标准。

企业申请成为认证企业，应当向海关提交"适用认证企业管理申请书"。海关按照《海关认证企业标准》对企业实施认证。

海关应当自收到"适用认证企业管理申请书"之日起 90 日内，对企业的信用状况是否符合《海关认证企业标准》做出决定。特殊情形下，海关认证时限可以延长 30 日。通过认证的企业，海关制发"认证企业证书"；未通过认证的企业，海关制发"不予适用认证企业管理决定书"。

海关对高级认证企业每 3 年重新认证一次，对一般认证企业不定期重新认证。重新认证前，海关应当通知企业，并且参照企业认证程序进行重新认证。对未通过重新认证的，海关制发"企业信用等级认定决定书"，调整企业信用等级。重新认证期间，企业申请放弃认证企业管理的，视为未通过认证。

AEO 互认的通关便利，你了解吗？

截至 2019 年 10 月，中国海关已有 15 个经济体的 41 个国家和地区（中国香港）海关实现了 AEO 互认，41 个国家包括欧盟 28 个成员国（法国、德国、意大利、荷兰、比利时、卢森堡、丹麦、爱尔兰、希腊、葡萄牙、西班牙、奥地利、瑞典、芬兰、马耳他、塞浦路斯、波兰、匈牙利、捷克、斯洛伐克、斯洛文尼亚、爱沙尼亚、拉脱维亚、立陶宛、罗马尼亚，保加利亚、克罗地亚、英国），以及新加坡、韩国、瑞士、新西兰、以色列、澳大利亚、日本、白俄罗斯、哈萨克斯坦、蒙古、乌拉圭、阿联酋、巴西等。来自上述国家（地区）的 AEO 企业的进口货物在通关环节享有较低查验率、简化单证审核、优化通关等便利措施，通关效率较其他进口货物具有显著优势。

（1）对于 AEO 企业的货物，将其资质作为有利因素纳入减少查验或监管的风险评估，并在其他相关安全管理措施中予以考虑。

（2）对 AEO 企业的商业伙伴进行评估时，将已获 AEO 企业资质的商业伙伴视为安全的贸易伙伴。

（3）对 AEO 企业的货物给予优先对待、加速处理、快速放行。

（4）指定海关联络员，负责沟通解决 AEO 企业在通关中遇到的问题。

（5）对因重大事故或不可抗力而导致的贸易中断，在贸易恢复后海关将给予 AEO 企业货物优先和快速通关的便利待遇。

2. 失信企业

企业有下列情形之一的，海关认定为失信企业：

1）有走私犯罪或者走私行为的。

2）非报关企业 1 年内违反海关监管规定行为次数超过上年度报关单、进出境备案清单等相关单证总票数千分之一，且被海关行政处罚金额累计超过 100 万元的。报关企业 1 年内违反海关监管规定行为次数超过上年度报关单、进出境备案清单总票数万分之五，且被海关行政处罚金额累计超过 10 万元的。

3）拖欠应缴税款或者拖欠应缴罚没款项的。

4）经过实地查看，确认企业登记的信息失实且无法与企业取得联系的，被海关列入信用信息异常企业名录超过 90 日的。

5）假借海关或者其他企业名义获取不当利益的。

6）向海关隐瞒真实情况或者提供虚假信息，影响企业信用管理的。

7）抗拒、阻碍海关工作人员依法执行职务，情节严重的。

8）因刑事犯罪被列入国家失信联合惩戒名单的。

9）企业有违反国境卫生检疫、进出境动植物检疫、进出口食品化妆品安全、进出口商品检验规定被追究刑事责任的。

10）其他海关认定为失信企业的情形。

当年注册登记或者备案的非报关企业、报关企业，1 年内因违反海关监管规定被海关行政处罚金额分别累计超过 100 万元、30 万元的，海关认定为失信企业。

3. 一般信用企业

企业有下列情形之一的，海关认定为一般信用企业：

1）首次注册登记的企业。

2）认证企业不再符合《海关认证企业标准》，并且未发生失信企业所列情形的。

3）自被海关认定为失信企业之日起，连续2年未发生失信企业规定情形的。

（三）企业信用管理措施

1. 高级认证企业适用的管理措施

高级认证企业适用的管理措施优于一般认证企业，除适用一般认证企业管理原则和措施外，还适用下列管理措施：

1）进出口货物平均查验率在一般信用企业平均查验率的20%以下。

2）可以向海关申请免除担保。

3）减少对企业稽查、核查频次。

4）可以在出口货物运抵海关监管区之前向海关申报。

5）海关为企业设立协调员。

6）AEO互认国家或者地区海关通关便利措施。

7）国家有关部门实施的守信联合激励措施。

8）因不可抗力中断国际贸易恢复后优先通关。

9）进出口货物平均检验检疫抽批比率在一般信用企业平均抽批比率的20%以下（法律、行政法规、规章或者海关有特殊要求的除外）。

10）出口货物原产地调查平均抽查比率在一般信用企业平均抽查比率的20%以下。

11）优先向其他国家（地区）推荐食品、化妆品等出口企业的注册。

12）海关总署规定的其他管理措施。

2. 一般认证企业适用的管理措施

1）进出口货物平均查验率在一般信用企业平均查验率的50%以下。

2）优先办理进出口货物通关手续。

3）海关收取的担保金额可以低于其可能承担的税款总额或者海关总署规定的金额。

4）进出口货物平均检验检疫抽批比率在一般信用企业平均抽批比率的50%以下（法律、行政法规、规章或者海关有特殊要求的除外）。

5）出口货物原产地调查平均抽查比率在一般信用企业平均抽查比率的50%以下。

6）优先办理海关注册登记或者备案以及相关业务手续，除首次注册登记或者备案以及有特殊要求外，海关可以实行容缺受理或者采信企业自主声明，免于实地验核或者评审。

7）海关总署规定的其他管理措施。

3. 失信企业适用的管理措施

1）进出口货物平均查验率在80%以上。

2）不予免除查验没有问题企业的吊装、移位、仓储等费用。

3）不适用汇总征税制度。

4）除特殊情形外，不适用存样留像放行措施。

5）经营加工贸易业务的，全额提供担保。

6）进出口货物平均检验检疫抽批比率在80%以上。

7）提高对企业稽查、核查频次。

8）国家有关部门实施的失信联合惩戒措施。

9）海关总署规定的其他管理措施。

4. 信用状况认定结果不一致企业适用的管理措施

因企业信用状况认定结果不一致导致适用的管理措施相抵触的，海关按照就低原则实施管理。

海关企业信用管理新政实施且使信用"国际通用"

"这回信用更值钱了！"

上海海关这几日正在密集举办政策宣讲，要将信用管理新政最大限度地告知企业。从本月开始，《中华人民共和国海关企业信用管理办法》开始实施。未来，企业凭借"信用"二字，甚至可实现从原先的轻装上阵发展到"零负担"上阵。

新政的一大亮点在于量化了认证企业进出口货物平均查验率的规定，增加了企业可预期，明确高级认证企业进出口货物的平均查验率在一般信用企业平均查验率的20%以下；一般认证企业进出口货物的平均查验率在一般信用企业平均查验率的50%以下。

对于失信企业的查验率，新政也同样具体化，将原办法中"较高进出口货物查验率"修改为"进出口货物平均查验率在80%以上"，并将失信企业排除在"查验没有问题免除相关费用"的企业范围之外，并且不得享受汇总征税、存样留像放行等通关便利。

据上海海关企管处有关负责人介绍，在上海海关注册的企业目前共计10.8万家，其中高级认证企业434家，一般认证企业2974家，失信企业201家，其余则为一般信用企业。此次新政对于失信企业的新规，几乎让失信企业丧失了生存空间。

那么，新政中明确的"高级认证企业平均查验率在一般信用企业平均查验率的20%以下"是什么概念呢？上海罗氏制药有限公司进出口经理郭虎以企业实际感受为例说，上海罗氏于2016年年底通过认证成为海关高级认证企业，公司去年进出口货物查验率从6.9%降至1.3%，极大减少了查验对产品带来的温度偏差风险，确保了企业的经济利益和患者的用药安全。

更为解渴的是，新政明确赋予了高级认证企业向海关申请免予提交担保的资格。三凯进出口公司副总经理贾国琳表示，公司每年需开具的银行保函高达十几亿元人民币，为此要实际支付银行约200多万元的服务费。

今后，免担保试点有望使企业"零负担"上阵。"如果不再需要出具银行保函，那么就能直接为公司节约200多万元的财务成本。如果说过去信用是一种商誉，那么现在它真正体现在了经营者的收益上！"贾国琳说。

此外，新政明确依据相关国际条约、协定开展与其他国家或地区海关的"经认证的经营者（AEO）"互认合作。截至2017年年底，中国海关已经与8个经济体、35个国家或地区签署了AEO互认安排。这意味着，经中国海关认证的企业，出口到上述经济体、国家或地区，也将享受到对方最高等级的通关便利。

资料来源：新浪上海，2018-05-16

第三节 报 关 员

报关员是指经报关单位向海关备案，专门负责办理所在单位报关业务的人员。《海关法》及 2014 年 3 月实施的《报关单位注册登记管理规定》将报关单位所属从事报关业务的人员称为"报关人员"，即报关员。

一、报关员的权利和义务

（一）报关员的权利

（1）根据海关规定，代表报关单位办理进出口货物报关纳税等海关业务。

（2）有权拒绝所属单位交办的单证不真实、手续不齐全的报关业务。

（3）据海关法和有关规定，对海关的行政处罚不服的，有权向海关申请复议，或者向人民法院起诉。

（4）有权根据国家法律、法规对海关工作进行监督，并有权对海关工作人员的违法、违纪行为进行检举、揭发和控告。

（5）有权举报报关活动中的违规走私行为。

（二）报关员的义务

（1）遵守国家有关法律、法规和海关规章，熟悉所申报货物的基本情况。

（2）提供齐全、正确、有效的单证，准确填制进（出）口货物报关单，并按有关规定向海关申请办理进出口货物的报关手续。

（3）海关查验进出口货物时，应按时到场，负责搬移货物、开拆和重封货物的包装。

（4）在规定的时间内负责办理缴纳所申报进出口货物的各项税费的手续、海关罚款手续、销案手续。

（5）配合海关对走私违规案件的调查。

（6）协助本企业完整保存各种原始报关单证、票据、函电等业务资料。

（7）参加海关组织的有关报关业务培训。

（8）承担海关规定报关员办理的与报关有关的工作。

二、报关员管理

（一）取消报关员注册登记

2014 年 3 月 13 日，海关总署发布《报关单位注册登记管理规定》，取消报关员的注册登记，改为以报关单位名义对其所属从业人员进行备案，报关单位对所属报关员承担法律责任。

（二）报关差错管理

《报关单位注册登记管理规定》取消了报关员记分考核管理，不再对报关人员进行记分和考核管理，改为对报关单位的报关差错进行记录，记错不设上限，可以通过海关"企业进出口信用管理系统"的"关企合作平台"（网址：http:/jicf.chinaport.gov.cn/jcf）进行查询，海关通过对报关单位办理海关业务中出现的报关差错予以公布，并结合报关单位信用管理，从而影响企业评级，达到监督报关企业加强管理、提高报关质量的目的。

对报关单位实行差错记录管理，旨在促进报关单位增强自律意识，提高业务素质和服务水平，提高报关单填制质量，减少报关差错，以及规范报关行业秩序，有效预防走私违法漏洞的出现，降低海关行政成本，提高监管效能。

《关于报关差错有关事项的公告》（海关总署公告 2014 年第 80 号）明确规定了列入报关差错的项目，主要涉及报关单填制不规范和单位行为不规范两个方面，分为六大部分。

三、关务水平评价

（一）关务水平评价概述

为了提高报关员的整体素质和执业水平，海关组织了报关员资格全国统一考试，只有通过考试才能获得报关员资格。2013 年 10 月，根据国务院简政放权、职能转变，进一步减少资质资格类许可和认定的有关要求，自 2014 年起不再组织报关员资格全国统一考试。

2014 年，为提升通关事务从业人员的职业素养，提高通关质量，服务企业选人、用人和院校后备人才培养工作，为了更好地对行业人才进行综合评价和定量分析，中国报关协会（China Customs Brokers Association，CCBA）依据我国法律法规和"报关服务作业规范""报关服务质量要求"等行业标准，组织了"报关水平测试"，以企业需求和就业为设计导向，以考察专业知识和岗位实操技能为测试目的，通过客观、公平、科学、系统的多维度评测，为行业企业选聘专业人才和院校培养专业人才提供客观的标准和依据，以期加强报关行业自律、提升报关从业人员职业素养、提高报关的质量。

《中国报关行业人才建设规划（2017—2021）》和《中国报关行业人才建设规划 2018 年实施方案》重点提出要创办关务管理类新专业，完善关务人才培养体系，稳步开展关务水平评价工作等。"报关水平测试"作为关务水平评价体系的重要组成部分，于 2018 年正式更名为"关务水平测试"。

关务水平评价考试时间一般为当年的 12 月份，采用智能化计算考试（综合职业素养和综合业务技能），结合书面评审方式。报名网址：www. chinacba. org。

关务水平评价是对参评申请人职业技能、专业知识水平进行的测试和综合评定。中国报关协会依据海关及相关法律规定、《报关服务作业规范》《报关服务质量要求》等行业标准及办法，设置评价要素、测试范围和合格标准，自行或委托专业机构开展关务水平评价，对参评申请人出具"关务水平测试成绩报告书"，对达标者颁发"关务水平证书（初、中、高级）"。

（二）关务水平评价内容

关务水平测试分为关务基础知识和关务基本技能两个科目。关务基础知识测试内容为国际贸易实务基础知识、海关基础知识、业务合规基础知识三个模块，总分 100 分，测试时长 60 分钟。关务基本技能测试内容为进出境通关、商品归类、数据申报、税费核算、保税关务管理五个模块，总分 200 分，测试时长 120 分钟。测试实行统一的计算机阅卷、核分。

参测人员通过报名网址登录报名平台，进行用户注册。用户注册信息将自动转入报名信息中，有关信息一经提交，即不得更改。参测人员应当在规定的报名时间内登录报名平台，选定考区，输入个人报名信息，并通过网上支付方式缴纳相关费用。

参测人员可以在测试结束 1 个月后，登录报名平台查询本人成绩。

（三）报名条件

报名人员应当符合下列条件：

（1）具有中华人民共和国国籍，包括持有有效"港澳居民来往内地通行证"的港澳居民和"台湾居民来往大陆通行证"的台湾居民。

（2）年满18周岁，具有完全民事行为能力。

（3）高中或同等学历及以上学历，从事关务及相关工作满一年者；或具有大学专科及以上学历的应届毕业生。

中国报关协会2018年关务水平测试顺利结束

2018年11月18日，中国报关协会2018年关务水平测试工作顺利完成。本次测试共在全国45个城市设立了49个考点（87个考场）。ATA（全美在线）作为中国报关协会的合作方，为本次考试提供了全流程专业的考试技术与运营服务。

考试期间，中国报关协会秘书长、全国报关职业教育教学指导委员会秘书长在北京总控室全程监督、查看了测试过程及全国各考场的动态。

中国报关协会白雪燕副会长亲赴青岛考点巡视，与山东报关协会共同完成了该考点各考场的巡考工作。此外，ATA（全美在线）也与各地方报关协会配合，在各区考场进行巡视、督导，充分保证了本次测试的公平、公正、公开。

本次测试的圆满成功，标志着作为报关行业人才建设项目之一的"关务水平评价"工作的顺利开展，后续中国报关协会将陆续推出"关务水平评价（中级）""关务水平评价（高级）"等科目，进一步完善我国关务人才评价体系。

资料来源：全美在线网站

练习题

一、名词解释

报关 通关 结关 自理报关 代理报关 直接代理报关 间接代理报关 舱单 原始舱单 预配舱单 装（乘）载舱单 行李物品 邮递物品 其他物品 绿色通道 红色通道 报关单位 进出口货物收发货人 报关企业 经认证的经营者 失信企业 一般信用企业 报关员 关务水平评价

二、论述题

1. 简述运输工具申报的基本内容。
2. 论述进出境物品的报关。
3. 简述报关与海关管理的关系。
4. 简述进出口货物收发货人向海关办理注册登记的流程。
5. 简述报关企业向海关办理注册登记的流程。
6. 论述企业信用状况的认定标准和程序。
7. 讨论报关员的权利和义务。

第三章

报关与对外贸易管制

各国政府为调整国内消费或生产、调节进出口或者基于政治目的，往往会对进出口贸易采取禁止或限制的措施，实施对外贸易管制。对外贸易管制已成为各国不可或缺的一项重要政府职能，是一个国家对外经济和外交政策的具体体现。本章主要阐述对外贸易管制的基本内容，重点讲述了对外贸易管制的构成和措施。

第一节　对外贸易管制概述

对外贸易管制是指一国政府为了国家的宏观经济利益、国内外政策需要以及履行所缔结或加入国际条约的义务，而确立实行各种管制制度、设立相应管制机构和规范对外贸易活动的总称。一个国家对外贸易管制制度涉及工业、农业、商业、军事、技术、卫生、环保、税务、资源保护、质量监督、外汇管理及金融、保险、信息服务等诸多领域。

一、对外贸易管制目的及特点

尽管各国所实行的对外贸易管制措施在形式和内容上有诸多差异，但其实行对外贸易管制的目的往往是共同的，主要表现为：

（一）保护本国经济利益，发展本国经济

发展中国家实行对外贸易管制主要是为了保护本国的民族工业，建立与巩固本国的经济体系，通过对外贸易管制的各项措施，防止外国产品冲击本国市场而影响本国独立的经济体系的建立，同时也是为了维护本国的国际收支平衡，使有限的外汇能有效地发挥最大的作用；发达国家实行对外贸易管制主要是为了确保本国在世界经济中的优势地位，避免国际贸易活动对本国经济产生不良影响，特别是要保持本国某些产品或技术的国际垄断地位，确保本国各项经济发展目标的实现。因此，各国的对外贸易管制措施都是与其自身的经济利益相联系的，是其经济政策的重要体现。

（二）推行本国的外交政策

不论是发达国家还是发展中国家，有时出于政治或军事上的考虑，而不得不牺牲本国经济利益，表现为在不同时期，对不同国家或不同商品实行不同的对外贸易管制措施，以达到自身政治上或军事上的目的。因此，贸易管制往往成为一国推行外交政策的有效手段。

（三）实现国家职能

作为主权国家，对其自然资源和经济行为享有排他的永久主权，国家对外贸易管制制度和措施的强制性，是国家为实现保护本国环境和自然资源、保障国民人身安全、调控本国经济而实现国家管理职能的一个重要体现。

从对外贸易管制的目的上不难看出贸易管制政策是一国对外政策的体现这一显著特点。正是为了实现上述目的，各国才都要根据其不同时期的不同经济利益或军事和政治形势需

要，随时调整对外贸易管制政策。因此，不同国家或同一国家不同时期的贸易管制政策是各不相同的。这种贸易管制会因时因势而变化的性质，是贸易管制的又一大特点。各国对外贸易管制的另一特点是以对进口的管制为重点。虽然贸易管制有效地保护了本国的国内市场和本国的经济利益，但在一定程度上也阻碍了世界性的经济交流，抑制了国际贸易的发展。因此，如何充分发挥贸易管制的有利因素，尽量减少其带来的不利因素，变被动的保护为主动、积极的保护，是衡量一个国家对外贸易管理水平的标志。

二、对外贸易管制与海关监管

对外贸易管制是对外贸易的国家管制，任何从事对外贸易活动的人都必须无条件予以遵守。国家对外贸易管制的目标是以对外贸易管制法律法规为保障，依靠有效的政府行政管理手段来最终实现的。

（一）海关监管是实现贸易管制的重要手段

海关执行国家贸易管制政策是通过对进出口货物的监管来实现的。我国《对外贸易法》将对外贸易划分为货物进出口、技术进出口和国际服务贸易，而这些贸易，尤其是货物进出口贸易以及以货物为表现形式的技术进出口贸易，都是最终要通过进出境行为来实现的。作为我国进出关境监督管理机关的海关，依据《海关法》所赋予的权力，代表国家在口岸履行进出境监督管理职能，这种特殊的管理职能决定了海关监管是实现贸易管制目标的有效行政管理手段。

对外贸易的国家管制作为一项综合制度，是需要建立在国家各行政管理部门之间合理分工的基础上，通过各尽其责的通力合作来实现的。我国《海关法》规定："中华人民共和国海关是国家的进出关境监督管理机关。海关依照本法和其他有关法律、行政法规，监管进出境的运输工具、货物、行李物品、邮递物品和其他物品，征收关税和其他税、费，查缉走私，并编制海关统计和办理其他海关业务"。国家贸易管制是通过国家商务主管部门及其他行业主管部门依据国家贸易管制政策发放各类许可证件，最终由海关依据许可证件对实际进出口货物合法性的监督管理来实现的。缺少海关监管这一环节，任何对外贸易管制政策都不可能充分发挥其效力。

《海关法》第40条规定："国家对进出境货物、物品有禁止性或限制性规定的，海关依据法律、行政法规、国务院的规定，或者国务院有关部门依据法律、行政法规授权做出的规定实施监管。"该条款不仅赋予了海关对进出口货物依法实施监督管理的权力，还明确了国家对外贸易管制政策所涉及的法律法规，是海关对进出口货物进行监管的法律依据。根据我国行政管理职责分工，与对外贸易管制相关的法律、行政法规、部门规章分别由全国人大、国务院及其所属各部、委（局）负责制定和颁发，海关则是贸易管制政策在货物进出口环节的具体执行机关。因此，海关对进出口货物实施监管或制定有关监管程序时，必须以国家贸易管制政策所涉及的法律法规为依据，充分重视这些法律法规与海关实际工作之间的必然联系，以准确贯彻和执行政策作为海关开展各项管理工作的前提和原则，制定合法、高效的海关监督管理程序，充分利用《海关法》赋予的权力，确保国家各项贸易管制目标的实现。

由于国家进出口贸易管制政策是通过国家商务主管部门及其他行业主管部门依据国家贸易管制政策发放各类许可证件，最终由海关依据许可证件及其他单证（提单、发票、合同等）对实际进出口货物合法性的监督管理来实现的，因此，执行贸易管制的海关管理活动也就离不开"单"（即包括报关单在内的各类报关单据及其电子数据）、"证"（即各类许可证件及其电子数据）、"货"（即实际进出口货物）这三大要素。"单""证""货"互为相符，是海关确认货物合法进出口的必要条件。也就是说，对进出口受国家贸易管制的货物来说，只有在确认了"单单相符""单货相符""单证相符""证货相符"的情况下，海关才可放行。

（二）报关是海关确认进出口货物合法性的先决条件

《海关法》第24条规定："进口货物的收货人、出口货物的发货人应当向海关如实申报，交验进出口许可证件和有关单证。国家限制进出口的货物，没有进出口许可证件的，不予放行。"该条款是关于收发货人在办理进出口货物海关手续时关于申报环节法律义务的规定。从法律意义上来说，申报意味着向海关报告进出口货物的情况，申请按其申报的内容放行进出口货物。

执行贸易管制政策的海关监管是通过对"单""证""货"这三要素来确认货物进出口的合法性，而这三要素中的"单"和"证"正是通过报关环节中的申报手续向海关递交的。因此，报关不仅是进出口货物收发货人或其代理人必须履行的手续，也是海关确认进出口货物合法性的先决条件。

（三）在海关通关系统中设置对外贸易管制内容

海关执行的部分贸易管制措施通过细化和分解贸易管制商品目录，在海关通关系统中对7500多项商品设置了30余种监管证件代码，对禁止进出口及大部分许可证件设定了相应的监管证件代码，并与监管方式相对应。通关系统根据"监管方式证件表"中监管方式及监管证件的对应关系，在通关过程中对所需的监管证件进行提示，并对联网许可证件的电子数据实现系统自动比对、自动核扣，大大提高了海关贸易管制政策执行的有效性和准确性。

三、我国对外贸易管制基本框架与法律体系

我国对外贸易管制制度是一种综合管理制度，主要由海关监管制度、关税制度、对外贸易经营者的资格管理制度、进出口许可制度、出入境检验检疫制度、进出口货物收付汇管理制度以及贸易救济制度等构成。为保障贸易管制各项制度的实施，我国已基本建立并逐步健全了以《对外贸易法》为核心的对外贸易管理与管制的法律体系，并依照这些法律、行政法规、部门规章和我国履行国际公约的有关规定，自主实行对外贸易管制。

由于贸易管制是一种国家管制，因此其法律渊源不包括地方性法规、地方性规章及各民族自治区政府的地方条例和单行条例，所涉及的法律渊源只限于宪法、法律、行政法规、部门规章以及相关的国际条约。

（一）法律

法律是指由国家最高权力机关全国人民代表大会或它的常务委员会制定，由国家主席颁布的规范性文件的总称。我国现行的与贸易管制有关的法律主要有：《中华人民共和国对外贸易法》《中华人民共和国海关法》《中华人民共和国进出口商品检验法》《中华人民共和国进出境动植物检疫法》《中华人民共和国固体废物污染环境防治法》《中华人民共和国国境卫生检疫法》《中华人民共和国野生动物保护法》《中华人民共和国药品管理法》《中华人民共和国文物保护法》《中华人民共和国食品卫生法》等。

（二）行政法规

行政法规是指国务院为了实施宪法和其他相关法律，在自己职权范围内，制定的基本行政管理规范性文件的总和。我国现行的与贸易管制有关的行政法规主要有：《中华人民共和国货物进出口管理条例》《中华人民共和国技术进出口管理条例》《中华人民共和国进出口关税条例》《中华人民共和国知识产权海关保护条例》《中华人民共和国核出口管制条例》《中华人民共和国野生植物保护条例》《中华人民共和国外汇管理条例》等。

（三）部门规章

部门规章是国务院各部门根据法律和国务院的行政法规、决定和命令，在本部门权限范围内发布的规范性文件总和。我国现行的与贸易管制有关的部门规章很多，例如《货物进口许可证管理办法》《货物出口许可证管理办法》《货物自动进口许可管理办法》《出口收汇核销管理办法》《进口药品管理办法》《中华人民共和国精神药品管理办法》《中华人民共和国放射性药品管理办法》《纺织品出口自动许可暂行办法》等。

（四）国际条约

国际条约是指国家及其他国际法主体间所缔结的以国际法为准则，并确定其相互关系中的权利和义务的一种国际书面协议，也是国际法主体间相互交往的一种最普遍的法律形式。

由于各国在通过国内立法实施本国进出口贸易管理和管制的各项措施的同时，必然要与其他国家协调立场，确定相互之间在国际贸易活动中的权利与义务关系，以实现自身外交政策和对外贸易政策所确立的目标，因此国际贸易条约与协定便成为各国之间确立国际贸易关系立场的重要的法律形式。

我国目前所签订生效的各类国际条约虽然不属于我国国内法的范畴，但就其效力而言，可将其视为我国的法律渊源之一。

目前，我国所加入或缔结的涉及贸易管制的国际条约主要有：我国加入世界贸易组织（WTO）所签订的有关双边或多边的各类贸易协定，《京都公约》——关于简化和协调海关制度的国际公约，《濒危野生动植物种国际公约》《蒙特利尔议定书》——关于消耗臭氧层物质的国际公约，《精神药物国际公约》《伦敦准则》——关于化学品国际贸易资料交流的国际公约，《鹿特丹公约》——关于在国际贸易中对某些危险化学品和农药采用事先知情同意程序的国际公约，《巴塞尔公约》——关于控制危险废物越境转移及其处置的国际公约，《国际纺织品贸易协定》《建立世界知识产权组织公约》等。

第二节　对外贸易管制的内容

与报关有关的我国对外贸易管制的内容包括：对外贸易经营者管理制度，进出口许可管理制度，出入境检验检疫制度，外汇管理制度和对外贸易救济措施。这些管理制度从不同的方面对进出口进行管理，构成了我国对外贸易管制制度的整体。

一、对外贸易经营者管理制度

对外贸易经营者是指依法办理工商登记或者其他执业手续，依照《对外贸易法》及其相关法律、行政法规、部门规章从事对外贸易经营活动的法人、其他组织或者个人。

要成为对外贸易经营者，必须取得对外贸易经营权。为履行加入 WTO 的承诺，2004 年

12月11日起，我国放开外贸经营权。对对外贸易经营者的管理由先前的核准制转为实行备案登记制，法人、其他组织或者个人在从事对外贸易经营活动前，必须按照国家的有关规定，依法定程序在商务主管部门备案登记，取得对外贸易经营资格后，方可在国家允许的范围内从事对外贸易经营活动。

商务部是全国对外贸易经营者备案登记工作的主管部门，备案登记工作实行全国联网和属地化登记管理。从事货物进出口或者技术进出口的对外贸易经营者，应当向商务主管部门或者其委托的机构办理备案登记，对外贸易经营者未按照规定办理备案登记的，海关不予办理进出口货物的报关验放手续。

为对关系国计民生的重要进出口商品实行有效的宏观管理，国家可以对部分货物的进出口实行国营贸易管理。实行国营贸易管理的货物的进出口业务只能由经授权的企业经营，但国家允许部分数量的国营贸易管理的货物的进出口业务由非授权企业经营的除外。实行国营贸易管理的货物和经授权经营企业的目录，由国务院商务主管部门会同国务院其他有关部门确定、调整并公布。未经批准擅自进出口实行国营贸易管理的货物，海关不予放行。

目前，我国实行国营贸易管理的商品主要包括玉米、大米、煤炭、原油、成品油、棉花、锦及锦制品、钨及钨制品、白银等。

二、货物、技术进出口许可管理制度

进出口许可是国家对进出口的一种行政管理制度，既包括准许进出口有关证件的审批和管理制度本身的程序，又包括以国家各类许可为条件的其他行政管理手续，这种行政管理制度称为进出口许可制度。进出口许可制度作为一项非关税措施，是世界各国管理进出口贸易的一种常见手段，在国际贸易中长期存在并被广泛运用。

货物、技术进出口许可管理制度是我国进出口许可管理制度的主体，是国家对外贸易管制中极其重要的管理制度。其管理范围包括禁止进出口货物和技术、限制进出口货物和技术、自由进出口的技术以及自由进出口中部分实行自动许可管理的货物。

(一) 禁止进出口管理

为维护国家安全和社会公共利益，保护人民的生命健康，履行中华人民共和国所缔结或者参加的国际条约和协定，国务院商务主管部门会同国务院有关部门，依照《对外贸易法》的有关规定，制定、调整并公布禁止进出口的货物、技术目录。海关依据国家相关法律法规，对禁止进出口目录上的商品实施监督管理。

1. 禁止进口管理

对列入国家公布的禁止进口目录以及其他法律法规明令禁止或停止进口的货物、技术，任何对外贸易经营者不得经营进口。

(1) 禁止进口货物管理。我国政府明令禁止进口的货物包括：列入由国务院商务主管部门或会同国务院有关部门制定的《禁止进口货物目录》的商品、国家有关法律法规明令禁止进口的商品，以及因其他各种原因停止进口的商品。

1) 列入《禁止进口货物目录》商品。《禁止进口货物目录（第一批）》是为了保护我国自然生态环境和生态资源，履行我国所缔结或者参加的与保护世界自然生态环境相关的一系列国际条约和协定而发布的。例如：国家禁止进口属破坏臭氧层物质的四氯化碳，禁止进口属世界濒危物种管理范畴的犀牛角、麝香、虎骨等。

文锦渡海关截获犀牛角制品860g

2019年7月6日，文锦渡海关、文锦渡缉私分局在文锦渡口岸入境大厅抓获一名走私嫌疑人，查获其人身绑藏携带疑似犀牛角制品860g。经华南野生动物物种鉴定中心鉴定，该批物品为哺乳纲奇蹄目犀科白犀的角或角块制品，属于濒危野生动物制品。目前案件正在进一步办理中。

据办案关员介绍，当事人在入境前将犀牛角切成片状和粒状分别包装，并用胶带缠绕绑藏在腰腹部，还专门穿了一件非常宽松的T恤掩人耳目，企图逃避监管。海关已对其实施重点布控，在其通过海关通道时第一时间进行了拦截及查验。当事人称，这些犀牛角制品打算在走私入境后加工成饰品或药品使用。

海关提醒，犀科动物属于《濒危野生动植物国际贸易公约》附录Ⅰ保护物种。依据《中华人民共和国刑法》，对走私国家禁止进出口的珍贵动物及其制品的，处五年以上十年以下有期徒刑，并处罚金；情节特别严重的，处十年以上有期徒刑或者无期徒刑，并没收财产。

资料来源：《南方日报》

《禁止进口机电产品目录》（此目录从2019年1月1日执行，废止原《禁止进口货物目录（第二批)》）是国家对涉及生产安全（压力容器类）、人身安全（电器、医疗设备类）和环境保护（汽车、工程及车船机械类）的旧机电产品所实施的禁止进口管理。

由原《禁止进口货物目录》第三、四、五批合并修订而成的《禁止进口固体废物目录》及《2018年年底调整为禁止进口的固体废物目录》所涉及的是对环境有污染的固体废物类，包括废动植物产品，矿渣、矿灰及残渣，废药物，杂项化学品废物，废橡胶和皮革，废特种纸，废织物原料及制品，废玻璃，金属和金属化合物废物，废电池，废弃机电产品和设备及其未经分炼处理的零部件、拆散件、破碎件和砸碎件、废五金电器等。

《禁止进口货物目录（第六批)》是为了保护人的健康，维护环境安全，淘汰落后产品，履行《关于在国际贸易中对某些危险化学品和农药采用事先知情同意程序的鹿特丹公约》和《关于持久性有机污染物的斯德哥尔摩公约》而颁布的，如长纤维青石棉、二噁英等。

2）国家有关法律法规明令禁止进口的商品。主要包括：未列入《限制进口类固体废物目录》和《非限制进口类固体废物目录》的固体废物；动植物病源（包括菌种、毒种等）及其他有害生物、动物尸体、土壤；来自动植物疫情流行的国家和地区的有关动植物及其产品和其他检疫物；带有违反一个中国原则内容的货物及其包装；以氯氟烃物质为制冷剂、发泡剂的家用电器产品和以氯氟烃物质为制冷工质的家用电器用压缩机；滴滴涕、氯丹等；莱克多巴胺和盐酸莱克多巴胺等。

3）其他各种原因停止进口的商品。主要包括：以CFC-12为制冷工质的汽车，及以CFC-12为制冷工质的汽车空调压缩机（含汽车空调器）；旧服装；因子制剂等血液制品；氯酸钾、硝酸铵；禁止进口和销售100W及以上普通照明白炽灯等。

（2）禁止进口技术管理。根据《对外贸易法》《技术进出口管理条例》《中华人民共和国禁止进口限制进口技术管理办法》（以下简称《禁止进口限制进口技术管理办法》）的有关规定，国务院商务主管部门会同国务院有关部门，制定、调整并公布了禁止进口的技术目录。属于禁止进口的技术，不得进口。

目前，《我国禁止进口限制进口技术目录》所列入的禁止进口的技术涉及钢铁冶金、有色金属冶金、化工、石油炼制、石油化工、消防、电工、轻工、印刷、医药、建筑材材料生产等技术领域。

2. 禁止出口管理

对列入国家公布禁止出口目录的以及其他法律法规明令禁止或停止出口的货物、技术，任何对外贸易经营者不得经营出口。

(1) 禁止出口货物管理。我国政府明令禁止出口的货物主要有列入《禁止出口货物目录》商品和国家有关法律法规明令禁止出口的商品。

1) 列入《禁止出口货物目录》商品：《禁止出口货物目录（第一批)》是为了保护我国自然生态环境和生态资源，从我国国情出发，履行我国所缔结或者参加的与保护世界自然生态环境相关的一系列国际条约和协定而发布的。如国家禁止出口属破坏臭氧层物质的四氯化碳，禁止出口属世界濒危物种管理范畴的犀牛角、虎骨、麝香，禁止出口有防风固沙作用的发菜和麻黄草等植物。

《禁止出口货物目录（第二批)》主要是为了保护我国匮乏的森林资源，防止乱砍滥伐而发布的，如禁止出口木炭。

《禁止出口货物目录（第三批)》是为了保护人的健康，维护环境安全，淘汰落后产品，履行《关于在国际贸易中对某些危险化学品和农药采用事先知情同意程序的鹿特丹公约》和《关于持久性有机污染物的斯德哥尔摩公约》而颁布的，如长纤维青石棉、二噁英等。

《禁止出口货物目录（第四批)》主要包括硅砂、石英砂等。

《禁止出口货物目录（第五批)》包括无论是否经化学处理过的森林凋落物以及泥炭（草炭）。

2) 国家有关法律、法规明令禁止出口的商品。主要包括：未定名的或者新发现并有重要价值的野生植物；原料血浆；商业性出口的野生红豆杉及其部分产品；劳改产品；以氯氟羟物质为制冷剂、发泡剂的家用电器产品和以氯氟羟物质为制冷工质的家用电器用压缩机；滴滴涕、氯丹等；莱克多巴胺和盐酸莱克多巴胺。

(2) 禁止出口的技术。根据《对外贸易法》《技术进出口管理条例》《中华人民共和国禁止出口限制出口技术管理办法》（以下简称《禁止出口限制出口技术管理办法》）的有关规定，国务院商务主管部门会同国务院有关部门，制定、调整并公布了禁止出口的技术目录。属于禁止出口的技术，不得出口。

列入《我国禁止出口限制出口技术目录》禁止出口部分的技术涉及渔、牧、有色金属矿采选、农副食品加工、饮料制造、造纸、化学制品制造、医药制造、非金属矿物制品业、有色金属冶炼、交通运输设备制造、农用机械制造、计算机及其他电子设备制造、工艺品制造、电信信息传输等行业领域。

青岛海关查证走私出口木炭 700 余吨

近日，青岛海关组织警力在山东青岛、临沂、烟台、济宁等地开展打击木炭走私专项行动，共查证走私国家禁止出口的木炭 700 余吨，现场查扣木炭 100 余吨，抓获犯罪嫌疑人 11 名。

前期，青岛海关缉私局联合海关总署风险防控局（青岛）利用风险分析和大数据技术，发现一个团伙存在走私出口木炭嫌疑。涉嫌走私出口的木炭为高级备长炭，备长炭是采用坚硬的乌冈木、青冈木和毛竹烧制而成的高级炭制品。备长炭燃烧稳定，发热值高，燃烧时无烟、无焰，是较优质的烧烤燃料。

青岛海关经过缜密侦查查明，犯罪嫌疑人唐某、谢某等人在安徽、辽宁等地采购高级备长炭运至山东集中，利用服装作为道具货物申报转关出口，逃避海关监管将木炭走私出境，共计700余吨。

烧制木炭多采用硬度密度较高，生长过程也比较缓慢的乌冈木、青冈木、橡木等硬质木材作为原料，每烧制1t木炭，根据原料的不同需要消耗5~10t不等的木材，同时还会产生大量有害气体，对环境污染严重，是典型的高耗能、高污染、低附加值产品。此次涉嫌走私的700余吨木炭至少需要消耗3500t木材，对森林资源破坏严重。

2004年，商务部、海关总署、国家林业局联合发文，禁止出口以木材（不包括竹子）为原料直接烧制的木炭。2009年2月，全国人大常委会审议通过了《中华人民共和国刑法修正案（七）》，规定木炭走私等行为以"走私国家禁止进出口的货物、物品罪"追究走私分子刑事责任。2014年《最高人民法院 最高人民检察院关于办理走私刑事案件适用法律若干问题的解释》明确走私木炭、硅砂等妨害环境、资源保护的货物、物品10t以上的构成走私国家禁止进出口的货物、物品罪。

资料来源：中国海关网站，2019年03月28日

（二）限制进出口管理

为维护国家安全和社会公共利益，保护人民的生命健康，履行中华人民共和国所缔结或者参加的国际条约和协定，国务院商务主管部门会同国务院有关部门，依照《对外贸易法》的规定，制定、调整并公布各类限制进出口货物、技术目录。海关依据国家相关法律法规对限制进出口目录中的货物、技术实施监督管理。

1. 限制进口管理

国家实行限制进口管理的货物、技术，必须依照国家有关规定取得国务院商务主管部门或者其他有关部门的许可，方可进口。

（1）限制进口货物管理。我国限制进口货物管理按照其限制方式划分为许可证件管理和关税配额管理。

1）许可证件管理。许可证件管理是指在一定时期内，根据国内政治、工业、农业、商业、军事、技术、卫生、环保、资源保护等领域的需要，以及为履行我国所加入或缔约的有关国际条约的规定，以经国家各主管部门签发许可证件的方式来实现各类限制的进口措施。许可证件管理是我国限制进口管理中涉及管理部门范围最大、管理证件最多的措施。

许可证件管理主要包括进口许可证、两用物项和技术进口许可证、濒危物种进口、可利用废物进口、药品进口、音像制品进口、有毒化学品进口、黄金及其制品进口等管理。

国务院商务主管部门或国务院有关部门在各自的职责范围内，根据国家有关法律法规及国际公约的有关规定签发上述各项管理所涉及的各类许可证件。

2）关税配额管理。关税配额管理是指一定时期内（一般是1年），国家对某些商品的

进口数量或金额加以直接限制，配额以内的货物经国家批准后，允许按照配额内税率征税进口，超出配额的货物不准进口或者按照配额外税率征税进口。进口配额主要有绝对配额和关税配额两种形式。

绝对配额是指在一定时期内，对某些商品的进口数量或金额规定一个最高限额，在这个数额内允许进口，多于这个数额后便不准进口。绝对配额按照其实施方式的不同，又分为全球配额、国别配额两种形式。全球配额是一种世界范围内的绝对配额，对某种商品的进口规定一个总的限额，对来自任何国家或地区的商品一律适用，超过总配额就不准任何国家的配额商品进口。国别配额是在总配额内按国别或地区分配给固定的配额，超过规定的配额便不准再进口。为了区分来自不同国家和地区的商品，通常进口国规定进口商必须提交原产地证明书。实行国别配额可以使进口国家根据自身与有关国家或地区的政治经济关系来分配不同的额度。

关税配额是一种征收关税与进口配额相结合的限制进口的措施。它对商品进口的绝对数额不加限制，而是在一定时期内，对部分商品的进口制定关税配额税率并规定该商品的进口数量总额。在规定配额以内的进口商品，给予低税、减税或免税待遇；对超过配额的进口商品则征收较高的关税，或征收附加税或罚款。一般情况下，关税配额的税率优惠幅度很大，如小麦的关税配额税率与最惠国税率相差达65倍。国家通过这种行政管理手段，以关税这个成本杠杆来实现限制一些重要商品进口的目的，因此关税配额管理是一种相对数量的限制。

（2）限制进口技术管理。限制进口技术实行目录管理。根据《对外贸易法》《技术进出口管理条例》《禁止进口限制进口技术管理办法》的有关规定，国务院商务主管部门会同国务院有关部门，制定、调整并公布限制进口的技术目录。属于目录范围内的限制进口的技术，实行许可证管理，未经国家许可不得进口。

进口属于限制进口的技术，应当向国务院商务主管部门提出技术进口申请。国务院商务主管部门收到技术进口申请后，应当会同国务院有关部门对申请进行审查。技术进口申请经批准的，由国务院商务主管部门发给"中华人民共和国技术进口许可意向书"，进口经营者取得技术进口许可意向书后，可以对外签订技术进口合同。进口经营者签订技术进口合同后，应当向国务院商务主管部门申请技术进口许可证。经审核符合发证条件的，由国务院商务主管部门颁发"中华人民共和国技术进口许可证"，企业持证向海关办理进口通关手续。

目前，列入《我国禁止进口限制进口技术目录》中属限制进口的技术包括生物技术、化工技术、石油炼制技术、石油化工技术、生物化工技术和造币技术等。

2. 限制出口管理

国家实行限制出口管理的货物、技术，必须依照国家有关规定取得国务院商务主管部门或者其他有关部门的许可后，方可出口。

（1）限制出口货物管理。《货物进出口管理条例》规定：国家规定有数量限制的出口货物，实行配额管理；其他限制出口的货物，实行许可证件管理。

1）出口配额限制是指在一定时期内为建立公平竞争机制、增强我国商品在国际市场的竞争力、保障最大限度的收汇，保护我国产品的国际市场利益，国家对部分商品的出口数量直接加以限制的措施。出口配额限制包括出口配额许可证管理和出口配额招标管理。

① 出口配额许可证管理是国家对部分商品的出口，在一定时期内规定数量总额，经国家批准获得配额的允许出口，否则不准出口的配额管理措施。出口配额许可证管理是国家通过行政管理手段对一些重要商品以规定绝对数量的方式来实现限制出口的目的。

出口配额许可证管理是通过直接分配的方式，由国务院商务主管部门或者国务院有关部门在各自的职责范围内，根据申请者需求结合其进出口实绩、能力等条件，按照效益、公正、公开和公平竞争的原则进行分配。国家各配额主管部门对经申请有资格获得配额的申请者发放各类配额证明。

申请者取得配额证明后，到国务院商务主管部门及其授权发证机关，凭配额证明申领出口许可证。

② 出口配额招标管理是国家对部分商品的出口，在一定时期内（一般是 1 年）规定数量总额，采取招标分配的原则，经招标获得配额的允许出口，否则不准出口的管理配额措施。出口配额招标管理是国家通过行政管理手段对一些重要商品以规定绝对数量的方式来实现限制出口目的的。

国家各配额主管部门对中标者发放各类配额证明。中标者取得配额证明后，到国务院商务主管部门及其授权发证机关，凭配额证明申领出口许可证。

2）出口许可证件管理。出口许可证件管理是指在一定时期内，根据国内政治、军事、技术、卫生、环保、资源保护等领域需要，以及为履行我国所加入或缔约的有关国际条约规定，以经国家各主管部门签发许可证件的方式来实现的各类限制出口措施。目前，我国非配额限制管理主要包括出口许可证、濒危物种、两用物项出口以及黄金及其制品出口等许可管理。

（2）限制出口技术管理。根据《对外贸易法》《技术进出口管理条例》《中华人民共和国生物两用品及相关设备和技术出口管制条例》《中华人民共和国核两用品及相关技术出口管制条例》《中华人民共和国导弹及相关物项和技术出口管制条例》《中华人民共和国核出口管制条例》《禁止出口限制出口技术管理办法》等有关规定，限制出口技术实行目录管理，国务院商务主管部门会同国务院有关部门遵照相关原则制定、调整并公布限制出口的技术目录。属于目录范围内的限制出口的技术，实行许可证管理，未经国家许可不得出口。

我国限制出口的技术目录主要有《两用物项和技术进出口许可证管理目录》和《我国禁止出口限制出口技术目录》等，涉及农、林、牧、渔、农副食品加工制造、饮料制造、纺织、造纸、化学原料制造、医药制造、橡胶制品业、金属冶炼及压延、非金属矿物制品业、金属制品业、通用及专用设备制造、电气机械及器材制造等行业领域。

出口属于限制出口的技术，应当向国务院商务主管部门提出技术出口申请，经国务院商务主管部门审核批准后取得技术出口许可证件，企业持证向海关办理出口通关手续。

（三）自由进出口管理

除上述国家禁止、限制进出口货物、技术外的其他货物、技术，均属于自由进出口范围。自由进出口货物、技术的进出口不受限制，但基于监测进出口情况的需要，国家对部分属于自由进口的货物实行自动进口许可管理，对自由进出口的技术实行技术进出口合同登记管理。

1. 货物自动进口许可管理

自动进口许可管理是在任何情况下对进口申请一律予以批准的进口许可制度。这种进口许可实际上是一种在自由进口货物进口前对其进行自动登记的许可制度，通常用于国家对这类货物的统计和监督，是我国进出口许可管理制度的重要组成部分，也是目前各国普遍使用的一种进口管理制度。

目前，我国自动进口许可管理只有自动进口许可证管理。进口属于自动进口许可管理的货物，进口经营者应当在办理海关报关手续前，向国务院相关主管部门提交自动进口许可申请，凭相关部门发放的自动进口许可的批准证件，向海关办理报关手续。

2. 技术进出口合同登记管理

进出口属于自由进出口的技术，应当向国务院商务主管部门或者其委托的机构办理合同备案登记。国务院商务主管部门应当自收到规定的文件之日起3个工作日内，对技术出口合同进行登记，颁发技术进出口合同登记证，申请人凭技术进出口合同登记证，再办理外汇、银行、税务、海关等相关手续。

三、出入境检验检疫制度

出入境检验检疫制度是指海关依据我国有关法律和行政法规，以及我国政府所缔结或者参加的国际条约、协定，对出入关境的货物、物品及其包装物，交通运输工具，运输设备和出入境人员实施检验检疫监督管理的法律依据和行政手段的总和。海关总署是国家主管部门。

出入境检验检疫制度是我国贸易管制制度的重要组成部分，是贸易管制中非关税措施的重要组成部分。出入境检验检疫制度用以维护国家声誉和对外贸易有关当事人的合法权益，保证国内生产的正常开展，促进对外贸易的健康发展，保护我国的公共安全和人民生命财产安全等，是国家主权的具体体现。

（一）出入境检验检疫制度范围

1）我国出入境检验检疫制度实行目录管理，即海关总署根据对外贸易需要，公布并调整《海关实施检验检疫的进出境商品目录》（简称《法检目录》）。《法检目录》所列入的商品称为法定检验商品，即国家规定实施强制性检验的进出境商品。

实行入境检验检疫管理的货物主要包括五类：列入《法检目录》的进境货物，进口可用做原料的固体废物，进口旧机电产品，进口捐赠的医疗器械，以及其他未列入《法检目录》，但国家有关法律、行政法规规定实施检验检疫的入境货物及特殊物品等。

实行出境检验检疫管理的货物主要包括三类：列入《法检目录》的出境货物；对外经济技术援助物资及人道主义紧急救灾援助物资；以及其他未列入《法检目录》，但国家有关法律、行政法规规定实施检验检疫的出境货物及特殊物品等。

2）对关系国计民生、价值较高、技术复杂或涉及环境及卫生、疫情标准的重要进出口商品，收货人应当在对外贸易合同中约定，在出口国装运前进行预检验、监造或监装，以及保留到货后进行最终检验和索赔的条款。

（二）出入境检验检疫制度的组成

我国出入境检验检疫制度内容包括国境卫生检疫制度、进出境动植物检疫制度、进出境食品检验检疫制度和进出口商品检验制度。

1. 国境卫生监督制度

国境卫生监督制度是指海关根据《中华人民共和国国境卫生检疫法》及其实施细则，以及其他的卫生法律、法规和卫生标准，在进出口口岸对出入境的交通工具、货物、运输容器，以及口岸辖区的公共场所、环境、生活设施、生产设备所进行的卫生检查、鉴定、评价和采样检验的制度。

我国实行国境卫生监督制度是为了防止传染病由国外传入或者由国内传出，实施国境性检疫，保护人民健康。其监督职能主要包括进出境检疫、国境传染病检测、进出境卫生监督等。

2. 进出境动植物检疫制度

进出境动植物检疫制度是根据《中华人民共和国进出境动植物检疫法》及其实施条例的规定，海关对进出境动植物、动植物产品的生产、加工、存放过程实行动植物检疫的进出境监督管理制度。

我国实行进出境检验检疫制度是为了防止动物传染病，寄生虫病，植物危险性病、虫、杂草，以及其他有害生物传人、传出国境，保护农、林、牧、渔业生产和人体健康，促进对外经济贸易的发展。

实施动植物检疫监督管理的方式有实行注册登记、疫情调查、检测和防疫指导等。其内容主要包括进境检疫、出境检疫、过境检疫、进出境携带和邮寄物检疫，以及出入境运输工具检疫等。

3. 进出境食品检验检疫制度

进出境食品安全检验制度是指海关根据《中华人民共和国食品安全法》及其实施条例，《中华人民共和国进出口商品检验法》及其他的卫生法律、法规和国家标准，对进出口的食品、食品添加剂及与食品相关产品是否符合我国食品安全国家标准实施的检验；对出口食品、食品添加剂及与食品相关产品是否符合进口国（地区）的标准或者合同要求实施监督抽检的口岸监督管理制度。

我国实行进出境食品安全检验制度为了保证食品安全，保障公众身体健康和生命安全。其监督职能主要包括对进口食品安全检验、对境外食品安全情事监控预警、对出口食品安全抽验，以及评估和审查向我国出口食品的国家（地区）的出口品安全管理体系和食品安全状况等。

4. 进出口商品检验制度

进出口商品检验制度是根据《中华人民共和国进出口商品检验法》及其实施条例的规定，海关对进出口商品所进行的品质、质量检验和监督管理的制度。

我国实行进出口商品检验制度是为了保证进出口商品的质量，维护对外贸易有关各方的合法权益，促进对外经济贸易关系的顺利发展。商品检验机构实施进出口商品检验的内容包括商品的质量、规格、数量、重量、包装，及其是否符合安全、卫生的要求。我国商品检验的种类分为四种，即法定检验、合同检验、公证鉴定和委托检验。对法律、行政法规、部门规章规定有强制性标准或者其他必须执行的检验标准的进出口商品，依照法律、行政法规、部门规章规定的检验标准检验；对法律、行政法规、部门规章未规定有强制性标准或者其他必须执行的检验标准的，依照对外贸易合同约定的检验标准检验。

四、外汇管理制度

对外贸易经营者在对外贸易经营活动中，应当依照国家有关规定结汇、用汇。国家外汇管理局依据国务院《中华人民共和国外汇管理条例》及其他有关规定，对包括经常项目外汇业务、资本项目外汇业务、金融机构外汇业务、人民币汇率的生成机制和外汇市场等领域实施的监督管理。

（一）我国货物贸易外汇管理制度概述

为完善货物贸易外汇管理，大力推进贸易便利化，进一步改进货物贸易外汇服务和管理，我国自 2012 年 8 月 1 日起在全国实施货物贸易外汇管理制度改革，国家外汇管理局对企业的贸易外汇管理方式由现场逐笔核销改变为非现场总量核查，也就是国家外汇管理局通过货物贸易外汇监测系统，全面采集企业货物进出口和贸易外汇收支逐笔数据，定期比对、评估企业货物流与资金流总体匹配情况，一方面便利合规企业的贸易外汇收支，另一方面对存在异常的企业进行重点监测，必要时实施现场核查。

国家对贸易项下的国际支付不予限制，出口收入可按规定调回境内或存放在境外。从事对外贸易机构（以下简称企业）的贸易外汇收支应当具有真实、合法的交易背景，与货物进出口应当一致。企业应当根据贸易方式、结算方式及资金来源或流向，凭海关进出口报关单等相关单证，在金融机构办理贸易外汇收支。海关进出口报关单可在进出口货物海关放行后自行打印取得。金融机构应当对企业提交的交易单证的真实性及其与贸易外汇收支的一致性进行合理审查。国家外汇管理局及其分支机构，依法对企业及经营结汇、售汇业务的金融机构进行监督检查。由此可见，我国货物贸易外汇管理制度的运行主要靠三个方面来完成，即企业自律、金融机构专业审查及国家外汇管理局的监管。

（1）企业的贸易外汇收支活动应当自觉遵守国家法律法规，按照"谁出口谁收汇，谁进口谁付汇"的原则办理贸易外汇收支业务。企业应当根据真实贸易方式、结算方式和资金来源或流向在金融机构办理贸易外汇收支，并按相关规定向金融机构如实申报贸易外汇收支信息。代理进口、出口业务应当由代理方付汇、收汇。代理进口业务项下，委托方可凭委托代理协议将外汇划转给代理方，也可由代理方购汇。代理出口业务项下，代理方收汇后可凭委托代理协议将外汇划转给委托方，也可结汇后将人民币划转给委托方。对超过规定期限的预收货款、预付货款、延期收款及延期付款等影响贸易外汇收支与货物进出口匹配信息的情形，企业应当在规定期限内向国家外汇管理局报告。

（2）金融机构应当对企业提交的交易单证的真实性及其与贸易外汇收支的一致性在专业层面进行合理审查，并负责向国家外汇管理局报送相关贸易外汇收支信息。

（3）国家外汇管理局建立进出口货物流与收付汇资金流匹配的核查机制，依法对企业贸易外汇收支进行非现场总量核查和监测。在此基础上，对存在异常或可疑情况的企业进行现场核查。对金融机构办理贸易外汇收支业务的合规性与报送相关信息的及时性、完整性、准确性实施非现场核查和现场核查，通过核查结果实施差别化管理。当国际收支出现或者可能出现严重失衡时，国家可以对贸易外汇收支采取必要的保障、控制等措施。

（二）国家外汇管理局对货物外汇的主要监管方式

1. 企业名录登记管理

企业依法取得对外贸易经营权后，应当持有关材料到国家外汇管理局办理名录登记手续，然后才能在金融机构办理贸易外汇收支业务。国家外汇管理局将登记备案的企业统一向金融机构发布名录，金融机构不得为不在名录内的企业办理贸易外汇收支业务。国家外汇管理局可根据企业的贸易外汇收支业务状况及其合规情况注销企业名录。

2. 非现场核查

国家外汇管理局对企业在一定期限内的进出口数据和贸易外汇收支数据进行总量比对，核查企业贸易外汇收支的真实性及其与进出口的一致性。非现场核查是国家外汇管理局的常规监管方式。

3. 现场核查

国家外汇管理局可对企业非现场核查中发现的异常的或可疑的贸易外汇收支业务实施现场核查，也可对金融机构办理贸易外汇收支业务的合规性与报送信息的及时性、完整性和准确性实施现场核查。国家外汇管理局实施现场核查时，被核查单位应当配合国家外汇管理局进行现场核查，如实说明情况，并提供有关文件、资料，不得拒绝、阻碍和隐瞒。

4. 分类管理

国家外汇管理局根据企业贸易外汇收支的合规性及其与国家外汇管理局根据企业贸易外汇收支的合规性及其与货物进出口的一致性，将企业分为 A、B、C 三类。A 类企业进口付汇单证简化，可凭进口报关单、合同或发票等任何一种能够证明交易真实性的单证在银行直接办理付汇；出口收汇无须联网核查，银行为其办理收付汇审核手续时相应简化。对 B 类、C 类企业在贸易外汇收支单证审核、业务类型、结算方式等方面实施严格监管，B 类企业的贸易外汇收支由银行实施电子数据核查，C 类企业的贸易外汇收支须经国家外汇管理局逐笔登记后办理。国家外汇管理局根据企业在分类监管期内遵守外汇管理规定的情况，对企业类别进行动态调整。

五、对外贸易救济措施

（一）对外贸易救济措施概述

为限制外国进口产品在本国国内市场上的恶意竞争和不公平竞争，防止本国经济和市场受到损害，世界贸易组织允许成员方使用相应的对外贸易救济措施。对外贸易救济措施主要有反倾销、反补贴和保障措施，反倾销、反补贴措施针对的是价格歧视这种不公平贸易行为，保障措施针对的是进口产品激增的情况。

倾销是指进口产品以低于其正常价值的价格出口到进口国，且对进口国相关企业造成了实质性损害，进口国可以对该项商品征收不超过倾销差额的反倾销税。

补贴是指出口国（地区）政府或者任何公共机构提供的为接受者带来利益等的财政资助以及任何形式的收入或价格支持。进口国可以对该项商品征收不超过补贴额的反补贴税。但是，世界各国为了鼓励出口而对本国的出口产品实行的退还国内税的措施，不是征收反补贴税的条件。

针对进口产品数量增加，并对生产同类产品或者直接竞争产品的国内产业造成严重损害或者严重损害威胁的，可以采取保障措施。

（二）反倾销措施

反倾销措施包括临时反倾销措施和最终反倾销措施。

1. 临时反倾销措施

临时反倾销措施是指进口方主管机构经过调查，初步认定被指控产品存在倾销，并对国内同类产业造成损害，据此可以依据世界贸易组织所规定的程序进行调查，在全部调查结束之前，采取临时性的反倾销措施，以防止在调查期间国内产业继续受到损害。临时反倾销措施有两种形式：一是征收临时反倾销税；二是要求提供保证金、保函或者其他形式的担保。

征收临时反倾销税，由商务部提出建议，国务院关税税则委员会根据其建议做出决定，商务部予以公告；要求提供保证金、保函或者其他形式的担保，由商务部做出决定并予以公告。海关自公告规定实施之日起执行。

临时反倾销措施实施的期限，自临时反倾销措施决定公告规定实施之日起，不超过 4 个月；在特殊情形下，可以延长至 9 个月。

2. 最终反倾销措施

对终裁决定确定倾销成立并由此对国内产业造成损害的，可以征收反倾销税。征收反倾销税应当符合公共利益。

征收反倾销税，由商务部提出建议，国务院关税税则委员会根据其建议做出决定，商务部予以公告。海关自公告规定实施之日起执行。

（三）反补贴措施

反补贴措施分为临时反补贴措施和最终反补贴措施。

1. 临时反补贴措施

初裁决定确定补贴成立并由此对国内产业造成损害的，可以采取临时反补贴措施。临时反补贴措施采取以保证金或者保函作为担保的征收临时反补贴税的形式。采取临时反补贴措施，由商务部提出建议，国务院关税税则委员会根据其建议做出决定，商务部予以公告。海关自公告规定实施之日起执行。

临时反补贴措施实施的期限，自临时反补贴措施决定公告规定实施之日起，不超过 4 个月。

2. 最终反补贴措施

终裁决定确定补贴成立并由此对国内产业造成损害的，可以征收反补贴税。征收反补贴税应当符合公共利益。

征收反补贴税，由商务部提出建议，国务院关税税则委员会根据其建议做出决定，商务部予以公告。海关自公告规定实施之日起执行。

（四）保障措施

保障措施分为临时保障措施和最终保障措施。

1. 临时保障措施

临时保障措施是指在有明确证据表明进口产品数量增加，将对国内产业造成难以补救的损害的紧急情况下，进口国与成员方之间可不经磋商而直接做出初裁决定，并采取临时性保障措施。临时保障措施的实施期限，自临时保障措施决定公告规定实施之日起，不得超过 200 天，并且此期限计入保障措施总期限。

临时保障措施采取提高关税的形式，如果事后调查不能证实进口激增对国内有关产业已经造成损害的，已征收的临时关税应当予以退还。

2. 最终保障措施

最终保障措施可以采取提高关税、限制数量等形式，但保障措施应当限于防止、补救严重损害并便利调整国内产业所必要的范围内。

保障措施的实施期限一般不超过 4 年，在此基础上如果继续采取保障措施则必须同时满足四个条件，即对于防止或者补救严重损害仍有必要，有证据表明相关国内产业正在进行调整，已经履行有关对外通知、磋商的义务，延长后的措施不严于延长前的措施。保障措施全部实施期限（包括临时保障措施期限）不得超过 10 年。

第三节 对外贸易管制措施

对外贸易管制作为一项综合制度，涉及的管理规定繁多，涉及的管理部门和机构众多，往往需要多个部门联合实施管理。对外贸易管制的主要措施包括限制进出口管理措施、自由进出口管理措施和出入境检验检疫管理措施。

一、限制进出口管理措施

国家实行限制进出口管理的货物、技术，必须依照国家有关规定，经国务院相关主管部门许可方可进口。目前，我国限制进出口货物管理按照其限制方式，划分为许可证件管理和配额管理。

（一）进出口许可证管理

1. 概述

进出口许可证管理是指由商务部或者由商务部会同国务院其他有关部门，依法制定并调整进出口许可证管理目录，以签发进出口许可证的方式对进出口许可证管理目录中的商品实行的行政许可管理。

商务部是我国进出口许可证的归口管理部门，负责制定进出口许可证管理办法及规章制度，监督、检查进出口许可证管理办法的执行情况，处罚违规行为。商务部会同海关总署制定、调整和发布年度进口许可证管理货物目录及出口许可证管理货物目录。

商务部统一管理、指导全国各发证机构的进出口许可证签发工作，商务部配额许可证事务局（以下简称许可证局）、商务部驻各地特派员办事处（以下简称特派办）和商务部授权的地方主管部门发证机构（以下简称地方发证机构，包括各省、自治区、直辖市、计划单列市，以及商务部授权的其他省会城市商务厅和商务局、外经贸委等）为进出口许可证的发证机构，负责在授权范围内签发"中华人民共和国进口许可证"（以下简称"进口许可证"）或"中华人民共和国出口许可证"（以下简称"出口许可证"）。

"进口许可证"和"出口许可证"是我国进出口许可证管理制度中具有法律效力，用于证明对外贸易经营者经营列入国家进出口许可证管理目录的商品合法进出口的证明件，是海关验放该类货物的重要依据。

2. 管理范围

（1）进口许可证管理按管理方式可分为许可证管理和绝对配额管理。2019 年，我国对进口商品没有设置绝对配额管理，实施许可证管理的进口商品包括：

1）重点旧机电产品属于我国限制进口许可证件管理商品，包括旧化工设备、旧金属冶炼设备等十三大类商品。

2）消耗臭氧层物质属于我国限制进口许可证件管理商品，包括三氯氟甲烷（CFC-11）、二氯二氟甲烷（CFC-12）等49个商品编号的商品。

（2）出口许可证管理按管理方式可分为配额许可证管理、配额招标管理和许可证管理。2019年，我国实施"出口许可证"管理的商品包括：

1）实行配额许可证管理的商品：对港澳出口的活牛等、小麦、玉米、大米、小麦粉、玉米粉、大米粉、煤炭、原油、锯材、棉花等商品。

2）实行配额招标管理的商品：甘草及甘草制品、蔺草及蔺草制品。

3）实行许可证管理的商品：对港澳以外市场出口的活牛等、牛肉、猪肉、鸡肉、天然砂、稀土、石蜡等商品。

3. 报关规范

（1）进口许可证的有效期为1年，当年有效。特殊情况需要跨年度使用时，有效期最长不得超过次年3月31日，逾期自行失效。

（2）出口许可证的有效期最长不得超过6个月，且有效期截止时间不得超过当年12月31日。出口许可证应当在有效期内使用，逾期自行失效。

（3）进出口许可证实行"一证一关"（指进出口许可证只能在一个海关报关，下同）管理。一般情况下，进出口许可证为"一批一证"（指进出口许可证在有效期内一次报关使用，下同）。如要实行"非一批一证"（指进出口许可证在有效期内可多次报关使用，下同），应当同时在进出口许可证备注栏内打印"非一批一证"字样，但最多不超过12次，由海关在许可证背面"海关验放签注栏"内逐批签注核减进出口数量。

（4）国家对部分出口货物实行指定出口报关口岸管理。出口此类货物，须向指定发证机构申领出口许可证，并在指定口岸报关出口；发证机构须按指定口岸签发出口许可证。例如，甘草出口的报关口岸指定为天津、上海、大连3个城市的口岸；甘草制品出口的报关口岸指定为天津、上海2个城市的口岸。

（二）两用物项和技术进出口许可证管理

为维护国家安全和社会公共利益，履行我国在缔结或者参加的国际条约、协定中所承担的义务，我国对两用物项和技术实行进出口许可证管理。

商务部是我国两用物项和技术进出口许可证的归口管理部门，负责制定两用物项和技术进出口许可证管理办法及规章制度，监督、检查两用物项和技术进出口许可证管理办法的执行情况，处罚违规行为。

1. 管理范围

两用物项和技术是指《中华人民共和国核出口管制条例》《中华人民共和国核两用品及相关技术出口管制条例》《中华人民共和国导弹及相关物项和技术出口管制条例》《中华人民共和国生物两用品及相关设备和技术出口管制条例》《中华人民共和国监控化学品管理条例》《中华人民共和国易制毒化学品管理条例》《中华人民共和国放射性同位素与射线装置安全和防护条例》《有关化学品及相关设备和技术出口管制办法》所规定的相关物项及

技术。

为便于对上述物项和技术的进出口实施管制，商务部和海关总署依据上述法规联合颁布了《两用物项和技术进出口许可证管理办法》，并发布了《两用物项和技术进出口许可证管理目录》，规定对列入该目录的物项及技术的进出口统一实行两用物项和技术进出口许可证管理。

商务部配额许可证事务局和受商务部委托的省级商务主管部门为两用物项和技术进出口许可证发证机构。两用物项和技术进出口前，进出口经营者应当向发证机关申领"中华人民共和国两用物项和技术进口许可证"（以下简称两用物项和技术进口许可证）或"中华人民共和国两用物项和技术出口许可证"（以下简称两用物项和技术出口许可证），凭此向海关办理进出口通关手续。

2. 报关规范

（1）两用物项和技术进口许可证实行"非一批一证"制和"一证一关"制，两用物项和技术出口许可证实行"一批一证"制和"一证一关"制。

（2）两用物项和技术进出口许可证有效期一般不超过1年。跨年度使用时，在有效期内只能使用到次年3月31日。两用物项和技术进出口许可证应在批准的有效期内使用，逾期自动失效。

（3）两用物项和技术进出口许可证仅限于申领许可证的进出口经营者使用，不得买卖、转让、涂改、伪造或变造。

（三）固体废物限制进口管理

固体废物是指《中华人民共和国固体废物污染环境防治法》管理范围内的废物，即在生产建设、日常生活和其他活动中产生的污染环境的废弃物质。包括工业固体废物、城市生活垃圾、危险废物、液态废物和置于容器中的气态废物。

1. 管理范围

我国对进口废物实施分类目录管理，分别实施限制进口、非限制进口和禁止进口三类管理。生态环境部对全国固体废物进口环境管理工作实施统一监督管理，商务部、国家发展改革委、海关总署在各自的职责范围内负责固体废物进口的相关管理工作，定期公布、调整相关管理目录。

对列入《限制进口类可用做原料的废物目录》的固体废物实施限制进口管理；对列入《非限制进口类可用做原料的废物目录》的固体废物自由进口；对虽列入《限制进口类可用做原料的废物目录》及《非限制进口类可用做原料的废物目录》，但经入境检验检疫不符合进口可用做原料的固体废物环境保护控制标准或者相关技术规范等强制性要求的，未列入《限制进口类可用做原料的废物目录》及《非限制进口类可用做原料的废物目录》的，以及列入《禁止进口固体废物目录》的固体废物，实施禁止进口管理。

近年来，我国加大了对环境污染源的治理力度，2017年，国务院出台了一系列控制固体废物进口的措施，规划了逐年减少固体废物进口的品种和数量。2019年列入《限制进口类可用做原料的废物目录》的固体废物只剩下"回收（废碎）纸及纸板"（涉及3个商品编码）和"金属和合金废碎料"（涉及13个商品编码）两类。自2020年1月1日起，国家将按计划停止金属和合金废碎料类固体废物的进口，只保留"回收（废碎）纸及纸板"这一类固体废物的限制进口管理。

2019年列入国家《限制进口类可用做原料的废物目录》的固体废物实施限制进口管理，废物利用单位在组织进口列入限制进口目录的固体废物前，应当向生态环境部申领"中华人民共和国限制进口类可用做原料的固体废物进口许可证"，凭此向海关办理进口报关手续。

2. 报关规范

（1）废物进口许可证当年有效，因故在有效期内未使用完的，利用企业可以提出延期申请。发证机关扣除已使用的数量后，重新签发固体废物进口相关许可证，并在备注栏中注明"延期使用"和原证证号，且只能延期一次，延期最长不超过60日。

（2）固体废物进口相关许可证实行"一证一关"管理。一般情况下固体废物进口相关许可证为"非一批一证"制，如要实行"一批一证"，应当在固体废物进口相关许可证备注栏内打印"一批一证"字样。

（3）国家规定允许进口的固体废物只能从《限定固体废物进口口岸目录》中所列的口岸进口，并办理报关手续。

海关总署开展打击洋垃圾走私"蓝天2019"专项第一轮集中行动

2019年3月22日，海关总署开展打击洋垃圾走私"蓝天2019"专项第一轮集中行动。在海关总署统一指挥下，广东分署以及天津、大连、上海、南京、宁波、厦门、青岛、广州、深圳、汕头、黄埔这12个直属海关单位出动警力967名，分成172个行动小组，在天津等8个省（市）同步开展集中收网行动。截至发稿时，全国海关缉私部门一举打掉涉嫌走私犯罪团伙22个，抓获犯罪嫌疑人115名，查证废塑料、废矿渣等各类破坏生态环境的涉案货物33.81万t。

海关总署坚决贯彻落实习近平总书记重要批示指示精神，锲而不舍、一以贯之地坚决打击固体废物走私违法犯罪行为，在"蓝天2018"专项行动取得显著成效的基础上，深入推进"蓝天2019"专项行动，严防严控重点嫌疑货物，保持严打高压态势，坚决将洋垃圾封堵在国门之外。通过持续、不间断的整治打击，洋垃圾走私势头得到一定程度遏制，常见类型的洋垃圾走私犯罪发案率明显下降。2019年以来（截至3月20日），全国合法进口可利用固体废物数量为302万t，同比下降37%；查发走私案件数53起，同比下降43%，其中67.9%为既往发生的案件。

据了解，2018年海关总署将打击洋垃圾走私列为"国门利剑2018"联合专项行动的"一号工程"，开展"蓝天2018"专项行动，实施了5轮高密度、集群式、全链条的打击行动，共立案侦办走私洋垃圾犯罪案件481起，查证各类走私废物155万t。

下一步，全国海关将继续贯彻落实党中央、国务院决策部署，加大与公安、生态环境、市场监管等执法部门的合作力度，深化国际执法合作，严厉打击洋垃圾等危害国家生态安全的走私违法犯罪行为，坚决把禁止洋垃圾入境这一生态文明建设标志性举措落实到位，切实履行国门卫士职责，全力保障国家生态环境安全和人民群众的身体健康，为建设绿水青山、碧海蓝天的美丽中国做出应有的贡献。

资料来源：中国海关网站

（四）野生动植物种进出口管理

1. 野生动植物种进出口管理概述

为了挽救珍稀濒危动植物种，保护、发展和合理利用野生动植物资源，维护自然生态平衡，我国颁布了《中华人民共和国森林法》《中华人民共和国野生动物保护法》《中华人民共和国野生植物保护条例》《野生动植物进出口证书管理办法》等相关法律法规，并发布了我国物种自主保护目录。同时，我国也是《濒危野生动植物种国际贸易公约》的成员国（地区）。因此，我国进出口管理的濒危物种包括《濒危野生动植物种国际贸易公约》成员国（地区）应履行保护义务的物种及为保护我国珍稀物种而自主保护的物种。

我国对进出口野生动植物及其产品的，实行野生动植物进出口证书管理。野生动植物种进出口证书管理是指国家林业局所属国家濒危物种进出口管理办公室会同国家其他部门，依法制定或调整《进出口野生动植物种商品目录》并以签发"濒危野生动植物种国际贸易公约允许进出口证明书"（以下简称"公约证明"）、"中华人民共和国濒危物种进出口管理办公室野生动植物允许进出口证明书"（以下简称"非公约证明"）或"非《进出口野生动植物种商品目录》物种证明"（以下简称"物种证明"）的形式，对该目录列名的依法受保护的珍贵、濒危野生动植物及其产品实施的进出口限制管理。

报关单位进出口列入《进出口野生动植物种商品目录》的野生动植物或其产品，必须申报和审批，并在进出口报关前取得国家濒危物种进出口管理办公室或其授权的办事处签发的公约证明、非公约证明或物种证明后，再向海关办理进出口手续。

2. 非公约证明管理范围及报关规范

非公约证明是我国进出口许可管理制度中具有法律效力，用来证明对外贸易经营者经营列入《进出口野生动植物种商品目录》中属于我国自主规定管理的野生动植物及其产品合法进出口的证明文件，是海关验放该类货物的重要依据。

非公约证明实行"一批一证"制度。

3. 公约证明管理范围及报关规范

公约证明是我国进出口许可管理制度中具有法律效力，用来证明对外贸易经营者经营列入《进出口野生动植物种商品目录》中属于《濒危野生动植物种国际贸易公约》成员国（地区）应履行保护义务的物种合法进出口的证明文件，是海关验放该类货物的重要依据。

公约证明实行"一批一证"制度。

4. "物种证明"适用范围及报关规范

由于濒危物种进出口管理的动植物种很多，认定工作的专业性很强，因此海关总署和国家濒危物种进出口管理办公室共同商定启用"物种证明"。当海关无法认定的进出口野生动植物及其产品时，就由国家濒危物种进出口管理办公室指定机构进行认定并出具"物种证明"，报关单位凭以办理报关手续。

"物种证明"分为"一次使用"和"多次使用"两种。一次使用的"物种证明"的有效期自签发之日起不得超过180天，多次使用的"物种证明"有效期不超过360天。多次使用的"物种证明"只适用于同一物种、同一货物类型、在同一报关口岸多次进出口的野生动植物。多次使用的"物种证明"的有效期截至发证当年12月31日。持证者须于每年1月31日之前，将上一年度使用多次"物种证明"进出口有关野生动植物标本的情况汇总上报发证机关。

江门海关查获违规携带入境濒危唐冠螺

近日，经华南野生动物物种鉴定中心鉴定，江门海关隶属阳江海关日前在一名入境船员行李中查获的海螺，为国家二级重点保护珍贵、濒危野生动物唐冠螺，共3件、总重3.69kg。目前，案件已移交海关缉私部门做进一步处理。

唐冠螺为世界四大名螺之一，因其形状很像我国唐代武士的头盔而得名。海关提醒：邮寄或携带濒危野生动植物及其制品进出境，必须持有国家濒管部门出具的证明并主动向海关申报，否则由海关依照相关规定予以处罚，情节严重构成犯罪的将依法追究刑事责任。

资料来源：中国海关网站，2019年09月24日

（五）进出口药品管理

进出口药品管理是指为了加强对药品的监督管理，保证药品质量，保障人体用药安全，维护人民身体健康和用药合法权益，国家食品药品监督管理局依照《中华人民共和国药品管理法》、有关国际公约以及国家其他法规，对进出口药品实施监督管理的行政行为。

进出口药品管理是我国进出口许可管理制度的重要组成部分，属于国家限制进出口管理范畴，实行分类和目录管理。进出口药品从管理角度可分为进出口麻醉药品、进出口精神药品、进出口兴奋剂，以及进口一般药品。国家食品药品监督管理局会同国务院商务管部门对上述药品依法制定并调整管理目录，以签发许可证件的形式对其进出口加以管制。

1. 精神药品进出口管理范围及报关规范

国家食品药品监督管理局制定和调整《精神药品管制品种目录》，并以签发"精神药品进口准许证"或"精神药品出口准许证"的形式对《精神药品管制品种目录》中的药品实行进出口限制管理。

精神药品进出口准许证是我国进出口许可管理制度中具有法律效力，用来证明对外贸易经营者经营列入《精神药品管制品种目录》管理药品合法进出口的证明文件，是海关验放该类货物的重要依据。精神药品进出口准许证实行"一批一证"制度。

2. 麻醉药品进出口管理范围及报关规范

国家药品监督管理部门制定和调整《麻醉药品管制品种目录》，并以签发"麻醉药品进口准许证"或"麻醉药品出口准许证"的形式对该目录商品实行进出口限制管理。

麻醉药品进出口准许证是我国进出口许可管理制度中具有法律效力，用来证明对外贸易经营者经营列入《麻醉药品管制品种目录》管理的药品合法进出口的证明文件，是海关验放该类货物的重要依据。麻醉药品进出口准许证实行"一批一证"制度。

3. 兴奋剂进出口管理范围及报关规范

国家体育总局会同商务部、卫生部、海关总署、国家食品药品监督管理局制定颁布《兴奋剂目录》。

进出口列入《兴奋剂目录》的精神药品、麻醉药品、易制毒化学品、医疗用毒性药品的，应按照现行规定向海关办理通关验放手续。进出口列入《兴奋剂目录》的蛋白同化制剂和肽类激素分别实行进口准许证和出口准许证管理，进口准许证和出口准许证实行"一

证一关"制度。对《兴奋剂目录》中的"其他品种",海关暂不按照兴奋剂实行管理。

4. 一般药品进口管理范围及报关规范

国家对一般药品进口的管理实行目录管理。国家食品药品监督管理局制定和调整《进口药品目录》《生物制品目录》,国家食品药品监督管理局授权的口岸药品检验所以签发进口药品通关单的形式,对列入管理目录的商品实行进口限制管理。

进口药品通关单是我国进出口许可管理制度中具有法律效力,用来证明对外贸易经营者经营列入管理目录的商品进口合法的证明文件,是海关验放的重要依据。一般进口药品通关单实行"一批一证"制度。

(六) 进口关税配额管理

对外贸易经营者经国家批准取得关税配额证后允许按照关税配额税率征税进口;超出限额或无配额进口的则按照配额外税率征税进口,其中食糖还应申领自动进口许可证。

2019年我国实施进口关税配额管理的农产品有小麦、玉米、稻谷和大米、食糖、羊毛、毛条、棉花;实施进口关税配额管理的工业品为化肥。

1. 实施关税配额管理的农产品

(1) 农产品进口关税配额为全球关税配额,其国家主管部门为商务部及国家发展和改革委员会(以下简称发改委)。根据申请者的申请数量和以往进口实绩、生产能力、其他相关商业标准或根据先来先领的方式进行分配。每年1月1日前,商务部、国家发改委通过各自的授权机构向最终用户发放"农产品进口关税配额证",并加盖"商务部农产品进口关税配额证专用章"或"国家发展和改革委员会农产品进口关税配额证专用章"。

(2) 海关根据商务部、国家发改委各自的授权机构向最终用户发放的,并加盖"商务部农产品进口关税配额证专用章"或"国家发展和改革委员会农产品进口关税配额证专用章"的"农产品进口关税配额证"办理验放手续。

(3) "农产品进口关税配额证"实行"一证多批"制度,即最终用户需分多批进口的,在有效期内凭"农产品进口关税配额证"可多次办理通关手续,直至海关核注栏填满为止。

2. 实施关税配额管理的工业品

(1) 化肥进口关税配额为全球配额,商务部负责全国化肥关税配额管理工作。在化肥进口关税配额总量内,商务部根据国民经济综合平衡及资源合理配置的要求,对化肥进口关税配额进行分配。

(2) 关税配额内化肥进口时,海关凭进口单位提交的"化肥进口关税配额证明",按配额内税率征税,并验放货物。

(3) "化肥进口关税配额证明"实行"一批一证"管理,需要延期或证面栏目内容需要变更的,一律重新办理,旧证同时撤销。

(七) 其他货物进出口管理

1. 黄金及其制品进出口管理

黄金是指未锻造金,黄金制品是指半制成金和金制成品等。黄金及其制品进出口管理属于我国进出口许可管理制度中限制进出口管理范畴,中国人民银行根据国家宏观经济调控需求,可以对黄金及黄金制品进出口的数量进行限制性审批,会同海关总署制定、调整并公布《黄金及黄金制品进出口管理商品目录》。

以一般贸易、加工贸易转内销及境内购置黄金原料以加工贸易方式出口黄金制品的,海关特殊监管区域、保税监管场所与境内区外之间进出口的，因公益事业捐赠进口黄金及黄金制品等贸易方式进出口黄金及黄金制品的，应当向中国人民银行或其授权的中国人民银行分支机构申领"黄金及其制品进出口准许证"，凭以办理海关手续。

2. 美术品进出口管理

纳入我国进出口管理的美术品是指艺术创作者以线条、色彩或者其他方式，经艺术创作者以原创方式创作的具有审美意义的造型艺术作品，包括绘画、书法、雕塑、摄影等作品，以及艺术创作者许可并签名的，数量在200件以内的复制品。

美术品进出口管理是我国进出口许可管理制度的重要组成部分，属于国家限制进出口管理范畴。文化部负责对美术品进出口经营活动的审批管理，海关负责对美术品进出境环节进行监管。

我国对美术品进出口实行专营，经营美术品进出口的企业必须是在商务部门备案登记，取得进出口资质的企业。

美术品进出口单位应当在美术品进出口前，向美术品进出口口岸所在地省、自治区、直辖市文化行政部门提出申请，文化行政部门批准的，发给批准文件。申请单位持批准文件到海关办理手续。不批准的，文化行政部门书面通知申请人并说明理由。

3. 民用爆炸物品进出口管理

民用爆炸物品包括用于非军事目的、列入我国"民用爆炸物品品名表"的各类火药、炸药及其制品，雷管、导火索等点火和起爆器材。

国家对进出口民用爆炸物品的企业实施资质管理：对取得"民用爆炸物品生产许可证"的企业可以申请进口用于本企业生产的民用爆炸物品原材料（含半成品），出口本企业生产的民用爆炸物品（含半成品）。对取得"民用爆炸物品销售许可证"的企业可以申请进出口其"民用爆炸物品销售许可证"核定品种范围内的民用爆炸物品。

国家对民用爆炸物品实施进出口限制管理，工业和信息化部为国家进出口民用爆炸物品主管部门，负责民用爆炸物品进出口的审批；公安机关负责民用爆炸物品境内运输的安全监督管理；海关负责民用爆炸物品进出口环节的监管。

在进出口民用爆炸物品前，进出口企业应当向工业和信息化部申领"民用爆炸物品进/出口审批单"。之后，将获准进出口的民用爆炸物品的品种和数量等信息向收货地或者出境口岸所在地县级人民政府公安机关备案，并同时向所在地省级民用爆炸物品行业主管部门备案，在依法取得公安机关核发的"民用爆炸物品运输许可证"后方可运输民用爆炸物品。

险情暗藏集装箱，海关等部门现场引爆处置

正午11点10分，早秋的太阳十分炙热。杭州海关嘉兴口岸现场查验人员在乍浦码头集装箱堆场紧张地忙碌着。这天，作业单元张洋洋、王伟、宋健一组要负责对一批美国诺福克进口的10个集装箱的废纸进行查验。100%开箱，100%掏箱，100%对疑难夹杂物送专业机构鉴定，他们来回穿梭于废纸堆，不停地驻足检视；还钻进闷热的集装箱中仔细排查，不放过蛛丝马迹。

突然，他们在一个集装箱中发现了一个长约20cm，直径约5cm，重量约为1kg的实心密闭金属材质的圆柱体，且两端接有电线。从该物品残损的标签，依稀看到"CAUTION, EXPLOSIVE"等字眼，现场人员初步判定该物品为疑似爆炸物品。

险情就是命令，通过现场查验人员逐级汇报后，杭州海关马上启动应急预案，并立即下达指令：一是现场对疑似爆炸物品进行隔离并安全存放，设置警戒区域，限制人员出入，确保生命财产安全。二是联系地方职能部门，对疑似爆炸物品进行鉴定。

当晚，嘉兴市反恐办、港区管委会、市特警支队、港区公安局、港区消防大队等相关部门相继抵达乍浦码头现场，组成现场联合处置小组，鉴定确认该物品为废旧的安全气囊引爆装置，通电引爆后会产生大量气体，具有一定的危险性。

晚上22点10分，嘉兴市特警支队在现场进行了引爆销毁处置，处置过程中未造成人员和财产损失。至此，杭州海关成功排查处置了这起疑似爆炸物品隐患。

接下来，杭州海关将对该批货物再次进行H986机检和人工排查，根据再次排查结果和防爆部门出具的书面报告，决定是否解除现场警戒，并对整批货物做出处置建议。

资料来源：《中国国门时报》2019-09-27

4. 密码产品进口许可证管理

密码产品包括加密传真机、加密电话机、加密路由器、非光通信加密以太网络交换机、密码机（包括电话密码机、传真密码机等）、密码卡等商品。

国家密码管理局是密码产品和含有密码技术设备进口的国家主管部门，会同海关总署依法制定、调整并公布《密码产品和含有密码技术的设备进口管理目录》，以签发"密码产品和含有密码技术设备进口许可证"（以下简称"密码进口许可证"）的形式，对该类产品实施进口限制管理。

5. 有毒化学品管理

有毒化学品是指进入环境后通过环境蓄积、生物累积、生物转化或化学反应等方式损害健康和环境，或者通过接触对人体具有严重危害和具有潜在危险的化学品。国家发布《中国严格限制进出口的有毒化学品目录》，对进出口有毒化学品进行监督管理。

生态环境部在审批有毒化学品进出口申请时，对符合规定准予进出口的，签发有毒化学品环境管理放行通知单，作为海关验放该类货物的重要依据。

6. 农药进出口管理

我国对进出口农药实行目录管理，由农业部会同海关总署制定《中华人民共和国进出口农药登记证明管理名录》（以下简称《农药名录》）。

进出口列入上述目录的农药，应事先向农业部农药检定所申领"农药进出口登记管理放行通知单"，凭以向海关办理进出口报关手续。农药进出口登记管理放行通知单实行"一批一证"管理。

7. 兽药进口管理

兽药进口管理是指农业部依据《进口兽药管理办法》，对进出口兽药实施的监督管理。受管理的兽药是指用于预防、治疗、诊断畜禽等动物疾病，有目的地调节其生理机能并规定作用、用途、用法、用量的物质。

进口兽药实行目录管理，农业部会同海关总署制定、调整并公布《进口兽药管理目录》。进口列入《进口兽药管理目录》的兽药，应向进口口岸所在地省级人民政府兽医行政管理部门申请办理"进口兽药通关单"，凭此向海关办理报关手续。进口兽药通关单实行"一单一关"制度。

8. 水产品捕捞进口管理

农业部会同海关总署对部分水产品捕捞进口实施进口限制管理，并调整公布了《实施合法捕捞证明的水产品清单》。对进口列入《实施合法捕捞证明的水产品清单》的水产品，有关单位应向农业部申请"合法捕捞产品通关证明"，海关凭此证明接收企业报关。

二、自由进出口管理措施

除国家禁止、限制进出口货物、技术外的其他货物、技术，均属于自由进出口范围。自由进出口货物、技术的进出口不受限制，但基于监测进出口情况的需要，国家对部分属于自由进出口的货物采取相关管理措施。

(一) 自动进口许可管理

商务部根据监测货物进口情况的需要，对部分自由进口货物实行自动许可管理。许可证局、各地特派办、地方发证机构及地方机电产品进出口机构负责自动进口许可货物管理和自动进口许可证的签发工作。目前涉及的管理目录是商务部公布的《自动进口许可管理货物目录》，对应的许可证件为"中华人民共和国自动进口许可证"（以下简称"自动进口许可证"）。

1. 自动进口许可管理的商品范围

2019年实施自动进口许可管理的商品共计44类商品：

（1）由商务部签发"自动进口许可证"的商品有：牛肉、大豆、原油、卫星广播电视设备及关键部件、部分飞机等，涉及24类商品。

（2）由商务部授权的地方商务主管部门发证机构或者商务部许可证局负责签发"自动进口许可证"的商品有：肉鸡、煤、铁矿石、部分化肥、金属加工机床、电气设备等，涉及20类商品。

（3）免交"自动进口许可证"的情形：

1）加工贸易项下进口并复出口的（原油、成品油除外）。

2）外商投资企业作为投资进口或者投资额内生产自用的（旧机电产品除外）。

3）货样广告品、实验品进口，每批次价值不超过5000元人民币的。

4）暂时进口的海关监管货物。

5）从境外进入保税区、出口加工区、保税仓库、保税物流中心等海关特殊监管区域、保税监管场所属自动进口许可证管理的货物。

6）加工贸易项下进口的不作价设备监管期满后留在原企业使用的。

7）国家法律法规规定其他免领自动进口许可证的。

2. 办理规范

进口属于自动进口许可管理的货物，收货人（包括进口商和进口用户）在办理海关报关手续前，应向所在地或相应的发证机构提交"自动进口许可证"申请，并取得"自动进口许可证"。

以通关作业无纸化方式向海关办理报关验放手续的进口单位，可免于提交"自动进许可证"纸质证书。海关以进口许可证件联网核查的方式验核"自动进口许可证"电子证书，不再进行纸面签注。

"自动进口许可证"有效期为 6 个月，但仅限公历年度内有效；"自动进口许可证"项下的货物，原则上实行"一批一证"管理，对部分货物也可实行"非一批一证"管理。对实行"非一批一证"管理的，在有效期内可以分批次累计报关使用，但累计使用不得超过6 次。

（二）自由进口固体废物管理

2019 年列入国家《非限制进口类可用做原料的废物目录》的固体废物属于自由进口管理，进口时不受限制，无须向生态环境部申请任何许可证件。《非限制进口类可用做原料的废物目录》和《限制进口类可用做原料的废物目录》管理之外的固体废物一律禁止进口。

2019 年列入《非限制进口类可用做原料的废物目录》包括"木及软木碎料"（涉及 3个商品编码）和"金属和金属合金废碎料"（涉及 15 个商品编码）两类固体废物。自 2020年 1 月 1 日起，国家将按计划停止"木及软木碎料"类固体废物的进口，只保留"金属和金属合金废碎料"类固体废物的自动进口许可管理和前文所涉及的"回收（废碎）纸及纸板"类固体废物的限制进口管理，这两类固体废物允许进口，其他固体废物一律禁止进口。

国家允许进口的固体废物从规定的口岸进口，并办理报关手续。

（三）技术进出口合同登记管理

为规范自由进出口技术的管理，建立技术进出口信息管理制度，促进我国技术进出口的发展，根据《中华人民共和国技术进出口管理条例》和《技术进出口合同登记管理办法》，对技术进出口实行合同登记管理。

列入国家禁止和限制进出口技术目录以外的技术都属于自由进出口技术。进出口属于自由进出口的技术，技术进出口经营者应登录商务部政府网站上的"技术进出口合同信息管理系统"进行合同登记，并持技术进（出）口合同登记申请书、技术进（出）口合同副本（包括中文译本）和签约双方法律地位的证明文件，到商务主管部门履行登记手续。国务院商务主管部门对技术进出口合同进行登记，颁发"技术进口合同登记证"或"技术出口合同登记证"，申请人凭技术进出口合同登记证，办理外汇、银行、税务、海关等相关手续。海关在通关环节对证件信息进行比对核查，并按规定办理相关手续。

三、出入境检验检疫管理措施

我国出入境检验检疫管理范围包括两大类，《法检目录》所列入的商品称为法定检验商品，即国家规定实施强制性检验的进出境商品，和虽未列入《法检目录》，但国家有关法律、行政法规规定实施检验检疫的进出境货物及特殊物品等。

（一）列入《法检目录》商品的检验检疫措施

对列入《法检目录》商品，国家实行强制性检验检疫。海关通过接受报关、查验、抽样/采样等方式，搜集进出境商品信息，实施检验检疫。海关对受理申报的货物，根据对应的检验检疫类别，采取相应的施检方式，包括现场感官检验、临床检疫、抽样检测、核查货证等实施监管，符合要求的予以合格判定。

海关工作人员根据检验检疫结果和合格评定标准，按照规定的证单种类、证单格式、用途和证稿内容及时缮制与审校证单，并由具备相应资质的签字人（如兽医官、授权检疫官、检疫医师、授权签字人）等签名后以签发证单的形式判断进出口商品是否符合准入或准出资格。

（二）特殊商品检验检疫措施

1. 固体废物进口检验

依据国家《进口可用作原料的固体废物环境保护控制标准》对进口固体废物实施检验检疫管理措施。设立固体废物鉴别机构，对进境的固体废物的属性进行专业认定。实行装运前检验制度，即废物在输出国（地区）装运离境前，在成员出口方境内所进行的装运前的检验活动。实行口岸检验检疫，包括卫生检疫、动植物检疫、环保项目检验等内容。对进口固体废物实施全方位监管。

2. 进口旧机电产品检验监管

实施进口旧机电产品的准入措施，国家颁布旧机电产品管理目录和安全标准。实行装运前检验制度。实行口岸检验检疫，包括卫生检疫、动植物检疫、安全项目和环保项目检验等内容。

（三）进口棉花检验监督管理

棉花是我国国计民生的重要经济作物和战略物资，是国家进口检验检疫的重要商品。采取事前登记措施，即进口棉花境外供货企业登记必须进行事前登记。采取事中检验措施，检验包括现场查验、抽样、实验室检测。采取事后评估措施，即对进口棉花境外供货企业进行质量跟踪的信用评估管理。

（四）进口汽车检验监督管理

我国对进口汽车实施入境检验管理。限制口岸检验进口，汽车入境口岸海关负责进口汽车入境检验和验证工作。实施强制性产品认证证书管理，认证内容包括环境保护、技术安全、能源损耗等国家技术规范的强制性要求。入境口岸检验，包括一般项目检验、安全环保项目检测。

经检验合格的进口汽车，由口岸海关一车一单签发"进口机动车辆随车检验单"，凭以向车辆管理机关申领行车牌证。

（五）进口玩具检验监督管理

我国规定对《法检目录》外的进口玩具实施抽查检验制度，其检验项目主要包括核查产品标签标识及是否符合国家环保、卫生、机械安全、燃烧性能、电气安全、听力视力检测等。

（六）危险化学品检验监督管理

我国对危险化学品实施检验检管理。管理措施包括：对危险化学品生产企业、进口企业实施危险化学品登记管理；对危险化学品实施专业检验，包括是否符合安全、卫生、健康、环境保护、防止欺诈等要求，以及相关的品质、数量、重量等项目；设立专门的检验监管场所。

（七）出入境集装箱卫生检疫管理

集装箱是货物运输的重要载体，我国对出入境集装箱箱体实施检疫措施，检疫项目主要包括放射性监测、箱体表面检疫查验、箱体内检疫查验等。

练习题

一、名词解释

对外贸易管制　法律　行政法规　部门规章　国际条约　对外贸易经营者　许可证件管理　关税配额管理　绝对配额　关税配额　出口配额限制　自动进口许可管理　出入境检验检疫制度　国境卫生检疫制度　进出境动植物检疫制度　进出境食品检验检疫制度　进出口商品检验制度　外汇管理制度　倾销　补贴　临时反倾销措施　最终反倾销措施　临时反补贴措施　最终反补贴措施　保障措施　临时保障措施　最终保障措施　进出口许可证管理　两用物项和技术　固体废物　野生动植物种进出口证书管理　进出口药品管理

二、论述题

1. 简述对外贸易管制与海关监管的关系。

2. 讨论我国禁止进出口的货物，以及为什么禁止进出口。

3. 论述我国对外贸易管制的基本组成。

4. 简述出入境检验检疫制度的组成。

5. 简述国家外汇管理局对货物外汇的主要监管方式。

6. 论述进出口许可证的报关规范。

第二篇

操　作　篇

监管职能是海关履行其他职能的基础，监管货物、物品和运输工具的进出境是海关业务重要组成部分。较之物品和运输工具，货物因为其种类繁多、用途多样、涉及面广等原因，一直以来都是海关监管的重点对象。本章主要阐述海关监管货物的基本内容和报关程序，并介绍海关监管区。

第一节　海关监管货物

一、海关监管货物概述

（一）含义

海关监管货物，包括自进境起到办结海关手续止的进口货物，自向海关申报起到出境止的出口货物，过境、转运、通运货物，特定减免税货物，以及暂时进出境货物、保税货物和其他尚未办结海关手续的进出境货物。海关监管货物属于在进出境环节中未办结海关手续的货物。

海关监管货物，未经海关许可，不得开拆、提取、交付、发运、调换、改装、抵押、质押、留置、转让、更换标记、移作他用，或者进行其他处置。

（二）海关监管货物类别及监管时限

按货物进出境的性质划分，海关监管货物主要分为以下几类：

（1）一般进口货物：自进境起到办结海关手续止。

（2）一般出口货物：自向海关申报起到出境止。

（3）保税货物：自进境起，到原货物退运或加工成品复运出境并由海关核销结案，或向海关补办正式进口的补证、纳税手续止。

（4）暂时进出境货物：暂时进境货物，自进境起，到原货复运出境并由海关注销，或向海关补办正式进口的补证、纳税手续止；暂时出境货物，须在规定期限内复运进境，或向海关补办正式出口的补证、纳税手续。

（5）特定减免税货物：到海关监管年限期满止，或向海关办理补证、补税手续止。

（6）过境、转运、通运货物：自进境起，到出境止。

（7）超期未报货物：自进境起，到海关提取变卖止。

除了上述监管货物之外，海关还对进出境租赁货物、退运货物、退关货物等其他尚未办结海关手续的进出境货物进行监管，海关对不同性质的海关监管货物分别制定了相对应的监管制度。

二、货物通关监管

通关监管是海关对进出境货物全部监督管理工作的基础。海关通关监管具有再管理性，海关按照《海关法》《商检法》《国境卫生检疫法》《进出境动植物检疫法》《食品安全法》等相关法规进行监管，同时，执行或监督执行《对外贸易法》等对外贸易管理法规，贯彻实施国家对外贸易管制政策及各项管制措施，如进出口货物许可管理、配额管理、药品检验、文物管理、濒危物种管理、金银管制、外汇管制、核出口管制、知识产权边境保护，以及对民用枪支弹药、无线电器材、通信设备、音像制品、印刷品的进出境管理等。

在全国通关一体化模式下，海关实施"一次申报、分步处置"监管作业流程、企业自报自缴税款、税收征管要素海关审核后置等改革举措，改变了传统的"申报、审单、查验、征税、放行"的"串联式"通关作业流程，简化了口岸通关环节的手续，使海关执法监管更加统一、高效，企业通关更加便利、快捷。

第二节　报关程序

根据进出境货物的性质、类别及监管期限，海关监管货物的报关程序分为三个阶段。

一、前期阶段

对于特殊类别的海关监管货物，进出口货物收发货人、报关企业（以下简称当事人）根据海关监管要求，在货物进出口之前，需办理加工贸易手册（账册）、减免税证明、法定检验检疫等事项的设立、备案、报备、核准手续。

（一）报关单证准备

报关单证可以分为报关单和随附单证两大类，其中随附单证包括基本单证和特殊单证。

1. 报关单

报关单是指进出口货物报关单或者带有进出口货物报关单性质的单证，如特殊监管区域进出境备案清单、进出口货物集中申报清单、ATA单证册、过境货物报关单等。

2. 随附单证

基本单证是指进出口货物的货运单据和商业单据，主要有进口提货单据、出口装货单据、商业发票、装箱单等。

特殊单证是指对进出口货物涉及特殊管制规定的单证、专业性单据。特殊管制规定的单证主要有进出口许可证件、加工贸易电子化手册和电子账册、征免税证明、原产地证明书等，专业性单据包括实施准入管理的证明、实施产品资质管理的证明、实施企业资质管理的证明、属于评估或验证类文件资料和涉及国家技术规范强制要求的证明材料等。

（二）相关业务事项设立、报备、核准手续

（1）加工贸易货物。进口前，当事人需办理加工贸易手册、账册设立等手续。

（2）特定减免税货物。进口前，当事人需办理货物的减免税审批手续。

（3）检验检疫业务的事项办理。进口货物：装运前检验、境外预检、检疫准入、检疫审批等。出口货物：出境危险货物运输包装容器的性能检验、鉴定，出口前监管服务事项电子底账设立，政府协议装运前检验等。

（4）进出境前向海关报备的法定查验检疫货物和特殊物品。进口微生物、人体组织、生物制品、血液及其制品或种畜、禽及其精液、胚胎、受精卵的，应当在入境前30天报备；进口其他动物的，应当在入境前15天报备；进口植物、种子、种苗及其他繁殖材料的，应当在入境前7天报备。出境货物最迟应于报关或装运前7天报备，对于个别检验检疫周期较长的货物，应留有相应的检验检疫时间；需隔离检疫的出境动物在出境前60天预报，隔离前7天报备。

（三）纳税担保备案、预裁定、提前取样

（1）汇总征税税款总担保备案。为提高通关效率，进出口货物收发货人（"失信企业"除外）可向注册地直属海关关税职能部门提交税款总担保备案申请，总担保应当依法采用保函等海关认可的形式；保函受益人应包括企业注册地直属海关及其他进出口地直属海关；担保范围为担保期限内企业进出口货物应缴纳的海关税款和滞纳金；担保额度可根据企业税款缴纳情况循环使用。

关税保证保险担保备案。进出口货物收发货人对纳税期限和征税要素进行保险担保的，保险公司通过保单传输系统传输"关税保证保险单"电子数据，企业所在地直属海关进行保单备案。企业申请办理征税要素担保的，现场海关收取保单正本。保险金额可根据企业税款缴纳情况在保险期间内循环使用。

（2）海关预裁定。在货物实际进出口前，进出口货物收发货人可以就下列海关事务申请预裁定：进出口货物的商品归类，原产地或者原产资格，进口货物完税价格相关要素、估价方法。"完税价格相关要素"，包括特许权使用费、佣金、运保费、特殊关系，以及其他与审定完税价格有关的要素。申请人应当在货物拟进出口3个月前向其注册地直属海关提出预裁定申请，通过电子口岸"海关事务联系系统"（QP系统）或"互联网+海关"提交"中华人民共和国海关预裁定申请书"。

（3）申报前查看货物或提取货样。当事人在向海关申报前，因确定货物品名、规格型号、归类等原因，可以向海关提出查看货物或提取货样的书面申请。

进口货物收货人查看货物或提取货样时，由海关开具取样记录和取样清单。提取货样的货物涉及动植物及产品，以及其他须依法提供检疫证明的，应当按国家有关法律规定取得海关的书面批准证明。

二、进出口阶段

进出口阶段，当事人需根据海关监管要求，在货物进出境时，向海关办理进出口申报、配合查验检疫、缴纳税费、提取或装运货物。

（一）申报与审单

进出口申报是指进出口货物的收发货人、受托的报关企业，依照《海关法》以及有关法律、行政法规和规章的要求，在规定的期限、地点，采用电子数据报关单和纸质报关单形式，向海关报告实际进出口货物的情况，并接受海关审核的行为。进口货物的收货人、出口货物的发货人应当向海关如实申报，交验进出口许可单证和有关单证。国家限制进出口的，没有进出口许可证件的不予放行。进出口货物当事人可以自行向海关办理申报手续，也可以委托报关企业办理申报手续。

1. 申报的法律意义

申报是当事人履行海关手续的必要环节之一，也是海关确认进出口货物合法性的先决条

件。当事人应当对申报内容的真实性、准确性、完整性和规范性承担相应的法律责任。

如实申报是指进出口货物的收发货人在向海关办理货物通关手续时，按照规定的格式（进出口货物报关单）真实、准确地填报与货物有关的各项内容，报告进出口货物的情况，向海关申请按照其申报的内容办理相关的通关手续，并履行海关规定的各项义务并承担法律责任。

2. 申报形式

申报载体包括电子数据报关单和纸质报关单两种形式。电子数据报关单是指报关单位按照《中华人民共和国海关进出口货物报关单填制规范》（以下简称《报关单填制规范》）的规定，通过中国电子口岸或其他合法的申报平台录入报关单电子数据，向海关通关管理系统发送报关单电子数据。纸质报关单是指当事人按照《报关单填制规范》的规定，通过中国电子口岸或其他合法的申报平台打印海关接受电子数据申报的纸质报关单。《海关法》规定，电子数据报关单和纸质报关单具有同等的法律效力。

3. 申报期限

申报日期是指当事人申报的电子数据报关单或纸质报关单，被海关接受申报数据的日期。

进口货物应当自载运进口货物的运输工具申报进境之日起 14 日内向海关申报，出口货物应当在运抵海关监管场所后、装货的 24 小时以前向海关申报。进口货物超过规定期限向海关申报的，海关依法向收货人征收滞报金。出口货物不征收滞报金。

4. 电子数据申报

当事人按照海关《进出口货物申报项目录入指南》及《报关单填制规范》填制报关单，将报关单数据通过申报系统进行录入，并以电子数据形式随附必要的报关单据，形成正式申报的电子数据报关单。

当事人应核查所申报的内容是否真实、规范、准确，交验的各种单据是否正确、齐全、有效。申报内容应做到单单相符（报关单内容与各种单证信息应相互一致）、单证相符（报关单内容与各种证件信息应相互一致）。

5. 现场接单审核、处置

（1）现场接单审核。现场接单审核，是指海关依据国家有关法律、行政法规和规章的要求，审核当事人申报的报关单及随附单证是否齐全、有效的执法行为。

海关对电子数据报关单按照预先设定的标准及其他控制条件进行审核。海关审结通过电子数据报关单后，当事人自接到海关"现场交单"或"放行交单"信息之日起 10 日内，持打印的纸质报关单及随附单证，到海关交单并办理相关手续。

（2）重新申报。电子数据报关单不能通过规范性、逻辑性审核的，海关不接受申报并退回电子数据报关单，当事人按规定修改后重新申报。

海关已接受申报的报关单电子数据，人工审核确认需要退回修改的，当事人应当在 10 日内完成修改并重新发送报关单电子数据，申报日期仍为海关接受原报关单电子数据的日期；超过 10 日的，原报关单无效，当事人应当另行向海关申报，申报日期为海关再次接受申报的日期。

6. 特殊申报方式

（1）提前申报。经海关批准，报关单位收到运（提）单或载货清单（舱单）数据后，提前向海关办理进出口货物申报手续，并交验随附单证、许可证件和其他证明文件材料等。进口货物在装载货物的进境运输工具启运后、运抵海关监管场所前向海关申报；出口货物应于货物运抵海关监管场所前 3 日内向海关申报。

（2）集中申报。集中申报，是指经海关备案，当事人在同一口岸多批次进出口规定范围内的货物，先以集中申报清单申报货物进出口，再以报关单集中办理海关手续的特殊通关方式。进出口企业应向主管地海关办理集中申报备案，向海关提交"适用集中申报通关方式备案表"，提供符合海关要求的担保。

1）集中申报范围：适用图书、报纸、期刊类出版物等时效性较强的货物，危险品或者鲜活、易腐、易失效等不宜长期保存的货物，公路口岸进出境的保税货物。收发货人涉嫌走私或者违规、侵犯知识产权被海关行政处罚，海关信用管理类别为失信企业，以及相关海关事务担保失效的，不适用集中申报方式。

2）申报程序：先以集中申报清单申报，再以报关单集中申报。

进口货物自运输工具申报进境之日起 14 日内，出口货物在运抵海关监管区后、装货的 24 小时前，填写"海关出口货物集中申报清单"，以电子数据向海关申报。凡被退单的，当事人应以报关单方式向海关申报。

当事人应对 1 个月内集中申报的清单数据进行归并，填制进出口货物报关单。一般贸易货物在次月 10 日之前，保税货物在次月月底之前到海关办理集中申报手续。一般贸易货物集中申报手续不得跨年度办理。

（3）定期申报。经电缆、管道、输送带或者其他特殊运输方式输送进出口的货物，经海关同意，可定期向指定海关申报。

7. 滞报金

进口货物的收货人超过规定期限向海关申报的，由海关征收滞报金。海关总署根据《海关法》的规定制定了《中华人民共和国海关征收进口货物滞报金办法》，建立了规范的对超过申报期限的进口货物征收滞报金制度。

（1）滞报金计算。滞报金按日计征，每日计收金额为进口货物完税价格的 0.5‰，以人民币"元"为计征单位，不足人民币 1 元的部分免予征收。滞报金的起征点为人民币 50 元。

其计算公式为

$$滞报金额 = 进口货物完税价格 \times 0.5‰ \times 滞报天数$$

征收进口货物滞报金应当按日计征，以自运输工具申报进境之日起第 15 日为起征日，以海关接受申报之日为截止日，起征日和截止日均计入滞报期间。滞报金起征日遇有休息日或者法定节假日的，顺延至休息日或者法定节假日之后的第一个工作日。国务院临时调整休息日与工作日的，海关应当按照调整后的情况确定滞报金的起征日。

（2）滞报金征收。海关征收滞报金时，向进口货物的收货人或其代理人签发滞报金缴款书，收货人或其代理人持滞报金缴款书向海关指定部门或指定银行办理缴费手续。

对应征滞报金的进口货物，收货人或其代理人未缴纳滞报金的，海关不予放行货物。

进口货物因收货人在运输工具进境之日起超过 3 个月未向海关申报的，被海关依法提取变卖处理后，符合条件的收货人申请发还余款前应当补办海关手续，并计征滞报金，计征起始日为自运输工具申报进境之日起第 15 日，计征截止日为上述 3 个月期限的最后一日。滞报金从海关变卖货物的余款中扣除。

（3）滞报金减免。

1）有下列情形之一的，进口货物收货人可以向海关申请减免滞报金：

① 政府主管部门有关贸易管理规定变更，要求收货人补充办理有关手续或者政府主管部门延迟签发许可证件，导致进口货物产生滞报的。

② 产生滞报的进口货物属于政府间或国际组织无偿援助和捐赠用于救灾、社会公益福利等方面的进口物资或其他特殊货物的。

③ 因不可抗力导致收货人无法在规定期限内申报，从而产生滞报的。

④ 因海关及相关执法部门的原因而使收货人无法在规定期限内申报，从而产生滞报的。

⑤ 其他特殊情况经海关批准的。

2）有下列情形之一的，海关不予征收滞报金：

① 收货人在运输工具申报进境之日起超过3个月未向海关申报，进口货物被依法变卖处理，余款上缴国库的。

② 进口货物收货人在申报期限内，根据有关规定向海关提供担保，并在担保期限内办理有关进口手续的。

③ 进口货物收货人申报并经海关依法审核，必须撤销原电子数据报关单重新申报，因删单重报而造成滞报的。

④ 进口货物经海关批准直接退运的。

⑤ 进口货物应征收滞报金金额不满人民币50元的。

（4）滞报金计算实例。

上海某公司从日本进口了一批货物，成交价格为 CIF 上海 10 000 美元，载运货物的运输工具于2019年5月20日（周一）申报进境，该公司于2019年6月21日（周五）向上海海关进行申报，求该货物应缴纳的滞报金（1美元=人民币6.8700元）。

解：滞报金额=进口货物完税价格×0.5‰×滞报天数

第一步：计算滞报天数（一般是在原来日期上加14天即可）：

该货物申报的最后期限为6月3日（20+14=34，周一），滞报期为6月4日（周二）～6月21日（周五），共计18天。

第二步：求货物的完税价格（换算为人民币）：

10 000 美元×6.8700 元/美元=68 700 元

第三步：代入公式：

滞报金金额=68 700 元×0.5‰×18=618.3 元

第四步：因为应征收滞报金金额不满人民币50元的免征滞报金，而618.3元>50元；又因为滞报金中不足人民币1元的部分免予征收，所以该货物应缴纳滞报金为618元。

（二）查验与配合

1. 查验概述

查验是海关为确定当事人向海关申报的内容是否与进出口货物的真实情况相符，或者为了确定商品的归类、价格、原产地等，依法对进出口货物进行实际核查的执法行为。

《海关法》第28条规定："进出口货物应当接受海关查验。海关查验货物时，进口货物的收货人、出口货物的发货人应当到场，并负责搬移货物，开拆和重封货物的包装。海关认为必要时，可以自行开验、复验或者提取货样。海关在特殊情况下对进出口货物予以免验，具体办法由海关总署制定。"

对进出口货物进行查验是海关的权力。通过查验，审核进出口货物的收发货人或其代理人的申报与实际货物是否相符，通过查验确认有无伪报、瞒报和申报不实等走私违规情况。海关通过风险分析来确定对进出口货物是否进行查验以及查验的方法。这就是说，海关不是对所有的进出口货物都必须查验，而是根据对进出口货物进行风险分析或商品归类、完税价格的审定等需要，决定对货物是否进行查验。收发货人或其代理人应当配合海关查验其报关的进出口货物，这也是报关单位的一项义务。

2. 查验时间

当海关决定查验时，即将查验的决定以书面通知的形式通知进出口货物收发货人或其代理人，并约定查验时间。查验时间一般在海关正常工作时间内。但是在一些进出口业务繁忙的口岸，海关也可经进出口货物收发货人或其代理人的申请，在海关正常工作时间以外安排查验。

3. 查验地点

查验一般在海关监管区内进行。对进出口大宗散装货物、危险品、鲜活商品、落驳运输的货物，经货物收发货人或其代理人申请，海关也可同意在装卸货物现场进行查验。在特殊情况下，经收发货人或其代理人申请，海关也可派员到海关监管区外的地点查验货物。

4. 查验方法

查验方式分为人工查验和机检查验。人工查验包括外形查验、开箱查验，机检查验是指以技术检查设备为主对货物实际状况进行的验核。海关可以根据货物情况及实际执法需要确定具体的查验方式，优先使用非侵入式查验。

5. 查验作业环节

查验作业环节分为前置作业、（现场）查验作业和处置作业三个方面，分别承担安全准入拦截、实货验核、查验后处理等工作。

（1）前置作业。对涉及安全准入等需进行拦截处置的进境货物，海关在其抵达进境口岸后实施前置预防性检疫处理（含检疫处理监管）、前置辐射探测、先期机检等顺势及非侵入的探测和处置。

（2）现场查验作业。现场查验是指在口岸内实施的外勤查验作业，包括单货、货证核对；卫生检疫、动植物检疫、商品检验；抽样送检；现场即决式鉴定（含现场实验室初筛鉴定）；H986过机检查；现场技术整改，合格评定、拟证。

（3）处置作业。处置作业是指现场查验发现异常或查验后需进一步处置的作业，包括单证处置，如报关单修撤、补证补税、签证等；货物处置，如退运、销毁、罚没、口岸隔离检疫、技术整改等；移交处置，如移送通关、法规、缉私等处置部门手续的办理。

6. 复验和径行开验

复验是指海关对已经查验完毕的货、物品和运输工具再次实施的验证式查验。海关认为必要时，可以依法对已经完成查验的货物进行复验，进出口货物收发货人或其代理人应当到场。

径行开验是指海关在当事人不在场的情况下，对进出口货物进行开拆包装查验。海关在行使径行查验的权力时，应当通知货物的保管人或其他见证人到场，并由其在海关的查验记录上签字。

7. 配合海关查验

进出口货物收发货人或其代理人配合海关查验时应当做如下工作：负责搬移货物、开拆和重封货物的包装；了解和熟悉所申报货物的情况，回答查验关员的询问，提供海关查验货物所需要的单证或其他资料；协助海关提取货样，收取海关取样清单并签字；查验结束后，在海关关员填写的"海关进出境货物查验记录单"上签字，并对其内容进行核实。

8. 查验货物损坏赔偿

在查验过程中，由于海关关员的责任造成备查货物损坏的，进出口货物收发货人或其代理人可以要求海关赔偿。海关赔偿范围仅限于在海关实施查验过程中，使货物造成损坏的直接经济损失。进出口货物收发货人或其代理人在海关查验时对货物是否损坏未提出异议，事后发现货物有损坏的，海关不负赔偿责任。

9. 海关化验

海关化验是指海关对进出口货物的属性、成分、含量、结构、品质、规格等进行检测分析，并做出鉴定结论的活动。海关化验为商品归类、原产地确定、审价、案件查处等海关业务提供技术支持和执法依据。

深圳湾海关查获近千万元申报不实 OLED 屏

近日，深圳海关隶属深圳湾海关经查验并鉴定，深圳某科技公司此前申报进口的"液晶屏幕玻璃"确为"OLED 显示屏"。

今年年初，深圳某科技公司向深圳湾海关申报进口一批货物，包括"手机液晶屏幕玻璃"700 个、"液晶屏幕玻璃"5.9 万个，经海关查验并鉴定，该公司将市场价值 928.19 万元的高档"OLED 显示屏"伪报成普通"液晶屏幕玻璃"走私进口，申报价值仅为 52.81 万元，两者实际市场价格相差 17 倍。目前，该案件已移送海关缉私部门做进一步处理。

资料来源：中国海关网站，2019 年 3 月 25 日

（三）征税与缴纳

征收税款是海关依据国家有关法律、行政法规和规章的要求，征收进出口货物税款、滞纳金及退补税的行为。海关签发税款缴纳凭证，交由当事人办理缴纳手续，并对税费进行核注。

当事人应在开具税款缴款书 15 日内持缴款书向开户行或代理银行缴纳税款。实行电子支付的，进出口货物收发货人或其代理人可以通过中国电子口岸查询税款缴款书，通过电子方式支付。

一般情况下，进出口货物在纳税人缴清税款以后海关才能放行，但是为了加速验放，对信誉好的纳税人，海关可以允许在提供担保的基础上先予提取或装运货物。另外，对于依法享有减免税的货物，当事人在提交相关证明材料后，海关可以给予相应的减免税优惠。

（四）放行与结关

1. 货物放行

货物放行是指海关接受进出口货物收发货人或其代理人的申报，完成审单、查验、征税作业，准予提取进口货物，准予出口货物装运的行为。

实行无纸化通关方式申报的报关单，海关通过电子方式将进出口货物放行信息发送给当事人或海关监管场所。

2. 结关与单证签发

结关是指进出口货物办结现场通关的海关手续。其中，进口货物及没有实际离境，在境内流转的货物放行即结关，准予货物提离海关监管场所；出口货物在海关接受理货报告电子数据并审核确认货物已经离境后予以结关。

根据当事人的申请，符合规定条件的，由海关签发有关进出口货物检验检疫证书等证明凭证。另外，已办结海关手续的进出口货物，一般由海关总署向其他有关国家部门传输结关信息电子数据。

三、后续阶段

在后续阶段，针对特殊类别的海关监管货物，当事人需根据海关监管要求，在完成货物的加工装配、使用、维修、复运进出境、纳税等过程或手续后，按照规定的期限和要求，向海关办理核销、销案、申请解除监管等手续。例如：

1）加工贸易货物，当事人需在规定期限内办理报核手续。

2）特定减免税货物，当事人需在海关监管期满，或者在海关监管期内经海关批准出售、转让、退运、放弃并办结有关手续后，向海关申请办理解除、监管手续。

3）暂时进出境货物，在海关规定的期限内，办理复运出境或正式进口手续后申请销案。当事人办理暂时进出境货物延期手续的，按照海关规定处置。

4）法定检验检疫货物出具证书及后续监管事项。

通关加速企业减负——以改革促贸易便利化见闻

今年上半年，广西进口整体通关时间压缩至 18.48 小时，仅为同期全国平均水平 44.43 小时的 41.6%。这意味着南宁海关改革创新监管模式、优化通关流程、提升通关效率工作取得了明显成效，进一步优化了口岸营商环境，有力推进了广西开放型经济高质量、快速发展。

近日，记者下港口、走国门、访边境，通过亲身体验，切身感受服务升级释放的贸易通关便利化红利。

1. 提前审结再提速

凭祥市友谊关口岸，国际陆海新通道的核心节点，是我国通往东盟国家最快、最便捷的陆路大通道。

为进一步优化通关作业流程，压缩整体通关时间，南宁海关于今年4月在友谊关试行"提前审结、卡口验放"监管作业模式改革，并于5月初正式推行。

改革前，进口货物卡口放行后，需运抵海关作业场所办理暂存、申报、征税、查验、放行等手续；改革后，采取"提前审结、卡口验放"模式，报关单申报、缴税、审结等环节都可以提前至货物入场前完成，流程进一步优化整合，实现了海关监管作业环节的前推后移，有效提升监管效率。未被海关布控查验的车辆货物，即进即出、无须等待，通关时间缩短至平均10分钟。

友谊关口岸车来车往，繁忙异常，踏着电动平衡车的报关员来回穿梭，越南入境和中国出境的货运卡车有序通关。记者掐着秒表坐在海关的执法车上，跟随两辆越方入境货车和3辆中国出境货车，体验了一回进出境通关。

货车到达卡口1，司机只需通过一旁的人脸识别系统便可快速完成指纹验证并实现"刷脸通关"，而后将货车驶入驶出场所并通过卡口2，顺利完成通关。5辆车，通关速度最快为12分38秒，最慢为15分02秒。

"以前车辆货物进入货场后才能报关，如今车在越南已办完手续，不需要查验的直接放行，省去了装卸过驳时间，通关成本降低了，速度也更快了。"广西锦联国际物流公司报关经理告诉记者，"五一"期间，为确保车辆陆路通关长期高效运转，让物流企业、货代公司等相关人员尽快适应新模式的操作，南宁海关组织货代公司的报关员集中在凭祥物流园内针对"提前审结"模式进行全面培训。

上半年，凭祥海关进出口货运量209万t，同比增长5.9%；监管运输工具21.6万辆（节），同比增加35.9%。

通关加速的背后，是南宁海关为推动通关流程"去繁就简"、优化营商环境而大刀阔斧地进行的自我改革。

2. 一站办理求高效

让企业少跑腿，还得让数据多跑路。

记者在钦州港海关办证大厅看到，以往报关员、办事员排队拥挤的大厅、各个办事窗口已不复往日的熙熙攘攘，整个大厅显得宁静而有序。该关的一站式办理改革，让通关变得更为高效。

据介绍，为更好地服务国际陆海新通道建设，钦州港海关在通关、查验、物流监控等现场设立了"陆海新通道专用窗口"和"陆海新通道专用查验台"，对新通道的货物实行优先派单、优先查验，并提供提前预约通关服务，平均每单货物可为企业节省时长24小时，确保陆海新通道货物快速通关。

"通过预约申报，当天查验当天放行，大大降低了货物通关时间和企业成本。"某企业报关经理说。这类专用查验平台和专用窗口的开设，对企业来说是极大的利好，尤其是对水果等生鲜货物。

目前，国际陆海新通道已相继开通到四川、重庆、云南、贵州方向的钦蓉、云桂、黔桂等5个常态化班列，开行密度达每天2.5列，最高一天可达4列，从钦州港发出的货物已通达东南亚、非洲、美洲、中东等地区的71个国家、155个港口。

流通货物由最初的陶瓷、板材等少数几类品种，增加至现在的含汽车配件、摩托车、纸浆、平行进口汽车、生鲜等41个多样化品类。

在运输成本上，对陆海新通道集装箱运价最高下调30%，每标箱可节约成本约2000元；在运输服务上，建立了"铁路、港口、客户"三位一体协作机制，满足企业货物快速周转需求，成为西南地区客户体验便捷高效物流运输的首选方式。

"我们不断优化通关作业流程，压缩口岸通关时间，并推出一系列降低企业运营成本的措施。"钦州港海关负责人介绍，自去年以来，该海关深入推进口岸提效降费，简化监管证件，将进出口环节需验核的监管证件从86种减至48种，并深入推进北部湾港集疏运一体化改革，推进海运港口间协作配合，压缩口岸整体通关时间。

据悉，钦州保税港区已实现口岸通关企业无纸化申报率达99.9%，电子支付率维持在95%以上，国际贸易"单一窗口"申报率提前达到100%。今年上半年，国际陆海新通道累计运营班列948趟，同比增长228.02%；完成重柜48269标箱，同比增长256.57%，其中外贸货物箱量达13235标箱。

3. 海运平台更便捷

防城港深水码头，集装箱码放整齐，与蔚蓝的大海组成一幅绚丽多彩的画卷。这个广西最大的大宗散货口岸，汇集了来自全球的货轮。

"从通关耗时一周到一天，再到秒通关，我是亲历者和见证者。"在防城港工作10年的报关经理江立军告诉记者，5年前他每天在口岸大概需要穿梭往返10km，工作10个小时以上，经常连饭都顾不上吃。

"通关手段很落后，效率不高。"江立军回忆说。那时，大部分单证审核工作都需人工完成，每票都有厚厚的一摞单证，一般的文件包根本装不下，一票需要报关员跑3个部门，往来4趟以上才能完成报关流程。

经过多年通关改革，如今，报关员来回往返海关业务大厅的情形已一去不复返。江立军说，近5年来，他随公司积极参与了防城海关的各项改革试点，如通关无纸化、"单一窗口"、提前申报等。2014年，防城海关海运物流平台启用后，信息化程度进一步提高，报关从过去手写报关单发展到打印报关单，进而实现了无纸化秒通关。

"现在不仅可实现秒通关，还能够达到货到港口，马上装船。"江立军介绍说，"单一窗口"的改革是将企业进出口报关、报检的申报数据整合成统一化，数据传输可以做到数据不落地，有效减少同类数据项的重复录入，提高了申报效率，为企业带来了实实在在的利好。"不上码头，足不出户，在办公室就可办理"。

据悉，防城海关85%的货运量为散货进出口，针对大宗散货体量大、装卸久、流向复杂的监管难点，该关2014年年底率先在关区启动物流管理平台试点运行工作，运用水运舱单与运输工具管理系统全国联网的优势，查询船舶原始备案记录，加强信息采集和备案更新；依托南宁海关物流管理平台，以"IMO＋航次＋提单"来实现运输工具、货物信息、放行信息、理货信息以及物流动态的"环环相扣、流流相证、单单相校"，实现物流可查、可溯、可控，形成大宗散货物流底账，实现海关监管"耳聪目明"。

记者看到，通过物流监控辅助系统，防城海关将每票货物的放行信息实时推送给港区、堆场等监管作业场所经营人，场所经营人可以根据海关的电子放行信息合理安排提货计划，最大限度地减少对市场资源的直接配置和对市场活动的直接干预。

"企业通过物流监控辅助系统，在办公室点击鼠标即可办理货物移场申请、国际转运等业务。"该关负责人介绍，近年来，关区以水运舱单管理系统、运输工具管理系统以及物流管理平台等信息化系统应用为契机，不断深化物流监管作业制度改革，着力打造海运物流全程电子化监管新模式，使企业实现业务办理足不出户，6 月份的进口整体通关时间创该关历史最好水平。

资料来源：《广西日报》，2019 年 08 月 08 日

第三节　海关监管区

一、海关监管区概述

海关监管区是指《海关法》所规定的海关对进出境运输工具、货物、物品实施监督管理的场所和地点，包括设立海关的港口、车站、机场、国界孔道、国际邮件互换局（交换站），还包括海关监管作业场所、保税监管场所、海关特殊监管区域、保免税商店和其他有海关监管业务的场所和地点，以及虽未设立海关，但是经国务院批准的进出境地点。

海关监管区应当设置符合海关监管要求的基础设施、检查查验设施及相应的监管设备。进出境运输工具、货物、物品，应当通过海关监管区进境或者出境；进出境运输工具或者境内承运海关监管货物的运输工具应当在海关监管区停靠、装卸，并办理海关手续。

二、海关监管场所

（一）含义

海关监管场所是指进出境运输工具或者境内承运海关监管货物的运输工具进出、停靠，以及从事进出境货物装卸、储存、交付、发运等活动，办理海关监管业务，符合海关设置标准的特定区域。

海关监管场所内只能存放海关监管货物。对海关监管场所实行统一编码、计算机联网和分类管理。

（二）管理

1. 场所内企业设立

申请设立海关监管场所的企业，应当经工商行政管理部门注册登记，具有独立企业法人资格；具有专门储存货物的营业场所，拥有营业场所的土地使用权，租赁他人土地、场所经营的，租期不得少于 5 年。其中，经营液/气体化工品、易燃易爆危险品等特殊许可货物仓储的，应当持有特殊经营许可批件。

申请设立海关监管场所的企业，应当向直属海关提交书面申请及相关材料。申请企业应当自海关制发"批准设立决定书"之日起 1 年内向直属海关申请验收。申请企业无正当理由逾期未申请验收或者经验收不合格的，"批准设立决定书"自动失效。

2. 海关监管

海关采取视频监控、实地核查等方式对进出海关监管场所的运输工具、货物等实施监管。

经营企业应当在海关监管场所显著位置按照海关规定的样式制作、悬挂监管场所标志牌。经营企业应当按照海关要求发送和接收电子数据。

海关有权查阅海关监管场所的货物进出和存储等情况的纸质单证或者电子账册。

海关根据需要，可派员实施卡口监管，核实、放行海关监管运输工具、货物。海关检查运输工具或者查验货物、提取货样时，经营企业应当按照海关要求进行必要的协助。

经营企业应当凭海关纸质放行凭证和电子放行信息放行海关监管的运输工具、货物。

经营企业应当及时将海关监管场所内存放超过3个月的货物情况向海关报告，并协助海关办理相关手续。

海关助力新疆丝绸之路经济带核心区建设

近日，喀什综合保税区正式封关运营。此前，新疆已经有阿拉山口综合保税区、中哈霍尔果斯国际边境合作中心、乌鲁木齐出口加工区和奎屯保税物流中心（B型）等四个海关特殊监管区。

"借助已运营的阿拉山口综保区、中哈霍尔果斯国际边境合作中心配套区、喀什综合保税区，新疆将形成辐射型综合保税区群，这对于进一步扩大新疆对内对外开放意义深远。"乌鲁木齐海关关长孙志杰表示。

据悉，海关特殊监管区在承接国际产业转移、推进加工贸易转型设计，扩大对外贸易和促进就业等方面发挥了积极作用。而更重要的是其辐射带动作用明显，可以通过培育区域外产业配套能力，带动有条件的企业进入加工贸易产业链和供应链，促进区内外生产加工、物流和服务的深度融合，形成高端入区、周边配套、辐射带动、集聚发展的格局。"构建海关特殊监管区集群，将改变新疆过去货物中转枢纽、对本地产业带动效应不明显的'通道经济'模式，吸引更多产业落地，依托独特的区域和地缘优势，为新疆发展外向型经济增添新动力。"孙志杰介绍，为了帮助地方政府和企业了解海关特殊监管区的优惠政策，乌鲁木齐海关编制了《乌鲁木齐海关特殊监管区域及保税监管场所政策指南》和《推动海关特殊监管区规划建设课题研究报告》，为自治区人民政府及地方相关部门提供政策指导、招商引资、规划建设的资料。此外，还组织了业务专家先后赴新疆各地州举办了多场政策宣讲会，为地方政府和企业详细解读政策优势。此外，乌鲁木齐海关还积极探索新疆特色进出口产业集聚区与海关特殊监管区联动发展的模式，配合地方政府，积极吸引行业龙头企业入区发展，带动配套企业跟进，以特殊监管区域为核心，辐射拉动周边地区的加工制造，推动形成区内外整体产业链。

之前已封关运行的阿拉山口综合保税区也正凭借着政策优势，成为新疆外向型经济发展的"金字招牌"。"批次进出、集中申报""简化无纸通关随附单证""简化统一进出境备案清单"这三项创新制度在阿拉山口综保区率先复制成功，给区内企业带来了实实在在的效益。阿拉山口地平线石油天然气股份有限公司报关业务负责人白莉算了一笔账，"公司向区外运送液化石油气80车1600余吨，若按传统申报方式，需要申报报关单及备案清单共160份，但采用分送集报后，只申报了6份报关单证，企业通关手续变得很简便。"

资料来源：中国海关网站，2015年4月29日

练习题

一、名词解释

海关监管货物　报关单　基本单证　特殊单证　进出口申报　电子数据报关单　纸质报关单　申报日期　现场接单审核　提前申报　集中申报　查验　征收税款　放行　结关　海关监管区　海关监管场所

二、论述题

1. 简述海关监管货物类别及监管时限。

2. 论述海关监管货物的报关程序的前期阶段需要注意的问题。

3. 简述进出口阶段申报的基本内容。

4. 讨论不同类别的海关监管货物在报关的后续阶段需要注意的问题。

5. 简述海关监管场所的主要管理内容。

6. 天津达维有限公司从德国进口 10 台注塑机，成交价格为 CIF 价 26 万美元，4 月 28 日（星期四）通过轮船"FLOW STOW"号装运到天津，该公司于 6 月 14 日向海关进行申报。以上日期均不涉及法定节假日，求该货物应缴纳的滞报金（1 美元 = 6.3 元人民币）。

一般进出口货物的报关按照海关一般进出口监管制度管理，其报关的有关内容可以按照海关监管货物的报关程序，同时还可以按照全国通关一体化作业流程报关。报关程序是所有货物报关程序的基础，其他类型货物报关程序基本上都是在一般进出口货物报关程序的基础上发展起来的。本章主要介绍一般进出口货物的基本内容，全国通关一体化作业和货物转关申报的有关内容。

第一节　一般进出口货物

(一) 含义

一般进出口货物指按照海关一般进出口监管制度管理的进出口货物，包括一般进口货物和一般出口货物。一般进出口货物只要在进出境环节向海关办理申报、查验、征税、放行等海关各项手续后，海关即予以结关，进口货物可以由收货人提取在境内自行处置，出口货物可以运离关境，进入国际市场流通。

一般进出口货物与一般贸易货物是完全不同的两个名词。一般进出口货物是根据海关监管制度进行划分的，一般贸易货物是根据国际贸易中的贸易方式进行划分的。一般贸易是指我国境内有进出口经营权的企业单边进口或单边出口的贸易，按一般贸易方式进出口的货物即为一般贸易货物。一般贸易货物中的按照海关一般进出口监管的货物可以归入一般进出口货物，但是另外一些采用一般贸易方式成交的货物，如享受特定减免税的进口货物，则不适用于一般进出口货物报关程序，而适用于特定减免税货物的报关程序。另外，一般进出口货物中的按照一般贸易方式成交的货物可以归入一般贸易货物，但是另外一些采用其他贸易方式成交的一般进出口货物，如易货贸易、补偿贸易成交的货物，就不能归入一般贸易中，而是相应归入到易货贸易货物、补偿贸易货物中。因此，一般进出口货物与一般贸易货物虽然具有重合的内容，但本质上是两个不同的概念。

(二) 特征

1. 进出口时提交相关许可证件

对于涉及进出境国家管制的一般进出口货物，均应在货物进出口前办妥审批手续，获得相关许可证件。一般进出口货物向海关申报时，需要交验相关的进出境管理部门签发的许可证件，如进出口许可证、进口配额证明、自动进出口许可证等，否则海关不接受申报和验放货物。

2. 进出境时缴纳进出口税费

一般进出口货物的当事人应该按照《海关法》《进出口关税条例》《进出口税则》和其他法律、法规的规定，进行报关并缴纳税费。海关在进出境环节依法征收的税费有进出口关税、进出境环节征收的增值税和消费税以及其他税费。对于规定的免税货物、零税率货物、减免税货物等，无须缴纳或减少缴纳进出口税费。

3. 海关放行即办结海关手续

一般进出口货物在申报、查验、缴税、经海关审核放行后，即意味着进出口货物已经办结各项海关手续，结束海关监管。其中，进口货物由当事人提取自行处置，海关不再监管；出口货物可以运输出境，进入国际市场流通，海关也不再监管。

(三) 范围

除特定减免税货物外，实际进出口的货物都属于一般进出口货物的范围。实际进出口的货物包括实际进口的货物和实际出口的货物。其中，实际进口的货物是指进境后不再复运出境的货物；实际出口的货物是指出境后不再复运进境的货物。具体来讲，一般进出口货物包括以下范围：

(1) 不享受特定减免税的一般贸易进出口货物。

(2) 易货贸易、补偿贸易进出口货物。

(3) 转为实际进口的保税进口的货物、转为实际进口或出口的暂时进出境货物。

(4) 不准予保税的寄售代销贸易货物。

(5) 承包工程项目实际进出口货物。

(6) 外国驻华商业机构进出口陈列用的样品。

(7) 随展览品进出境的小卖品。

(8) 实际进出口的货样广告品。

(9) 外国旅游者小批量订货出口的商品。

(10) 免费提供的进口货物：

1) 外商在经贸活动中赠送的进口货物。

2) 外商在经贸活动中免费提供的试车材料。

3) 我国在境外的企业、机构向国内单位赠送的进口货物。

(四) 报关要点

一般进出口货物的通关管理，几乎涉及了我国有关进出口管理的所有法律、法规，因此海关对一般进出口货物建立了严格的监管制度。需要一般进出口货物报关的当事人在工作中应当注意以下几点：

(1) 熟悉国家有关进出口管理的法律、法规和规章，掌握国家禁止和限制进出口的货物、物品、技术的范围。

(2) 属于配额和许可证管理的，或自动许可管理的货物都要向海关提交许可证件。

(3) 对于国家已经宣布采取反倾销措施、反补贴措施、保障措施和协定税率的货物，报关时应当向海关提交原产地证明和原厂商发票。

(4) 对于国家宣布采取反倾销措施、反补贴措施、保障措施的货物，以及海关总署公告已经达到配额总量或国别限量的，报关时应当向海关缴纳特别关税。

(5) 经营租赁方式进口货物，应当填写两份报关单：一份按照货物的实际价值填写，作为海关统计专用；一份按照实际支付的租金填写，作为海关征收关税专用。

第二节 报 关 程 序

一般进出口货物的报关是按照海关基础监管制度进行管理，因此报关程序可以参考本书第四章第二节的内容。另外，海关为优化口岸营商环境，促进跨境贸易便利化，进行全国通关一体化改革，对传统报关程序重新进行梳理，进一步为进出口货物当事人报关提供便利。一般进出口货物收发货人或其代理人可以通过申请获得通关作业无纸化资格，按照全国通关一体化作业流程进行报关；也可以选择不通过通关作业无纸化申报。

一、全国通关一体化概述

（一）含义

全国通关一体化，是指企业可以在全国任意选择一个海关办理进出口货物的通关业务，适用"一次申报、分步处置"通关作业流程，在企业完成报关和税款自报自缴手续后，安全准入风险主要在口岸通关现场处置，税收风险主要在货物放行后处置的新型通关管理模式。全国通关一体化改革所涉商品为全部进出口商品。

（二）适用企业

实施全国海关通关一体化模式的企业，必须是已经适用通关作业无纸化的企业。通关作业无纸化，是指海关运用信息化技术，改变海关验核进出口企业递交的纸质报关单及随附单证办理通关手续的做法，直接对企业通过中国电子口岸申报的报关单及随附单证的电子数据进行无纸审核、验放处理的通关作业方式。

企业经报关所在地直属海关审核同意，在与报关所在地直属海关、第三方认证机构（中国电子口岸数据中心）签订电子数据应用协议后，可在全国海关适用"通关作业无纸化"通关方式。海关可根据规定解约并取消企业适用通关无纸化模式的资格，企业也可主动申请解约。企业可不申请适用通关作业无纸化资格，或不通过通关作业无纸化方式申报。

经海关审核，准予适用通关作业无纸化通关方式的进出口企业，需要委托报关企业代理报关的，应当委托经海关审核准予适用通关作业无纸化通关方式的报关企业。

（三）管理制度

1. 一次申报、分步处置

"一次申报、分步处置"即企业在货物通关时一次申报，海关在货物放行前、放行后分步处置。在口岸处置安全准入风险，完成对货物的安全准入甄别后，先予放行；货物放行后，再由属地海关进行税收等后续管理。

2. 税收征管方式

根据企业信用资质，允许企业自报、自缴税款，自行打印税单。海关受理企业申报，对税收风险实施前置风险分析，放行前验估，放行后批量审核、稽（核）查等。

3. 协同监管

口岸海关负责"分步处置"中第一步处置的执行反馈，属地海关负责"分步处置"中第二步处置的执行反馈。其中，卫生疫情、动植物疫情等口岸检疫风险，以及按规定必须在口岸实施检验的口岸检验风险等，由口岸海关在"分步处置"第一步中完成现场处置。可以在属地海关监管作业场所之外进行处置的进口目的地检验风险，以及检验检疫后续监管风险，由属地海关在"分步处置"第二步中完成现场处置。

二、全国通关一体化作业流程

（一）申报

1. 舱单申报

进出境运输工具负责人及其他运输经营人等按照规定向海关传输舱单及相关电子数据，海关舱单管理系统对舱单实施逻辑检控和审核，对不符合舱单填制规范的退回舱单传输人予以修改，对通过逻辑检控和审核的，海关进行风险甄别。海关对舱单货物进行安全准入审查、处置后，进出口货物收发货人可正常向海关申报报关数据。

2. 企业申报

企业按照报关单填制规范和相关申报管理规定自主向海关申报报关单及随附单证电子数据。

3. 电子审核

H2010系统对报关单及随附单证电子数据进行规范性、逻辑性审核。对于符合条件的，海关接受申报，向企业发送接受申报回执；对于不符合条件的，系统自动退单，发送退单回执，企业需重新办理有关申报手续。

（二）自报自缴

1. 报税

企业利用预录入系统的海关计税（费）服务工具计算应缴纳的相关税费，并对系统显示的税费计算结果进行确认，连同报关单及随附单证预录入内容一并提交海关。

2. 缴税

对应税报关单，企业收到海关接受申报回执后，办理税款相关手续。选择缴纳税费的，自行向银行缴纳；预先向海关提供税款担保并备案的，可以选择提供担保，海关按照规定办理担保核扣手续。

3. 缴税方式选择

（1）选择电子支付税费/电子支付担保模式的，报关单位登录电子支付平台查询电子税费信息并确认支付。

（2）选择柜台支付模式的，报关单位在收到申报地海关现场打印的纸质税款缴款书后，到银行柜台办理税费缴纳手续。

（三）安全准入风险管理

1. 报关单风险甄别

对海关已接受申报的报关单，海关风险防控中心根据预先加载的风险判别规则、风险参数，运用H2010系统进行风险甄别。

2. 安全准入风险处置

对被安全准入风险参数捕中后的报关单，申报地海关根据H2010系统提示的参数要求或者标注的风险情况进行处置，并进行相应操作。

3. 税收风险处置

对被税收风险参数捕中的报关单，海关税收征管中心实施税收征管要素的风险排查处置，进行相应操作。

（四）现场业务处理

1. 单证处置

单证处置包括报关单修改、撤销、补证补税、签证，以及办理许可证人工核扣。

2. 查验

对有布控查验指令的报关单，海关实施准入查验。

3. 货物处置

货物处置包括退运、销毁、罚没、口岸隔离检疫、技术整改等。

（五）放行及后期管理

1. 放行

报关单符合所有放行条件后，H2010 系统会自动完成放行操作。

2. 放行后税收风险排查处置

对被税收风险参数捕中、经放行前验估查验、单证验核和税收风险分析模型筛选出的报关单数据，以及随机抽取的一定比率的已放行报关单数据，按商品分类由系统分派至税收征管中心实施批量审核，筛选风险目标进行税收征管要素风险排查。

南京海关首票进口货物"两步申报"改革试点成功

经海关总署批准，南京海关于 2019 年 9 月 11 日在隶属江阴海关启动"两步申报"改革试点。当日，首票进口货物试点成功。江苏利士德化工有限公司向江阴海关申报进口的一批乙烯使用了"两步申报"新模式，该批货物重 3000 余吨、货值 291 万美元。从企业申报到准予提货整个流程仅用了 3 分 01 秒。

"两步申报"是海关总署主动适应国际贸易特点和安全便利需要所采取的一项重要通关改革措施，旨在进一步推进通关便利化，持续优化口岸营商环境，促进外贸稳定发展。

在这种新通关模式下，企业不需要一次性提交全部申报信息及单证，整个提交过程可以分成两步走。企业仅凭提单的主要信息，就可以完成概要申报（第一步申报）并提离货物。在运输工具申报进境起 14 日内完成完整申报（第二步申报），补充提交满足税收征管、海关统计等所需要的相关信息和单证，按规定完成税款缴纳等流程。

"两步申报"减少了进口货物因等待申报所需单证而产生的滞港时间，大大提高了通关效率，大幅降低了企业成本。

江苏利士德化工有限公司的相关负责人表示，以往办理业务时，常常会遇到载货船舶已抵港但商业单证还未备齐而无法报关的情况。新模式下，允许企业在获得提单、船名等相关信息和单证后先进行概要申报，货物到港后如不涉及查验即可提离，给企业的生产经营带来了极大的便利。"两步申报"模式不仅让通关速度更快、物流成本更低，而且让企业有更充足的时间去获取货物信息，还可以更加准确地完成申报，漏报、错报等情形将会大幅减少。

"两步申报"在给企业带来诸多便利的同时也对海关内部的管理流程提出了更高要求，不仅改变了传统的货物通关验放模式，还给风险防控、信用管理、综合治税等管理理念和模式带来一系列改变，具有"牵一发而动全身"的作用。

"两步申报"将促进海关全面履职，打造国际先进的通关制度。通过"两步申报"改革，有效整合优化了提前申报、汇总纳税等通关便利措施，健全并完善了报关单修撤、税收强制等管理制度，进一步强化了海关通关前、中、后不同监管环节的各自优势。

实施"两步申报"的同时，继续保留"一次申报"模式，企业可自主选择，确保在充分尊重企业意愿和市场规律的前提下推进试点工作，把好事办好，充分释放海关的改革红利。

资料来源：中国海关网站

第三节 货物转关申报程序

一、货物转关概述

(一) 含义

转关是指进口货物由进境地入境后，在海关监管下运往另一设关地点办理进口验放手续，或者出口货物在启运地海关办理验放手续后运往出境地，由出境地海关监管出境，或者海关监管货物由境内一个设关地点转运到境内另一个设关地点。

(二) 申请转关的条件

1. 转关承运人的条件

转关承运人应当在海关注册登记，承运车辆符合海关监管要求，并承诺按海关对转关路线范围和途中运输时间所做的限定，将货物运往指定的场所。

2. 业务范围

2018年1月1日起，除以下情况外，海关不再接受其他货物办理转关运输，其相关业务将全部转为全国通关一体化报关：

(1) 正常办理转关的业务范围。邮件、快件、暂时进出口货物（含 ATA 单证册项下货物）、过境货物、中欧班列载运货物、跨境电子商务零售进出口商品、免税品，以及外交、常驻机构和人员的公、自用物品，其收发货人可按照海关要求正常申请办理转关手续，开展转关运输。

(2) 按条件办理转关的业务范围。

1) 多式联运及具有全程提（运）单的货物：运输企业、运输工具在海关办理备案登记手续，并安装定位监控装置；应采用符合海关监管要求和装卸标准的集装箱装载运输。

2) 符合要求条件的进口固体废物：包括按照水水联运模式进境的废纸、废金属；货物进境地为指定进口固体废物的口岸等情况。

3) 不宜在口岸海关查验的货物：易受温度、静电、粉尘等自然因素影响或者因其他特殊原因而不宜在口岸海关监管区实施查验的进出口货物，满足以下条件的，经主管地海关批准后，可按照提前报关方式办理转关手续。

关于固体废物进口转关的条件

允许具备一定条件的进口固体废物"圈区管理"园区内的加工利用企业，在经总署批准同意后，按照转关运输有关规定开展进口固体废物转关业务。应满足以下条件：

(1) 进口固体废物的转关进境地为指定进口固体废物口岸。

(2) 进口固体废物的检验检疫在转关进境地实施。

(3) 进口固体废物的转关指运地为经国家环保部门批准设立，并通过国家环保等部门验收合格的进口固体废物"圈区管理"园区。

(4) 进口固体废物的转关进境地监管场所，以及进口固体废物"圈区管理"园区内的大型集装箱检查设备已安装到位并交付使用。

(5) 进口固体废物"圈区管理"园区已实现海关驻点监管，并具备严格执行"三个100%"查验⊖、转关100%验封、机动巡查、视频监控等现场作业监管的条件。

(6) 转关至"圈区管理"园区的进口固体废物仅限专供园区内企业加工利用的固体废物。

(7) 进口固体废物的转关运输车辆已安装卫星定位终端，并实时向海关物流监控系统传输卫星定位信息。

(三) 转关运输的方式

1. 提前报关转关

进口货物在指运地先申报再到进境地办理进口转关手续；出口货物在货物未运抵启运地监管场所前先申报，货物运抵监管场所后再办理出口转关手续的方式。

2. 直转转关

进境货物在进境地海关办理转关手续，货物运抵指运地后再在指运地海关办理报关手续的进口转关；出境货物在货物运抵启运地海关监管场所报关后，在启运地海关办理出口转关手续的出口转关。

3. 中转转关

在收、发货人或其代理人向指运地或启运地海关办理进出口报关手续后，由转关承运人统一向进境地办理进口转关手续或向启运地海关办理出口转关手续。具有全程提运单，需换装境内运输工具的进出口中转货物，适用中转方式转关运输方式。

二、申报程序

(一) 进口货物的转关

1. 提前报关的转关

进口货物的收货人或其代理人在进境地海关办理进口货物转关手续前，向指运地海关录入进口货物报关单电子数据。指运地海关提前受理电子申报，接受申报后，计算机自动生成

⊖ "三个100%"查验是指凡配备H986集装箱检查设备的海关查验现场的100%过机检查，机检查验发现有问题的人工开箱查验；对环保风险高的集装箱进口废塑料100%逐箱人工彻底查验；对装载进口固体废物的运输车辆实施100%过磅称重。

进口转关货物申报单，向进境地海关传输有关数据。

提前报关的转关货物收货人或其代理人应向进境地海关提供进口转关货物申报单编号，并提交相关单证以办理转关运输手续。

2. 直转方式的转关

采用直转方式转关的进口货物，应当自运输工具申报进境之日起 14 天内向进境地海关办理转关手续，在海关限定期限内运抵指运地之日起 14 天内向指运地海关办理报关手续。

货物的收货人或其代理人在进境地录入转关申报数据，持相关单证直接办理转关手续

3. 中转方式的转关

中转方式的进口转关一般采用提前报关转关。具有全程提运单、需要换装境内运输工具的中转转关货物的收货人或其代理人向指运地海关办理进口报关手续后，由境内承运人或其代理人向进境地海关提交进口转关货物申报单、进口货物中转通知书、按指运地目的港分列的纸质舱单（空运方式提交联程运单）等单证办理货物转关手续。

（二）出口货物的转关

1. 提前报关的转关

由货物的发货人或其代理人在货物未运抵启运地海关监管场所前，先向启运地海关录入出口货物报关单电子数据，由启运地海关提前受理电子申报，生成出口转关货物申报单数据，传输至出境地海关。

货物应于电子数据申报之日起 5 日内，运抵启运地海关监管场所，并持相关单证向启运地海关办理出口转关手续。

2. 直转方式的转关

由发货人或其代理人在货物运抵启运地海关监管场所后，向启运地海关录入出口货物报关单电子数据，启运地海关受理电子申报，生成出口转关货物申报单数据，传输至出境地海关。

发货人或其代理人应持相关单证在启运地海关办理出口转关手续。

3. 中转方式的转关

具有全程提运单、需要换装境内运输工具的出口中转转关货物，货物的发货人或其代理人向启运地海关办理出口报关手续后，由承运人或其代理人向启运地海关录入并提交出口转关货物申报单、凭出境运输工具分列的电子或纸质舱单、汽车载货登记簿或船舶监管簿等单证，向启运地海关办理货物出口转关手续。经启运地海关核准后，签发出口货物中转通知书，承运人或其代理人凭以办理中转货物的出境手续。

（三）境内监管货物的转关

境内监管货物的转关运输，除加工贸易深加工结转按有关规定办理外，均应按进口转关方式办理。

1）提前报关的，由转入地（相当于指运地）货物收货人及其代理人，在转出地（相当于进境地）海关办理监管货物转关手续前，向转入地海关录入进口货物报关单电子数据报关，由转入地海关提前受理电子申报，并生成进口转关货物申报单，向转出地海关传输。收货人或其代理人应持进口转关货物核放单、汽车载货登记簿或船舶监管簿，并提供进口转关货物申报单编号，向转出地海关办理转关手续。

2）直转的，由转入地货物收货人或其代理人在转出地录入转关申报数据，持进口转关

货物申报单、汽车载货登记簿或船舶监管簿，直接向转出地海关办理转关手续。货物运抵转入地后，收货人或其代理人向转入地海关办理货物的报关手续。

练习题

一、名词解释

一般进出口货物　一般贸易货物　全国通关一体化　转关　提前报关转关　直转转关　中转转关

二、论述题

1. 简述一般进出口货物的特征。
2. 讨论一般进出口货物与一般贸易货物的区别。
3. 简述全国通关一体化的管理制度。
4. 论述全国通关一体化的作业流程。
5. 论述进口货物转关的方式。
6. 论述出口货物转关的方式。

第六章

保税货物报关程序

保税货物包括保税加工货物和保税物流货物，保税加工货物是经海关批准未办理纳税手续进境，在境内加工、装配后复运出境的货物；保税物流货物是经海关批准未办理纳税手续进境，在境内储存后复运出境的货物。保税货物的报关程序与一般进出口货物的报关程序有较大区别，海关对保税货物的监管已经形成了一整套完整的报关程序。本章将对保税加工货物和保税物流货物的报关程序进行阐述。

第一节 保税加工货物

一、保税加工货物概述

（一）含义、特征

1. 含义

保税是指海关对保税货物进境时暂缓征税，待货物进境储存或加工后的去向确定了，再决定征税或免予征税。如储存或加工的货物在海关规定的期限内，复运出境则免税；如转为在境内销售，海关则补征税款。

保税加工货物也叫加工贸易货物。加工贸易是指经营企业进口全部或者部分原材料、零部件、元器件、包装物料、辅助材料（统称为料件），经过加工或者装配后，将制成品复出口的经营活动。

加工贸易的形式包括来料加工和进料加工。来料加工是指由境外企业提供料件，经营企业不需要付汇进口，按照境外企业的要求进行加工或装配，只收取加工费，制成品由境外企业销售的经营活动。进料加工是指经营企业用外汇购买料件进口，制成成品后外销出口的经营活动。

保税加工货物，是指经海关批准未办理纳税手续进境，在境内加工、装配后复运出境的货物。保税加工货物包括专为加工、装配出口产品而从国外进口且海关准予保税的原材料、零部件、元器件、包装物料、辅助材料，以及用上述料件生产的半成品、成品，还包括在加工贸易生产过程中产生的剩余料件、边角料、残次品、副产品和受灾保税货物。

剩余料件，是指加工贸易企业在从事加工复出口业务过程中剩余的，可以继续用于加工制成品的加工贸易进口料件。

边角料，是指加工贸易企业从事加工复出口业务，在海关核定的单位耗料量内，在加工过程中产生的无法再用于加工该合同项下出口制成品的数量合理的废料、碎料及下脚料。

残次品，是指加工贸易企业从事加工复出口业务，在生产过程中产生的有严重缺陷或者达不到出口合同标准，无法复出口的制品（包括完成品和未完成品）。

副产品，是指加工贸易企业从事加工复出口业务，在加工生产出口合同规定的制成品

（即主产品）的过程中同时产生的，且出口合同未规定应当复出口的一个或者一个以上的其他产品。

受灾保税货物，是指加工贸易企业从事加工出口业务中，因不可抗力原因或者其他经海关审核认可的正当理由造成灭失、短少、损毁等导致无法复出口的保税进口料件和制品。

2. 特征

（1）保税加工货物需经海关批准，进口前在海关设立手册或账册。保税加工货物是海关的监管货物，从进境之日起到结束海关监管之前，都处于海关的监管下。

（2）保税加工货物进口时无须缴纳进口关税和进口环节税。经加工装配后成品复运出境，除另有规定外，无须缴纳关税；经加工装配后，若成品经批准转内销，则缴纳进口税费。

（3）加工贸易货物料件进口时，属于许可证管理的，可以不予提交进口许可证。经加工装配后成品复运出境，产品属于许可证管理的，需要提交出口许可证；经加工装配后成品经批准转内销的，需要提交进口许可证。

（二）监管模式

海关对保税加工货物的监管模式有两大类：一类是非物理围网的监管模式，采用纸质手册管理或计算机联网监管；另一类是物理围网的监管模式，包括出口加工区和跨境工业园区，采用电子账册管理。

1. 非物理围网监管

（1）纸质手册管理。这是一种传统的监管方式，主要是用加工贸易纸质登记手册进行加工贸易合同内容的备案，凭以进出口，并记录进口料件出口成品的实际情况，最终凭以办理核销结案手续。随着对外贸易和信息技术的高速发展，纸质手册管理逐渐被其他监管模式所替代，不再使用。

（2）计算机联网监管。海关对加工贸易企业实施计算机联网监管，也称为电子围网监管模式，是指海关通过计算机网络从实行全过程计算机管理的加工贸易企业中提取监管所必需的财务、物流、生产经营等数据，与海关计算机管理系统相连接，从而实施对保税货物监管的一种模式。

目前，计算机联网监管有两种模式：一种是电子化手册管理，以合同为单元实施监管；一种是电子账册管理，是以企业为单元实施监管。

2. 物理围网监管

物理围网监管，是指经国家批准，在境内或边境线上划出一块地方，实现物理围网，由海关进行封闭式监管，企业在围网内可以开展加工贸易业务。

海关实施封闭式监管的可以从事加工贸易的物理围网区域包括出口加工区、保税区、保税港区（综合保税区）、珠澳跨境工业区的珠海园区、中哈霍尔果斯国际边境合作中心的中方配套区等。其中，出口加工区是专门从事加工贸易的海关监管区域，其他区域除了可以从事加工贸易外，海关还赋予了其他职能，如从事保税物流、商品展示等职能。另外，根据相关政策，除保税区外，上述海关特殊监管区域将统一整合为综合保税区。

（三）加工贸易企业分类管理

加工贸易企业，包括经海关注册登记的经营企业和加工企业。经营企业，是指负责对外签订加工贸易进出口合同的各类进出口企业和外商投资企业，以及经批准获得来料加工经营许可的对外加工装配服务公司。加工企业，是指接受经营企业委托，负责对进口料件进行加工或者装配，并且具有法人资格的生产企业；以及由经营企业设立的虽不具有法人资格，但是实行相对独立核算并已经办理工商营业证（执照）的工厂。

自2014年12月1日起，海关对企业实行信用管理，对原来使用的企业分类管理进行了调整。适用AA类管理的企业过渡为高级认证企业；适用A类管理的企业过渡为一般认证企业；适用B类管理的企业过渡为一般信用企业；适用C类、D类管理的企业，海关按照相关规定重新认定企业信用等级。新设立的加工贸易企业为一般认证企业。高级认证企业、一般认证企业在银行保证金台账、单耗申报等加工贸易管理中享受更多的优惠与便利。

对于同一本加工贸易手册，如果经营企业和加工企业的信用类别不一致，海关按较低的信用类别对企业进行管理。

（四）加工贸易商品分类管理

1. 禁止加工类商品

禁止加工类商品是指《对外贸易法》规定禁止进口的商品，以及海关无法实行保税监管的商品。加工贸易禁止类商品目录由商务部、海关总署会同国家其他有关部门公布。目前实施的加工贸易禁止类目录，根据《2016年海关商品编码》，加工贸易禁止类商品目录共计1879项商品编码。以下情况不在加工贸易禁止类商品目录中单列，但按照加工贸易禁止类进行管理：

（1）为种植、养殖等出口产品而进口种子、种苗、种畜、化肥、饲料、添加剂、抗生素等。

（2）生产出口的仿真枪支。

（3）属于国家已经发布的禁止进口货物目录和禁止出口货物目录的商品。

2. 限制加工类商品

加工贸易限制类商品目录由商务部、海关总署会同国家其他部门公布。以加工贸易深加工结转方式转出、转入的商品属于限制类的，按允许类商品管理。

禁止加工类和限制加工类以外的商品为允许加工类商品。

（五）加工贸易保证金征收管理

1. 概述

为了国家税收安全，海关对保税加工货物征收保证金，保证金管理按海关事务担保事项办理。企业在规定的期限内加工出口并办理核销后，海关将保证金及利息予以退还。

加工贸易保证金征收管理的核心内容是对企业、商品、地区实行分类管理，对部分地区、部分企业进口的开展加工贸易的部分料件，海关按料件的进口税额征收保证金。其中企业分为海关高级认证企业、一般认证企业、一般信用企业和失信企业；商品分为禁止加工类、限制加工类、允许加工类；地区分为东部和中西部地区。东部地区是指辽宁省、北京市、天津市、河北省、山东省、江苏省、上海市、浙江省、福建省、广东省。中西部地区指东部地区以外的我国其他地区。

对限制类商品的加工贸易保证金征收管理：高级认证企业、一般认证企业免征保证金；东部地区一般信用企业按50%征收，中西部地区一般信用企业免征；失信企业100%征收。

对允许类商品的加工贸易保证金征收管理：失信企业100%征收保证金。

2. 计算公式

（1）进口料件属限制类商品或进口料件、出口成品均属限制类商品，保证金计算公式：

保证金＝（进口限制类料件的关税＋进口限制类料件的增值税）×50%

（2）出口成品属限制类商品，保证金计算公式：

保证金＝进口料件备案总值×（限制类成品备案总值÷全部出口成品备案总值）×22%×50%

（3）失信企业从事加工贸易业务，保证金计算公式：

台账保证金＝（进口全部料件的进口关税＋进口全部料件的进口增值税）×100%

3. 担保形式

担保形式有保证金或保函等形式。保函包括银行或者非银行金融机构的保函，保函担保期限应为手册有效期满后80天，以保函形式办理担保的，企业将保函交于海关加贸部门保管。担保形式为保证金的，企业以人民币缴纳保证金，保证金金额由海关财务部门核算管理。

加工贸易保证金征收管理的具体内容见表6-1。

表6-1　加工贸易保证金征收管理内容

保证金管理内容	禁止类商品		限制类商品		允许类商品	
	东部	中西部	东部	中西部	东部	中西部
高级认证企业、一般认证企业	不准开展加工贸易		免征			
一般信用企业			50%征收	免征		
失信企业			100%征收			
特殊监管区域企业			免征			

（六）单耗管理

单位耗料量，是指加工贸易企业在正常生产条件下加工生产单位成品所耗用的进口料件的数量，简称单耗。单耗包括净耗和工艺损耗。净耗，是指在加工后，料件通过物理变化或者化学反应存在或者转化到单位成品中的量。工艺损耗，是指因加工工艺原因，料件在正常加工过程中除净耗外所必须耗用，但不能存在或者转化到成品中的量，包括有形损耗和无形损耗。无形损耗，是指在加工生产过程中，由于物质自身性质或者经济、技术方面的原因，以气体、液体或者粉尘形态进行排放的不能或者不再回收的部分。工艺损耗中，无形损耗以外的部分即是有形损耗。

工艺损耗率，是指工艺损耗占所耗用料件的百分比。上述几个概念之间的关系可用公式表示为

$$单耗＝净耗÷（1-工艺损耗率）$$

加工贸易企业应当在成品出口、深加工结转或者内销前，向海关如实申报单耗。加工贸易企业申报单耗时应填写"中华人民共和国海关加工贸易单耗申报单"，内容包括：加工贸易项下料件和成品的商品名称、商品编号、计量单位、规格型号和品质；加工贸易项下成品的单耗（净耗和工艺损耗率）；加工贸易同一料件有保税和非保税的，应当申报非保税料件的比重。

（七）加工贸易专项业务管理

1. 深加工结转

深加工结转，是指加工贸易企业将保税进口料件加工的产品转至另一加工贸易企业进一步加工后复出口的经营活动。

转出企业通过电子口岸录入"深加工结转申报表"数据后向海关申报，并将"深加工结转申报表"统一编号通知转入企业；转入企业通过电子口岸录入相应"深加工结转申报表"数据后向海关申报。联网监管企业的"深加工结转申报表"无须报备数量。一份"深加工结转申报表"对应一份转出手册（账册）和一份转入手册（账册）。

经转出地海关、转入地海关分别审核通过后，"深加工结转申报表"生效，企业可办理结转收发货登记及报关手续，并可对其数量、商品项目进行变更。

2. 外发加工

外发加工，是指经营企业因受自身生产特点和条件限制，经海关备案并办理有关手续委托承揽企业对加工贸易货物进行加工，在规定期限内将加工后的产品运回本企业并最终复出口的行为。

承揽企业，是指与经营企业签订加工合同，承接经营企业委托的外发加工业务的生产企业。承揽企业需经海关注册登记，具有相应的加工生产能力。

企业开展外发加工业务，应当按照外发加工的相关管理规定，自外发之日起3个工作日内向海关办理备案手续，并递交外发加工报告、经营企业与承揽企业签订的加工合同或协议、经营企业签章的"加工贸易货物外发加工备案表""加工贸易外发加工货物外发清单"等。

一份外发加工申报表对应一个委托企业和一个承揽企业；一份外发加工申报表对应委托企业的一本加工贸易手册；外发加工期限应当在加工贸易手册有效期之内；企业申报全部工序外发的，应在外发加工申报表备注栏注明"全部工序外发加工"字样。

经营企业将全部工序外发加工的，应当在办理备案手续的同时向海关提供相当于外发加工货物应缴税款金额的保证金或者银行、非银行金融机构保函。

中华人民共和国丽水海关行政处罚决定书（杭丽关缉违字〔2019〕0007号）

当事人：丽水市××铅笔制造有限公司

公司类型：有限责任公司

法定代表人：孙××

海关编码：3310960493

地址：浙江丽水市××路××号

当事人在C29156150032手册项下进口非端部结合的椴木厚板材193.094m³，在C29157150002手册项下进口非端部结合的椴木厚板材1199.691m³，经截断、四面压刨、多片锯板等加工后，当事人于2017年9月2日将C29156150032手册项下半成品160.79m³，2017年9月3日将C29157150002手册项下83.97m³半成品发往浙江×××软化板有限公司进行后续软化加工，最后加工成软化板由当事人在手册项下出口。其中160.79m³半成品折合保税料件189.18m³，83.97m³半成品折合保税料件98.9m³，上述涉案保税料件货物价值82.27105万元。

当事人于 2017 年 9 月 22 日在 310420170549556366 报关单项下申报出口软化板 16 583kg，总价 36 702.4 美元，而实际出口软化板 7473kg，多报少出 9110kg，总价 20 163.163 美元；同日在 310420170549556358 报关单项下申报出口软化板 8717kg，总价 21 842.8 美元，而实际出口软化板 17 822.81kg，少报多出 9105.81kg，总价 22 817.3387 美元。当事人于 2017 年 9 月 27 日在 314020170549538460 报关单项下申报出口软化板 16 582.5kg，总价 41 117.3 美元，而实际出口软化板 6949.1kg，多报少出 9633.4kg，总价 23 886.9786 美元；同日在 310420170549538452 报关单项下申报出口软化板 7042.5kg，总价 17 461.64 美元，而实际出口软化板 16 147kg，少报多出 9104.5kg，总价 22 574.6078 美元。

以上行为有稽查通知书、检查记录、手册和报关单资料、税款计核表、委托加工协议及委托生产加工台账、进口原材料及半成品加工、出入库单证资料、情况说明、查问笔录、询问笔录、营业执照、身份证复印件为证。

当事人不依照规定擅自将保税料件制成品外发加工，违反了《中华人民共和国海关法》第三十二条第二款的规定，构成了《中华人民共和国海关行政处罚实施条例》第十八条第一款第（四）项所列的违反海关监管规定的行为。根据《中华人民共和国行政处罚法》第二十七条第一款、《中华人民共和国海关行政处罚实施条例》第十八条第一款第（四）项的规定，决定对当事人做出如下行政处罚：科处罚款 8200 元。

当事人出口货物数量、总价申报不实的行为，违反了《中华人民共和国海关法》第二十四条第一款之规定，构成了《中华人民共和国海关法》第八十六条第（三）项、《中华人民共和国海关行政处罚实施条例》第十五条第（一）项规定的违反海关监管规定的行为。根据《中华人民共和国海关法》第八十六条第（三）项、《中华人民共和国海关行政处罚实施条例》第十五条第（一）项的规定，决定对当事人科处罚款 1000 元。

当事人应当自本处罚决定书送达之日起 15 日内，根据《中华人民共和国行政处罚法》第四十四条、第四十六条、第四十八条的规定，履行上述处罚决定。

当事人不服本处罚决定的，依照《中华人民共和国行政复议法》第九条、第十二条，《中华人民共和国行政诉讼法》第四十六条之规定，可自本处罚决定书送达之日起 60 日内向杭州海关申请行政复议，或者自本处罚决定书送达之日起 6 个月内，直接向丽水市中级人民法院起诉。

根据《中华人民共和国行政处罚法》第五十一条之规定，到期不缴纳罚款的，每日可以按罚款数额的百分之三加处罚款。

根据《中华人民共和国海关法》第九十三条、《中华人民共和国海关行政处罚实施条例》第六十条的规定，当事人逾期不履行处罚决定又不申请复议或者向人民法院提起诉讼的，海关可以将扣留的货物、物品、运输工具依法变价抵缴，或者以当事人提供的担保抵缴；也可以申请人民法院强制执行。

资料来源：杭州海关网站

3. 加工贸易料件串换

料件串换仅限于进料加工，来料加工进口料件不得串换；料件串换应为同一经营企业、同一加工企业的保税料件和保税料件之间、保税料件和非保税料件之间，且必须同品种、同规格、同数量；串换应在加工贸易手册有效期或核销周期内，企业备案进口保税料件有余额且为加工出口产品急需，已核销的加工贸易手册不得申请串换。

经营企业应向海关提交加工贸易料件串换的书面申请，详细说明加工出口产品急需的有关情况，随附相关出口合同，以及串换料件涉及的加工贸易手册，列名串换保税料件的品名、规格、数量的清单。

经审核，企业申请符合相关规定的，海关予以批准串换；审核认为有必要进行下厂核查的，视具体核查结果决定是否批准串换。

4. 加工贸易余料结转

加工贸易企业申报将剩余料件结转到另一个加工贸易合同中使用，限同一经营企业、同一加工企业、同样进口料件和同一加工贸易方式。凡具备条件的，海关按规定核定单耗后，企业可以办理该合同剩余料件结转手续。

加工贸易企业申报剩余料件结转有下列情形之一的，在缴纳不超过结转保税料件应缴纳税款金额的风险担保金后，海关予以办理：

（1）同一经营企业申报将剩余料件结转到另一加工企业的。

（2）剩余料件转出金额达到该加工贸易合同项下实际进口料件总额的50%及以上的。

（3）剩余料件所属加工贸易合同办理两次及两次以上延期手续的。

适用海关一般认证以上等级管理的企业，免于缴纳风险担保金。剩余料件结转涉及不同主管海关的，在双方海关办理相关手续，并由转入地海关收取风险担保金。

5. 保税加工货物内销

加工贸易货物内销是指经营企业申请将加工贸易剩余料件或加工过程中的成品、半成品、残次品、边角料、副产品及受灾保税货物转为国内销售，不再加工复出口的行为。加工贸易货物内销纳入全国通关一体化管理，内销货物属于许可证件或配额管理的，需提交相关证件。

国家规定专为加工出口产品而进口的料件，按实际加工复出口成品所耗用料件的数量准予免缴进口关税和进口环节的增值税、消费税。而如果没有复运出口，而是内销，则不仅要补交原来需要征收的各种税费，还要征收缓税利息。

保税加工货物内销征收缓税利息，参照中国人民银行公布的活期存款利率执行，根据填发海关税款缴款书时海关总署公布的最新缓税利息率按日征收。计算公式为

$$应征缓税利息 = 应征税额 × 计息期限 × 缓税利息率/360$$

加工贸易料件或制成品经批准内销的，缓税利息计息期限的起始日期为其对应的加工贸易合同项下首批料件进口之日；电子账册项下的料件或制成品内销时，起始日期为其对应电子账册的最近一次核销之日（若没有核销日期的，则为电子账册首批料件进口之日），对上述货物征收缓税利息的终止日期为海关填发税款缴款书之日。

6. 保税加工货物销毁

企业应提交申报销毁处置的说明、企业与具备资质的销毁处置单位签订的委托合同、"海关加工贸易货物销毁处置申报表（销毁处置后有收入）"或"海关加工贸易货物销毁处置申报表（销毁处置后无收入）"及销毁处置方案。申报销毁处置来料加工货物的，应同时提交货物所有人的销毁声明。

经海关核准加工贸易货物的销毁处置后，企业在手册有效期或电子账册核销周期内办理

报关手续。销毁处置后有收入的，按规定办理纳税手续。

7. 保税加工货物抵押

保税加工货物抵押是指企业以加工贸易货物作为抵押担保，向金融或非金融机构取得贷款的行为。保税加工货物范围包括加工贸易料件、成品、半成品、残次品、边角料、副产品。未经海关批准，保税加工货物不得抵押。

经营企业应向海关提交以下材料：正式书面申请，银行抵押贷款书面意向材料，以及海关认为必要的其他单证。经审核符合条件的，在企业缴纳应缴税款的海关事务担保后，海关准予其向境内银行办理抵押，并将抵押合同、贷款合同复印件留存海关备案。

二、加工贸易电子化手册

(一) 概述

1. 含义

电子化手册是以加工贸易合同为管理对象，在手册设立、通关、核销等环节采用"电子手册 + 自动核算"的模式取代纸质手册，并逐步实现"电子申报、网上备案、无纸通关、无纸报核"的新监管模式。

电子化手册设立的前提，是海关建立以企业为单元的备案资料库，企业以备案资料库数据为基础进行电子化手册备案。企业对加工贸易料件和成品按照有关规定进行商品归类，并填制备案资料库的基本信息、料件和成品表向海关备案，海关予以审核并建立备案资料库。一家企业备案一个资料库，可调用有关数据资料，依据合同设立多个电子化手册。

2. 电子化手册的功能

(1) 规范备案预申报。建立备案资料库，通过对料件、成品等申报内容的预审核，解决商品品名申报不规范、归类不准确等问题。

(2) 企业网上申报。企业通过电子口岸或第三方辅助平台向海关发送手册设立、深加工结转、外发加工、内销、核销等电子数据。

(3) 系统自动审核。系统实现业务数据自动对碰、自动审核、自动放行、自动核扣。

(二) 电子化手册设立

电子化手册设立，是指企业在备案资料库商品范围内，按照进出口需要，向海关办理电子化手册，海关对申报内容予以审核并建立电子化手册的过程。

1. 手册设立需提交的单证资料

企业开展加工贸易业务，登录"加工贸易企业经营状况及生产能力信息系统"，自主填报"加工贸易企业经营状况及生产能力信息表"，并对信息真实性做出承诺。网上填报"信息表"后，到主管海关办理加工贸易手（账）册设立手续。

企业进行手册设立，自行或通过代理录入电子化手册表头信息、表体料件和成品的货号、商品编码、商品名称、计量单位等信息调用备案资料库数据，进出口数量、价格、单耗等信息依据合同录入。经营企业上传对外签订的合同或协议，以及海关按规定需要收取的其他单证和资料。海关审核通过后，系统生成电子化手册。

2. 不予设立手册的情形

经审查，经营企业或加工企业存在以下情形之一的，海关可做出不予设立决定：进口料件或者出口成品属于国家禁止进出口的；加工产品属于国家禁止在我国境内加工生产的；进口料件不宜实行保税监管的；经营企业或者加工企业属于国家规定不允许开展加工贸易的；经营企业未在规定期限内向海关报核已到期手册，又重新申报设立手册的。

（三）保税加工货物进出境

1. 保税加工货物进出境

保税加工货物报关数据必须与备案数据完全一致，一种商品报关的商品编码、品名、规格、计量单位、数量、币制等必须与备案数据无论在字面上还是计算机格式上都完全一致。只要在某一方面不一致，报关就不能通过。

保税加工货物进出境由加工贸易经营单位或其代理人申报。

保税加工货物进出境申报必须有电子化手册或其他准予合同备案的凭证。

2. 进出口许可证件管理

进口料件，除易制毒化学品、监控化学品、消耗臭氧层物质、原油、成品油等个别规定商品外，均可以免予交验进口许可证件。出口成品，属于国家规定应交验出口许可证件的，在出口报关时必须交验出口许可证件。

3. 其他保税加工货物的处理

其他保税加工货物，是指履行加工贸易合同过程中产生的剩余料件、边角料、残次品、副产品和受灾保税货物。

对于履行加工贸易合同中产生的其他保税加工货物，企业必须在电子化手册有效期内处理完毕，处理的方式有内销、结转、退运、放弃、销毁等。

（四）电子化手册核销

核销，是指加工贸易经营企业加工复出口或者办理内销等海关手续后向海关申请解除加工贸易手册监管，海关经审查、核查属实且符合有关法律、行政法规、规章的规定的，予以办理解除监管手续的行为。经营企业应当在规定的期限内将进口料件加工复出口，并自加工贸易手册项下最后一批成品出口或者加工贸易手册到期之日起30日内向海关报核。经营企业对外签订的合同因故提前终止的，应当自合同终止之日起30日内向海关报核。

核销的单证包括企业合同核销预录入呈报表、核销核算平衡表，以及海关按规定需要收取的其他单证和材料。

通过H2010加工贸易系统对报核手册进行核销核算，核算后通过H2010加工贸易系统进行结案，海关签发"核销结案通知书"。经营企业已经办理担保手续的，海关在核销结案后按照规定解除担保。

三、电子账册

（一）电子账册管理概述

1. 含义

电子账册管理，是指海关以企业为管理单元并实施计算机联网，企业通过数据交换平台或其他网络途径向海关报送能够满足海关监管要求的物流、生产经营等方面的数据，海关对数据进行核对、核算，并结合实物进行核查的一种监管模式。

联网监管企业应当具备的条件包括：属于加工贸易生产型企业；企业管理机制、内控机制完备，内部ERP管理系统对货物的采购、物流、仓储、生产、销售、单证的管理符合海关的保税监管要求。

2. 商品归并

联网监管企业应以内部管理的料号级商品为基础，按照《税则》规定的目录条文和归类总规则、类注、章注、子目注释及其他归类注释进行商品归类，并归入相应的税则号列。

商品归并是指企业在确定商品编号、商品名称一致的基础上，根据保税加工货物进出口和管理的实际情况及海关监管需要，对生产管理中最基础的料号级加工贸易料件、成品或直接进口的半成品进行合并，建立一对多或多对一的对应关系。为确保备案资料库料件及成品商品编码的准确性，企业对商品编码不确定的，可向海关归类部门咨询办理预归类手续。

（二）电子账册的设立

联网监管企业在进行加工贸易货物备案审批前，需要向海关先行申请设立加工贸易账册。联网监管企业向主管海关申请办理经营范围电子账册（简称 IT 账册）设立手续，审核通过后再办理便捷通关电子账册（简称 E 账册）设立手续。

1. IT 账册的设立

企业向主管海关申请办理 IT 账册设立手续时，应提交以下单证：工商经营执照复印件、企业加工贸易进口料件及出口成品清单。

经审核企业的设立申请符合海关有关规定的，予以建立企业 IT 账册。

2. E 账册的设立

企业申请设立 E 账册应提交以下单证："企业加工贸易联网监管进出口货物商品归并关系清单"以及海关按规定需要收取的其他证件和材料。

企业存在以下情况之一的，海关不予设立账册：进口料件或出口成品属于国家禁止进、出口的，加工产品属于国家禁止在我国境内加工生产的，进口料件不宜实行保税监管的，企业年生产加工能力与实际情况不相符的，企业申请备案进出口货物的归类、归并不符合海关管理要求的，法律、行政法规、规章规定不予备案的其他情形。

（三）进出境申报

1. 报关清单的生成

使用"便捷通关电子账册"办理报关手续，企业应先根据实际进出口情况，从企业系统中导出料号级数据生成归并前的报关清单，通过网络发送到电子口岸。报关清单应按照加工贸易合同填报监管方式，进口报关清单填制的总金额不得超过电子账册最大周转金额的剩余值，其余项目的填制参照报关单的填制规范。

2. 报关单的生成

联网企业进出口保税加工货物，应使用企业内部的计算机，采用计算机原始数据形成报关清单，报送中国电子口岸。电子口岸将企业报送的报关清单根据归并原则进行归并，并分拆成报关单后发送回企业，由企业填报完整的报关单内容后，通过网络向海关正式申报。

（四）电子账册核销

联网监管企业加工贸易货物核销，是指加工贸易经营企业加工复出口或者办结内销等海关手续后，凭相关单证向海关申请解除监管，海关经审查、核查属实且符合有关法律、行政法规、规章的规定，予以办理解除监管手续的行为。阶段性核销的核销周期不超过 1 年。

电子账册阶段性核销工作，包括电子账册预报核和正式报核两个部分，分别涉及联网监管辅助核销平台和 H2010 系统的操作。

1. 企业向海关 H2010 系统预报核

企业向海关 H2010 系统申请电子账册预报核时，应提交下列单证：企业预报核申请表、企业单耗申报表、单耗申报光盘、单耗申报说明，以及海关按规定需要收取的其他单证和材料。

企业通过电子口岸系统向海关 H2010 系统报送加工贸易电子账册本期核销的报关单数据。经过审核，海关确认联网监管企业电子账册预报核数据与海关电子账册底账数据比对结果一致，并且单证齐全后，在 H2010 系统中进行"审核通过"操作，通过电子账册预报核，同意企业办理正式报核手续。

2. 企业向联网监管辅助核销平台正式报核

在预报核数据比对基础上，企业向联网监管辅助核销平台发送加工贸易电子账册本期核销的正式报核数据。海关在确认预报核数据与海关底账数据比对结果一致后，企业方可在 H2010 系统中办理正式报核手续。

3. 企业向海关 H2010 系统正式报核

企业向海关 H2010 系统发送加工贸易电子账册本核销周期的正式报核数据。海关对企业报核单证、报核表头、报核表体等申报数据、信息进行审核，对企业报核的进出口数据与 H2010 系统是否一致予以认定。

4. 核销结案

海关确认企业电子账册核销情况符合海关核销规定，单证齐全有效的，经办人员在"海关加工贸易联网监管电子账册阶段性核销审批表"上签注意见，报批同意核销结案，并签发"海关加工贸易联网监管电子账册阶段性核销结案通知书"。

四、出口加工区

(一) 出口加工区概述

1. 含义

出口加工区是指经国务院批准在境内设立的由海关对保税加工贸易进出口货物进行封闭式监管的特定区域。出口加工区原则上应当设立在国务院批准的现有经济技术开发区内。

出口加工区的主要功能是加工贸易，以及为区内加工贸易服务的储运业务。

2. 海关监管

出口加工区是海关监管的特殊区域，出口加工区与境内其他地区之间设置符合海关监管要求的隔离设施及闭路电视监控系统，在进出区通道设立卡口。

海关在出口加工区内设立机构，并依照有关法律、行政法规，对进入或运离出口加工区的货物及区内相关场所实行 24 小时监管。区内企业建立符合海关监管要求的电子计算机管理数据库，并与海关实行计算机联网，进行电子数据交换。

(二) 出口加工区的加工贸易管理

加工区与境外之间进、出的货物，除国家另有规定外，不实行进出口许可证件管理。国家禁止进出口的货物，不得进出加工区。

出口加工区企业开展加工贸易业务不实行加工贸易保证金征收管理制度。

出口加工区企业使用电子账册管理，实行电子账册的滚动累加、核扣。

对加工区运往境内区外的货物，按进口货物报关，如属许可证件管理的，出具有效的进口许可证件，缴纳进口关税、增值税、消费税，免交付缓税利息。

从境内区外进入加工区的货物视同出口，办理出口报关手续。

出口加工区内企业在需要时，可将有关模具、半成品运往区外进行加工，向加工区主管海关缴纳货物应征关税和与进口环节增值税等值的保证金或银行保函后方可办理出区手续。加工完毕后，加工产品应按期（一般为6个月）运回加工区，区内企业向加工区主管海关提交运出加工区时填写的"委托区外加工申请书"及有关单证，办理验放核销手续。加工区主管海关办理验放核销手续后，应及时退还保证金或撤销保函。

出口加工区区内企业经主管海关批准，可在境内区外进行产品的测试、检验和展示活动。测试、检验和展示的产品，应比照海关对暂时进口货物的管理规定办理出区手续。

（三）报关程序

出口加工区内企业在进出口货物前，应向出口加工区主管海关申请设立电子账册，企业凭海关审核通过的电子账册办理进出境货物和进出区货物的报关手续。

1. 出口加工区与境外之间进出货物

出口加工区与境外之间进出的用于加工贸易的料件，报关实行备案制，由货主或其代理人填写进、出境货物备案清单，向出口加工区海关报关。从境外运入出口加工区的加工贸易货物全额保税。

出口加工区企业进口自用的数量合理的机器设备、管理设备、办公用品及工作人员所需自用的数量合理的应税物品及货样，由收货人或其代理人填写进口货物报关单向海关报关。出口加工区内企业从境外进口的自用合理数量的机器设备、管理设备、办公用品，除交通车辆和生活用品外，予以免税。

2. 出口加工区与境内区外其他地区之间进出货物

（1）出口加工区货物运往境内区外报关。出口加工区运往境内区外的货物，由区外企业录入进口货物报关单，凭发票、装箱单以及有关许可证件等单证向出口加工区海关办理进口报关手续。

海关按照进口货物的有关规定办理通关手续，并征收相应税费。如属于许可证件管理商品，还应向海关出具有效的进口许可证件。货物经出口加工区海关查验放行，即可进入境内区外自由流转。

（2）境内区外货物运入出口加工区报关。境内区外运入出口加工区的货物，视同出口，由区外企业录入出口货物报关单，凭购销合同（协议）、发票、装箱单等单证向出口加工区海关办理出口报关手续。海关放行入区后，企业可以办理出口退税手续。

五、保税区

（一）保税区概述

1. 含义

保税区是指经国务院批准设立的，具备保税加工、保税仓储、进出口贸易和进出口商品展示等功能的海关特殊监管区域。保税区是我国最早出现的海关特殊监管区域类型。保税区的功能包括保税仓储和展示、国际贸易、保税加工等。

2. 海关监管

保税区与境内其他地区之间，应设置符合海关监管要求的隔离设施。区内仅设置保税区行政管理机构和企业。除安全保卫人员外，其他人员不得在区内居住。

在保税区内设立的企业必须向海关办理注册手续。区内企业必须依照国家有关法律、行政法规的规定设置账簿、编制报表，凭合法、有效的凭证记账并进行核算，记录有关进出保税区货物和物品的库存、转让、转移、销售、加工、使用和损耗等情况。区内企业必须与海关实行电子计算机联网，进行电子数据交换。

进出保税区的运输工具的负责人，应当持保税区主管机关批准的证件，连同运输工具的名称、数量、牌照号码及驾驶员姓名等清单，向海关办理登记备案手续。未经海关批准，从保税区到非保税区的运输工具和人员不得运输、携带保税区内的免税、保税货物。

从非保税区进入保税区的货物，按照出口货物办理手续。在办理出口手续时，不办理出口退税手续。可享受出口退税的货物应当在货物实际离境后办理。

保税区内的转口货物可以在区内仓库或者区内其他场所进行分级、挑选、印刷运输标志、改换包装等简单加工。

海关对进出保税区的货物、物品、运输工具、人员及区内有关场所进行检查、查验。

（二）保税区的加工贸易管理

保税区企业开展加工贸易，不实行银行保证金台账制度。加工贸易单耗标准不适用于保税区内的加工贸易管理。

区内企业加工贸易进口保税料件，除法律、行政法规另有规定外，不实行进口许可证件管理。

区内加工企业加工的制成品及其在加工过程中产生的边角余料运往境外时，应当按照国家有关规定向海关办理手续，除法律、行政法规另有规定外，免征出口关税。区内加工企业将区内加工贸易料件及制成品，在加工过程中产生的副产品、残次品、边角料运往非保税区时，应当依照国家有关规定向海关办理进口报关手续并依法纳税，免交缓税利息。

区内加工企业委托非保税区企业或者接受非保税区企业委托进行加工业务，应当事先经海关批准。在非保税区加工完毕的产品应当运回保税区；需要从非保税区直接出口的，应当向海关办理核销手续。委托非保税区企业进行加工业务的，由非保税区企业向当地海关办理手册设立手续。

（三）报关程序

1. 保税区与境外之间进出货物

进出境报关采用报关制和备案制相结合的运行机制，即保税区与境外之间进出境货物，属自用的，采取报关制，填写进出口货物报关单；属非自用的，包括加工出口、转口、仓储和展示，采取备案制，填写进出境货物备案清单或保税核注清单。保税核注清单是金关二期保税底账核注的专用单证，属于办理保税监管业务的相关单证。

保税区内企业的加工贸易料件、转口贸易货物、仓储货物进出境，由收货人或其代理人填写进出境货物备案清单或保税核注清单向海关报关报备；对保税区内企业进口自用的数量合理的机器设备、管理设备、办公用品及工作人员所需自用的数量合理的应税物品及货样，由收货人或其代理人填写进口货物报关单向海关报关。

保税区与境外之间进出的货物，除法律、行政法规另有规定外，不实行进出口许可证件管理。

为保税加工、保税仓储、转口贸易、展示而从境外进入保税区的货物可以保税。

区内企业自用的生产、管理设备和自用合理数量的办公用品及其所需的维修零配件，生产用燃料，建设生产厂房、仓储设施所需的物资、设备，交通车辆和生活用品除外，从境外进入保税区可以免税。

2. 保税区与境内区外其他地区之间进出货物

（1）保税加工货物进出区。进区，报出口，要有加工贸易电子化手册或者电子账册编号，填写出口货物报关单。属于许可证件管理的商品，应当取得有效的出口许可证件，海关对有关出口许可证件电子数据进行系统自动比对验核。出口应当征收出口关税的商品，须缴纳出口关税，海关不予办理出口货物退税证明手续，待货物实际离境后办理出口货物退税证明手续。

出区，报进口，海关按照货物出区时的实际监管方式办理相关手续。

（2）设备进出区。不管是施工设备还是投资设备，进出区均需向保税区海关备案，设备进区不填写报关单，不缴纳出口税，海关不予办理出口货物退税证明手续，设备从国外进口已征进口税的，不退进口税；设备退出区外，也不必填写报关单进行申报，但要报主管海关销案。

第二节 保税物流货物

一、保税物流货物概述

（一）含义、特征

1. 含义

保税物流货物是指经海关批准未办理纳税手续进境，在境内储存后复运出境的货物也称作保税仓储货物。已办结海关出口手续尚未离境，经海关批准存放在海关专用监管场所或特殊监管区域的货物，也带有保税物流货物的性质。

保税物流货物在境内储存后的流向除出境外，还可以留在境内按照其他海关监管制度办理相应的海关手续，如保税加工、正式进口等。

2. 特征

（1）保税物流货物存放在经过法定程序审批设立的专用场所或者特殊区域，未经法定程序审批同意设立的任何场所或者区域都不得存放保税物流货物。保税物流货物是海关的监管货物，从进入海关监管场所或特殊监管区域之日起到运出该场所或区域之前，都处于海关的监管下。

（2）保税物流货物没有备案程序，而是通过准予进入实现批准保税。凡是进境进入海关监管场所或特殊监管区域的保税物流货物，在进境时都可以暂不办理进口纳税手续，等到运离保税物流货物海关监管场所或特殊监管区域时才办理缴税或免税手续。

（3）保税物流货物报关有核销程序，存放保税物流货物的海关监管场所或特殊监管区域，应当定期以电子数据或纸质单证向海关申报规定时段保税物流货物的进、出、存、销等情况。但实际结关的时间，除外发加工和暂准运离（维修、测试、展览等）需要继续监管以外，运离海关监管场所或特殊监管区域的均需要根据货物的实际流向办结海关手续；办结海关手续后，该批货物就不再是运离海关监管场所或特殊监管区域范围的保税物流货物。

（二）监管模式

海关对保税物流货物的监管模式有非物理围网和物理围网两种监管模式。非物理围网的监管模式，包括保税仓库、出口监管仓库、保税物流中心（A 型）；物理围网的监管模式，包括保税物流中心（B 型）、保税物流园区、保税区、保税港区（综合保税区）、珠澳跨境工业区的珠海园区、中哈霍尔果斯国际边境合作中心的中方配套区等。其中，保税仓库、出口监管仓库、保税物流中心（A 型、B 型）、保税物流园区只能存放保税物流货物，其他海关监管区域还可以从事其他业务。

二、保税仓库

（一）保税仓库概述

1. 含义

保税仓库是指经海关批准设立的专门存放保税货物及其他未办结海关手续货物的仓库。保税仓库具有保税仓储、转口、简单加工和流通性增值服务、物流配送等功能。

2. 存放货物的范围

经海关批准可以存入保税仓库的货物有：加工贸易进口货物，转口货物，供应国际航行船舶和航空器的油料、物料和维修用零部件，供维修外国产品所进口寄售的零配件，外商进境暂存货物，未办结海关手续的一般贸易进口货物，经海关批准的其他未办结海关手续的进境货物。

保税仓库不得存放国家禁止进境的货物，不得存放未经批准的影响公共安全、公共卫生或健康、公共道德或秩序的国家限制进境货物，以及其他不得存入保税仓库的货物。

3. 保税仓库的分类

（1）公用型保税仓库。公用型保税仓库由主营仓储业务的中国境内独立企业法人经营，专门向社会提供保税仓储服务。

（2）自用型保税仓库。自用型保税仓库由特定的中国境内独立企业法人经营，仅存储本企业自用的保税货物。

（3）专用型保税仓库。专用型保税仓库是具有特定用途或特殊种类商品的保税仓库。专用型保税仓库包括液体危险品保税仓库、备案保税仓库、寄售维修保税仓库和其他专用保税仓库。

（二）海关监管

保税仓库应当设立在设有海关机构、便于海关监管的区域。企业申请设立保税仓库的，应向仓库所在地主管海关提交书面申请，提供能够证明自身具备要求条件的有关文件。

保税仓库不得转租、转借给他人经营，不得下设分库。

保税仓库注册登记证书有效期为 3 年，保税仓库经营企业应当在保税仓库注册登记证书有效期届满前 30 个工作日前，向海关申请办理仓库延期手续。

保税仓库有《中华人民共和国行政许可法》第七十条所规定情形的，主管海关应报直属海关依法办理保税仓库注销手续，收回“保税仓库注册登记证书”。

（三）保税仓库货物管理

保税仓库所存货物的储存期限为 1 年，如因特殊情况需要延长储存期限，应向主管海关申请延期，经海关批准可以延长，延长的期限最长不超过 1 年。

保税仓库所存货物是海关监管货物，未经海关批准并按规定办理有关手续，任何人不得出售、转让、抵押、质押、留置、移作他用或者进行其他处置。

保税仓库货物可以进行分级分类、分拆分拣、分装、计量、组合包装、打膜、加刷唛码、刷贴标志、改换包装、拼装等辅助性简单作业，但是不得进行实质性加工。在保税仓库内从事上述作业需要事先向主管海关提出申请，经主管海关同意后方可进行。

货物在仓库储存期间发生损毁或者灭失，除不可抗力原因外，保税仓库应当依法向海关缴纳损毁、灭失货物的税款，并承担相应的法律责任。

保税仓库经营企业应于每个月以电子数据和书面形式向主管海关申报上一个月仓库的收、付、存情况，并随附有关的单证，由主管海关核销。

宁波海关监管销毁两批过期进口食品

2013 年 9 月 18 日，宁波海关实地监管销毁一批过期变质的保税仓储进口食品，包括橄榄油、矿泉水、调味品、果汁果酱、饼干和巧克力等六类商品，重 14.71t，价值 10.13 万美元。

根据海关相关规定，过了保质期的保税货物，企业无法向海关申报进口，只能向海关提出销毁申请。如果长时间不销毁，不但污染保税仓库的仓储环境，企业还要负担大笔的仓储费用。为此，该批过期商品的进口商宁波某公司向海关提出销毁申请，海关依据有关部门出具的检验报告进行审批后，在指定销毁场所进行填埋或焚烧销毁处理。

这是今年以来宁波海关监管销毁的第二批过期变质的保税仓储进口食品，前一次销毁了包括葡萄酒、水果脆、饼干等在内的 30 多种过期进口食品，两次共计处理过期食品 97.38t，价值 49.93 万美元。

近年来，宁波海关一方面加强实际监管，加大对进口食品查验力度，全面筛查保税监管场所存放食品的仓库，对其中涉及食品种类多、库存时间长的仓库进行盘库作业；另一方面完善与检验检疫、工商等部门的联动配合机制，加强食品进口许可证和卫生许可证审核工作，坚决将不合格进口食品隔离于国门之外。

资料来源：宁波海关网站

（四）报关程序

1. 入仓报关

保税仓库进境入仓货物应当向海关办理进口申报手续，在口岸海关验放的，由企业自行提取货物入仓。

2. 出仓报关

（1）复运出境。保税仓库出仓复运出境货物，应当向海关办理出口申报手续；在口岸海关验放的，由企业自行提取货物出仓。

（2）进口。保税仓库货物出仓转为正式进口的，须由仓库主管海关审核同意后，按海关规定办理出仓报关手续，进口报关单按实际进口监管方式填报。经仓库主管海关同意，企业向海关办理货物出仓报关手续。属于许可证件管理的商品，应当取得有效的进口许可证件，海关对有关进口许可证件电子数据进行系统自动比对验核。

3. 流转管理

保税仓库与其他海关监管区域、保税监管场所的货物流转，应当按照海关规定办理相关手续。流转货物需要报关的，应先办理进口报关，再办理出口报关。

三、出口监管仓库

(一) 出口监管仓库概述

1. 含义

出口监管仓库是指经海关批准设立，对已办结海关出口手续的货物进行存储、保税货物配送、提供流通性增值服务的仓库。出口监管仓库具有保税存储、转口配送、简单加工和流通性增值服务等功能。

2. 存放货物的范围

经海关批准可以存入出口监管仓库的货物有：一般贸易出口货物，加工贸易出口货物，从其他海关特殊监管区域、场所转入的出口货物，其他已办结海关出口手续的货物。

出口监管仓库不得存放下列货物：国家禁止进出境的货物，未经批准的国家限制进出境的货物，海关规定不得存放的货物。

3. 出口监管仓库的分类

出口监管仓库分为国内结转型仓库和出口配送型仓库。国内结转型仓库是指存储用于国内结转的出口货物的仓库。出口配送型仓库是指存储以实际离境为目的的出口货物的仓库。出口配送型仓库，符合上一年度入仓货物的实际出仓离境率不低于99%等条件的，可以进一步申请享受国内货物入仓退税政策。

(二) 海关监管

企业申请设立出口监管仓库的，应向仓库所在地主管海关提交书面申请，由主管海关受理并报直属海关审批。

出口监管仓库不得存放国家禁止进出境货物，未经批准的国家限制进出境货物，以及海关规定不得存放的其他货物。

出口监管仓库必须专库专用，不得转租、转借给他人经营，不得下设分库。

出口监管仓库经营企业应当如实填写有关单证、仓库账册，真实记录并全面反映其业务活动和财务状况，编制仓库月度进、出、转、存情况表，并定期报送主管海关。

出口监管仓库经营企业申请延期的，须在海关出口监管仓库注册登记证书有效期届满30日前，向仓库主管海关提出申请。

出口监管仓库出现需要注销情况时，海关依法注销。

(三) 出口监管仓库货物管理

出口监管仓库所存货物存储期限为6个月。经主管海关同意可以延期，但延期不得超过6个月。

存入出口监管仓库的货物不得进行实质性加工。经主管海关同意，可以在仓库内进行品质检验、分级分类、分拆分装、加刷唛码、刷贴标志、打膜、改换包装等流通性增值服务。

出口监管仓库所存货物，是海关监管货物，未经海关批准，不得擅自出售、转让、抵押、质押、留置、移作他用或者进行其他处置。

货物在仓库储存期间发生损毁或者灭失的，除不可抗力原因外，出口监管仓库应当依法向海关缴纳损毁、灭失货物的税款，并承担相应的法律责任。

（四）报关程序

1. 进仓报关

出口货物存入出口监管仓库时，发货人或其代理人应当向主管海关办理出口报关手续，填制出口货物报关单。属于许可证件管理的商品，应当取得有效的出口许可证件，海关对有关出口许可证件电子数据进行系统自动比对验核。属于应当征收出口关税的出口商品，须缴纳出口关税。

发货人或其代理人按照海关规定提交报关必需单证和仓库经营企业填制的出口监管仓库货物入仓清单。

对经批准享受入仓即予退税政策的出口监管仓库，海关在货物入仓结关后予以办理出口货物退税证明手续。对不享受入仓即予退税政策的出口监管仓库，海关在货物实际离境后办理出口货物退税证明手续。

2. 出仓报关

（1）出口。出口监管仓库货物出仓实际离境，仓库主管海关应要求仓库经营企业提交出口监管货物出仓清单，经仓库主管海关审核，办理出口报关手续。

（2）进口。仓库主管海关应要求仓库经营企业提交申请报告及"海关出口监管仓库申请事项审批表"。经审核同意后，按照实际贸易方式和货物实际状态办理。

3. 流转管理

出口监管仓库与其他海关监管区域、保税监管场所往来流转的货物，主管海关应要求货物转出和转入企业提交"海关出口监管仓库货物流转申请表"。主管海关审核同意后，企业按有关规定办理货物流转出、入仓海关手续。

四、保税物流中心

（一）保税物流中心概述

1. 含义

保税物流中心是指经海关批准，由中国境内一家企业法人经营，多家企业进入并从事保税仓储物流业务的海关集中监管场所。根据现代制造业和物流业发展的特点，保税物流中心被赋予了进口保税政策、出口退税政策及灵活的外汇政策，拥有较为强大的政策功能优势。

保税物流中心有 A 型和 B 型两种，其中 B 型较 A 型功能更为完善。以下章节所说"保税物流中心"特指 B 型保税物流中心。

2. 业务范围

保税物流中心可以开展以下业务：保税存储进出口货物及其他未办结海关手续的货物，对所存货物开展流通性简单加工和增值服务，全球采购和国际分拨、配送，转口贸易和国际中转业务，经海关批准的其他国际物流业务。

保税物流中心不得开展以下业务：商业零售；生产和加工制造；维修、翻新和拆解；存储国家禁止进出口的货物，或危害公共安全、公共卫生和健康、公共道德和秩序的国家限制进出口的货物；存储法律、行政法规明确规定不能享受保税政策的货物；其他与保税物流中心无关的业务。

3. 存放货物的范围

保税物流中心可存放以下货物：国内出口货物，转口货物和国际中转货物，外商暂存货物，加工贸易进出口货物，供应国际航行船舶和航空器的物料、维修用零部件，供维修外国产品所进口寄售的零配件，未办结海关手续的一般贸易进口货物，经海关批准的其他未办结海关手续的货物。

（二）海关监管

设立保税物流中心的申请由主管直属海关受理，由海关总署、财政部、国家税务总局、国家外汇管理局审批。在保税物流中心内设立企业由主管海关受理，报直属海关审批。

物流中心内企业应当按照海关批准的存储货物范围和商品种类开展保税物流业务。物流中心经营企业不得在本物流中心内直接从事保税仓储物流的经营活动。物流中心不得转租、转借他人经营，不得下设分中心。

海关采取联网监管、视频监控、实地核查等方式对进出物流中心的货物、物品、运输工具等实施动态监管。

保税物流中心注册登记证书的有效期为3年，物流中心经营企业应当在证书有效期满30日内向直属海关办理延期审查申请手续。

（三）保税物流中心货物管理

保税物流中心内的货物保税存储期限为2年，确有正当理由的，经主管海关同意可以予以延期，除特殊情况外，延期不得超过1年。

未经海关批准，保税物流中心不得擅自将所存货物抵押、质押、留置、移作他用或者进行其他处置。

保税物流中心内的货物可以在中心内企业之间进行转让、转移，但必须办理相关海关手续。

保税仓储货物在存储期间发生损毁或者灭失的，除不可抗力外，保税物流中心经营企业应当依法向海关缴纳损毁、灭失货物的税款，并承担相应的法律责任。

（四）报关程序

1. 保税物流中心与境外之间进出货物的报关

从境外进入保税物流中心内的货物，凡属于规定存放范围内的货物予以保税；属于保税物流中心企业进口自用的办公用品、交通运输工具、生活消费品等，以及保税物流中心开展综合物流服务所需进口的机器、装卸设备、管理设备等，按照进口货物的有关规定和税收政策办理相关手续。

保税物流中心与境外之间进出的货物，除实行出口被动配额管理和中华人民共和国参加或者缔结的国际条约规定及国家另有明确规定的以外，不实行进出口配额、许可证件管理。

2. 保税物流中心与境内之间进出货物的报关

（1）运离保税物流中心。货物运离保税物流中心进入境内的其他地区，视同进口，办理进口报关手续。属于许可证件管理的商品，应当取得有效的许可证件。

保税物流中心外企业填制进口报关单向保税物流中心主管海关申报，贸易方式根据企业贸易实际填报，保税物流中心内的企业以保税核注清单形式向海关申报，两份单证内容要求一致，同时提交海关审核。

（2）进入保税物流中心。货物从境内进入保税物流中心视同出口，办理出口报关手续。

如需缴纳出口关税的，按照规定纳税。属于许可证件管理的商品，应当取得有效的许可证件。办结报关手续后，可以办理出口货物退税手续。

保税物流中心外企业填制出口报关单向保税物流中心主管海关申报，贸易方式根据企业贸易实际填报，保税物流中心内的企业以保税核注清单形式向海关申报，两份单证内容要求一致，同时提交海关审核。

从境内运入保税物流中心的原进口货物，境内发货人应当向海关办理出口报关手续，经主管海关验放；已经缴纳的关税和进口环节的海关代征税，不予退还。

山东自贸试验区首票跨境电商保税进口商品通关

2019 年 9 月 2 日，在网上下单 3 天后，位于上海的李女士收到了从青岛西海岸保税物流中心（B 型）的唯品会华东保税仓发出的包裹，包裹内是原产于日本的防晒喷雾，通过跨境电商保税进口模式通关入境。

此前的 8 月 28 日，在海关监管下，5000 件日本产防晒喷雾申报进入青岛西海岸新区保税物流中心（B 型）。这是该中心批复验收合格后的首票业务，也是山东自由贸易试验区获批后山东省内首票跨境电商保税进口业务。

青岛西海岸新区保税物流中心（B 型）今年 7 月 30 日通过海关验收，位于刚刚获批的山东自贸试验区青岛片区内，以跨境电商、保税仓储等业务为主。

通过海关特殊监管区域或保税物流中心（B 型）开展的跨境电商保税进口业务，除享受关税税率为零、增值税和消费税额按 70% 征收的优惠综合税率外，还享有"一线"进境时暂不验核通关单、暂不执行部分商品首次进口许可证和注册或备案要求等更大的优惠，通过该中心发出的货物，青岛本地的一般当日即可送达，山东省内次日即可收货。目前，全国共有 37 个城市适用该政策，山东自贸试验区内目前仅有青岛适用该政策。

发展跨境电商是推动贸易转型升级、助力新旧动能转换的重要措施。《中国（山东）自由贸易试验区总体方案》提出："支持自贸试验区内企业开展跨境电商进出口业务，逐步实现自贸试验区内综合保税区依法依规全面适用跨境电商零售进口政策。"

"青岛西海岸新区保税物流中心（B 型）是可以开展跨境电商保税进口业务的海关保税监管场所，具有极大的政策优势，是发展日韩跨境电商进出口业务，扩大对日韩贸易优势的优良平台。"青岛海关企业管理处处长李嫣红表示，青岛海关将全力推动企业发挥毗邻日韩的区位优势以及保税物流中心与自贸试验区的政策叠加优势，助力企业挖掘国内跨境电商的增长点，努力将其打造为跨境电商零售进口业务的东北亚区域中心，为自贸试验区的创新发展提供新动力。

作为山东自贸试验区获批后首家正式开仓运营的大型跨境电商企业，唯品会也表示，对企业发展跨境电商业务充满信心和期待，将以华东保税仓作为东北亚重要物流支撑平台，建设"买全球、卖全球"的跨境电商节点，借助海关优惠便利政策，将全球优质商品更加高效地带给国内千家万户，让国内特色商品更加顺畅地走出国门。

资料来源：中国海关网站

五、保税物流园区

(一) 保税物流园区概述

1. 含义

保税物流园区是指经国务院批准，在保税区规划面积内或者毗邻保税区的特定港区内设立的，专门发展现代国际物流的海关特殊监管区域。

2. 业务范围

保税物流园区是以仓储物流为主的海关监管特殊区域，开展的业务范围包括：存储进出口货物及其他未办结海关手续货物；对所存货物开展流通性简单加工和增值服务；进出口贸易，包括转口贸易；国际采购、分销和配送；国际中转；检测、维修；商品展示；经海关批准的其他国际物流业务。

(二) 海关监管

保税物流园区与境内其他地区之间应当设置符合海关监管要求的卡口、围网隔离设施、视频监控系统及其他海关监管所需的设施。

海关在园区派驻机构，依照有关法律、行政法规，对进出园区的货物、运输工具、个人携带物品及园区内相关场所实行 24 小时监管。除安全人员和相关部门、企业值班人员外，其他人员不得在园区内居住。

园区内不得建立工业生产加工场所和商业性消费设施，不得开展商业零售、加工制造、翻新、拆解及其他与园区无关的业务。

(三) 保税物流园区企业、货物管理

1. 企业管理

保税物流园区行政管理机构及其经营主体、在保税物流园区内设立的企业等单位的办公场所应当设置在园区规划面积内、围网外的园区综合办公区内。

海关对园区企业实行电子账册监管制度和计算机联网管理制度。

园区行政管理机构或者其经营主体应当在海关指导下，通过电子口岸建立供海关、园区企业及其他相关部门进行电子数据交换和信息共享的计算机公共信息平台。

园区企业应当建立符合海关监管要求的电子计算机管理系统，提供海关查阅数据的终端设备，按照海关规定的认证方式和数据标准与海关进行联网。

园区企业应当依照法律、行政法规的规定，规范财务管理，设置符合海关监管要求的账簿、报表，记录本企业的财务状况和有关进出园区货物、物品的库存、转让、转移、销售、简单加工、使用等情况，如实填写有关单证、账册，凭合法、有效的凭证记账和核算。

2. 货物管理

园区货物不设存储期限，但园区企业自开展业务之日起，应当每年向园区主管海关办理报核手续。园区主管海关应当自受理报核申请之日起 30 天内予以核库。企业有关账册、原始数据应当自核库结束之日起至少保留 3 年。

经主管海关批准，园区企业可以在园区综合办公区专用的展示场所举办商品展示活动。展示的货物应向园区主管海关备案，并接受海关监管。

园区内的货物可以自由流转。园区企业转让、转移货物时应当将货物的具体品名、数量、金额等有关事项向海关进行电子数据备案，并在转让、转移后向海关办理报核手续。

未经园区主管海关许可，园区企业不得将所存货物抵押、质押、留置、移作他用或者进行其他处置。

（四）报关程序

1. 保税物流园区与境外之间进出货物的报关

（1）境外货物运入园区。境外货物到港后，园区企业及其代理人可以先凭舱单将货物直接运到园区，再凭进境货物备案清单向园区主管海关办理申报手续。除法律、行政法规另有规定的外，境外运入园区的货物不实行许可证件管理。

境外运入园区的下列货物保税：园区企业为开展业务所需的货物及其包装物料；加工贸易进口货物；转口贸易货物；外商暂存货物；供应国际航行船舶和航空器的物料、维修用零部件；进口寄售货物；进境检测、维修货物及其零配件；看样订货的展览品、样品；未办结海关手续的一般贸易货物；经海关批准的其他进境货物。

境外运入园区的下列货物免税：园区的基础设施建设项目所需的设备、物资等；园区企业为开展业务所需机器、装卸设备、仓储设施、管理设备，以及其维修用消耗品、零配件及工具；园区行政机构及其经营主体、园区企业自用的数量合理的办公用品。

境外运入园区的园区行政机构及其经营主体、园区企业自用交通运输工具及电视机、家具等20种商品和生活消费品，按一般进口货物的有关规定和程序办理申报手续。

（2）园区货物运往境外。从园区运往境外的货物，除法律、行政法规另有规定外，免征出口关税，不实行许可证件管理。

2. 保税物流园区与境内区外之间进出货物的报关

（1）园区货物运往区外。园区货物运往区外，视同进口。园区企业或者区外收货人或其代理人按照进口货物的有关规定向园区主管海关申报，海关按照货物出园区时的实际监管方式办理相关手续。

（2）区外货物运入园区。区外货物运入园区，视同出口，由区内企业或者区外的发货人或其代理人向园区主管海关办理出口申报手续。属于应当缴纳出口关税的商品，应当照章纳税；属于许可证件管理的商品，应当取得有效的出口许可证件。

境内区外的货物、设备以出口报关方式进入园区的，其出口退税按照国家有关规定办理。境内区外的货物、设备属于原进口货物、设备的，原已缴纳的关税、进口环节的海关代征税，海关不予退还。

六、保税港区（综合保税区）

（一）保税港区（综合保税区）概述

1. 含义

保税港区是指经国务院批准，设立在国家对外开放的口岸港区和与之相连的特定区域内，具有口岸、物流、加工等功能的海关特殊监管区域。

综合保税区是设立在内陆地区的具有保税港区功能的海关特殊监管区域，由海关参照有关规定进行管理，执行保税港区的税收和外汇政策，具有和保税港区相同的保税加工、保税物流等功能的海关监管特殊区域。以下对保税港区的描述，同样适用于综合保税区。另外，海关监管区域中的出口加工区、保税物流园区、保税港区、珠澳跨境工业区珠海园区、中哈霍尔果斯国际边境合作中心中方配套区将统一整合优化为综合保税区，其报关内容可对照参考保税港区（综合保税区）。

2. 业务范围

保税港区可以开展的业务包括：存储进出口货物和其他未办结海关手续的货物，国际转口贸易，国际采购、分销和配送，国际中转，检测和售后服务维修，商品展示，研发、加工、制造，港口作业，经海关批准的其他业务。

（二）海关监管

保税港区实行封闭式管理。保税港区与中华人民共和国关境内的其他地区之间设置符合海关监管要求的卡口、围网、视频监控系统及海关监管所需的其他设施。海关对进出保税港区的运输工具、货物、物品及保税港区内企业、场所进行监管。

保税港区享受的税收和外汇管理政策为：国外货物进入港区保税；货物出港区进入境内销售按货物进口的有关规定办理报关手续，并按货物的实际状态征税；区外货物入港区视同出口，实行退税。

保税港区内不得居住人员；除保障保税港区内人员正常工作、生活需要的非营利性设施外，保税港区内不得建立商业性生活消费设施或开展商业零售业务。

（三）保税港区企业、货物管理

1. 企业管理

区内企业设立电子账册，电子账册的备案、核销等作业按有关规定执行，海关对保税港区内的加工贸易货物不实行单耗标准管理。

区内企业应当自开展业务之日起，定期向海关报送货物的进区、出区和储存情况

2. 货物管理

申请在保税港区内开展维修业务的企业应当具有企业法人资格，并在保税港区主管海关登记备案。

经保税港区主管海关批准，区内企业可以在保税港区综合办公区专用的展示场所举办商品展示活动。展示的货物应当在海关备案，并接受海关监管。

保税港区内的货物可以自由流转。区内企业转让、转移货物的，双方企业应当及时向海关报送转让、转移货物的品名、数量、金额等电子数据信息。

保税港区货物不设存储期限。

（四）报关程序

1. 保税港区与境外之间进出货物的报关

海关对保税港区与境外之间进出的货物实行备案制管理，对从境外进入保税港区的货物予以保税。货物的收发货人或者代理人应当如实填写进出境货物备案清单，向海关备案。

下列货物从境外进入保税港区，海关免征进口关税和进口环节海关代征税：区内生产性的基础设施建设项目所需的机器、设备和建设生产厂房、仓储设施所需的基建物资；区内企业生产所需的机器、设备、模具及其维修用零配件；区内企业和行政管理机构自用的数量合理的办公用品。

从境外进入保税港区，供区内企业和行政管理机构自用的交通运输工具及电视机、家具等20种商品和生活消费用品，按进口货物的有关规定办理报关手续，海关按照有关规定征收进口关税和进口环节海关代征税。

从保税港区运往境外的货物免征出口关税。

保税港区与境外之间进出的货物，除法律、行政法规另有规定的外，不实行进出口配额、许可证件管理。

2. 保税港区与区外非特殊监管区域或场所之间进出货物的报关

保税港区与区外之间进出的货物，区内企业或者区外收发货人按照进出口货物的有关规定向保税港区主管海关办理申报手续。需要征税的，区内企业或者区外收发货人按照货物进出区时的实际状态缴纳税款；属于配额、许可证件管理商品的，区内企业或者区外收货人还应当向海关出具配额、许可证件。

汽车平行进口业务落地宁波梅山逾半年　保税仓储功能获充分发挥

"汽车保税仓储业务分为一线进区和二线出区进口，一线进区的时候是保税的，不需要自动进口许可证等监管证件的，也不需要缴纳税款，并且有最多不超过3个月的保税存储期间……"2017年7月7日，宁波海关隶属梅山海关通关科关员小严正在为宁波梅山保税港区易捷供应链管理有限公司的报关员王清秀讲解汽车保税仓储业务的操作流程。易捷供应链管理有限公司受平行进口试点企业委托，马上就要向海关以保税仓储模式申报进口一批100辆中东版陆地巡洋舰，因为这个企业是第一次办理这项报关业务，为了保证后续业务顺畅开展，梅山海关专门派员为报关员讲解业务相关知识。

自去年12月宁波梅山口岸正式开展汽车平行进口试点业务以来，至今已超过半年时间，期间宁波海关积极争取落实相关优惠政策，企业减轻了资金周转压力，缩短了汽车订车销售周期，尤其是3个月保税仓储业务的开展，让企业不再受制于货款和税款的双重压力。

据介绍，目前宁波梅山保税港区进口的汽车整车中，以保税仓储模式进口的汽车占据了"半壁江山"，尤其今年1月份以保税仓储模式进口汽车763辆，占1月总进口量的八成，进口车型的版本、种类日渐丰富，形成了多品牌价格区间"低、中、高"全覆盖的阶梯分布。据统计，今年上半年梅山保税港区共计进口汽车整车2588辆，其中以保税仓储模式进口的汽车有1432辆，占总进口数量的五成以上。

"保税仓储模式比落地征税要有利得多，三个月保税仓储期内我们可以暂缓缴税，还可以一辆一辆出货，这种做法很灵活。"中信港通国际物流有限公司的张副总经理介绍。（王柳青/文）

资料来源：宁波海关网站

七、自由贸易区政策

从2013年开始，国家先后在上海、天津、广东、福建、辽宁、浙江、河南、湖北，重庆、四川、陕西设立了11个自贸试验区。部分海关创新监管制度在自贸试验区先行先试，试点成功后再在全国范围内复制推广。

（一）海关监管创新

1. 仓储企业联网监管

仓储企业联网监管是指海关对使用WMS系统（计算机仓储管理系统）的仓储企业实施"系统联网、库位管理、实时核注"，实现对货物进、出、转、存情况的实时掌控和动态核查的一种监管模式。

2. 智能化卡口验放

智能化卡口验放是指升级改造海关特殊监管区域、保税监管场所卡口设施，实现车辆过卡自动比对、自动判别、自动验放等智能化管理。

3. 区内自行运输

区内自行运输是指经海关注册登记的海关特殊监管区域内企业，可以使用非海关监管车辆，在不同海关特殊监管区域、保税物流中心之间自行运输货物的作业模式。

4. 保税展示交易

保税展示交易是指经海关注册登记的海关特殊监管区域内企业将海关特殊监管区域及保税物流中心（B型）内的保税货物凭担保运至区域外进行展示和销售的经营活动。

5. 加工贸易工单式核销

工单式核销是指加工贸易企业向海关报送报关单、报关清单数据，以及企业ERP系统（企业资源计划系统）中的工单数据，海关以报关单对应的报关清单料号级数据和企业生产工单作为料件耗用依据，生成电子底账，并根据料号级料件、半成品及成品的进库、出库、耗用、结转、库存的情况，对加工贸易料件、半成品及成品进行核算核销的海关管理制度。

6. 期货保税交割

期货保税交割是指以海关特殊监管区域内处于保税监管状态的货物作为期货交割标的物的一种销售方式。

7. 融资租赁

融资租赁是指允许符合条件的海关特殊监管区域内企业开展融资租赁业务，区外承租企业对融资租赁货物按照海关审查确定的每期租金分期缴纳关税和增值税。

（二）货物报关程序创新

1. 先进区、后报关

先进区、后报关是指在海关特殊监管区域境外入区环节，允许经海关注册登记的区内企业凭进境货物的舱单等信息先向海关简要申报，并办理口岸提货和货物进区手续，再在规定时限内向海关办理进境货物正式申报手续，海关依托"海关特殊监管区域信息化辅助管理系统"，通过风险分析进行有效监管的一种作业模式。

2. 先出区、后报关

先出区、后报关是指海关特殊监管区域内企业对出境货物，可通过信息化系统凭核放单先行办理运出海关特殊监管区域手续，再向海关报关的业务办理模式。

3. 批次进出、集中申报

批次进出、集中申报是指允许海关特殊监管区域内企业与境内区外企业分批次进出货物的，可以先凭核放单办理货物的实际进出区手续，再在规定期限内以备案清单或者报关单集中办理报关手续，海关依托辅助系统进行监管的一种通关模式。

4. 集中汇总纳税

集中汇总纳税是指对经审核符合条件的进出口纳税义务人，海关可以对其一段时间内多次进出口产生的税款集中进行汇总计征的一种税收征管模式。

5. 简化进出境备案清单

简化进出境备案清单是指将现有海关特殊监管区域备案清单格式中的申报项数简化统一

为 30 项申报项。

6. 简化无纸通关随附单证

简化无纸通关随附单证是指对一线进出境备案清单及二线进出区报关单取消部分随附单证，简化进出区通关手续。对海关特殊监管区域和境外之间进出境备案清单的随附单证，如合同、发票、提单、装箱清单等，企业在申报时可不向海关提交，海关审核时如需要再提交。

练习题

一、名词解释

保税 加工贸易 来料加工 进料加工 保税加工货物 剩余料件 边角料 残次品 副产品 受灾保税货物 纸质手册管理 计算机联网监管 物理围网监管 单位耗料量 净耗 工艺损耗 工艺损耗率 深加工结转 外发加工 电子化手册 电子化手册核销 电子账册管理 商品归并 电子账册核销 出口加工区 保税区 保税物流货物 保税仓库 出口监管仓库 保税物流中心 保税物流园区 保税港区 综合保税区

二、论述题

1. 简述海关对保税加工货物的监管模式。
2. 讨论保税加工货物和保税物流货物的基本特征及区别。
3. 简述加工贸易保证金征收管理的内容。
4. 讨论加工贸易电子化手册和电子账册海关管理的异同。
5. 简述进出保税区货物的报关程序。
6. 简述海关对保税物流货物的监管模式。
7. 讨论保税仓库与出口监管仓库的区别。
8. 简述进出保税物流中心货物的报关程序。
9. 讨论保税港区（综合保税区）的发展空间以及前景。

第七章

其他进出口货物的报关程序

根据海关监管的不同，除了一般进出口货物、保税货物之外，还有其他进出口货物，这些进出口货物的报关程序各有特点。本章主要对减免税货物、暂时进出境货物、过境货物、转运货物、通运货物、租赁货物、出境加工货物、无代价抵偿货物、进出境修理货物、进口溢卸货物、进口误卸货物、退运货物、退关货物、放弃货物、超期未报货物、进出境快件、跨境电商进出口商品的报关程序进行阐述。

第一节 减免税货物

一、减免税概述

进出口税收减免是指海关按照国家政策、《海关法》和其他有关法律、行政法规的规定，对进出口货物的关税和进口环节海关代征税给予减征或免征。进出口税收减免可分为三类，即法定减免税、特定减免税和临时减免税。

（一）法定减免税

法定减免税是指依据《海关法》《进出口关税条例》及其他法律、行政法规的规定，进出口货物可以享受的减免关税优惠。除外国政府、国际组织无偿赠送的物资外，其他法定减免税货物一般无须办理减免税审批手续，海关放行后也无须进行后续管理。其范围如下：

1）关税税额在人民币 50 元以下的一票货物。

2）无商业价值的广告品和货样。

3）外国政府、国际组织无偿赠送的物资。

4）在海关放行前遭受损坏或者损失的货物。

5）进出境运输工具装载的途中必需的燃料、物料和饮食用品。

6）中华人民共和国缔结或者参加的国际条约规定减征、免征关税的货物和物品。

7）法律规定的其他减征、免征关税的货物和物品。

进口环节增值税或消费税税额在人民币 50 元以下的一票货物，也应免征。

（二）特定减免税

特定减免税是指海关根据国家规定，对特定地区、特定企业和特定用途给予的减免关税和进口环节海关代征税的优惠，也称政策性减免税。特定减税或者免税的范围和办法由国务院规定，海关根据国务院的规定单独或会同国务院其他主管部门制定具体实施办法并贯彻执行。

申请特定减免税的单位或企业，应在货物进出口前向海关提出申请，由海关按照规定的程序进行审核。符合规定的由海关发给一定形式的减免税证明，受惠单位或企业凭证明申报进口特定减免税货物。由于特定减免税货物有地区、企业和用途的限制，因此海关需要对其进行后续管理。另外，外国政府、国际组织无偿赠送的物资虽然性质上属于法定减免税范畴，但是按照特定减免税货物管理。

1. 特定地区减免税货物

保税区、出口加工区等海关监管区域进口的区内生产性基础项目所需的机器、设备和基建物资可以免征关税；区内企业进口自用的生产、管理设备和自用的数量合理的办公用品及其所需的维修零配件，生产用燃料，建设生产厂房、仓储所需的物资、设备，可以免征关税；行政管理机构自用的数量合理的管理设备和办公用品及其所需的维修零配件，可以免征关税。

2. 特定企业减免税货物

（1）外商投资项目投资额度内进口自用设备。根据对外商投资的法律法规规定，在中国境内依法设立并领取外商投资企业营业执照等有关法律文件的中外合资经营企业、中外合作经营企业和外资企业（以下统称外资企业），所投资的项目属于《外商投资产业指导目录》中鼓励类或《中西部地区外商投资优势产业目录》的产业条目，在投资总额内进口的自用设备及按合同随设备进口的技术、配套件、备件（以下简称自用设备），除《外商投资项目不予免税的进口商品目录》《进口不予免税的重大技术装备和产品目录》所列商品外，免征关税，但进口环节增值税照章征收。

（2）外商投资企业自有资金项目。投资项目符合现行《外商投资产业指导目录》鼓励类条目的外商投资企业，利用投资总额以外的自有资金，对本企业的原有设备更新和维修，或者超出上述范围进行技术改造需进口国内不能生产或性能不能满足需要的设备，以及与上述设备配套的技术、配件、备件，除《国内投资项目不予免税的进口商品目录》《进口不予免税的重大技术装备和产品目录》所列商品外，可以免征进口关税，但进口环节增值税照章征收。

3. 特定用途减免税货物

（1）国内投资项目进口自用设备。符合《产业结构调整指导目录》鼓励类范围的国内投资项目单位，在投资总额内进口的自用设备，以及按照合同随设备进口的技术及配套件、备件、除《国内投资项目不予免税的进口商品目录》《进口不予免税的重大技术装备和产品目录》所列商品外，免征进口关税，但进口环节增值税照章征收。

（2）贷款项目进口物资。外国政府贷款和国际金融组织贷款项目，在项目额度或投资总额内进口的自用设备，以及按照合同随设备进口的技术及配套件、备件，除《外商投资项目不予免税的进口商品目录》《进口不予免税的重大技术装备和产品目录》所列商品外，免征进口关税。经确认按有关规定增值税进项税额无法抵扣的，免征进口环节增值税。

（3）重大技术装备。对经认定符合规定条件的国内企业为生产国家支持发展的重大技术装备和产品进口规定范围的关键零部件、原材料商品，主要包括：大型清洁高效发电装备，超、特高压输变电设备，大型石油及石化设备等，免征关税和进口环节增值税。

（4）支持科技创新税收优惠政策。对科学研究机构、技术开发机构、学校等单位进口国内不能生产或性能不能满足需要的科学研究、科技开发和教学用品，免征进口关税和进口环节增值税、消费税；对出版物进口单位为科研院所、学校，进口用于科研、教学的图书、资料等，免征进口环节增值税。

减税300多万元！为了这些科研设备，江门海关也是"拼了"

记者从江门海关获悉，2019年2月，江门海关为地方高等院校进口科研设备减免关税和增值税共计319.38万元，同比增长82.05%。享受减免税政策的设备主要用于新材料、生物医药、大数据技术及应用、智能制造等方面的科研教学。

据介绍，"十三五"期间，国家对科研院所、高等学校、国家企业技术中心、国家中小企业公共服务示范平台、外资研发中心、国家重点实验室、科教出版物进口单位等10余种主体给予进口税收优惠。

据了解，江门海关为推进科技创新减免税政策落地，加强减免税政策宣传，引导地方高等院校和创新型企业用好、用足国家税收优惠政策，将进一步推进减免税无纸化审批，提高办理时效，推动各大高等院校和科创单位应用好国家网络管理平台的免税进口科研仪器设备开放共享服务，有力支持提高科研教学水平。

资料来源：南方报业传媒集团南方+客户端

（5）残疾人专用品。为支持残疾人的康复工作，国务院制定了《残疾人专用品免征进口税收暂行规定》，对民政部直属企事业单位和省、自治区、直辖市民政部门所属福利机构、假肢厂、荣誉军人康复医院等，中国残疾人联合会直属事业单位和省、自治区、直辖市残联所属福利机构和康复机构进口国内不能生产的残疾人专用物品，免征进口关税和进口环节增值税、消费税。

（6）捐赠物资。对外国民间团体、企业、友好人士和华侨、港澳居民和台湾同胞无偿向我国境内受灾地区（限于新华社对外发布和民政部中国灾情信息公布的受灾地区）捐赠的直接用于救灾的物资，在合理的数量范围内，免征关税和进口环节增值税、消费税。

对境外捐赠人无偿向受赠人捐赠的直接用于慈善事业的物资，免征进口关税和进口环节增值税。

除上述货物之外，特定用途减免税货物还包括集成电路项目进口物资；海上石油、陆上石油项目进口物资；科技重大专项进口物资、勘探开发煤层气进口物资；公益收藏进口物资等。

（三）临时减免税

临时减免税，是指法定减免税和特定减免税以外的其他减免税，是由国务院根据某个单位、某类商品、某个时期或某批货物的特殊情况，按规定给予特别的临时性减免税优惠。临时性减免税具有临时性、局限性、特殊性的特点，一般是一案一批。

二、特定减免税货物的特征

（一）有条件减免进口税收

进口货物必须按照规定的使用条件，在规定地区，由企业按照规定的用途使用，才能享受国家规定的优惠政策。

（二）提交进出口许可证件

减免税货物是实际进口，因此，按照国家有关进出境管理规定，凡涉及许可证、检验检疫、机电产品进口审查等各项进出境管制的，均应在进口申报时向海关交验许可证件。

（三）货物进口后仍受海关监管

特定减免税货物享受特定减免税的条件之一就是在规定的期限，使用于特定的地区、企业和用途，并接受海关的监管。在海关监管年限内，特定减免税货物必须在规定的条件下和规定的范围内使用，海关对该项进口货物仍实施监管。未经海关许可并补缴税款，不得出售、转让、放弃或移作他用。

按照特定减免税货物的种类，其海关监管期限有所不同，特定减免税货物的监管期限：进口减免税的船舶、飞机为8年，机动车辆为6年，其他货物为3年。监管期限自货物进口放行之日起计算。

（四）脱离规定使用须补缴进口税费

特定减免税货物在海关监管期限内，因故出售、转让、放弃或移作他用，就不再享受税收优惠的待遇，应视同一般进口货物折旧估价，补缴进口税费后，海关解除监管。

（五）监管期限到期后海关解除监管

经海关核查监督，特定减免税货物能按照规定合法使用的，在监管期限届满时，海关自动解除监管手续。

三、特定减免税货物的报关程序

（一）减免税申请和办理

1. 减免税申请

申请人首次办理进口减免税手续时，一并向海关提交主体资格、免税额度（数量）、项目资质等情况（简称"政策项目信息"）的备案手续，也可在办理减免税手续前，先期提交政策项目信息，海关审核确认。

对于同时提交政策项目信息和进口货物信息的申请表，先将涉及政策项目信息的电子数据发送给主管海关审核；审核通过后，再将进口货物信息的电子数据发送给主管海关审核。

除海关总署有明确规定外，减免税申请人可自主选择以"无纸申报"或者"有纸申报"的方式向海关提交减免税申请。选择"无纸申报"方式的，申请人可通过中国电子口岸（QP）预录入客户端减免税申报系统，上传填报的减免税申请表及随附单证电子数据上传。通过"无纸申报"方式办理减免税手续的，申请人也应妥善保管纸质单证资料备海关核查。

海关根据审核需要要求提供纸质单证资料的，申请人应予提供。

2. 减免税审核

主管海关进行审核，确定其所申请货物的免税方式，依据其是否符合减免税政策要求来决定是否签发"进出口货物征免税证明"。

"进出口货物征免税证明"实行"一批一证""一证一关"管理。减免税申请人应当在"进出口货物征免税证明"的有效期内办理货物通关手续。如情况特殊，可以向海关申请延长一次，延长的最长期限为6个月。

（二）进口报关

政策性减免税货物进口报关程序，可参见一般进出口货物报关程序的有关内容。但是政策性减免税货物进口报关的有些具体手续与一般进出口货物的报关有所不同。

1. 凭"征免税证明"通关

减免税货物进口报关时，进口货物收货人或其代理人除了向海关提交报关单及随附单证以外，还应当向海关提交"进出口货物征免税证明"。海关在审单时查阅征免税证明的电子数据，核对纸质的"进出口货物征免税证明"。

减免税货物进口填制报关单时，报关员应当特别注意报关单上"备案号"栏目的填写。"备案号"栏内填写"进出口货物征免税证明"上的12位编号，如果12位编号写错就不能通过海关系统的审核，或者在提交纸质报关单证时无法顺利通过海关审单。

2. 凭税款担保证明通关

发生新批准成立、更名、重组等行为的高等学校、科研院所、国家企业技术中心以及其他具备免税资格的单位，办理进口《免税清单》内有关用品，可以申请凭税款担保放行手续。

减免税申请人需要办理税款担保手续的，应当在货物申报进口前向主管海关提出申请，并按照有关税收优惠政策的规定向海关提交相关材料。主管海关在受理申请之日起7个工作日内做出是否准予担保的决定。进出口地海关凭主管海关出具的"准予担保证明"（联网核查电子信息），办理货物的税款担保和验放手续。

（三）减免税货物的后续监管

1. 后续处置

（1）变更使用地点。在海关监管年限内，减免税货物应当在主管海关核准的地点使用。需要变更使用地点的，减免税申请人应当向主管海关提出申请并说明理由，经海关批准后方可变更使用地点。

减免税申请人向主管海关申请办理异地监管手续，经主管海关审核同意并通知转入地海关后，才可将减免税货物运至转入地海关管辖地，并由其进行异地监管。

（2）结转。在海关监管年限内，减免税申请人将进口减免税货物转让给进口同一货物享受同等减免税优惠待遇的其他单位的，应当办理减免税货物结转手续。转出、转入减免税货物的申请人应当分别向各自的主管海关申请办理减免税货物的出口、进口报关手续；先转出，再转入。

结转减免税货物的监管年限应当连续计算，转入地主管海关在剩余监管年限内对结转减免税货物继续实施后续监管。

（3）转让。在海关监管年限内，减免税申请人将进口减免税货物转让给不享受进口税收优惠政策或者进口同一货物不享受同等减免税优惠待遇的其他单位的，应当事先向减免税申请人主管海关申请办理减免税货物补缴税款手续和解除监管手续。

（4）移作他用。在海关监管年限内，减免税申请人需要将减免税货物移作他用的，应当事先向主管海关提出申请。经海关批准，减免税申请人可以按照海关批准的使用地区、用途、企业将减免税货物移作他用。

按照规定将减免税货物移作他用的，减免税申请人应当按照移作他用的时间补缴相应税款；移作他用时间不能确定的，应当提交相应的税款担保，税款担保不得低于剩余监管年限应补缴的税款总额。

（5）变更。在海关监管年限内，减免税申请人发生分立、合并、股东变更、改制等变更情形的，权利义务承受人应当自营业执照颁发之日起30日内，向原减免税申请人的主管海关报告主体变更情况及原减免税申请人进口减免税货物的情况。

经海关审核，需要补征税款的，承受人应当向原减免税申请人主管海关办理补税手续；

可以继续享受减免税待遇的，承受人应当按照规定申请办理减免税备案变更或者减免税货物结转手续。

（6）终止。在海关监管年限内，因破产、改制或者其他情形导致减免税申请人终止，没有承受人的，原减免税申请人或者其他依法应当承担关税及进口环节税缴纳义务的主体，应当自资产清算之日起30日内向主管海关申请办理减免税货物的补缴税款和解除监管手续。

（7）退运境外。在海关监管年限内，减免税申请人要求将进口减免税货物退运出境，应当报主管海关核准。

减免税货物退运出境后，减免税申请人应当持出口货物报关单向主管海关办理原进口减免税货物的解除监管手续。减免税货物退运出境后，海关不再对退运出境的减免税货物补征相关税款。

（8）贷款抵押。在海关监管年限内，减免税申请人要求以减免税货物向金融机构办理贷款抵押的，应当向主管海关提出书面申请。经审核符合有关规定的，主管海关可以批准其办理贷款抵押手续。

减免税申请人不得以减免税货物向金融机构以外的公民、法人或者其他组织办理贷款抵押。

2. 解除监管

（1）期满自动解除监管。减免税货物海关监管年限届满的，自动解除监管，减免税申请人可以不用向海关申请领取"中华人民共和国海关进口减免税货物解除监管证明"。

（2）需要解除监管证明。减免税申请人需要海关出具解除监管证明的，可以自办结补缴税款和解除监管等相关手续之日或者自海关监管年限届满之日起1年内，向主管海关申请领取解除监管证明，海关审核同意后出具"中华人民共和国海关进口减免税货物解除监管证明"。

（3）期内申请解除监管。在海关监管年限内的进口减免税货物，因特殊原因出售、转让、放弃或者企业破产清算的，减免税申请人依实际情况办理补缴税款和解除监管手续。

第二节 暂时进出境货物

一、暂时进出境货物概述

（一）含义

暂时进出境货物，是指为了特定的目的经海关批准暂时出境或暂时进境，并在规定的期限内复运进境或复运出境的货物。

1. 暂时进出境货物的范围

（1）在展览会、交易会、会议及类似活动中展示或者使用的货物。

（2）文化、体育交流活动中使用的表演和比赛用品。

（3）进行新闻报道或者摄制电影、电视节目使用的仪器、设备及用品。

（4）开展科研、教学、医疗活动使用的仪器、设备及用品。

（5）上述1-4项所列活动中使用的交通工具及特种车辆。

（6）暂时进出的货样。

（7）慈善活动使用的仪器、设备及用品。

（8）专业设备，供安装、调试、检测、修理设备时使用的仪器及工具。

（9）盛装货物的包装材料。

（10）旅游用自驾交通工具及其用品。

（11）工程施工中使用的设备、仪器及用品。

（12）测试用产品、设备、车辆。

（13）海关总署批准的其他暂时进出境货物。

2. 海关监管模式

按照海关监管模式不同，上述暂时进出境货物分为以下几种：

（1）不使用 ATA 单证册报关的进出境展览品：即不使用 ATA 单证册的上述第 1 项货物。

（2）使用 ATA 单证册报关的暂时进出境货物：即使用 ATA 单证册的上述第 1 项货物。

（3）集装箱箱体：指上述第 9 项货物中的暂时进出境集装箱箱体。

（4）其他暂时进出境货物：主要指除以上监管方式外的其他暂时进出境货物。

（二）特征

1. 有条件暂时免予缴纳税费

暂时进出境货物在向海关申报进出境时，不必缴纳进出口税费。但是，非 ATA 单证册项下的暂时进出境货物收发货人应当按照有关规定向主管地海关提供担保。ATA 单证册项下暂时出境货物，由中国国际贸易促进委员会（中国国际商会）向海关总署提供总担保。

2. 免予提交进出口许可证件

暂时进出境货物不是实际进出口货物，只要按照暂时进出境货物的有关法律、行政法规办理进出境手续即可以免予提交进出口许可证件。但是，涉及公共道德、公共安全、公共卫生所实施的进出境管制制度的暂时进出境货物，应当凭许可证件进出境。

3. 规定期限内按原状复运进出境

暂时进出境货物应当自进出境之日起 6 个月内复运出境或者复运进境。因特殊情况需要延长期限的，持证人、收发货人应当向主管地海关办理延期手续，最多不超过 3 次，每次延长期限不超过 6 个月。

4. 按货物实际流向办结海关手续

暂时进出境货物必须在规定期限内，由货物的收发货人根据货物的实际流向办理核销结关手续。

二、报关程序

（一）不使用 ATA 单证册报关的进出境展览品

进出境展览品的海关监管有使用 ATA 单证册的，也有不使用 ATA 单证册的。以下介绍的是不使用 ATA 单证册的情况。

1. 进出境展览品的范围

进出境展览品包括在展览会展示的货物，为示范展出机器或器具所使用的货物，设置临时展台的建筑材料及装饰材料，宣传展示货物的电影片、幻灯片、录像带、录音带、说明书、广告、光盘、显示器材等。上述展览品属于暂时进出境货物，需要复运出境或复运进境。

另外，在展览会中有可能还有供消耗、散发的用品，无法复运进出境。包括：小件样品，包括原装进口的或者在展览期间用进口的散装原料制成的食品或者饮料的样品，为展出的机器或者器具进行操作示范被消耗或者损坏的物料，布置、装饰临时展台消耗的低值货物，展览期间免费向观众散发的有关宣传品，供展览会使用的档案、表格及其他文件。海关对上述用品的数量和总值进行核定，在合理范围内的，按照有关规定免征进口关税和进口环节税。

以下货物虽然在展览活动中使用，但不是展览品：

（1）展览会期间出售的小卖品、展卖品，属于一般进出口货物范围。

（2）展览会期间使用的含酒精饮料、烟叶制品、燃料，虽然不是按一般进出口货物管理，但海关对这些商品一律征收关税。其中，属于办展人、参展人随身携带进境的含酒精饮料、烟叶制品的，按进境旅客携带物品的有关规定管理。

2. 报关流程

（1）备案和担保。

1）备案。境内展览会的办展人及出境举办或者参加展览会的办展人、参展人（以下简称办展人、参展人）可以在展览品进境或者出境前向主管地海关报告，并且提交展览品清单和展览会证明材料，也可以在展览品进境或者出境时向主管地海关提交上述材料，办理有关手续。

对于申请海关派员监管的境内展览会，办展人、参展人应当在展览品进境前向主管地海关提交有关材料，办理海关手续。

2）担保。海关派员进驻展览场所的，经主管地海关同意，展览会办展人可以就参展的展览品免予向海关提交担保。未向海关提供担保的进境展览品，在非展出期间应当存放在海关监管作业场所。因特殊原因需要移出的，应当经主管地海关同意，并且提供相应的担保。

（2）暂时进出境。

1）暂时进境。海关一般在展览会举办地对展览品开箱查验。海关查验时，办展人、参展人或其代理人应当到场，并负责搬移、开拆、重封货物包装等。

展览会展出或使用的印刷品、音像制品及其他需要审查的物品，需要经过海关的审查后才能展出或使用。对我国政治、经济、道德有害的以及侵犯知识产权的印刷品、音像制品，不得展出，由海关没收、退运出境或责令更改后使用。

2）暂时出境。海关对出境展览品开箱查验，核对展览品清单。查验完毕，海关留存一份清单，另一份封入关封交还给办展人、参展人或其代理人，凭以办理展览品复运进境申报手续。

（3）核销结关。

1）复运进出境。在规定期限内，进境展览品复运出境或出境展览品复运进境后，海关签发报关单证明联，办展人、参展人或其代理人凭以向主管海关办理核销结关手续。

展览品未能在规定期限内复运进出境的，办展人、参展人应当向主管海关申请延期，在延长期内办理复运进出境手续。

2）销售。进境展览品在展览期间被人购买的，由办展人、参展人或其代理人向海关办理进口申报、纳税手续，其中属于许可证件管理的，还应当提交进口许可证件。出境展览品在境外参加展览会被销售的，由海关核对展览品清单后要求企业补办有关正式出口手续。

3）放弃。进境展览品的办展人、参展人决定将展览品放弃给海关或者无单位接收放弃展览品的，由海关变卖后将款项上缴国库；有单位接收放弃展览品的，应当向海关办理进口申报、纳税手续。出境展览品的办展人、参展人决定将展览品放弃的，应当按一般出口货物办理报关手续。

4）捐赠。进境展览品的办展人、参展人决定将展览品捐赠的，受赠人应当向海关办理进口手续。出境展览品的办展人、参展人决定将展览品捐赠的，应当按一般出口货物办理报关手续。

5）损毁、丢失、被窃。展览品因损毁、丢失、被窃而不能复运进境或出境的，办展人、参展人或其代理人应当向海关报告。对于损毁的展览品，海关根据损毁程度估价征税；对于丢失或被窃的展览品，海关按照进口同类货物征收进口税。

展览品因不可抗力遭受损毁或灭失的，海关根据受损情况，减征或免征进口税费。

（二）使用ATA单证册报关的暂时进出境货物

1. 适用范围

在我国，目前使用ATA单证册的范围仅限于展览会、交易会、会议及类似活动项下的货物。

2. ATA单证册制度

（1）含义。暂准进口货物单证册，简称ATA单证册（ATA是法文Admission Temporaire和英文Temporary Admission的字母组合，意思是"暂准进口"），是指世界海关组织通过的《关于货物暂准进口的ATA单证册海关公约》（简称《ATA公约》）和《货物暂准进口公约》（简称《伊斯坦布尔公约》）中规定的用于替代各缔约方海关暂准进出境货物报关单和税费担保的国际性通关文件，为国际贸易中暂时进出境货物的通关提供便利。

（2）格式。ATA单证册使用英语或法语填写，如果需要，也可以同时使用第三种语言印刷。中国海关接受中文或英文填写的ATA单证册的申报。

一份ATA单证册由若干页ATA单证组成，单证的具体数目依其经过的国家数目而定。一般由以下8页组成：一页绿色封面单证、一页黄色出口单证、一页白色进口单证、一页白色复出口单证、两页蓝色过境单证、一页黄色复进口单证、一页绿色封底。

（3）管理。ATA单证册的担保协会和出证协会一般是由国际商会国际局和各国海关批准的各国国际商会。中国国际商会是我国ATA单证册的出证和担保机构，负责签发出境ATA单证册，向海关报送所签发单证册的中文电子文本，协助海关确认ATA单证册的真伪，并且向海关承担ATA单证册持证人因违反暂时进出境规定而产生的相关税费、罚款。

海关总署在北京海关设立ATA核销中心，对ATA单证册的进出境凭证进行核销、统计及追溯，应成员方担保人的要求，依据有关原始凭证，提供ATA单证册项下暂时进出境货物已经进境或者从我国复运出境的证明，并对全国海关ATA单证册的核销业务进行协调和管理。

3. 报关流程

（1）ATA单证册正常使用。

1）申领ATA单证册。ATA单证册申请人向出证协会提出申请，缴纳一定的手续费，并按出证协会的规定提供担保，出证协会审核后签发ATA单证册。

2）暂时进境申报。暂时进境货物收货人或其代理人持 ATA 单证册向海关申报进境展览品时，先将 ATA 单证册上的内容预录入海关与中国国际商会联网的 ATA 单证册电子核销系统，然后向展览会主管海关提交纸质 ATA 单证册、提货单等单证，办理进口报关程序。

海关在白色进口单证上签注，并留存白色进口单证正联，存根联随 ATA 单证册其他各联退还进境货物收货人或其代理人。

3）暂时出境申报。暂时出境货物发货人或其代理人持 ATA 单证册向海关申报出境展览品时，向出境地海关提交国家主管部门批准文件、纸质 ATA 单证册、装货单等单证。

海关在黄色出口单证上签注，并留存黄色出口单证正联，存根联随 ATA 单证册其他各联退还出境货物发货人或其代理人。

4）过境申报。过境货物承运人或其代理人持 ATA 单证册向海关申报，将货物通过中国转运至第三国（地区）参加展览的，不必另外填写过境货物报关单。

海关在两份蓝色过境单证上分别签注后，留存蓝色过境单证正联，存根联随 ATA 单证册其他各联退还过境货物承运人或其代理人。

5）核销结关。持证人在规定期限内将暂时进境展览品复运出境或将暂时出境展览品复运进境，海关在 ATA 单证册中的白色复出口单证或黄色复进口单证上分别签注，留存单证正联，存根联随 ATA 单证册其他各联退持证人，正式核销结关。

6）交还 ATA 单证册。持证人凭 ATA 单证册将货物暂时出境后复运进境或暂时进境后复运出境后，持证人将使用过的、经海关签注的 ATA 单证册交还给原出证协会。

（2）ATA 单证册未正常使用。ATA 单证册未正常使用的情况包括：

1）货物未在规定的期限内复运出境，产生了暂时进境国（地区）海关对货物征税的问题。

2）ATA 单证册持证人未遵守暂时进境国（地区）海关的有关规定，产生了暂时进境国（地区）海关对持证人罚款的问题。

上述情况下，暂时进境国（地区）海关可以向本国担保协会提出索赔，暂时进境国（地区）担保协会代持证人垫付税款、罚款等款项后，可以向暂时出境国（地区）担保协会进行追偿，暂时出境国（地区）担保协会垫付款项后，可以向持证人追偿，持证人偿付款项后，ATA 单证册的整个使用过程便到此结束。

如果一个国家（地区）的出证协会和担保协会是两个不同的单位，那么暂时进境国（地区）担保协会先向暂时出境国（地区）担保协会追偿，暂时出境国（地区）担保协会再向该国出证协会追偿。

如果持证人拒绝偿付款项，担保协会或出证协会就可要求持证人的担保银行或保险公司偿付款项。如果后者也拒付，则需要采取法律行动维护权益。

（三）集装箱箱体

1. 范围

集装箱箱体既是一种运输设备，又是一种货物。当货物用集装箱装载进出口时，集装箱箱体就作为一种运输设备；当购买进口或销售出口集装箱时，集装箱箱体又与普通的进出口货物一样了。通常情况下，集装箱是作为运输设备暂时进出境的，因此本部分内容讨论的是作为运输设备暂时进出境的集装箱箱体。

2. 报关

1）境内生产的集装箱及我国承运人购买进口的集装箱在投入国际运输前，承运人应当向其所在海关办理登记手续。海关准予登记且符合规定的集装箱箱体，无论是否装载货物，海关准予暂时进境和异地出境，承运人或其代理人均无须就集装箱箱体单独向海关办理报关手续，进出境时也不受规定的期限限制。

2）境外集装箱箱体暂时进境，无论是否装载货物，承运人或其代理人都应当对箱体单独向海关申报，并应当于进境之日起6个月内复运出境。如因特殊情况下不能按期复运出境的，营运人应当向暂时进境地海关提出延期申请，经海关核准后可以延期，逾期应按规定向海关办理进口报关纳税手续。

（四）其他暂时进出境货物

1. 范围

暂时进出境货物中，除不使用 ATA 单证册报关的进出境展览品、使用 ATA 单证册报关的暂时进出境货物、集装箱箱体按各自监管方式进出境报关外，其余的均属于其他暂时进出境货物的管理范围。

2. 报关流程

1）审核。其他暂时进出境货物进出境要经过海关的审核。其他暂时进出境货物的进出境审核属于海关行政许可的范围，应当按照海关行政许可的程序办理。

2）进出境申报。暂时进境货物进境申报时，收货人或其代理人应当向海关提交主管部门允许货物为特定目的而暂时进境的批准文件、进口货物报关单、商业发票及货运单据等，向海关办理暂时进境申报手续。暂时进境货物不用提交进口许可证件，但国家规定需要实施检验检疫的，或因为公共安全、公共卫生等实施管制措施的，仍应当提交有关许可证件。暂时进境货物免缴进口税费，但必须向海关提供担保。

暂时出境货物出境申报时，发货人或其代理人应当向海关提交主管部门允许货物为特定目的而暂时出境的批准文件、出口货物报关单、商业发票及货运单据等，向海关办理暂时出境申报手续。暂时出境货物不用提交出口许可证件，免缴出口税费，但必须向海关提供担保。

3）核销结关。其他暂时进出境货物在报关后续阶段均应按货物的实际去向提供有关单据、单证核销，海关退还保证金，办理核销结关手续或相关手续。复运进出境的凭复运进出境报关单核销结关；转为正式进出口的提交相关许可证件，缴纳税费；放弃、捐赠、毁损、丢失、被窃的，按相应货物报关处理。

第三节 过境、转运、通运货物

一、过境货物

（一）概述

1. 含义

过境货物是指从境外启运，在我国境内不论是否换装运输工具，都通过陆路运输继续运往境外的货物。

2. 范围

（1）与我国签有过境货物协定国家的过境货物，或同我国签有铁路联运协定的国家收、发货的过境货物，按有关协定准予过境。

（2）未与我国签有上述协定的国家过境货物，经国家商务、运输主管部门批准，并向入境地海关备案后准予过境。

3. 禁止过境的货物范围

（1）来自或运往中国停止或禁止贸易的国家和地区的货物。

（2）各种武器、弹药、爆炸品及军需品（通过军事途径运输的除外）。

（3）各种烈性毒药、麻醉品和鸦片、吗啡、海洛因、可卡因等毒品。

（4）中国法律、法规禁止过境的其他货物、物品。

（二）海关监管

海关对过境货物监管的目的是为了防止过境货物在我国境内运输过程中滞留在我国，或将我国货物混入过境货物随运出境，防止禁止过境货物从我国过境。

1. 对过境货物运输工具、经营者、运输部门的监管

装载过境货物的运输工具，应当具有海关认可的加封条件或装置，海关认为必要时，可以对过境货物及其装载装置进行加封；运输部门和过境货物经营人应当负责保护海关封志的完整，任何人不得擅自开启或损毁；运输部门和过境货物经营人应当按海关规定提供担保。

2. 对过境货物管理的其他规定

（1）民用爆炸品、医用麻醉品等的过境运输，应经海关总署和有关部门批准后，方可过境。

（2）有伪报货名和国别，借以运输我国禁止过境货物的，以及其他违反我国法律、行政法规情节的，海关可依法将货物做扣留处理。

（3）海关可以对过境货物实施查验。海关在查验过境货物时，经营人或承运人应当到场，负责搬移货物、开拆和重封货物的包装。

（4）过境货物在境内发生损毁或者灭失的（除不可抗力的原因外），经营人应当负责向出境地海关补办进口纳税手续。

（三）报关程序

1. 进出境报关

过境货物进境时，当事人应当向海关递交过境货物报关单和运单、转载清单、载货清单，以及发票、装箱清单等，办理过境手续，进境地海关审核无误后在提运单上加盖"海关监管货物"戳记并制作关封，连同提运单交由当事人交出境地海关验核。

进境货物出境时，当事人应当及时向出境地海关申报，出境地海关审核确认后，监管货物出境。

2. 过境期限

过境货物的过境期限为 6 个月，因特殊原因，可以向海关申请延期，经海关同意后，最长可延期 3 个月。过境货物超过规定期限 3 个月仍未过境的，海关按规定依法提取变卖，变卖后的货款按有关规定处理。

3. 在境内暂存和运输

过境货物进境后因换装运输工具等原因需要卸下储存时，应当经海关批准并在海关监管下存入海关指定或同意的仓库或场所；过境货物在进境以后、出境以前，应当按照运输主管部门规定的路线运输；运输部门没有规定的，由海关指定。

海关可以对过境货物实施派员押运、实施查验。

二、转运货物

(一) 含义

转运货物是指由境外启运，通过我国境内设立海关的地点换装运输工具，不通过境内陆路运输，继续运往境外的货物。

(二) 办理转运货物应具备的条件

进境运输工具载运的货物具备下列条件之一的，可以办理转运手续：

(1) 持有转运或联运提货单的。

(2) 进口载货清单上注明是转运货物的。

(3) 持有普通提货单，但在卸货前向海关声明转运的。

(4) 误卸下的进口货物，经运输工具负责人提供确实证件的。

(5) 因特殊原因申请转运，获海关批准的。

(三) 海关监管

海关对转运货物实施监管的主要目的在于防止货物在口岸换装过程中误进口或混装出口。转运货物承运人应确保其原状、如数地运往境外。

1. 申报进境及存放

载有转运货物的运输工具进境后，承运人应当在进口载货清单上列明转运货物的名称、数量、启运地和到达地，并向主管海关申报进境。申报经海关同意后，在海关指定的地点换装运输工具。

外国转运货物在中国口岸存放期间，不得开拆、改换包装或进行加工；海关对转运的外国货物有权进行查验。

2. 转运出境

转运货物必须在 3 个月之内办理有关海关手续并转运出境，超出规定期限 3 个月仍未转运出境或办理其他海关手续的，海关将提取并依法变卖处理。

三、通运货物

通运货物是指从境外启运，不通过我国境内陆路运输，运进境后由原运输工具载运出境的货物。

运输工具进境时，运输工具的负责人应凭注明通运货物名称和数量的船舶进口报告书或国际民航机使用的进口载货舱单向进境地海关申报；进境地海关在接受申报后，在运输工具抵达、离境时对申报的货物予以核查，并监管货物实际离境。

运输工具因装卸货物而需要搬运或倒装货物时，应向海关申请并在海关的监管下进行。

第四节 租 赁 货 物

一、概述

(一) 含义

租赁是指资产所有者 (出租人) 按契约规定，将物件出租给使用人 (承租人)，使用人在规定期限内支付租金并享有物件使用权的一种经济行为。跨越国境的租赁就是国际租赁，以国际租赁方式进出境的货物，即为租赁进出口货物。

（二）范围

国际租赁大体上有两种，一种是金融租赁，带有融资性质；一种是经营租赁，带有服务性质。因此，租赁货物包含金融租赁货物和经营租赁货物两类。

金融租赁进口货物一般不复运出境，租赁期满即以较低的名义价格转让给承租人，承租人按合同规定分期支付租金，租金的总额一般都大于货价；经营租赁进口货物一般是暂时性的，按合同规定期限复运出境，承租人按合同规定支付租金，租金总额一般小于货价。

（三）证件管理

租赁进出口货物实行许可证件管理的，海关凭许可证件验放。租赁进口属于自动进口许可的机电产品，应当交验"自动进口许可证"；租赁出口后复运进境属于自动进口许可机电产品的，免予交验"自动进口许可证"。

二、报关程序

根据《中华人民共和国进出口关税条例》的规定，租赁进口货物的纳税义务人对租赁进口货物应当按照海关审查确定的租金作为完税价格缴纳进口税款，租金分期支付的可以选择一次性缴纳税款或者分期缴纳税款。

（一）金融租赁进口货物

1. 一次性缴纳税款

金融租赁进口货物纳税义务人可申请一次性缴纳税款。在确定货物完税价格时，可选择按照海关审查确定的租金总额作为完税价格，也可与海关进行价格磋商，依次采用相同货物成交价格法、类似货物成交价格法、倒扣价格法、计算价格法等合理方法确定完税价格。

收货人或其代理人在货物进口时应当向海关提供租赁合同以及相关的进口许可证件和其他单证，按海关审查确定的货物完税价格计算税款数额，缴纳进口关税和进口环节海关代征税。

海关现场放行后，不再对货物进行监管。

2. 分期缴纳税款

金融租赁进口货物纳税义务人也可申请按租金分期缴纳税款。在租赁货物进口时向海关提供租赁合同，按照第一期应当支付的租金和货物的实际价格分别填制报关单向海关申报，提供相关的进口许可证件和其他单证，按海关审查确定的第一期租金的完税价格计算税款数额，缴纳进口关税和进口环节海关代征税，海关按照货物的实际价格进行统计。

海关现场放行后，对货物继续进行监管。纳税义务人在每次支付租金后的 15 日内（含第 15 日）按支付租金额向海关申报，并缴纳相应的进口关税和进口环节海关代征税，直到最后一期租金支付完毕。

需要后续监管的金融租赁进口货物租期届满之日起 30 日内，纳税义务人应当申请办结海关手续，将租赁进口货物退运出境；如不退运出境，以残值转让，则应当按照转让的价格审查确定完税价格，计征进口关税和进口环节海关代征税。

（二）经营租赁进口货物

经营租赁进口货物由于租金小于货价，货物在租赁期满应当返还出境，纳税义务人只会选择按租金缴纳税款，而不会选择按货物的实际价格缴纳税款。因此，经营租赁进口货物的报关程序只有下面这一种。

收货人或其代理人在租赁货物进口时应当向海关提供租赁合同，按照第一期应当支付的租金或者租金总额和按照货物的实际价格分别填制报关单向海关申报，提供相关的进口许可证件和其他报关单证，按海关审查确定的第一期租金或租金总额的完税价格计算税款数额，缴纳进口关税和进口环节海关代征税，海关按照货物的实际价格进行统计。

海关现场放行后，对货物继续进行监管。分期缴纳税款的，纳税义务人在每次支付租金后的 15 日内（含第 15 日）按支付租金额向海关申报，提供报关单证，并缴纳相应的进口关税和进口环节海关代征税，直到最后一期租金支付完毕。

经营租赁进口货物租期届满之日起 30 日内，纳税义务人应当申请办结海关手续，将租赁进口货物退运出境或者办理留购、续租的申报纳税手续。

第五节　出境加工货物

一、出境加工货物概述

（一）含义

出境加工是指我国境内符合条件的企业将自有的原辅料、零部件、元器件或半成品等货物委托境外企业制造或加工后，在规定的期限内复运进境并支付加工费和境外料件费等相关费用的经营活动。进行出境加工的货物即出境加工货物。

（二）海关监管

1. 企业资质

开展出境加工业务的企业须为一般信用及以上类别的企业。涉嫌走私、违规，已被海关立案调查、侦查且案件尚未审结的企业以及未在规定期限内向海关核报已到期出境加工账册的企业，不得开展出境加工业务。

2. 业务管理

开展出境加工不得涉及国家禁止、限制进出境货物和国家应征出口关税货物。

开展出境加工业务的企业的所在地海关为出境加工业务的主管海关，采用账册方式对出境加工货物实施监管。出境加工货物的出口和复进口应在同一口岸。

3. 出境加工账册

办理出境加工账册设立（变更）手续时，海关应要求企业如实申报进出口口岸、商品名称、商品编号、数量、规格型号、价格和境外料件使用情况等，并收取下列单证：

1）出境加工合同。

2）生产工艺说明。

3）相关货物的图片或样品等。

4）海关需要收取的其他证件和材料。

企业提交单证齐全有效的，主管海关应自接受企业账册设立申请之日起 5 个工作日内完成出境加工账册设立（变更）手续。账册核销期为 1 年。

二、报关程序

（一）境内出口

出境加工货物从境内出口，海关审核企业填报的出口货物报关单，监管方式为"出料加工"（监管代码1427），征减免税方式为"全免"，备注栏填写账册编码，其他项目据实填写。

（二）加工后复进口

出境加工货物从国外加工完毕后复进口，海关审核企业填报的进口货物报关单，监管方式为"出料加工"（监管代码1427），商品编号栏目按实际报验状态填报，每一项复进口货物分列两个商品项填报，其中一项申报所含原出口货物价值，商品数量填写复进口货物实际数量，征减免税方式为"全免"；另一项申报境外加工费、料件费、复运进境的运输及其相关费用和保险费等，商品数量为0.1，征减免税方式为"照章征税"。备注栏填写账册编码，其他项目据实填写。

出境加工货物在规定期限内复运进境的，海关以境外加工费、料件费、复运进境的运输及其相关费用和保险费等为基础审查确定完税价格。

（三）退运

出境加工货物因品质或规格等原因需退运的，按退运货物（监管代码4561）的有关规定，在账册核销周期内办理。出境加工货物超过退运期限或账册核销周期再复运进境的，海关对进口货物按一般贸易管理规定办理进口手续。

（四）核销

出境加工账册采取企业自主核报、自动核销模式，企业应于出境加工账册核销期结束之日起30日内向主管海关核报出境加工账册。

出境加工货物因故无法按期复运进境的，企业应及时向主管海关书面说明情况，海关据此核销复运进境商品数量。

对逾期不向海关核报的出境加工账册，海关可通过电子公告牌等方式联系企业进行催核。催核后仍不核报的，海关可直接对账册进行核销。

对账册不平衡等异常情况，企业应做出说明并按具体情况办结相应海关手续后予以核销。

第六节 无代价抵偿货物

一、无代价抵偿货物概述

（一）含义

无代价抵偿货物是指进出口货物在海关放行后，因残损、短少、品质不良或规格不符等原因，由进出口货物的发货人、承运人或者保险公司免费补偿或者更换的与原货物相同或者与合同规定相符的货物。

收发货人申报进出口的无代价抵偿货物，与退运出境或者退运进境的原货物不完全相同或者与合同规定不完全相符的，经收发货人说明理由，海关审核认为理由正当且税则号列未发生改变的，仍属于无代价抵偿货物范围。

收发货人申报进出口的免税补偿或者更换的货物，其税则号列与原进出口货物的税则号列不一致的，不属于无代价抵偿货物范围，属于一般进出口货物范围。

（二）特征

无代价抵偿货物海关监管的基本特征如下：

（1）进出口无代价抵偿货物免予交验进出口许可证件。

（2）进口无代价抵偿货物，不征收进口关税和进口环节海关代征税；出口无代价抵偿货物，不征收出口关税。但是，进出口与原货物或合同规定不完全相符的无代价抵偿货物应当按规定计算与原进出口货物的税款差额，高出原征收税款数额的应当征收超出部分的税款，低于原征收税款且原进出口货物的发货人、承运人或者保险公司同时补偿货款的，应当退还补偿款部分的税款；未补偿货款的，不予退还。

（3）现场放行后，海关不再进行监管。

二、报关程序

无代价抵偿货物大体上可以分为两种：一种是短少抵偿，另一种是残损、品质不良或规格不符抵偿。

（一）短少抵偿

因短少抵偿货物，可以直接要求进出口货物发货人、承运人或者保险公司免费补偿与原货物相同的货物，向海关提供买卖双方签订的索赔协议以及相关证明文件，而无须将货物退运进出境，可直接将短少部分货物再运出境或运进境，由于之前已经向海关申报过，所以不用交验许可证件，也无须缴税。

（二）残损、品质不良或规格不符抵偿

进出口前应当先办理被更换的原进出口货物中残损、品质不良或规格不符货物的有关海关手续。

1. 退运进出境

原进出口货物的收发货人或其代理人应当办理被更换的原进出口货物中残损、品质不良或规格不符货物的退运出境或退运进境的报关手续。被更换的原进出口货物退运出境时，不征收出口关税；被更换的原出口货物退运进境时，不征收进口关税和进口环节海关代征税。

2. 放弃交由海关处理

被更换的原进口货物中残损、品质不良或规格不符货物不退运出境，但原进口货物的收货人愿意放弃，交由海关处理的，海关应当依法处理并向收货人提供依据，凭以申报进口无代价抵偿货物。

3. 原进口货物不退运出境也不放弃及原出口货物不退运进境

被更换的原进口货物中残损、品质不良或规格不符货物不退运出境且不放弃交由海关处理的，原进口货物的收货人应当按照海关接受无代价抵偿货物申报进口之日适用的有关规定申报进口，并按照海关对原进口货物重新估定的价格计算的税额缴纳进口关税和进口环节海关代征税，属于许可证件管理的商品还应当交验相应的许可证件。

被更换的原出口货物中残损、品质不良或规格不符的货物不退运进境，原出口货物的发货人应当按照海关接受无代价抵偿货物申报出口之日适用的有关规定申报出口，并按照海关对原出口货物重新估定的价格计算的税额缴纳出口关税，属于许可证件管理的商品还应当交验相应的许可证件。

（三）向海关申报办理无代价抵偿货物进出口手续的期限

向海关申报进出口无代价抵偿货物应当在原进出口合同规定的索赔期内，而且不超过原货物进出口之日起 3 年。

（四）无代价抵偿货物报关应当提供的单证

收发货人向海关申报无代价抵偿货物进出口时，除应当填制报关单和提供基本单证外，还应当提供其他特殊单证。

1. 进口申报需要提交的特殊单证

原进口货物报关单；原进口货物退运出境的出口货物报关单，或者原进口货物交由海关处理的货物放弃处理证明，或者已经办理纳税手续的单证（短少抵偿的除外）；原进口货物税款缴纳书或者进出口货物"征免税证明"；买卖双方签订的索赔协议。

海关认为需要时，纳税义务人还应当提交具有资质的商品检验机构出具的原进口货物残损、短少、品质不良或者规格不符的检验证明书或者其他有关证明文件。

2. 出口申报需要提交的特殊单证

原出口货物报关单；原出口货物退运进境的进口货物报关单，或者已经办理纳税手续的单证（短少抵偿的除外）；原出口货物税款缴纳书；买卖双方签订的索赔协议。

海关认为需要时，纳税义务人还应当提交具有资质的商品检验机构出具的原出口货物残损、短少、品质不良或者规格不符的检验证明书或者其他有关证明文件。

第七节　进出境修理货物

一、进出境修理货物概述

（一）含义

进出境修理货物是指运出境或运进境进行修理后复运进境或复运出境的机械器具、运输工具或者其他货物，以及维修这些货物需要进出口的原材料、零部件。

进出境修理包括原进出口货物的出境或进境修理，其他货物的运进境或运出境修理两种情况。原进口货物出境修理包括进口货物在保修期内运出境修理和原进口货物在保修期外运出境修理。

（二）特征

（1）进出境修理货物免于交验许可证件。

（2）进境修理货物，免纳进口关税和进口环节海关代征税，但应向海关提供担保并接受海关监管。

（3）出境修理货物进境时，在保修期内并由境外免费修理的，可以免征进口关税和进口环节海关代征税；在保修期外的或虽在保修期内，但境外修理收费的，海关应当按照境外修理费和料件费审定完税价格，计征进口关税和进口环节海关代征税。

二、报关程序

1. 进境修理货物

货物进境时，当事人持维修合同或者含有保修条款的原出口合同及申报进口需要的所有单证，办理货物进口报关手续，并提供进口税款担保。

货物进口后在境内的维修期限为进口之日起 6 个月，可以申请延长，延长期限最长不得超过 6 个月。在境内维修期间应接受海关监管。

进境修理货物复运出境时，当事人应向海关提供原进口报关单和维修合同。海关凭此办理解除修理货物进境时当事人提供税款担保的手续。

修理货物复运出境后，当事人应当向海关申请销案，正常销案的，海关退还保证金或撤销担保。未复运出境的部分货物，应办理进口申报纳税手续。

2. 出境修理货物

当事人申报修理货物出境时，应向海关提交维修合同或含有保修条款的原进口合同以及申报出口需要的所有单证，办理出境申报手续。

货物出境后，在境外修理期限为 6 个月，可以申请延长，延长期限最长不得超过 6 个月。

货物复运进境时，应当向海关申报在境外实际支付的修理费和料件费，由海关确定完税价格，计征进口关税和进口环节海关代征税。

超过海关规定期限复运进境的，海关按照一般进口货物计征进口关税和进口环节海关代征税。

第八节 进口溢卸、误卸货物

一、溢卸、误卸货物概述

（一）含义

溢卸货物是指未列入进口载货清单、提单或运单的货物，或者多于进口载货清单、提单或运单所列数量的货物。在国际贸易管理中，按照进口合同列明的溢短装条款规定的溢短装比例内所多装的进口货物不包括在内，只有多出合同规定的溢短装条款的比例而多装的货物才属于溢卸货物。

误卸货物是指应在其他境外港口、车站或境内其他场所卸下，但因故在本港（站）卸下的货物。

（二）管理

经海关审定确实的溢卸货物和误卸货物，由载运该货物的原运输工具负责人，自运输工具卸货之日起 3 个月内，向海关申报直接退运出境手续；或者由该货物的收发货人，自运输工具卸货之日起 3 个月内，向海关申请办理退运或者申报进口手续。

经运载该货物的运输工具负责人或者该货物的收发货人申请，海关批准，可以延期 3 个月办理退运出境或者申报进口手续。超出上述规定的限期而未向海关办理退运或者申报进口手续的，由海关提取并依法变卖处理。

溢卸、误卸货物属于危险品或者鲜活、易腐、易烂、易失效、易变质、易贬值等不宜长期保存的货物，海关可以根据实际情况，依法提前变卖处理，变卖所得价款按照有关规定办理。

二、报关程序

溢卸、误卸货物报关程序的适用是根据对该货物的处置来决定的，大体有以下四种情况：

（一）退运境外

属于溢卸货物或误卸货物，能够提供发货人或者承运人书面证明文书的，当事人可以向海关办理直接退运手续。

或者，对于应该发往境外港口、车站的误卸货物，运输工具负责人或其代理人要求运往境外时，经海关核实后，也可以按照转运货物的报关程序办理海关手续，转运至境外。

（二）溢短相抵

运输工具负责人或其代理人要求将溢卸货物抵补短卸货物的，应与短卸货物原收货人协商，并限于同一运输工具、同一品种的货物。非同一运输工具或同一运输工具非同一航次之间抵补的，只限于同一运输公司、同一发货人、同一品种的进口货物。上述两种情况都应由短卸货物原收货人或其代理人按照无代价抵偿货物的报关程序办理进口手续。

（三）进口国内

溢卸货物由原收货人接受的，应按一般进口货物报关程序办理进口手续，填写进口货物报关单向进境地海关申报，并提供相关的溢卸货物证明。

对于应该运往境内其他港口、车站的误卸货物，可由原收货人或其代理人就地向进境地海关办理进口申报手续，也可以经进境地海关同意办理转关运输手续。

进口国内的溢卸、误卸货物，属于许可证件管理商品的，应提供有关的许可证件。海关征收进口关税和进口环节海关代征税后，放行货物。

（四）境内转售

原收货人不接受溢卸、误卸货物，或不办理溢卸、误卸货物退运手续的，运输工具负责人或其代理人可以要求在国内销售，由购货单位向海关办理相应的进口手续。

第九节　退运、退关货物

一、退运货物

退运货物是指原出口货物或进口货物内各种原因造成退运进口或者退运出口的货物。退运货物包括一般退运货物和直接退运货物。

（一）一般退运货物

一般退运货物是指已办理申报手续且海关已放行出口或进口，因各种原因造成退运进口或退运出口的货物。

1. 一般退运进口货物的报关程序

（1）报关。

1）原出口货物已收汇。原出口货物退运进境时，若该批出口货物已收汇，原发货人或其代理人应填写进口货物报关单向进境地海关申报，并提供原货物出口时的出口货物报关单，现场海关应凭税务部门出具的"出口商品退运已补税证明"、保险公司证明或承运人溢装、漏卸的证明等有关资料办理退运进口手续，同时签发一份进口货物报关单。

2）原出口货物未收汇。原出口货物退运进口时，若出口未收汇，原发货人或其代理人在办理退运手续时，提交原出口货物报关单、报关单退税证明联等证明向进口地海关申报退运进口，同时填制一份进口货物报关单；若出口货物部分退运进口，海关应在原出口货物报关单上批注退运的实际数量、金额后退回企业并留存复印件，海关核实无误后，验放有关货物进境。

（2）税收。

因品质或者规格原因，出口货物自出口之日起1年内原状退货复运进境的，经海关核实后不予征收进口税；原出口时已经征收出口关税的，只要重新缴纳因出口而退还的国内环节税，自缴纳出口税款之日起1年内准予退还。

2. 一般退运出口货物的海关手续

（1）报关。因故退运出口的进口货物，原收货人或其代理人应填写出口货物报关单申报出境，并提供原货物进口时的进口货物报关单、保险公司证明或承运人溢装、漏卸的证明等有关资料，经海关核实无误后，验放有关货物出境。

（2）税收。因品质或者规格原因，进口货物自进口之日起1年内原状退货复运出境的，经海关核实后可以免征出口关税；已征收的进口关税和进口环节海关代征税，自缴纳进口税款之日起1年内准予退还。

（二）直接退运货物

直接退运是指货物进境后、海关放行前，进口货物收货人、原运输工具负责人或者其代理人（以下统称当事人）将全部或者部分货物直接退运境外，以及海关根据国家有关规定责令将全部或部分货物直接退运至境外。

直接退运的货物，海关不验核进出口许可证或者其他监管证件，免予征收进出口环节税费及滞报金。

1. 当事人申请直接退运货物

（1）当事人申请直接退运货物的范围。货物进境后正式向海关申报进口前，由于下列原因之一，当事人可以向海关申请办理直接退运手续：

1）因国家贸易管制政策调整，收货人无法提供有关证明的。

2）属于错发、误卸或者溢卸货物，并能提供发货人或运输部门书面证明的。

3）收发货人双方协商一致同意退运，能够提供双方同意退运的书面证明文书的。

4）有关贸易发生纠纷，能够提供已生效的法院判决书、仲裁机构仲裁决定书或者无争议的有效货物所有权凭证的。

5）货物残损或者国家检验检疫不合格，能够提供国家检验检疫部门出具的相关检验证明文书的。

当事人申请直接退运前，海关已经确定检验或者认为有走私违规嫌疑的货物，不予办理直接退运。

（2）报关程序。当事人申请直接退运的，由当事人通过互联网向货物所在地海关申报并提交相关材料。海关通过通关作业辅助系统受理，并将核批结果通过系统反馈给当事人。当事人在收到系统回执后，应当按照海关要求办理进口货物直接退运的申报手续。

办理直接退运手续的进口货物未向海关申报的，当事人应当向海关提交"进口货物直接退运表"及证明进口实际情况的合同、发票、装箱清单、提运单或者载货清单等相关单证、证明文书，办理直接退运的申报手续。

办理直接退运手续的进口货物已向海关申报的，当事人应当向海关提交"进口货物直接退运表"、原报关单或者转关单，以及证明进口实际情况的合同、发票、装箱清单、提运单或者载货清单等相关单证、证明文书，先行办理报关单或者转关单删除手续后，办理直接退运的申报手续。

2. 海关责令直接退运货物

（1）海关责令直接退运货物的范围。有下列情形之一，由海关责令当事人将进口货物直接退运至境外：

1）货物属于国家禁止进口的货物，已经海关依法处理的。

2）违反国家检验检疫政策法规，已经国家检验检疫部门处理并且出具了"检验检疫处理通知书"或者其他证明文书的。

3）未经许可擅自进口属于限制进口的固体废物，已经海关依法处理的。

4）违反国家有关法律、行政法规，应当责令直接退运的其他情形。

对需要责令进口货物直接退运的，由海关根据相关政府行政主管部门出具的证明文书，向当事人制发"海关责令进口货物直接退运通知书"。

（2）报关程序。海关责令直接退运的，当事人在收到"海关责令进口货物直接退运通知书"之日起30日内，应当按照海关要求办理进口货物直接退运的申报手续。

因计算机、网络系统等原因无法通过互联网办理进口货物直接退运的，可以纸质方式办理进口货物直接退运手续。

二、退关货物

（一）含义

退关货物是指向海关申报出口并获准放行，但因故未能装上运输工具，经发货单位请求，退运出海关监管区域不再出口的货物。

（二）管理规定

出口货物的发货人及其代理人应当在得知出口货物未装上运输工具，并决定不再出口之日起3天内，向海关申请退关。

经海关核准且撤销出口申报后，方能将货物运出海关监管场所。

已缴纳出口关税的退关货物，可以在缴纳税款之日起1年内提出书面申请，向海关申请退税。

出口货物的发货人及其代理人办理出口货物退关手续后，海关应对所有单证予以注销，并删除有关报关电子数据。

第十节　放弃货物和超期未报货物

一、放弃货物

（一）概述

1. 含义

放弃货物是指进口货物的收货人或其所有人声明放弃，由海关提取依法变卖处理的货物。

2. 范围

（1）未办结海关手续的一般进口货物。

（2）在海关监管期限内的减免税货物。

（3）保税货物。

（4）暂准进境货物。

（5）其他未办结海关手续的货物。

国家禁止或限制进口的废物、对环境造成污染的货物不得声明放弃。

（二）管理规定

对海关规定不得放弃的进口货物，由海关责令货物的收货人或者所有人、运载该货物进境的运输工具负责人退运出境；无法退运的，由海关责令其在海关和有关部门的监督下予以销毁或者进行其他妥善处理，销毁和处理的费用由收货人承担。收货人无法确认的，由相关运输工具负责人及承运人承担。违反国家法律规定的，由海关依法予以处罚；构成犯罪的，依法追究刑事责任。

对海关准予放弃的进口货物，由海关依法提取变卖，所得价款，在优先拨付变卖处理实际支出的费用后，再扣除运输、装卸、储存等费用。所得价款不足以支付上述运输、装卸、储存等费用的，按照比例支付。尚有余款的，上缴国库。

二、超期未报货物

（一）概述

1. 含义

超期未报货物是指在海关规定的期限内未办结海关手续的海关监管货物。

2. 范围

（1）自运输工具进境之日起超过3个月未向海关申报的进口货物。

（2）在海关批准的延长期满未办结海关手续的溢卸、误卸进境货物。

（3）超过规定期限3个月未向海关办理复运出境或者其他海关手续的保税货物。

（4）超过规定期限3个月未向海关办理复运出境或者其他海关手续的暂准进境货物。

（5）超过规定期限3个月未运输出境的过境货物、转运货物和通运货物。

（二）管理规定

超期未报关的进口货物，由海关提取依法变卖处理。

（1）变卖所得价款，在优先拨付变卖处理实际支出的费用后，按序扣除运输、装卸、储存等相关费用和税款、滞报金，所得价款不足以支付同一顺序相关费用的，按照比例支付。

（2）按照规定扣除相关费用和税款后，尚有余款的，自货物依法变卖之日起1年内，经进口货物收货人申请，予以发还。其中，被变卖货物属于许可证件管理的商品，应当提交许可证件而不能提供的，不予发还；不符合进口货物权利人资格的，申请不予受理。上述事项处置完毕后，余款上缴国库。

（3）经海关审核，符合被变卖进口货物权利人资格的发还余款的申请人，应当按照海关对进口货物的申报的规定，补办进口申报手续。

第十一节　进出境快件

一、进出境快件概述

(一) 含义

进出境快件是指进出境快件运营人，以向客户承诺的快速商业运作方式承揽、承运的进出境的货物、物品。

进出境快件运营人是指在我国境内依法注册，在海关登记备案的从事进出境快件运营业务的国际货物运输代理企业。

(二) 分类

快件分为文件类进出境快件（以下简称 A 类快件）、个人物品类进出境快件（以下简称 B 类快件）和低值货物类进出境快件（以下简称 C 类快件）报关。

A 类快件是指无商业价值的文件、单证、票据和资料，但是依照法律、行政法规以及国家有关规定，应当予以征税的除外。

B 类快件是指境内收寄件人（自然人）收取或者交寄的个人自用物品，但是旅客分离运输行李物品除外。

C 类快件是指价值在 5000 元人民币（不包括运费、保费、杂费等）及以下的货物。但是，涉及许可证件管制的，需要办理出口退税、出口收汇或者进口付汇，应当进行检验检疫的除外。

二、报关程序

(一) 申报

进出境快件通关应在经海关批准的专门监管场所进行。进境快件应当自运输工具申报进境之日起 14 日内，出境快件在运输工具离境 3 小时之前，向海关申报。

报关单位应采用纸质方式或电子数据交换方式向海关办理进出口申报手续。报关单位向海关传输或递交进出境快件舱单或清单，海关确认无误后接受申报。

需提前报关的，报关单位应提前将进出境快件运输和抵达情况书面通知海关，并向海关传输或递交进出境快件舱单或清单。

(二) 提交单证

1. A 类快件

A 类快件报关时，快件运营人应当向海关提交 A 类快件报关单、总运单（复印件）和海关需要的其他单证。

2. B 类快件

B 类快件报关时，快件运营人应当向海关提交 B 类快件报关单、每一进出境快件的分运单、进境快件收件人或出境快件发件人身份证影印件和海关需要的其他单证。B 类快件的限量、限值、税收征管等事项，应当符合海关总署关于邮递进出境个人物品的相关规定。

3. C 类快件

C 类快件报关时，快件运营人应当向海关提交 C 类快件报关单，代理报关委托书或委托报关协议、每一进出境快件的分运单、发票和海关需要的其他单证，并按照进出境货物规定缴纳税款。进出境C类快件的监管方式为"一般贸易"，或者"货样广告品A"，征免性质为"一般征税"，征减免税方式为"照章征税"。

快件运营人按照上述规定提交复印件（影印件）的，海关可要求快件运营人提供原件验核。

通过快件渠道进出境的其他货物、物品，应当按照海关对进出境货物、物品的现行规定办理海关手续。

（三）海关查验

海关对进出境快件中的个人物品实施开拆查验时，运营人应通知进境快件的收件人或出境快件的发件人到场，负责进出境快件的搬移、开拆、封装。收件人或发件人不能到场的，运营人应向海关提交其委托书，代理其履行义务，并承担相应的法律责任。海关认为必要时，可对进出境快件径行开验、复验或者提取货样。

第十二节 跨境电商进出口商品

一、跨境电商进出口商品概述

（一）适用范围

跨境电子商务企业、消费者（订购人）通过跨境电子商务交易平台实现零售进出口商品交易，根据海关要求传输相关交易的电子数据，接受海关监管。

适用"网购保税进口"（监管方式代码1210）进口政策的有天津、上海、重庆、大连、杭州、宁波、青岛、广州、深圳、成都、苏州、合肥、福州、郑州、平潭、北京、呼和浩特、沈阳、长春、哈尔滨、南京、南昌、武汉、长沙、南宁、海口、贵阳、昆明、西安、兰州、厦门、唐山、无锡、威海、珠海、东莞、义乌37个城市（地区）。

（二）参与企业管理

1. 参与跨境电子商务业务的当事人

跨境电子商务企业，是指自境外向境内消费者销售跨境电子商务零售进口商品的境外注册企业（不包括在海关特殊监管区域或保税物流中心内注册的企业），或者境内向境外消费者销售跨境电子商务零售出口商品的企业，为商品的所有人。

跨境电子商务企业境内代理人，是指开展跨境电子商务零售进口业务的境外注册企业所委托的境内代理企业，由其在海关办理注册登记。

跨境电子商务平台企业，是指在境内办理工商登记，为交易双方（消费者和跨境电子商务企业）提供网页空间、虚拟经营场所、交易规则、信息发布等服务，设立供交易双方独立开展交易活动的信息网络系统的经营者。

支付企业，是指在境内办理工商登记，接受跨境电子商务平台企业或跨境电子商务企业境内代理人委托为其提供跨境电子商务零售进口支付服务的银行、非银行支付机构及银联等。

物流企业，是指在境内办理工商登记，接受跨境电子商务平台企业、跨境电子商务企业或其代理人委托为其提供跨境电子商务零售进出口物流服务的企业。

消费者（订购人），是指跨境电子商务零售进口商品的境内购买人。

国际贸易"单一窗口"，是指由国务院口岸工作部际联席会议统筹推进，依托电子口岸公共平台建设的一站式贸易服务平台。申报人（包括参与跨境电子商务的企业）通过"单一窗口"向海关等口岸管理相关部门一次性申报，口岸管理相关部门通过电子口岸平台共享信息数据，实施职能管理，将执法结果通过"单一窗口"反馈给申报人。

跨境电子商务通关服务平台，是指由电子口岸搭建，实现企业、海关及相关管理部门之间的数据交换与信息共享的平台。

2. 注册登记和资质

跨境电子商务平台企业、物流企业、支付企业等参与跨境电子商务零售进口业务的企业，向所在地海关办理注册登记；境外跨境电子商务企业应委托境内代理人（以下称跨境电子商务企业境内代理人）向该代理人所在地海关办理注册登记。

跨境电子商务企业、物流企业等参与跨境电子商务零售出口业务的企业，向所在地海关办理信息登记；如需办理报关业务，向所在地海关办理注册登记。

参与跨境电子商务零售进出口业务并在海关注册登记的企业，纳入海关信用管理，海关根据信用等级实施差异化的通关管理措施。

二、报关程序

（一）海关监管

对跨境电子商务直购进口商品及适用"网购保税进口"（监管方式代码1210）进口政策的商品，按照个人自用进境物品监管，不执行有关商品首次进口许可批件、注册或备案要求，但对相关部门明令暂停进口的疫区商品和对出现重大质量安全风险的商品启动风险应急处置时除外。

适用"网购保税进口A"（监管方式代码1239）进口政策的商品，包括依法需要执行首次进口许可批件、注册或备案要求的化妆品、婴幼儿配方奶粉、药品、医疗器械、特殊食品（包括保健食品、特殊医学用途配方食品等）等，按照国家相关法律法规的规定执行。

海关对跨境电子商务零售进出口商品及其装载容器、包装物按照相关法律法规实施检疫，并根据相关规定实施必要的监管措施。

（二）报关流程

1. 进口报关

跨境电子商务零售进口商品申报前，跨境电子商务平台企业或跨境电子商务企业的境内代理人、支付企业、物流企业应当分别通过国际贸易"单一窗口"或跨境电子商务通关服务平台向海关传输交易、支付、物流等电子信息，并对数据真实性承担相应责任。

直购进口模式下，邮政企业、进出境快件运营人可以接受跨境电子商务平台企业或跨境电子商务企业境内代理人、支付企业的委托，在承诺承担相应法律责任的前提下向海关传输交易、支付等电子信息。

跨境电子商务零售商品进口时，跨境电子商务企业境内代理人或其委托的报关企业应提交"中华人民共和国海关跨境电子商务零售进出口商品申报清单"（以下简称"申报清单"），采取"清单核放"的方式办理报关手续。

"申报清单"与"中华人民共和国海关进（出）口货物报关单"具有同等法律效力。

2. 出口报关

跨境电子商务零售出口商品申报前，跨境电子商务企业或其代理人、物流企业应当分别通过国际贸易"单一窗口"或跨境电子商务通关服务平台向海关传输交易、收款、物流等电子信息，并对数据真实性承担相应的法律责任。

跨境电子商务零售商品出口时，跨境电子商务企业或其代理人应提交"申报清单"，采取"清单核放、汇总申报"方式办理报关手续；跨境电子商务综合试验区内符合条件的跨境电子商务零售商品出口，可采取"清单核放、汇总统计"的方式办理报关手续。

跨境电子商务零售商品出口后，跨境电子商务企业或其代理人应当于每月 15 日前，将上月结关的"申报清单"依据清单表头同一收发货人、同一运输方式、同一生产销售单位、同一运抵国、同一出境关别，以及清单表体同一最终目的国、同一 10 位海关商品编码、同一币值的规则进行归并，汇总形成"中华人民共和国海关出口货物报关单"向海关申报。

允许以"清单核放、汇总统计"方式办理报关手续的，不再汇总形成"出口货物报关单"。

（三）税收征管

对跨境电子商务零售进口商品，海关按照国家关于跨境电子商务零售进口税收政策征收关税和进口环节增值税、消费税，完税价格为实际交易价格，包括商品零售价格、运费和保险费。

跨境电子商务零售进口商品的单次交易限值为人民币 5000 元，个人年度交易限值为人民币 26 000 元。在限值以内进口的跨境电子商务零售进口商品，关税税率暂设为 0%；进口环节增值税、消费税取消免征税额，暂按法定应纳税额的 70% 征收。

超过单次限值、累加后超过个人年度限值的单次交易，以及完税价格超过 5000 元限值的单个不可分割商品，均按照一般贸易方式全额征税。

已经购买的电商进口商品属于消费者个人使用的最终商品，不得进入国内市场再次销售；原则上不允许网购保税进口商品在海关特殊监管区域外开展"网购保税 + 线下自提"模式。

跨境电子商务零售进口商品自海关放行之日起 30 日内退货的，可申请退税，并相应调整个人年度交易总额。

无锡跨境电子商务综合试验区网购保税模式正式启动运行

2019 年 9 月 5 日，无锡跨境电子商务综合试验区网购保税模式正式启动运行。运行当日，无锡市区首批跨境电商网购保税进口零售货物完成验放。该批货物的放行标志着无锡跨境电商迈入由"双引擎"（直购模式和保税模式并存）驱动的新的发展阶段。

据无锡海关介绍，当日的第一批货物为个人消费者通过电商平台直接购买的日本制造的某知名品牌防晒霜，共计 18 单 54 件，价值 9072 元。相较于直购模式，保税模式下跨境电商企业通过集中采购，统一将货物从境外运至国内保税仓库，可以实现成本和时间的双节约。这一批货，与直购模式相比，每件便宜了约 10 元。网上下单时，由物流公司直接从保税仓库配送至客户，配送时间更短，3 天就能收到货。

无锡海关关员介绍，跨境电商网购保税进口模式也称保税备货，是指电商企业根据市场预测和消费者需求，将境外商品集中运输到境内海关特殊监管区域内仓储，随后由消费者在电商平台上直接订购后，以个人物品方式出区配送到客户手上。

资料来源：无锡海关网站

练习题

一、名词解释

进出口税收减免　法定减免税　特定减免税　临时减免税　暂时进出境货物　暂准进口货物单证册　过境货物　转运货物　通运货物　租赁　租赁进出口货物　出境加工　无代价抵偿货物　进出境修理货物　溢卸货物　误卸货物　退运货物　一般退运货物　直接退运　退关货物　放弃货物　超期未报货物　进出境快件　跨境电子商务企业

二、论述题

1. 简述特定减免税货物的特征。
2. 简述暂时进出境货物的海关监管模式。
3. 讨论过境货物、转运货物和通运货物在报关时的区别。
4. 讨论金融租赁和经营租赁在报关时的区别。
5. 讨论退运货物与退关货物的异同。
6. 简述进出境快件报关时提交的单证。
7. 讨论跨境电子商务进出口商品海关监管的难点以及对策。

第八章

海关检验检疫

对进出口货物实施检验检疫，是国家赋予海关对进出口货物监管的一项重要职能，是国际贸易活动的重要组成部分。依据我国相关法律、法规和标准，以及我国政府所缔结或参加的国际条约、协定，运用强制性手段和科学技术方法，海关对进出口货物实施检验检疫。本章主要阐述了国境卫生检疫、进出口动植物检疫、进出口食品检验检疫、进出口商品检验的基本内容。

第一节　国境卫生检疫

依据《国境卫生检疫法》第二条的规定，国境卫生检疫是指在中华人民共和国国际通航的港口、机场及陆地边境和国界江河的口岸，海关依法实施传染病检疫、监测和卫生监督。国境卫生检疫的工作内容主要包括检疫查验、传染病监测、卫生监督和卫生处理。国境卫生检疫是一项政策性和技术性很强的工作，其目的是运用卫生技术手段，通过行政管理的形式和配套法规制度，防止传染病由国外传入或者由国内传出，保护人民健康，维护国家卫生主权。其工作范围是本国境内的国际通航的港口、机场及陆地边境和国界江河的沿岸，以及各口岸范围内的公共场所和食品、饮用水供应设施等。

国境卫生检疫的对象是出入境的人员、交通工具、运输设备及可能传播检疫传染病的行李、货物、邮包、人体组织及生物制品、尸体及骸骨、病媒生物、特殊物品、环境卫生、食品和饮用水卫生等。

一、出入境交通工具卫生检疫

（一）出入境船舶卫生检疫

1. 检疫申报

出入境船舶运营者或其代理人应当在船舶预计抵达或驶离口岸 24 小时前，采用电子化、信息化及书面等方式向海关申请卫生检疫。入境船舶航程不足 24 小时的，在驶离上一口岸时申请检疫；出境船舶在港时间不足 24 小时的，可在抵达本口岸时申请出境检疫。

2. 检疫方式判定

海关根据船舶申报材料、诚信档案和既往卫生检疫结果开展动态风险评估，并根据风险评估结果确定检疫方式。检疫方式主要包括：

（1）锚地检疫：对来自检疫传染病受染国家（地区）、有检疫传染病染疫风险、废旧船舶或未持有有效"船舶卫生控制措施/免予卫生控制证书"等情况的船舶，应当实施锚地检疫。

（2）靠泊检疫：对来自其他重点关注传染病受染国家（地区）、有其他传染病受染风险等情况的船舶，应当实施靠泊检疫。

（3）电讯检疫：不含以上情况，且风险评估为低风险的船舶，经申请，可实施电讯检疫。

（4）其他检疫安排：来自国内疫区或在国内航行中发现检疫传染病、疑似检疫传染病或有人非因意外伤害而死亡并死因不明的船舶，船舶负责人应当主动报告并接受临时检疫。

3. 检疫实施

（1）电讯检疫的实施。船舶在收到海关给予电讯检疫批准和回复后，入境船舶解除检疫信号，在抵达后可以直接上下人员、装卸货物，出境船舶可以直接离港。船舶靠泊作业期间，现场海关可根据情况对其实施抽查和卫生监督。

（2）登轮检疫的实施。由两名具备船舶检查员资质的海关实施。登轮前，应根据风险评估结果，携带检疫查验物资及单证，并做好相应的个人防护。

1）检疫信号检查：检查相关船舶是否按照规定悬挂检疫信号，落实防疫措施，并遵守不得上下人员及作业等风险控制要求。

2）船舶单证资料查验：重点检查"航海健康申报单""载货申报单""船舶卫生控制证书或免予卫生控制证书""压舱水报告单"等单证资料。

3）人员健康状况检查：逐项审查"航海健康申报单"，并向船长、大副、船医详细询问船上所有人员的近期健康状况、患病情况及诊治情况等；根据船舶和船上人员的疫情受染风险，确定重点检疫人员（来自受染地区、有传染病症状等），并对其实施体温测量、问诊等医学检查。

4）人员两证查验：检查相关人员"健康证明书"及"黄热病预防接种证书"持有情况。

5）船舶医疗急救体系检查：重点检查医疗急救人员是否受过专业的培训并有能力证书；是否有完整的医疗急救文件和管理制度；医疗设施是否符合船舶船员和旅客的需求，并且均处在可用的状态；药品管理是否规范、有序，是否有严格的作废流程。

6）船舶病媒生物情况检查：检查船舶鼠、蚊、蝇等病媒生物携带情况，对申报或检查发现有啮齿动物异常死亡的，应采集死鼠送实验室检测带毒情况及做种属鉴定，并对鼠患情况进行重点监测。

7）船舶卫生检查：对船舶食品存储、加工和就餐情况及公共场所的环境卫生情况进行抽查；对船舶的固体和液体废弃物，尤其是餐厨垃圾的分类管理情况进行检查。

8）压舱水卫生检查：重点检查压载水的装载区域是否为传染病或核生化污染区域。

9）船舶核生化污染检查：对风险评估警示、船舶运营者报告或检查中发现有疑似核生化污染的，应按照有关规范实施核生化有害因子监测与排查。

（3）船舶两证办理。对于需要办理"船舶卫生控制证书/免于卫生控制证书""交通工具卫生证书"等证书的，海关在接受申报后，应及时组成检查小组，并根据船舶类型、靠泊时间、在港作业计划等情况合理安排检查时间和地点，并在检查后给予办理。

4. 检疫处置

对卫生监督不合格的船舶，安排实施相应的卫生控制措施；对检查合格的，签发相应证书。

（1）不合格判定。

1）染疫船舶判定：船舶到达时或航行途中（一个潜伏期内）载有染疫人的，或者船舶上发现有感染鼠疫的啮齿动物的，判定为染疫船舶。

2）染疫嫌疑船舶判定：对航行途中载有染疫人，但抵达前一个潜伏期内没有新发病历的，或者船上有啮齿动物反常死亡，并且死亡原因不明的船舶，判定为染疫嫌疑船舶。

3）其他不合格：对发现载有其他传染病疑似病例、病媒生物超标、卫生监督不合格、卫生证书不合格等情况的，判定为其他不合格。

（2）不合格处置。对染疫或染疫嫌疑船舶实施卫生处理，处理合格后方许出入境。对染疫人、染疫嫌疑人、其他传染病疑似病例及其密切接触者，参照旅客卫生检疫有关规范进行处置。

对病媒生物超标或卫生监督不合格的船舶，下达卫生监督意见书，要求限期整改，并监督整改落实。

对发现核生化污染证据的，以手持设备检测核生化有害因子污染情况，并进行涉恐调查和处置。

（3）证书签发。对电讯检疫合格、登轮检疫合格或检疫处理合格的船舶，签发相应卫生检疫证书。

（二）出入境车辆卫生检疫

1. 检疫申报

疫情状态下，所有出入境车辆均需按国家有关要求实施检疫申报。常态下，实行有事申报制度，有以下情况的出入境汽车，需进行现场检疫申报：车上有疑似传染病病人或有传染病症状的人员；车上有人员异常死亡；车上载有特殊物品、尸体骸骨等应检疫物品；车上发现异常死亡的啮齿动物；车上病媒生物超标；海关总署及国家有关部门发文要求的其他需申报情况。

2. 检疫方式判定

（1）登车检疫：疫情状态下，对所有客运车辆按有关要求实施登车检疫。常态下，有下列情况之一的，实施登车检疫：申报有异常情况的；放射性监测报警的；体温监测或医学巡查发现有异常情况的。

（2）不登车检疫：非疫情状态下无异常申报及检疫发现的车辆，原则上不登车检疫，由海关统一使用风险管理系统实施统一布控抽查。

3. 检疫实施

（1）放射性监测：以大/中型通道式放射性监测系统对出入境车辆进行核与辐射有害因子沾染情况监测。

（2）体温检测：通过车道式红外体温监测系统或人工手持红外测温设备，对司乘人员进行体温检测，必要时填报"健康申明卡"。

（3）医学检查：向司机询问司乘人员健康状况、车辆病媒生物情况等，并观察车上人员有无咳嗽、咽痛、头痛、皮疹、呕吐、腹泻、黄疸、淋巴结肿大、呼吸困难等症状；根据需要，简单问询最近的旅行史。

（4）登车检疫：由两名现场工作人员实施，登车前需做好相应的个人防护。

4. 检疫处置

（1）发现检疫传染病疑似病例处置：不能排除患有检疫传染病的，立即对其实施必要的个人防护后，将其及密切接触者转移至负压隔离室做详细的流行病学调查、医学检查，并采集血液等标本送实验室检测。采样后，对疑似病例，依法转送指定医院做进一步诊治；对同车人员在指定地点实施医学观察处置。

检疫传染病

《国境卫生检疫法》规定的检疫传染病包括鼠疫、霍乱、黄热病以及国务院确定和公布的其他传染病，《国境卫生检疫法实施细则》对上述三种检疫传染病的潜伏期也有明确的说明：鼠疫的潜伏期为六天，霍乱的潜伏期为五天，黄热病的潜伏期为六天。

鼠疫

鼠疫是由鼠疫杆菌所致的烈性传染病，属于国际检疫传染病之一，也是我国法定管理的甲类传染病。由于其传染性强、病死率高，历史上曾给人类造成极大的危害。鼠疫具有自然疫源性，一般先流行于鼠类及其他啮齿类动物，常借蚤类为媒介而传染于人，首先呈散发性发病，继而流行成疫。临床以急性毒血症、出血倾向、淋巴和血管系统损害为特征，通常可分为腺鼠疫、肺鼠疫、败血型鼠疫等类型。

霍乱

霍乱是由霍乱弧菌引起的急性肠道传染病，属于国际检疫传染病之一，也是我国法定管理的甲类传染病。它可引起流行、爆发和大流行。临床特征为剧烈腹泻、呕吐、大量米泔样排泄物、水电解质紊乱和周围循环衰竭，严重休克者可并发急性肾功能衰竭。霍乱弧菌包括两个生物型，即古生物型和埃尔托生物型。过去把前者引起的疾病称为霍乱，把后者引起的疾病称为副霍乱。1962年，世界卫生大会决定将副霍乱列入《国际卫生条例》检疫传染病"霍乱"项内，并与霍乱做同样处理。

黄热病

黄热病是由黄热病病毒引起的急性传染病，埃及伊蚊是主要传播媒介，其病毒属于黄热病科黄热病毒属的病毒，为RNA病毒，具有嗜内脏性及嗜神经性，在室温下容易死亡。国际上将黄热病定为检疫传染病。迄今为止，我国尚无病例的报道。

（2）发现其他重点传染病病例处置：发现不能排除其他重点关注传染病的，立即对其实施必要的个人防护后，将其及密切接触者转移至负压隔离室做详细的流行病学调查。

（3）发现一般传染病处置：对检疫发现的其他传染病，发放"就诊方便卡"，给予健康建议，并指导做好个人防护后放行。对症状较重有就医需求的，可协助安排转诊。

（4）车辆卫生处理：对检疫发现有传染病病例或疑似病例的，实施卫生处理。

（5）其他不合格处置：发现病媒生物超标或环境卫生状况不合格等情况的，下发卫生监督意见书，指导和监督限期整改，并做好整改情况效果评价和后续监管。

（三）出入境集装箱卫生检疫

1. 检疫申报

海关重点审核集装箱的启运口岸、途经路线、卸运流向、出入境时间等信息。

根据信息化系统中集中审单和风险布控规则，对不同风险集装箱分别随机抽批抽箱，对抽中的集装箱，将查验指令下达给集装箱所有人、口岸集装箱调度部门及实施查验的工作人员。对需要实施卫生处理的，下达卫生处理指令。

2. 检疫实施

（1）放射性监测：以大型通道式放射性监测系统对出入境集装箱进行核与辐射有害因子沾染情况进行监测。

（2）箱体表面检疫查验：重点核查集装箱箱号与报关单据是否一致，查看集装箱箱体是否完整；检查集装箱外表是否带有污染物等。

（3）箱体内检疫查验：对实施过熏蒸处理的集装箱进行查验时，应先对箱内的熏蒸气体浓度进行检测，防止意外事故发生；重点检查箱内有无啮齿类动物、病媒生物或其粪便、足迹、咬痕、巢穴；有无人类传染病和国家公布的一、二类动物传染病、寄生虫病病原体或理化因子污染；是否夹带旧服装、旧麻袋、旧塑料器具等废旧物品，是否夹带工业垃圾、生活垃圾及其他国家禁止入境的物品等。

3. 检疫处置

经检疫判定为不合格的，应扩大查验比例，必要时可全批查验。对检出不合格情况的集装箱实施分类处置：

（1）放射性监测报警处置：对放射性超标报警集装箱，引导至专用查验场地，并按规范进行检测、排查和处置。

（2）发现病媒生物处置：对发现病媒生物的集装箱逐箱进行卫生除害处理，采集病媒生物样本送实验室开展种属鉴定及病原体检测。

（3）传染病污染处置：对发现集装箱被人类传染病和国家公布的一、二类动物传染病、寄生虫病病原体污染的，逐箱进行卫生除害处理。

（4）发现其他不合格处置：对发现携带土壤、动物尸体、废轮胎、垃圾、旧服装及国家禁止入境的其他物品的，对发现物做销毁处理并对发现部位做熏蒸或喷洒等除害处理；难以做销毁处理的，连同集装箱做退回处理。

检疫结束后，应及时将检疫结果及检疫处理结果录入信息化系统中，并将有关纸质资料整理归档。入境档案保存 3 年，出境档案保存 2 年，电子数据应长期保存；涉及重大疫情和案件、典型案例等事项的档案，进行长期或永久保存。

二、进出口货物卫生检疫

（一）检疫内容

（1）病媒生物查验：查验货物及其包装、铺垫物上是否存在鼠、蝇等病媒生物。

（2）卫生学检查：检查货物的卫生状况，重点检查是否存在被传染病病原体污染或是否有污染嫌疑情况，是否存在夹带垃圾、废弃物、排泄物等卫生学问题。

（3）放射性监测：对具有放射性的货物或者可能被放射性物质污染或沾染的货物进行放射性监测。

（二）检疫实施

对于检疫查验发现下列情形的货物，应当进行卫生处理：被传染病病原体污染或有污染嫌疑的；携带有病媒生物的；存在卫生学问题的，如夹带有废旧物品或有碍公共卫生物品（包括垃圾、腐烂变质货物）的；来自重点监管国家（地区）且海关总署规章制度有明确处理要求的；国家法律、行政法规或国际条约规定必须做卫生处理的。

（三）检疫处置

对检疫查验或卫生处理合格的货物，准予出入境。对卫生状况不符合要求且无法通过卫生处理进行整改的货物，或超过放射性标准且无法实施除污处理的货物（专用放射源除外），实施退运或销毁。

三、特殊物品卫生检疫

（一）**特殊物品判定依据**

（1）依据特殊物品成分判定：包括医学微生物、人体组织、生物制品、血液及其制品四大类。

（2）依据用途判定：包括用于人类疾病预防、治疗、诊断及科研用途的生物制品，用于国家间人类医学实验室间考评、参比用途的生物标准品，用于人类疾病预防、治疗、诊断及科研用途的标准菌毒种和样品，用于生态环境保护和污染防治的环保用微生物菌剂等。

（二）**特殊物品分级管理**

按照致病性、致病途径、使用方式、用途和可控性等风险因素，可将出入境特殊物品风险度由高到低划分为A、B、C、D四个级别。

所有特殊物品均需检疫审批，并在口岸现场接受卫生检疫合格后，出具"出/入境特殊物品卫生检疫审批单"方允许出入境。

四、卫生处理

国境口岸卫生处理，是针对染疫人或染疫嫌疑人的出入境运载工具（含集装箱），可能传播检疫传染病、监测传染病的行李、货物、邮包，以及受污染的周围环境等采取的消毒、除鼠、除虫等卫生措施。

消毒是指采用卫生措施，利用化学或物理因子的直接作用，控制或杀灭人体或动物身体表面或者行李、货物、集装箱、交通工具、物品和邮包中（上）的传染性病原体的程序。

除虫是指采用卫生措施控制或杀灭行李、货物、集装箱、交通工具、物品和邮包中传播人类疾病的昆虫媒介的程序。

灭鼠是指在入境口岸采取卫生措施控制或杀灭行李、货物、集装箱、交通工具、设施、物品和邮包中存在的传播人类疾病的啮齿类媒介的程序。

舟山海关今年首次截获小麦印度腥黑穗病

2019年9月16日，经舟山海关技术中心鉴定，在该关此前对一艘入境修理船舶伙食库实施检疫查验并取样送检的一批面粉中，检出病害小麦印度腥黑穗病，面粉原产国为印度。这也是今年杭州海关关区首次截获该类病害。目前，海关已依法对该批面粉进行封存，要求船方在港期间禁止拆封使用该批面粉，并监督该船对厨余垃圾、泔水实施消毒处理。

小麦印度腥黑穗病号称"小麦杀手"，该病可导致小麦严重减产，并降低小麦品质，影响面粉的食用价值，目前已成为危及小麦生产、影响国际贸易的世界性检疫病害。

资料来源：中国海关网站

第二节 进出口动植物检疫

对进出口动植物及其产品进行动植物检疫是国家主权的象征，是通过对外行使国家主权、履行国际规则义务，执行动植物检疫法律法规，为防止动物疫病和危险性植物有害生物传入、传出国境，保护农林牧渔业生产安全、生态安全、人和动物生命健康安全，所采取的强制性检查和处理措施。实施强制性的动植物检疫已成为世界各国的普遍制度。

一、进口动植物及其产品的动植物检疫

(一) 检疫准入

首次向中国出口的动植物及其产品一般须履行市场准入手续。检疫准入制度是指中国海关根据中国法律法规及国内外动植物疫情疫病和安全卫生风险评估结果，结合对拟向中国出口农产品的国家或地区的官方监管体系的有效性评估，做出是否准许某个国家和地区的某类产品进入中国市场的决定的制度。检疫准入制度是 WTO/SPS 的重要措施，通常包括问卷调查、风险评估、体系考核、企业注册、确定要求等内容。

根据风险评估结果和海关总署与输出国（地区）官方主管部门签署的双边动植物检疫协议，对高风险的进境动植物及其产品实行境外预检。所有进口大、中动物尤其是种用动物，须由海关总署派遣动物检疫人员赴产地实施境外预检。对进口烟叶、苗木、水果、粮食、肉类、水产品等，也要视情况实施境外预检制度。

境外预检工作内容主要有：与输出国家或地区官方主管部门商订检疫计划；了解输出动植物及其产品所在地和农场的动植物疫情；参与农场检疫或产品抽查检验；确认活动物或植物种苗隔离场所资质；掌握实验室检测情况；落实活动物运输路线要求；确认出口检疫证书内容等。

(二) 检疫审批

进口动植物检疫审批范围包括：

1. 动物及其产品检疫审批范围

(1) 活动物，指饲养、野生的活动物，如畜、禽、兽、蛇、龟、虾、蟹、贝、鱼，蚕、蜂等。

(2) 动物繁殖材料，包括胚胎、精液、受精卵、种蛋及其他动物遗传物质。

(3) 食用性动物产品（动物源性食品），包括动物肉类及其产品（含脏器），鲜蛋，鲜奶，动物源性中药材，特殊营养食品（如燕窝），动物源性化妆品原料，两栖类、爬行类、水生哺乳类动物及其他养殖水产品；不包括海捕水产品、蜂产品、蛋制品、奶制品、熟制肉类产品（如香肠、火腿、肉类罐头、食用性高温炼制动物油脂）。

(4) 非食用性动物产品，包括原毛（包括羽毛），原皮，生的骨、角、蹄，明胶，蚕茧，动物源性饲料及饲料添加剂，鱼粉、肉粉、骨粉、肉骨粉、油脂、血粉、血液等，含有动物成分的有机肥料。

2. 植物及其产品检疫审批范围

(1) 果蔬类，包括新鲜水果、番茄、茄子、辣椒果实等。

(2) 烟草类，包括烟叶及烟草薄片。

（3）粮谷类，包括小麦、玉米、稻谷、大麦、黑麦、高粱等。

（4）豆类，包括大豆、绿豆、豌豆、赤豆、蚕豆、鹰嘴豆等。

（5）薯类，包括马铃薯、木薯、甘薯等。

（6）饲料类，包括麦麸、豆饼、豆粕等。

（7）植物繁殖材料，包括植物种子、种苗及其他繁殖材料。

（8）植物栽培介质，包括除土壤外的所有由一种或几种混合的具有储存养分、保存水分和固定植物等作用的人工或天然固体物质组成的栽培介质。

3. 特许审批范围

（1）动植物病原体（包括菌种、毒种等）、害虫及其他有害生物。

（2）动植物疫情流行的国家和地区的有关动植物、动植物产品和其他检疫物。

（3）动物尸体。

（4）土壤。

输入需要检疫审批的动植物及其产品或其他检疫物时，货主或其代理人应在签订贸易合同或协议前，申办"中华人民共和国动植物进境检疫许可证"。申请时，货主或其代理人应提交"中华人民共和国进境动植物检疫许可证申请表"和相关材料，说明其数量、用途、引进方式、进口后的防疫措施，由进境口岸海关初审合格后，上报海关总署或其授权的直属海关负责审批。海关总署根据对申请材料的审核、输出国家的动植物疫情及中国有关检疫规定等实际情况，决定是否签发"中华人民共和国动植物进境检疫许可证"（以下简称"检疫许可证"）。输入植物种子、种苗及其他繁殖材料的，需向农业和林业主管部门申请办理检疫审批。

海关总署根据动植物及其产品携带传入动植物疫情疫病风险情况和贸易需求，指定某类动植物及其产品须从具备相应设施设备、检疫专业人员和实验室检测技术能力的特定口岸入境。根据不同动植物及其产品的携带传入疫情疫病和有害生物的风险等级，进口水果、罗汉松、植物种子（种苗）及其他繁殖材料、粮食、水生动物等实施指定入境口岸管理。

（三）检疫申报

（1）申报时间：根据进口种类而不同。进口种畜禽动物（含遗传物质）：入境前30日；其他动物：入境前15日；实验动物和繁殖材料：入境前7日。

（2）申报地点：根据不同的进口种类不同。应向入境口岸和隔离场所在地或目的地海关申报。

（3）申报时需提交："检疫许可证"（或"引进种子、苗木检疫审批单"等许可类证明）、输出国家或地区官方出具的动植物检疫证书正本、产地证书等官方证明类文件及有关贸易和运输类单证。

海关核查材料后，依法应当办理检疫审批手续的，还须核查并核销"检疫许可证"，同时确定检疫查验方案。

此外，检查所提供的单证材料与货物是否相符，核对集装箱号和封志与所附单证是否一致，核对单证与货物的名称、数重量、产地、包装、唛头标志是否相符。

（四）检疫实施

输入动物、动物遗传物质：抵达入境口岸时，海关须登机（登轮、登车）进行现场检疫。现场检疫的主要工作是查验出口国政府动物检疫或兽医主管部门出具的"动物检疫证书"等有关单证，对动物进行临床检查，对运输工具和动物污染的场地进行防疫消毒处理。

对现场检疫合格的，入境口岸海关出具"调离通知单"，将进口动物、动物遗传物质调离到口岸海关指定的场所做进一步全面的隔离检疫。

输入植物：主要针对运输及装载工具、货物及存放场所等应检物进行查验，如发现害虫，则装入指形管，带回实验室进行鉴定。登轮、登车检查装载货物的船舱或车厢内外，以及包装物、铺垫物、残留物等害虫易潜伏、藏身的地方。检查货物堆存的仓库或场所，注意货物表层、堆角、周围环境，以及包装外部和袋角有无害虫及害虫的排泄物、分泌物等痕迹。

(五) 检疫处置

根据现场检疫、隔离检疫和实验室检疫的结果，对不符合议定书或协议规定的进口动植物按规定实施检疫处理，出具相应检疫证书，货主可凭此证书对外要求索赔。

1. 进口动物

对无有效官方动物检疫证书的，入境口岸海关应根据情况对进口动物做退回或销毁处理。检出《进口动物一、二类传染病、寄生虫病名录》中一类传染病的，阳性动物及其同群动物禁止入境，做退回或销毁处理；检出二类传染病的，阳性动物禁止入境，做退回或销毁处理，同群的其他动物放行；检疫中发现有检疫名录以外的传染病、寄生虫病，但国务院农业行政主管部门另有规定的，按有关规定进行处理。

2. 进口植物

经检疫发现进口植物检疫性有害生物，禁止进口物，政府间双边植物检疫协定、协议和备忘录中订明的禁止传带的有害生物，经海关分析具有检疫意义（特别是小麦矮腥黑穗病菌、大豆疫病菌等重大疫情）且有效除害处理方法的，由海关监督其进行除害处理，处理合格后方可销售或使用。无有效除害处理方法的，做退回或销毁处理。

(六) 检疫监督管理

进境后检疫监督管理包括进境动植物隔离检疫及指定生产、加工、存放企业的监管。隔离检疫是将进境动植物限定在指定的隔离场（圈）内饲养或种植，在其饲养或生长期间进行检疫、观察、检测和处理的一项强制性措施。指定生产、加工、存放企业是指对高风险的动植物产品限定生产、加工企业，确保产品加工目的和安全流向。

1. 动物隔离检疫

动物隔离检疫场是指专用于进境动物隔离检疫的场所，包括由海关总署设立的动物隔离检疫场所（以下简称国家隔离场）和由各直属海关指定的动物隔离场所（以下简称指定隔离场）。进境种用大、中动物应报海关总署批准在国家隔离场隔离检疫；当国家隔离场不能满足需求时，需报经海关总署批准，在指定隔离场隔离检疫。其他进境动物，应当在海关指定的动物隔离检疫场所隔离检疫。目前，我国在广州、上海、天津、北京建立了四个国家隔离场。

动物进场前，海关应实地核查隔离场设施和环境卫生条件，所有饲草、饲料和垫料需在海关的监督下，由海关考核的单位进行熏蒸消毒处理。

经入境口岸现场检疫合格的进境动物方可运往隔离场进行隔离检疫。进境种用大、中动物隔离检疫期为45天，其他动物隔离检疫期为30天。

海关对隔离场实行监督管理，重点监督和检查隔离场动物饲养、防疫等措施的落实。

北京海关首次大规模进口黑猩猩

近日，18只来自南非的黑猩猩抵达北京，开始进行为期30天的隔离检疫。这批黑猩猩进口数量之多，在北京海关尚属首次。北京海关隶属通州海关周密准备，科学监管，快捷查验，为这批"远方来客"到中国"安家"提供了有力保障。

通州海关在知悉动物入境相关信息后，即刻开展检疫监管准备工作，制订周密计划，指导企业完善隔离检疫饲养管理方案，实地核查隔离场准备情况，完善相关设施设备，培训饲养管理人员，做好隔离场消毒与饲料物资准备等一系列工作，确保动物"吃住"安全。此外，海关关员还通过查阅文献，学习黑猩猩习性特点，并对动物卫生证书进行预审，为现场查验做好了充分准备。

动物入境当天，通州海关第一时间派员赴机场现场开展查验工作。从核查动物卫生证书，到对动物实施临床检查，海关只用了30分钟就完成了对动物的现场监管，使得动物们及时转入指定隔离场进行隔离检疫，大幅减少了动物在机场的停留等待时间。通州海关查检一科科长介绍说："这批'远方来客'在隔离期间，我们还需要采样检测相关动物疫病。考虑到黑猩猩个体强壮且野性较强，为保证采样工作顺利开展，我们海关关员与进口企业就麻醉采样方案反复进行研究，对每一个操作环节都进行了细化，根据实际情况科学制定每只动物的用药剂量。"在日常监管中，通州海关还不断探索利用信息化技术，开展远程视频监管，有效提升监管的时效性和便利性。

据了解，此次进境的黑猩猩来自非洲，它们能够辨别不同颜色和发出32种不同意义的叫声，还能使用简单工具，是已知仅次于人类的最聪慧的动物，同时还是十分珍稀的野生动物，具有很高的研究和观赏价值。该批18只黑猩猩为同一种群，经隔离检疫合格后将在国内动物园与广大游客见面。

资料来源：中国海关网站

2. 植物隔离检疫

依据隔离条件、技术水平和运作方式，隔离检疫圃分为国家隔离检疫圃、专业隔离检疫圃和地方隔离检疫圃三类。国家隔离检疫圃承担进境高、中风险植物繁殖材料的隔离检疫工作。专业隔离检疫圃承担因科研、教学等需要引进的高、中风险植物繁殖材料的隔离检疫工作。地方隔离检疫圃承担中风险进境植物繁殖材料的隔离检疫工作。

进境植物繁殖材料经入境口岸海关实施现场检疫，进入隔离检疫圃实施隔离检疫时，入境口岸海关凭指定隔离检疫圃所在地海关出具的隔离检疫资质证明办理调离手续。

进境植物繁殖材料的隔离种植期限按海关、农业、林业等部门签发的检疫审批单明确规定的隔离检疫期限执行，一般为：一年生植物繁殖材料至少隔离种植一个生长周期，多年生植物繁殖材料一般隔离种植2~3年。因特殊原因，在规定时间内未得出检疫结果的，可适当延长隔离种植期限。

隔离检疫圃应严格按照所在地海关核准的隔离检疫方案按期完成隔离检疫工作，并定期向所在地海关报告隔离检疫情况，接受检疫监管。如发现疫情，须立即报告所在地海关，并采取有效防疫措施。

3. 指定生产、加工、存放场所检疫监督

根据产品风险等级水平，对风险较高的进境动植物产品，如动物肉类、脏器、肠衣、原毛（含羽毛）、原皮，以及生的骨、角、蹄，蚕茧，水产品和动物源性中药材等，实行生产、加工和存放企业定点管理；对进口肉类产品、水产品，实施收货人备案管理；对进境粮食、植物源性饲料等植物及其产品的生产、加工、存放企业，实行备案管理。指定生产、加工、存放场所须经海关总署或直属海关按照相关程序考核合格后，方可生产、加工和存放进境动植物及其产品。

海关上门监管服务助力罗汉松进境

2019年3月18日，3个船次50株罗汉松在宁波口岸完成通关手续，陆续进入宁波市鄞州区天宫庄园五洲园艺隔离圃，接受宁波海关隶属鄞州海关检验人员的现场检疫，这也是今年宁波鄞州地区首批进行隔离检疫的罗汉松。

罗汉松形态优美、寓意吉祥，是具有高度观赏价值的大型景观植物。2018年，宁波口岸进口罗汉松346批，4683株，货值1937万美元。作为目前为数不多能带介质土进境的种苗花卉，罗汉松树身及介质土中可能带有检疫性有害生物，因此必须在规定时间和规定地点实施隔离检疫。

"我们企业每年进口罗汉松的数量很大，鄞州海关了解到这一情况，帮助我们在企业周边的天宫庄园建立了隔离圃，罗汉松到达口岸通关后就可以直接运进隔离圃接受海关的隔离检疫，真的是既省心又便利。"宁波天宫庄园五洲园艺发展有限公司总经理朱平说。为了进一步便利企业，提升进境罗汉松隔离检疫效率，鄞州海关积极开展全过程监管服务，进圃前督促货主申报种植计划和隔离检疫方案，苗木隔离阶段现场实施检疫监管和实验室送检，隔离期满开展风险评估和检疫结果评定。

自去年天宫庄园五洲园艺隔离圃投入使用以来，先后已有77株罗汉松完成了隔离检疫，截获检疫性有害生物1种次，非检疫性有害生物347种次，鄞州海关对有疫情检出的罗汉松进行了除害处理，牢牢地把住了国门生物安全的底线。

资料来源：中国海关网站

二、出口动植物及其产品的动植物检疫

出口检疫是出口口岸海关对出口动植物及其产品和其他检疫物，在出口口岸依法实施现场查验并进行合格评价的检疫管理工作。

（一）检疫申报

输出动物的货主或其代理人应在动物出口前（一般种用大、中动物45天，种用禽鸟类和水生动物30天，食用动物10天），向启运地海关提交输入国法定和贸易合同规定的动物检验检疫要求及与所输出动物有关的资料。在隔离检疫前一星期填写"出口货物申报单"，并持有关许可证明、贸易合同、信用证、货运单、发票等资料向启运地海关正式申报。

（二）检疫实施

1. 隔离检疫

出口动物实施启运地隔离检疫和抽样检验、离境口岸进行临床检查和必要复检的制度。

输出动物，出口前需经隔离检疫的，须在海关指定的隔离场所实施检疫。需隔离检疫的情况主要有：进口国要求隔离检疫的，按照进口国的要求进行隔离检疫；根据贸易合同的规定需对出口动物进行隔离检疫的，按合同约定进行检疫；在对出口动物进行检疫过程中发现传染病的，应对其同群假定健康动物实施隔离检疫；我国政府对出口动物有隔离检疫规定的，按规定要求进行隔离检疫。

海关对检验检疫合格的出口动物可以实行监装制度。出口大、中动物，货主或其代理人必须派出经海关培训、考核合格的押运员负责国内运输过程的押运。

2. 离境口岸检验检疫

出口动物，需经启运地海关检验检疫合格后运抵口岸，由离境口岸海关实施复检。根据检验检疫和除害处理结果，海关签发相关单证，并对经检验、检测合格或经除害处理合格的检疫物准予放行。

其他货物需经口岸海关查验合格后才准予出口。

三、过境动植物及其产品的动植物检疫

对过境动植物产品和其他检疫物，应在进口时向口岸海关申报，实施检疫，出口口岸不再检疫。

（一）检疫准入

运输动物过境的，货主或者其代理人必须事先向海关总署提出书面申请，提交输出国家或地区政府动植物检疫机关出具的疫情证明、输入国家或地区政府动植物检疫机关出具的准许该动物进口的证件，并说明拟过境的路线，获得主管部门签发的"动物过境许可证"。

（二）检疫实施

运输动植物产品和其他检疫物过境的，承运人或者押运人应当持货运单和输出国家或地区政府动植物检疫机关出具的证书，向进口口岸海关报关；运输动物过境的，还应当同时提交进出口动植物检疫主管部门签发的"动物过境许可证"。进口口岸海关对过境动植物、动植物产品和其他检疫物实施查验。

过境动物运达进口口岸时，由进口口岸海关对运输工具、容器的外表进行消毒并对动物进行检疫；经检疫合格的，准予过境。

发现有动植物检疫法规定的一、二类传染病和寄生虫病的，全群动物不准过境；过境动物的饲料受病虫害污染的，做除害、不准过境或者销毁处理；过境的动物的尸体、排泄物、铺垫材料及其他废弃物，必须按照相关规定处理，不得擅自抛弃。

四、运输工具动植物检疫

装载动植物及其产品的运输工具入境时，未经入境口岸同意，动植物、动植物产品和其他检疫物不得卸离运输工具。当允许卸离时，对货物、运输工具和装卸现场应采取必要的防疫措施。在运输装卸过程中，运输工具和包装物要防止撒漏。

装载非动植物及其产品，但有木质包装或植物性铺垫材料的运输工具入境时，由入境口岸海关对木质包装或植物性铺垫材料进行检疫，审核输出国植物检疫证书或检疫处理证书，并对运输工具箱体进行防疫消毒。

装载非应检物的运输工具入境时，由入境口岸海关对运输工具做表面防疫消毒处理。

第三节 进出口食品检验检疫

《中华人民共和国食品安全法》第九十一条规定："海关对进出口食品安全实施监督管理。"进出口食品安全监管，是指海关为保证进出口食品安全，保障公众身体健康和生命安全，根据法律法规的规定，对进出口食品生产经营活动、进出口食品生产经营者和输华食品出口国（地区）食品安全管理体系等实施的行政监督管理，督促检查进出口食品相关方执行食品安全法律法规的情况，并对其违法行为进行约束的过程。

一、进口食品检验检疫

（一）进口食品的合格评定

进口食品合格评定，既是进口食品安全管理的一项重要制度，也是进口食品的海关监管流程，指通过在进口食品各环节采用多种合格评定活动组合，对进口食品是否符合我国食品安全国家标准进行合格评定。

进口食品的合格评定活动包括出口国（地区）体系评估、生产企业注册登记、进出口商备案、检疫审批、出口国（地区）官方证书、随附合格证明、证单审核、标签检验、现场查验、抽样检验、进口和销售记录11项。

进口食品进境前应办理的事项包括食品生产企业注册、食品进出口商备案、政府官方证明文件、进境动植物源性食品检疫审批等。

（二）检验检疫申报

进口食品的收货人或其代理人应当按照规定，向海关提交相关材料并向海关申报。申报时，收货人或其代理人应当将所进口的食品按照品名、品牌、原产国（地区）、规格、数（重）量、总值、生产日期（批号）及海关总署规定的其他内容逐一申报。受理海关对收货人或其代理人提交的申报材料审核填写内容是否完整、准确，所附单证是否齐全，单证是否一致、有效，符合要求的，受理申报。

（三）检验检疫实施

口岸海关在口岸监管场所对进口食品的包装和运输工具进行现场查验，按照相关规定对进口食品进行抽采样、制样及送样，对进口预包装食品标签进行符合性检测。

1. 现场检验检疫内容

（1）申报资料与运载食品的集装箱箱号或其他运载工具编号是否相符。

（2）集装箱或其他运载工具是否符合食品安全要求。

（3）是否来自疫区，是否带有泥土、杂草等检疫性有害生物，是否有需要进行检疫的外包装托垫、加固物等，其外包装托垫、加固物等是否符合植物检疫要求。

（4）有需要进行冷藏、冷冻运输的，其运输工具温度是否符合要求。

（5）反复使用的大型包装容器（如液罐、液袋等）是否已进行了消毒、清洗处理，并取得了境外卫生主管部门出具的卫生证书或证明。

（6）食品的品名、原产地、生产日期等信息是否与申报单据一致。

（7）包装是否完整、无破损、无渗漏及胀气等非正常现象。

（8）其他有关规定及要求。

对于现场发现被有毒有害物质污染的，海关应立即通知收货人或其代理人，并与运输方及卸货作业等有关单位共同采取措施，保护好现场。海关应当认真调查取证，包括照相、摄像、要求收货人或其代理人对现场记录进行签字确认等，同时扩大取样范围，对异物和被污染的食品样本要妥善保存；必要时，可对运输工具或进口商品加施封志。

2. 取样

海关查验人员经过资料审核和现场查验后，应根据食品的不同种类、数量、包装形式和检验要求确定抽采样方案，实施抽采样。抽采样要有充分的代表性。

3. 感官检验

海关应当对食品性状是否正常且符合食品安全国家标准进行感官检验。进口食品，特别是加工食品，其包装上必须加施中文标签，标签中应注明进口商、经销商、生产商、成分、保存期等我国标签标准规定的内容。

4. 实验室检测

海关技术机构按照食品安全国家标准（如无，则按照食用农产品质量安全标准、卫生标准、食品质量标准和有关食品的行业标准中强制执行的标准）对进口食品进行检验。对于进口预包装食品，海关就标签内容是否符合法律法规和食品安全国家标准要求，以及与质量有关内容的真实性和准确性进行检验，包括格式版面检验和标签标注内容的符合性检测。

（四）检验检疫处置

对进口食品经检验检疫合格的，由海关出具合格证明，予以放行，准予销售、使用。

进口食品经检验检疫不合格的，由海关出具不合格证明。对检验检疫不合格的，根据不合格情况按照相关规定进行销毁、退运或技术处理等，同时出具不合格证书。

二、出口食品检验检疫

《食品安全法》第九十九条规定："出口食品生产企业应当保证其出口食品符合进口国（地区）的标准或者合同要求。出口食品生产企业和出口食品原料种植、养殖场应当向海关备案。"出口食品生产企业卫生注册备案制度，是为了确保出口食品的生产、加工、储存过程符合我国有关法定要求和相关进口国的法律法规要求、出口食品生产企业安全卫生要求，对加强出口食品生产企业食品安全卫生管理具有重要意义。

扬州海关助力淮扬名菜"大煮干丝"走上"国际餐桌"

2019年9月10日，扬州市龙伟食品有限公司工作人员来到南京海关隶属扬州海关，领取了出口食品企业备案证明，备案的品种为"豆制品"（扬州干丝、百页、百页结、豆腐衣、豆腐干、素鸡、腐竹、油豆腐、兰花干），由此，该企业成为江苏省内第一家传统工艺豆制品出口生产企业。这也标志着驰名中外的淮扬名菜"大煮干丝"即将跨出国门，走上"国际餐桌"。

"大煮干丝"是淮扬菜中的一道代表菜，"干丝"即"豆腐丝"，在扬州厨师的精良刀工下，一块豆腐被切成一根根粗细均匀的细丝，丝丝入扣，纯美鲜香，充分体现了淮扬菜"制作精细、风格雅丽、追求本味、清鲜平和"的卓越品质。干丝制作技艺目前已列入扬州市第二批非遗名录。作为淮扬菜系的重要原料之一，豆制品是扬州本地的杰出农产品，深受国内消费者的青睐。随着我国对外开放的深入，越来越多的国人活跃在国际舞台，造就并带动了海外市场的豆制品消费，越来越多的外国人喜欢上了这种中国美食。

哪里有消费，哪里就有市场，作为江苏省豆制品龙头企业，扬州市龙伟食品有限公司敏锐地嗅到了国际市场的巨大商机，立即向扬州海关提交了出口食品生产企业备案申请。"近年来，随着生产规模的不断扩大，我们公司也希望能将业务拓展到国际市场。市场不等人，商机就在眼前，早一天取得备案资质，就能早一天进入国际市场，抢占市场份额。"公司负责人龙伟表示，"我们从仅有豆制品出口意向到如今取得备案证明，离不开海关的悉心指导和帮扶。在出口政策方面，海关对于我们关心的食品出口流程以及关税优惠等问题进行了详细解答；在产品质量把控方面，对标准化厂房、自动化生产设备等硬件设施和原辅料采购标准、成品出厂前检验等软件要求，海关专家也及时予以指导与帮助。"

由于豆制品出口在扬州地区尚属首次，了解到企业的迫切需求后，扬州海关立即启动企业问题清零机制，着手了解产品工艺流程、企业食品安全卫生控制情况以及出口意向等信息，并向南京海关提请技术支持。南京海关选派关区专家，对企业开展技术指导和现场考核，从计量校准、设备维护、卫生标准操作、食品安全防护等方面向企业提出了改进意见。"豆制品生产作为传统食品行业，在生产管理上与HACCP（危害分析和关键控制点）、FD（食品防护）等国际先进的食品生产理念还存在差异，这就需要我们对企业进行专项辅导，帮助企业生产者和管理者增强适应性，助力产品打开国际市场。"扬州海关工作人员表示，"此次企业获得豆制品出口备案资质将会拉动扬州豆制品出口产业的发展，有利于增加社会效益和促进扬州外贸经济发展"。

近年来，扬州海关主动作为、优化服务，助推本地特色农产品出口。目前，扬州地区出口食品企业共有52家，其中出口扬州特色农产品企业30家，占比50%以上。今年截至目前，扬州地区出口农产品总值2.9亿元，产品涵盖荷藕、包子等。

资料来源：南京海关网站

（一）检验检疫申报

海关总署实行产地检验检疫制度，出口食品发货人或其代理人应当按照海关总署规定的地点和期限，持与出口食品有关的合同、发票、装箱单和信用证等必要的证明及相关批准文件向有管辖权的隶属海关申报。当产地与出境口岸不一致时，产地隶属海关对出口食品检验合格后，就在海关总署业务系统中形成电子底账。发货人或其代理人应当在规定的期限内向隶属海关申报出口。

（二）检验检疫实施

1. 现场检验检疫

出口食品现场检验检疫是海关按照规范、规程及检验检疫类别，在海关总署规定的期限内，对出口食品的外观及内在品质通过感官的、物理的方法进行检验检疫，以判断所检对象的各项指标是否符合合同及买方所在国官方机构的有关规定。

对易发生换货调包的出口敏感食品，可采取出口监装措施。

2. 抽样送检

凡需检验检疫并出具结果的出口食品，均需海关到现场抽取样品。出口合同中规定抽样方法的，按合同规定的标准或方法抽取样品；出口合同中没有规定抽样方法的，按有关标准进行抽样。所抽取的样品必须具有代表性、准确性、科学性。

3. 运输工具适载检验

对装运出口易腐烂变质的食品和冷冻品的集装箱、船舱、飞机、车辆等运载工具，应进行装运前清洁、卫生、冷藏、密固等适载检验；未经检验或检验不合格的，不准装运。

4. 口岸查验

出口食品产地和出口口岸不在同一地区的，口岸隶属海关对出口食品实施口岸查验。口岸隶属海关按照海关总署《出境货物口岸查验规定》及有关要求实施申报查证或验证。

5. 出口食品实验室检测

海关按照有关标准、海关总署风险预警措施及有关规定，综合相关情况确定实验室检测项目。出口季节性食品（是指在某一固定季节生产、销售和消费的食品，包括雪糕、冷饮、月饼和腊肉腊肠等）时，海关还应根据相应季节性食品的卫生安全风险评估增加相应的检测项目。

海关技术机构实验室检测人员根据隶属海关送检样品及送检单所列检测项目、依据，参照相关有害生物的检验检疫法规、双边协议、合同要求、检验标准等，通过物理的、化学的和微生物的方法进行检验检疫，以判定所检样品的各项指标是否符合合同及买方所在国或地区官方机构的有关规定。

（三）检验检疫处置

海关根据现场检验检疫、口岸查验、实验室检测结果，对照有关检验检疫依据做出评定。符合检验检疫要求的，签发证单，予以放行出口；不符合检验检疫要求的，不予出口，并通过风险预警信息网络上报海关总署。

第四节　进出口商品检验

《中华人民共和国进出口商品检验法》第六条规定："必须实施的进出口商品检验，是指确定列入目录的进出口商品是否符合国家技术规范的强制性要求的合格评定活动。合格评定程序包括：抽样、检验和检查，评估、验证和合格保证，注册、认可和批准以及各项的组合。"列入目录的进口商品未经检验的，不准销售、使用；列入目录的出口商品未经检验合格的，不准出口。

一、重点进出口商品检验监管

（一）固体废物进口检验监管

1. 装运前检验

供货商应当在废物原料装运前通过装运前检验电子管理系统申请由海关或者委托装运前检验机构实施装运前检验。海关部门、装运前检验机构应当通过进口废物原料装运前检验电子管理系统受理供货商的装运前检验申请，录入装运前检验结果，签发装运前检验证书。

装运前检验机构应当在进口废物原料的境外装货地或者发货地，按照中国国家环境保护控制标准、相关技术规范的强制性要求和装运前检验规程实施装运前检验。装运前，检验机构还应对其监装和施加封志。对经检验合格的废物原料签发电子和纸质的装运前检验证书，检验证书有效期不超过90天。

属于限制类废物原料的，收货人或者其代理人还应当取得进口许可证明。海关对进口许可证明电子数据进行系统自动比对核验。

2. 检验检疫实施

进口废物原料应从限定口岸或海关总署依法指定的其他地点入境。

进口废物原料检验检疫的内容包括卫生检疫、动植物检疫和环保项目检验。

（1）卫生检疫：海关对入境的废旧物品和曾行驶于境外港口的废旧交通工具，根据污染程度，分别实施消毒、除鼠、除虫，对污染严重的进行销毁。

（2）动植物检疫：根据污染程度实施消毒、熏蒸等卫生处理，未经检疫处理不得放行。

（3）环保项目检验：控制重点是放射性污染和夹杂物。

（二）进口旧机电产品检验监管

1. 装运前检验

在启运港装运之前，由海关或者委托检验机构对旧机电产品是否符合我国国家技术规范的强制性要求进行初步评价。

需要实施装运前检验的进口旧机电产品清单，由海关总署制定并在海关总署网站上公布。需要实施装运前检验的进口旧机电产品，其收货人、发货人或者其代理人应当按照海关总署的规定，申请由主管海关或者委托检验机构实施装运前检验。进口旧机电产品装运前检验应当按照国家技术规范的强制性要求实施，并应当在货物启运前完成。

2. 检验实施

口岸海关为确定进口旧机电产品收货人报关的单证及内容是否与进口旧机电产品的真实质量安全情况相符，依法对进口旧机电产品在入境口岸进行检查。

旧机电产品入境后，海关按照国家技术规范的强制性要求进行合格评定。目的地检验的结果是判定进口旧机电产品在正式投入使用前在运行状态下是否合格或者是否准予销售的最终依据。

进口旧机电产品的目的地检验内容包括：一致性核查，安全项目检验，卫生、环境保护项目检验。

（1）一致性核查：核查产品是否存在外观及包装的缺陷或者残损；核查产品的品名、规格、型号、数量、产地等货物的实际状况是否与报关资料及装运前检验结果相符。

（2）安全项目检验：检查产品表面缺陷、安全标识和警告标记；检查产品在静止状态下的电气安全和机械安全；检验产品在运行状态下的电气安全和机械安全，以及设备运行的可靠性和稳定性。

（3）卫生、环境保护项目检验：检查产品卫生状况，涉及食品安全项目的食品加工机械及家用电器是否符合相关强制性标准；检测产品在运行状态下的噪声、粉尘含量、辐射及排放物是否符合标准；检验产品是否符合我国能源效率的有关限定标准。

（三）进口棉花检验监管

1. 检验申请

从已在海关登记注册的境外供货企业进口棉花，收货人应向入境口岸海关提供境外供货企业的登记证书（复印件），到货时可在目的地实施检验。从未登记的境外供货企业进口棉花时，收货人应当在贸易合同中约定装运前检验条款，由海关或符合要求条件的检验机构实施装运前检验，入境报关时应提供境外供货企业的基本情况及其出具的货物合格声明。

2. 检验实施

进口棉花实施逐批抽样检验。海关按照规定对进口棉花实施数（重）量检验、品质检验和残损鉴定，并逐批出具检验证书。

（1）现场查验：海关在入境口岸或货物存放场所对进口棉花实施现场查验。查验时，应当核对进口棉花批次、规格、标记等，确认货证相符；查验包装是否符合合同等相关要求，有无包装破损；查验货物是否存在残损、异性纤维、以次充好、掺杂掺假等情况。对集装箱装载的，检查集装箱的铅封是否完好。

（2）抽样：海关根据境外供货企业的质量信用层级，对进口棉花实施检验。对A级境外供货企业的棉花，由目的地海关按照标准实施抽样检验；对B级境外供货企业的棉花，由目的地海关实施两倍抽样量的加严检验；对C级境外供货企业的棉花，海关在入境口岸实施两倍抽样量的加严检验。对未获得登记证书的境外供货企业，按C级监管。

（3）实验室检测：实验室检测项目主要包括品级、长度、细度和强度。

3. 检验监督管理

海关建立了进口棉花境外供货企业质量信用评估机制，根据到货棉花实际质量情况和企业履约情况，对进口棉花境外供货企业质量信用等级进行信用评估和动态层级名单管理，从而实现对不同层级企业有针对性地实施不同的检验监管措施。

（四）进口汽车检验监管

1. 检验要求

（1）进口汽车整车必须由经国务院批准并经海关总署等部委验收通过的汽车整车进口口岸进口。

（2）实施检验监管的进口汽车需取得强制性产品认证证书和进口自动许可证，并符合我国法律法规对安全、卫生、健康、环境保护、防止欺诈、节约能源等方面的规定，以及国家技术规范的强制性要求。

2. 检验实施

进口汽车入境口岸海关对进口汽车的检验包括一般项目检验、安全环保项目检测。

（1）一般项目检验。在进口汽车入境时，对车辆唯一性、外观质量、特征参数、发动机舱、汽车安全装置、车辆动态、灯光信号装置、尾气排放、燃料消耗达标等一般项目实施检验。

（2）安全环保项目检测。按国家有关汽车的安全环保等法律法规、强制性标准实施尾气排放、制动性能、灯光等安全环保项目检测。

经检验合格的进口汽车，由口岸海关按一车一单签发"进口机动车辆随车检验单"。收货人可以凭海关签发的进口机动车辆检验证单及有关部门签发的其他单证向车辆管理机关申领行车牌证。

（五）进口玩具检验监管

为加强进出口玩具的检验监管，对列入必须实施检验的进出口商品目录及法律、行政法规规定必须经海关检验的进口玩具实施检验，对目录外的进口玩具实施抽查检验。在我国市场销售的进口玩具，其安全、使用标识应当符合我国有关玩具安全的国家技术规范强制性要求。进口玩具的检验主要包括现场检验、实验室检测、CCC（中国强制认证）核查等。

1. 现场检验

在查验现场，海关核查产品标签标识及使用说明是否正确完好，型号规格、颜色、数（重）量等是否货证相符，货物是否完好无损。

2. 实验室检测

按照玩具国家技术规范的强制性要求，海关在对进口玩具实施现场检验的基础上，按照一定比例抽取样品并送具有玩具检测资质的实验室进行安全项目检测。

3. CCC核查

对列入强制性认证产品目录的进口玩具，凭CCC证书报关。目前，列入强制性产品认证的进口玩具包括塑胶玩具、电动玩具、童车、金属玩具、弹射玩具和娃娃玩具。

对未列入强制性产品认证目录内的进口玩具，已提供进出口玩具检测实验室出具的合格的检测报告的，海关对有关单证与货物是否符合进行审核。对未能提供检测报告或者经审核发现有关单证与货物不相符的，应当对该批货物实施现场检验，并抽样送玩具实验室检测。

经验证符合要求的，准予进口。

（六）危险化学品检验监管

危险化学品是指具有毒害、腐蚀、爆炸、燃烧、助燃等性质，对人体、设施、环境有危害的剧毒化学品和其他化学品。国务院安全生产监督管理部门会同国务院工业和信息化、公安、环境保护、卫生、海关、交通运输、铁路、民用航空、农业主管部门，根据化学品危险特性的鉴别和分类标准确定、公布并适时调整《危险化学品目录》。

1. 检验申报

进出口危险化学品的收货人或者其代理人应按照《危险化学品目录》中的名称申报，并向海关递交相应的报关材料。

2. 检验实施

海关依据我国国家技术规范的强制性要求（进口产品适用）、国际公约、国际规则、条约、协议、议定书、备忘录等，以及输入国家或者地区的技术法规和标准（出口产品适用）、海关指定的技术规范和标准、贸易合同中高于以上规定的技术要求，对进出口危险品实施检验监管。

进出口危险化学品检验的内容，包括是否符合安全、卫生、健康、环境保护、防止欺诈等要求，以及相关的品质、数量、重量等项目。

二、进出口商品检验鉴定

进出口商品检验鉴定是国际通行的对产品、服务、管理体系进行合格评定的有效方法，其主要是提供检验鉴定服务，即接受委托对进出口商品进行检验鉴定，出具检验鉴定证书，包括检测业务、验货业务、口岸检验鉴定业务、装运前检验等。

三、民用商品入境验证

入境验证是指对进口许可制度规定的民用商品，在入境通关时，由海关核查其是否取得了必需的证明文件。在入境以后，抽取一定比例批次的商品进行标志核查，必要时按照进口许可制度规定的技术要求进行检测。

海关总署根据需要，制定、调整并公布《海关实施入境验证的进口许可制度民用商品目录》（以下简称《入境验证商品目录》）。对列入《入境验证商品目录》的进口商品，由直属海关负责所辖地区产品的入境验证工作。

（一）强制性产品认证产品入境验证

海关总署统一管理全国 CCC 产品入境验证管理工作，直属海关负责所辖地区 CCC 产品的入境验证工作。海关总署根据需要，制定、调整并公布海关实施入境验证的 CCC 目录。

海关对列入目录的进口产品实施入境验证管理，查验认证证书、认证标志等证明文件，核对货证是否相符。验证不合格的，依照相关法律法规予以处理；对列入目录的进口产品实施后续监管。

（二）能效（能源效率）标识产品入境验证

我国能效强制实施的产品有显示器、液晶电视机、等离子电视机、电饭锅、电磁炉、家用洗衣机、电冰箱、储水式电热水器、节能灯、高压钠灯、打印机、复印机、电风扇、空调等。

海关通过审单、现场核查、抽样检测等方式对进口能效标识产品是否符合统一适用的产品能效标准、实施规则、能效标识样式和规格进行评定。

对必须实施入境验证的进口能效标识产品，海关应核查相关备案证明材料，并进行网上查询。

进境时，海关应当根据相关能效标识备案证明信息和申报材料实施现场核查，核对货证是否相符并记录。

练习题

一、名词解释

国境卫生检疫　国境口岸卫生处理　检疫准入制度　隔离检疫　进口食品合格评定　进出口商品检验民用商品入境验证

二、论述题

1. 简述对出入境船舶卫生检疫的处置。

2. 简述进出口货物卫生检疫的检疫内容。

3. 论述进口动植物检疫实施的流程。

4. 简述进口食品的合格评定的内容。

5. 讨论固体废物进口检验检疫实施的要求。

第三篇

技 能 篇

商品归类是一项十分重要的海关基础性管理工作，它是海关征收关税、执行贸易管制措施和编制海关进出口统计等各项海关监管工作的基本依据。进出口货物收发货人或其代理人应当按照法律、行政法规的规定，对申报的进出口货物进行商品归类，确定相应的商品编码。本章主要讲述了《商品名称及编码协调制度》的基本情况和归类总规则，阐述了《中国海关进出口商品分类目录》的基本内容以及海关管理措施。

第一节 《商品名称及编码协调制度》简介

一、《商品名称及编码协调制度》的产生

《商品名称及编码协调制度》是在《海关合作理事会商品分类目录》（CCCN）和联合国《国际贸易标准分类目录》（SITC）的基础上，协调国际上多种主要的税则、统计、运输等商品分类目录而制定的一部多用途的国际贸易商品分类目录，其主要特点是完整、系统、通用及准确。

海关进出口商品归类是建立在商品分类目录基础上的。早期的国际贸易商品分类目录只是为了对进出本国的商品征收关税而产生的，其结构较为简单。后来随着社会化大生产的发展，进出口商品品种与数量有所增加，除了税收的需要，人们还要了解进出口贸易情况，即还要进行贸易统计。因此，海关合作理事会（1994年更名为世界海关组织）与联合国统计委员会分别编制了两个独立的商品分类目录，即《海关合作理事会商品分类目录》和《国际贸易标准分类目录》。

由于商品分类目录的不同，一种商品有时在一次国际贸易过程中要使用不同的编码，给国际贸易带来了极大的不便。因此，海关合作理事会于1983年6月通过了《协调制度公约》及其附件《商品名称及编码协调制度》（*Harmonized Commodity Description and Coding System*，以下简称《协调制度》或 HS）。《协调制度》既满足了海关税则和贸易统计需要，又包容了运输及制造业等要求，因此，该目录自1988年1月1日正式生效后，即被广泛应用于海关税则、国际贸易统计、原产地规则、国际贸易谈判、贸易管制等多个领域。目前，已有200多个国家、地区、经济体和国际组织采用《协调制度》分类目录，国际贸易中超过98%的商品按 HS 分类。

随着新产品的不断出现和国际贸易结构的变化，《协调制度》一般每隔若干年就要修订一次。自1988年生效以来，《协调制度》共进行了6次修订，形成了1988年版、1992年版、1996年版、2002年版、2007年版、2012年版和2017年版共7个版本。

为了帮助人们正确理解和运用《协调制度》，世界海关组织还制定了《商品名称及编码协调制度注释》（*Explanatory Notes to the Hamonized Commotiy Description and Coding Sytem*，以

下简称《协调制度注释》)。《协调制度注释》不是《协调制度》的组成部分,但经世界海关组织理事会批准,它是国际上对《协调制度》的官方解释,是对《协调制度》不可或缺的补充。我国海关将《协调制度注释》取名为《进出口税则商品及品目注释》,作为商品归类的依据。

二、《协调制度》的基本结构

《协调制度》将国际贸易涉及的各种商品按照生产类别、自然属性和不同功能用途等分为21类97章。整个分类体系法律效力文本由三部分组成:归类总规则;类、章及子目注释;商品名称及编码。

(一) 归类总规则

为了保证《协调制度》解释的统一性,设立了归类总规则,作为整个《协调制度》商品归类的总原则。

归类总规则,位于《协调制度》文本的卷首,是《协调制度》商品归类的总原则。归类总规则共有6条,是具有法律效力的归类依据,适用于品目条文和注释无法解决商品归类的场合。

(二) 商品名称与编码表的构成

商品名称与编码表由《协调制度》编码和商品名称组成,是《协调制度》分类目录的主体,分为21类97章,每一章由若干品目构成,2017年版《协调制度》共有1222个4位数品目;品目项下又细分出若干一级子目和二级子目,2017年版《协调制度》共有5387个6位数子目。商品编码栏居左,商品名称居右,依次构成一横行。

1. 分类规律

《协调制度》是一部系统的国际贸易商品分类目录,所列商品名称的分类和编排是有一定规律的。

从类来看,《协调制度》基本是按社会生产的分工分类,如农业在第一、第二类,化学工业在第六类,纺织工业在第十一类,冶金工业在第十五类,机电制造业在第十六类等。

从章来看,基本上按商品的自然属性或功能、用途来划分。第1至第83章(第64至第67章除外)基本是按商品的自然属性来分章,如第十一类中第50、51章为动物纤维及制品,第52、53章为植物纤维及制品。另外,第64至第67章和第84至第97章则是按货物的用途或功能来分章的。如第64章是鞋,第65章是帽,第84章是机械设备,第85章是电气设备,第87章是车辆,第88章是航空航天器,第89章是船舶等。

从品目的排列看,一般是按照原材料先于成品,加工程度低的产品先于加工程度高的产品,列名具体的品种先于列名一般的品种。如在第44章内,品目号4401~4406是木材原料;4407~4409是经简单加工的木材;4410~4413是木的半产品;4414~4421是木的制成品。

2. 结构性商品编码

《协调制度》采用结构性商品编码。商品编码是具有特定含义的顺序号,主要由品目和子目构成。《协调制度》中的商品编码共6位,其中第1~4位为品目;第5、6位为子目。

(1) 品目中,第1、2位表示商品所在章,第3、4位表示商品在该章的排列序次。如商品编码的品目4705,表示该商品在第47章,位列第5。

（2）部分商品编码除品目之外，还被细分为一级子目。一级子目用5位编码表示，第5位编码表示它在所属品目中的顺序号；部分商品的编码被进一步细分为二级子目，用6位编码表示。第6位编码表示二级子目在所属一级子目中的顺序号。没有设一级或二级子目的商品编码，第5位或第6位数码为0，如0501.00。

（3）空序号。需要指出的是，若第5、6位上出现数字"9"，则通常情况下它不代表在该级子目中的实际顺序，而是代表未具体列名的商品，即在"9"的前面一般留有空序号以便用于修订时增添新商品。如0301活鱼，分为0301.1和0301.9两个一级子目，则0301.9中第5位的"9"代表除观赏鱼以外的其他活鱼，其中1~9之间的空序号可以用于将来增添新的其他需要具体列名的活鱼。

（4）品目条文。四位数级商品名称，即品目条文，主要采用商品的名称、规格、成分、外观形态、加工程度或方式、功能及用途等形式限定商品对象。品目条文明确商品范围，是《协调制度》具有法律效力的归类依据，居于优先使用的地位。

（5）子目条文

五位和六位数级商品名称即子目条文，它是《协调制度》具有法律效力的归类依据，在子目归类时处于最优先的使用地位。

（三）类、章、子目的注释

为了避免各品目和子目所列商品发生交叉归类，在类、章下加有类注、章注和子目注释。位于类标题下的注释，简称类注；位于章标题下的注释，简称章注；位于类注、章注下的为子目注释。

1. 注释设置的目的

（1）限定《协调制度》中各类、章、品目和子目所属商品的准确范围。

（2）简化品目和子目条文文字。

（3）杜绝商品分类的交叉，保证商品归类正确。

2. 注释主要单独或综合运用的方式

（1）详列商品名称、允许加工方式等，限定品目或子目的商品范围。如第7章的章注二逐一列举了0709、0710、0711及0712各品目包括的蔬菜名称，从而限定了此处蔬菜的品种范围；第一类的类注二详列了加工产品的手段，明确了允许商品加工的全部方式，起到了限定商品范围的作用。

（2）例举典型商品名称或允许加工方式等，以便用类比的方法进行商品归类。如第49章的章注四列名4901包括的商品，使归类时有了参照物。

（3）用排他条款详列或例举不得归入本类、章、品目的商品名称，或不允许采用的加工方式等，杜绝商品误归类的产生。如第67章的章注一详列不得归入该章的商品，第48章的章注一（十五）例举了不能归入本章的第95、96章的商品。

（4）用定义形式明确商品法律归类时的含义。此定义常与传统商品定义不完全相同。如第52章的子目注释对粗斜纹布的定义。

（5）改变商品名称概念，扩大或缩小商品范围。如第5章的章注四改变了马毛的概念，扩大了本目录中马毛的范围。

（6）解释类、章及品目和子目条文中使用的名词。如第十一类的子目注释解释了10个子目中使用的名词。

（7）阐述商品归类规定。如第十一类的类注二，规定了两种或两种以上纺织材料混合制成的商品的归类原则。

3. 注释适用范围

注释是具有法律效力的商品归类依据，除另有说明的，一般只限于所使用的相应的类、章、品目及子目中。在解决品目与品目条文时同处于优先使用的地位。

运用注释解决商品归类的优先顺序为：子目注释→章注→类注。

第二节　《中国海关进出口商品分类目录》简介

一、《中国海关进出口商品分类目录》的产生

我国海关自 1992 年 1 月 1 日起采用《协调制度》，根据海关征税和海关统计工作的需要，我国在《协调制度》的基础上增设本国子目（三级子目和四级子目）、形成了《中国海关进出口商品分类目录》，然后分别编制了《中华人民共和国海关进出口税则》（简称《税则》）和《中华人民共和国海关统计商品目录》（简称《统计目录》）。《税则》和《统计目录》与《协调制度》的各个版本同步修订。自 2017 年 1 月 1 日起，我国采用 2017 年版《协调制度》。

为了明确增设的本国子目的商品含义和范围，我国又制定了《本国子目注释》，作为归类时确定三级子目和四级子目的依据。

二、《中国海关进出口商品分类目录》的基本结构

《税则》中的商品号列称为税则号列（简称税号），为征税需要，每项税号后列出了该商品的税率；《统计目录》中的商品号列称为商品编号，为统计需要，每项商品编号后列出了该商品的计量单位，并增加了第二十二类"特殊交易品及未分类商品"，内分第九十八章、第九十九章。

《协调制度》中的编码只有 6 位数，而我国《税则》中的编码为 8 位数，如鲜艳的玫瑰花，编码为 0603.1100，各数字含义如表 9-1 所示。

表 9-1　商品编码的含义

编码	06	03	1	1	0	0
含义	章	顺序号	一级子目	二级子目	三级子目	四级子目

其中，前 6 位数字为《协调制度》原有的编码，第 7 位、第 8 位是我国根据实际情况加入的"本国子目"。

第三节　进出口商品归类的海关管理

进出口商品归类的海关管理是指为提高进出口货物商品归类的准确性、及时性，加速进出口货物顺畅通关，海关所采取的各项相关行政管理措施的总和。

一、归类依据

（一）主要依据

（1）《中华人民共和国海关法》《中华人民共和国进出口关税条例》《中华人民共和国海关进出口货物征税管理办法》。

（2）《中华人民共和国进出口税则》。

（3）《进出口税则商品及品目注释》。

（4）《本国子目注释》。

（5）海关总署发布的关于商品归类的行政裁定。

（6）海关总署发布的商品归类决定。

（二）归类决定

海关总署可以根据有关法律、行政法规规定，对进出口货物做出具有普遍约束力的商品归类决定。进出口相同的货物，应该适用相同的商品归类决定。

做出商品归类决定所依据的法律、行政法规及其他相关规定发生变化的，商品归类决定同时失效。商品归类决定失效的，应当由海关总署对外公布。

海关总署发现商品归类决定存在错误的，应当及时予以撤销。撤销商品归类决定的，应当由海关总署对外公布。被撤销的商品归类决定自撤销之日起失效。

（三）归类裁定

在海关注册登记的进出口货物经营单位，可以在货物实际进出口的3个月前向海关总署或者直属海关书面申请，就其拟进出口的货物预先进行商品归类裁定。

海关总署自受理申请之日起60日内做出裁定并对外公布。

归类裁定具有普遍约束力。但对于裁定生效前已经办理完毕裁定事项的进出口货物，不适用该裁定。

二、归类的申报要求

为了规范进出口企业申报行为，提高进出口商品申报质量，促进贸易便利化，海关总署制定了《中华人民共和国海关进出口商品规范申报目录》（简称《规范申报目录》）。

《规范申报目录》按《中国海关进出口商品分类目录》的品目顺序编写，并根据需要在品目级或子目级列出了申报要素。按设置申报要素的目的又分为归类要素、价格要素、审单及其他要素。例如，子目8705.40"混凝土搅拌车"的申报要素为：①品名；②固定安装配置；③品牌；④型号。其中，第①、②项为归类申报要素。

收发货人或者其代理人应当按照法律、行政法规规定以及海关的要求，如实、准确地申报进出口货物的商品名称、规格型号等，并且对其申报的进出口货物进行商品归类，确定相应的商品编码。

三、归类的修改

收发货人或者其代理人申报的商品编码需要修改的，应当按照《海关进出口货物报关修改和撤销管理办法》等规定向海关提出申请。

海关经审核认为收发货人或者其代理人申报的商品编码不正确的，可以根据《中华人民共和国海关进出口货物征税管理办法》的有关规定，按照商品归类的有关规则的规定予以重新确定，并根据《海关进出口货物报关单修改和撤销管理办法》等相关规定通知收发货人或者其代理人对报关单进行修改。

四、归类预裁定

根据《中华人民共和国海关预裁定管理暂行办法》（海关总署令第236号），在货物实际进出口前，申请人可以向海关申请归类预裁定。预裁定的申请人应当是与实际进出口活动有关并且在海关注册登记的对外贸易经营者。

（一）申请时间及受理单位

申请人应当在货物拟进出口3个月之前向其注册地直属海关提出预裁定申请。特殊情况下，申请人确有正当理由的，可以在货物拟进出口前3个月内提出预裁定申请。

（二）申请程序及要求

申请人向海关提交"预裁定申请书"及与归类有关的商品资料，一份"预裁定申请书"应当仅包含一项商品的归类。

海关自收到"预裁定申请书"及相关材料之日起10日内审核决定是否受理该申请，制发"中华人民共和国海关预裁定申请受理决定书"或者"中华人民共和国海关预裁定申请不予受理决定书"。

申请材料不符合有关规定的，海关制发"中华人民共和国海关预裁定申请补正通知书"。申请人未在规定期限内提交材料进行补正的，视为未提出预裁定申请。

海关自受理之日起60日内制发"预裁定决定书"。"预裁定决定书"自送达之日起生效，有效期为3年，全国范围内有效。

申请人在预裁定决定有效期内进出口与预裁定决定列明情形相同的货物，应当按照预裁定决定的税号申报，海关予以认可。

第四节　《协调制度》归类总规则

一、规则一

（一）规则一原文

类、章及分章的标题，仅为查找方便而设。具有法律效力的归类，应按品目条文和有关类注或章注确定，如品目、类注或章注无其他规定，按以下规则确定。

（二）对规则一的浅析及运用说明

1. 规则一解释

规则一说明了三个问题：

（1）类、章及分章的标题对商品归类不具备法律效力。

（2）具有法律效力的归类依据是品目条文、类注和章注。

（3）归类时应按顺序运用归类依据，即先是品目条文和注释，最后是归类总原则。也就是说，只有在前级依据无法解决该商品归类时，才能使用下一级依据，各级依据矛盾时，应以前级为准。

2. 应用举例

牛尾毛应归入 0503,因查阅类、章标题,应归入第五章其他动物产品,查看品目条文未见牛尾毛列名,似应归入 0511 其他未列名的动物产品。但查看章注四得知马毛包括牛尾毛,故牛尾毛应按列名产品马毛归入 0503。

二、规则二

(一)规则二原文

(1)品目所列货品,应视为包括该项货品的不完整品或未制成品,只要在进口或出口时该项不完整品或未制成品具有完整品或制成品的基本特征;还应视为包括该项货品的完整品或制成品(或按本款可作为完整品或制成品归类的货品)在进口或出口时的未组装件或拆散件。

(2)品目中所列材料或物质,应视为包括该种材料或物质与其他材料或物质混合或组合的物品,品目所列某种材料或物质构成的货品,应视为包括全部或部分由该种材料或物质构成的货品,由一种以上材料或物质构成的货品,应按规则三归类。

(二)对规则二的浅析及运用说明

规则二分两部分,为扩大货品品目条文的商品范围而设,适用于品目条文、章注、类注无其他规定的场合。

1. 规则二(1)解释

规则二(1)有条件地将不完整品、未制成品、未组装件或拆散件包括在品目所列货品范围之内,仅适用于第七至第二十一类。

不完整品是指货品缺少某些部分,不完整;未制成品是指货品尚未完全制成,需进一步加工才成为制成品。对于不完整品和未制成品,必须具有相应完整品或制成品的基本特征,才能按照完整品或制成品归类。基本特征需要综合结构、性能、价值、作用、关键零配件等方面的因素进行具体分析才能确定。

未组装件或拆散件是指货品尚未组装或已拆散。货品以未组装或拆散形式报验,通常是由于包装、装卸或运输上的需要,或是为了便于包装、装卸或运输。

本款规则也适用于以未组装或拆散形式报验的不完整品或未制成品,只要按照本规则第一部分的规定,它们可作为完整品或制成品看待。例如,为便于运输而装于同一包装箱内的两套摩托车未组装件,可视为摩托车成车。

2. 规则二(2)解释

规则二(2)的作用是将保持原商品特征的某种材料或物质构成的混合物品或组合物品,等同于某种单一材料或物质构成的货品。即有条件地将单一材料或物质构成货品的范围扩大到添加辅助材料的混合或组合材料制品,如加糖牛奶仍具有牛奶的基本特征,等同于牛奶;如毛皮饰袖口的呢大衣,仍具有呢大衣的基本特征,等同于呢大衣。

但是,本款规则绝不意味着将品目范围扩大到不按照规则一的规定,将不符合品目条文的货品也包括进来,即由于添加了另外一种材料或物质,使货品丧失了原品目所列货品特征的情况。例如,稻谷中加入了杀鼠剂,已经成了一种用于杀灭老鼠的毒饵,就不能再按品目 1006 的"稻谷"归类。

3. 与规则一的关系

只有在规则一无法解决时，方能运用规则二。例如，品目 1503 的品目条文规定为"液体猪油，未经混合"，而混合了其他油的液体猪油，不能运用规则二（2）归入品目 1503。

4. 应用举例

已剪成手套形的机织棉布应归入 6216。根据规则二（1）未制品，如已具备制成品基本特征，按制成品归类原则，该商品应按机织布制手套归类。

三、规则三

（一）规则三原文

当货品按规则二（2）或由于其他任何原因看起来可以归入两个或两个以上品目时，应按以下规则归类：

（1）列名比较具体的品目，优先于列名一般品目。但是，如果两个或两个以上品目都仅述及混合或组合货品所含的某部分材料或物质，或零售的成套货品中的某些货品，即使其中某个品目对该货品描述得更为全面、详细，这些货品在有关品目的列名应视为同样具体。

（2）混合物、不同材料构成或不同部件组成的组合物以及零售的成套货品，如果不能按照规则三（1）归类时，在本款可适用的条件下，应按构成货品基本特征的材料或部件归类。

（3）货品不能按照规则三（1）或规则三（2）归类时，应按号列顺序归入其可归入的最末一个品目。

（二）对规则三的浅析及运用说明

规则三只能使用在货品看起来可归入两个或两个以上品目的场合。规则三有三条规定，应按规定的先后次序加以运用，即只有不能按照三（1）归类时，才能运用规则三（2）；不能按照规则三（1）、规则三（2）归类时，才能运用规则三（3）。因此，它们的优先次序为：具体列名、基本特征、从后归类。

1. 规则三（1）解释

规则三（1）讲的列名比较具体的品目，优先于列名一般品目。对"具体"和"一般"可理解为：

（1）与类别名称相比，商品的品种名称更具体。

如紧身胸衣是一种女内衣，看起来既可归入 6208 女内衣品目下，又可归入 6212 妇女紧身胸衣品目下，比较两个名称，女内衣是类名称，属一般列名；妇女紧身胸衣是商品品种名称，属具体列名，故本商品应归 6212。

（2）所列名称明确包括某一货物的品目，比所列名称未明确包括该货品的品目更具体。如汽车用电动刮水器可能归入两个编号：汽车零件（8708）或电动器具（8512）。查阅第十六、十七类类注及第 85 和 87 章章注并无规定，应按规则三（1）具体列名归类，比较品目条文，因 8512 机动车辆用电风挡刮雨器较 8708 机动车辆用的零件、附件列名具体（所列名称明确包括了电动刮雨器）。因此，该商品应归入 8512.40。

（3）此外，对具有单一功能的机器设备，在判定具体列名与否时，可按下述规定操作：

1）按功能属性列名的比按用途列名的具体。

2）按结构原理、功能列名的比按行业列名的具体。

3）同为按用途列名的，则以范围小、关系最直接者为具体。

（4）如果两个或两个以上品目都仅述及混合或组合货品所含的某部分材料或物质，或零售成套货品中的某些货品，即使其中某个品目比其他品目对该货品描述得更为全面、详细，这些货品在有关品目的列名也应视为同样具体。在这种情况下，货品应按规则三（2）或规则三（3）的规定进行归类。

2. 规则三（2）解释

规则三（2）是说明混合物、不同材料或不同部件的组合货品以及零售的成套货品，在归类时，应按构成材料或部件基本特征归类。确定货品的基本特征一般可综合分析货品的外观形态、结构、功能、用途、使用的最终目的、商业习惯、价值比例、社会习惯等多方面因素。

规则三（2）所称零售的成套货品是指为了某种需要或开展某项专门活动放在一起，无须重新包装就可直接零售的成套货品。同时，零售的成套货品需要符合以下三个条件：

（1）由至少两种看起来可归入不同品目的不同物品构成的，例如，6把塑料叉子不能作为本款规则所称的成套货品。

（2）为了迎合某项需求或开展某项专门活动而将几件产品或物品包装在一起。

（3）其包装形式适于直接销售给用户而货物无须重新包装的，例如，装于盒、箱内或固定于板上。

3. 规则三（3）解释

货品如果不能按照规则三（1）或规则三（2）归类时，应按号列顺序归入其可归入的最后一个品目。例如，"等量的大麦与燕麦的混合麦"，由于其中大麦与燕麦含量相等，"基本特征"无法确定，因此应"从后归类"，即按品目1003与品目1004中的后一个品目1004归类。

4. 应用举例

（1）在皮盒里的成套理发用具（电动理发推子、塑料梳子、剪子、发刷、棉制毛巾），可直接销售给用户，应归入8510.20。因该商品适合规则三（2）的使用条件，并且从功能、最终用途等因素分析，电动推子具有该商品的基本特征，因此该理发用具应按电动推子归类。

（2）在礼品盒的一块电子表（9102.12）和一条贱金属项链（7117.19）。此礼品盒不是适用某一项活动的需要包装成套的，不能按规则三（2）办理，应分别归类。

（3）含铜、锡各50%的合金应归入8001.20。若铜锡合金含量相等，既可按铜合金（7403.22）归类，也可以按锡合金（8001.22）归类，但依规则三（3）从后归类原则，该商品只能按锡合金归类。

四、规则四

（一）规则四原文

根据上述规则无法归类的货品，应归入与其最相类似的品目。

（二）对规则四的浅析及运用说明

由于时代的发展，科技的进步，可能会出现一些《协调制度》在分类时无法预见的情况，这时，按以上规则一至规则三仍无法归类的货品，就只能用最相类似的货品的品目来替代，即将报验货品与类似货品加以比较以确定其与哪种货品最相类似。然后，将所报验的货品融入与其最相类似的货品的同一品目。这里的"最相类似"是指名称、特征、功能、用途、结构等因素，需要综合考虑才能确定。

因《协调制度》品目多设有"其他"子目，所以多数章单独列出"未列名货品"品目以容纳特殊货品，并且规则四只适用于品目条文解释均无规定，且无法使用归类总规则一、二、三解决商品归类的场合，所以此项规定很少使用。

五、规则五

（一）规则五原文

除上述规则外，本规则适用于下列货品的归类：

（1）制成特殊形状仅适用于盛装某个或某套物品并适合长期使用的，如照相机套、乐器盒、枪套、绘图仪器盒、项链盒及类似容器，如果与所装物品同时进口或出口，并通常与所装物品一同出售的，应与所装物品一并归类。但本款不适用于本身构成整个货品基本特征的容器。

（2）除规则五（2）规定的以外，与所装货品同时进口或出口的包装材料或包装容器，如果通常是用来包装这类货品的，应与所装货品一并归类。但明显可重复使用的包装材料和包装容器不受本条款限制。

（二）对规则五的浅析及运用说明

规则五是解决货品包装物归类的专门条款。

1. 规则五（1）解释

规则五（1）仅适用于同时符合以下五条规定的容器的归类。

（1）制成特定形状或形式，专门盛装某一物品或某套物品的。

（2）适合长期使用的。其使用期限与盛装物品的使用期限相当，在物品不使用时，容器可起保护物品的作用。

（3）与所装物一同报检，为运输方便，可与所盛物品分开包装。

（4）通常与所装物品一同出售的。

（5）包装物本身不构成货品基本特征的。

规则五（1）不适用于本身构成整个货品基本特征的容器。如装有茶叶的银质茶叶罐，银罐价值远高于所装茶叶，已构成整个货物的基本特征，应按银制品归7114.11。

2. 规则五（2）解释

规则五（2）是对规则五（1）的补充，规定对通常用于包装物品的包装材料或容器，即使不符合规则五（1）的规定，也可与货物一同归类。规则五（2）仅适用于同时符合以下各条规定的包装材料及包装容器：

（1）规则五（一）以外的。

（2）通常用于包装有关货品的。

（3）与所装物品一同报验的（单独报验的包装材料及包装容器应归入其所应归入的品目）。

（4）不属于明显可重复使用的。

例如，装有电视机的瓦楞纸箱，由于符合以上条件，因此应与电视机一并归入品目8528。

但本规定不适用于明显可以重复使用的包装或包装容器，如用来装压缩或液化气体的钢铁容器与所装气体分别归类。容器与适宜盛装的货品分别进口也应分别归类。

3. 应用举例

（1）皮革制的手枪套和左轮手枪一同进口，则按手枪归入9302。

（2）一次性瓶装啤酒，按啤酒归入2203。装在回收玻璃瓶的瓶装啤酒，啤酒瓶与啤酒应该分别归类，啤酒瓶归 7020，啤酒归 2203。

六、规则六

（一）规则六原文

货品在某一品目项下各子目的法定归类，应按子目条文或有关的子目注释以及以上各条规则来确定，但子目的比较只能在同一数级上进行。除条文另有规定的以外，有关的类注、章注也适用于本规则。

（二）对规则六的浅析及运用说明

1. 规则六解释

本规则是关于子目应当如何确定的一条原则，子目归类首先按子目条文和子目注释确定；如果按子目条文和子目注释还无法确定归类，则上述各规则的原则同样适用于子目的确定；除条文另有规定的以外，有关的类注、章注也适用于子目的确定。

在具体确定子目时，还应当注意以下两点：

（1）确定子目时，一定要按先确定一级子目，再二级子目，然后三级子目，最后四级子目的顺序进行。

（2）确定子目时，应遵循"同级比较"的原则，即一级子目与一级子目比较，二级子目与二级子目比较，依此类推。

2. 应用举例

含牛肉 22%、萝卜 30%、豆 18%、茄子 30% 的罐头食品，归入子目号 1602.5010，应该按照下面的步骤进行：

首先，由于这是罐头食品，根据加工程度归入到第四类。

其次，牛肉含量超过 20%，按照第 16 章注释（二），本章的食品按重量计，必须含有 20% 以上的香肠、肉、食用杂碎、动物血、鱼、甲壳动物、软体动物或其他水生无脊椎动物及其混合物，品目号 1902 的包馅食品和品目号 2103 及 2104 的食品除外。对于含有两种或两种以上前述产品的食品，应按其中重量最大的产品归入本章的相应品目号，如果所含上述产品低于 20% 的，则不能归入本章。因此，该罐头食品应该归入第 16 章。

再次，确定该食品不是香肠，所以不能归入 1601；又由于该罐头食品里面有牛肉，所以应该归入 1602 其他方法制作或保藏的肉、食用杂碎或动物血。

然后，确定一级子目，在"均化食品""动物肝""品目 0105 的家禽的""猪的""牛的""其他、包括动物血的食品"中，该罐头食品应该归入"牛的"这一类，即 1602.5。

最后，发现在一级子目下只有两个四级子目："罐头""其他"，最终确定该食品为"罐头"，其前面的商品编码为 1602.5010。所以含牛肉 22%、萝卜 30%、豆 18%、茄子 30% 的罐头食品，应该归入子目号 1602.5010。

第五节　《中国海关进出口商品分类目录》的内容

一、第一类　活动物、动物产品

本类共 5 章，包括除特殊情况外的所有种类的活动物以及经过有限度的简单加工的动物产品。归入本类的动物产品与归入其他类的动物产品，主要是根据加工程度来区分的。

第 1 章　活动物

本章包括所有活动物，但是不包括鱼类、微生物以及马戏团等演出单位的动物。

第 2 章　肉及食用杂碎

本章主要包括第 1 章所列可供人食用的动物的肉及食用杂碎，以及未炼制、不论是否供人食用的不带瘦肉的肥猪肉、猪脂肪及家禽脂肪。

第 3 章　鱼、甲壳动物、软体动物及其他水生无脊椎动物

本章主要包括各种活的或死的鱼（如鲜的、冷的）、甲壳动物、软体动物及其他水生无脊椎动物（但不包括因其种类或鲜度不适合供人食用的前述死的动物、鱼、甲壳动物、软体动物及其他水生无脊椎动物）。

第 4 章　乳品、蛋品、天然蜂蜜、其他食用动物产品

本章主要包括乳品、蛋品、天然蜂蜜以及其他食用动物产品。

第 5 章　其他动物产品

本章主要包括各种未经加工或仅经过简单加工的、其他章不包括的通常不供人食用的动物产品。

二、第二类　植物产品

本类共 9 章，包括各种活植物及经过有限度的简单加工的植物产品。归入本类的植物产品与归入其他类的植物产品，主要也是根据加工程度来区分的。

第 6 章　活树及其他活植物，鳞茎、根及类似品，插花及装饰用簇叶

本章包括通常由苗圃或花店供应，为种植或装饰用的各种活植物，以及菊苣植物及其根。上述植物包括乔木、灌木、植物幼苗以及药用植物，还包括插花、花束、花圈、花篮及类似的花店制品。

第 7 章　食用蔬菜、根及块茎

本章包括食用蔬菜（如马铃薯、番茄、洋葱、卷心菜、莴苣、胡萝卜、黄瓜、蘑菇及豆类蔬菜）。这些蔬菜可以是鲜、冷、冻、经临时保藏处理或干制的，但做进一步加工的则归入第 20 章。本章包括的蔬菜可以加工成各种形状，如整块、切块、切片、破碎或制成粉状。

第 8 章　食用水果及坚果，甜瓜或柑橘属水果的果皮

本章包括通常供人食用的水果、坚果及柑橘属果皮或甜瓜皮。它们可以是鲜、冷、冻、经暂时保藏处理或干制的。

第 9 章　咖啡、茶、马黛茶及调味香料

本章包括咖啡、含咖啡的咖啡代用品、茶、马黛茶及调味香料。

第 10 章　谷物

本章仅包括谷物，不论是否成穗或带杆。

第 11 章　制粉工业产品、麦芽、淀粉、菊粉、面筋

本章包括制粉工业产品，用碾磨或经其他方法加工第 10 章的谷物及第 7 章的甜玉米所得的产品（如粗粉、细粉、粗粒、团粒，以及经去壳、滚压、制片、制成粒状、切片或粗磨加工的谷物）。

第 12 章　含油籽仁及果实，杂项籽仁及果实，工业用或药用植物，稻草、秸秆及饲料

本章包括某些特殊用途的植物产品，主要用作各种工业的原料，如榨油用含油籽仁及果实，种植用的种子，酿啤酒用的啤酒花及蛇麻腺，榨糖用甜菜及甘蔗，稻草、秸秆及植物性饲料，工业用或药用植物，海草及其他藻类，以及主要供人食用的未列名果核、果仁及其他植物产品。

第 13 章　虫胶、树胶、树脂及其他植物液、汁

本章包括虫胶、天然树胶、树胶脂、含油树脂以及其他植物液汁、浸膏、果胶等，以及从植物产品制得的琼脂及其他胶液和增稠剂。

第 14 章　编结用植物材料，其他植物产品

本章包括各种非供人食用的植物产品。这主要是指用于编结、制帚或作填塞、衬垫用的未加工或简单加工的植物材料，供雕刻、制扣及制作其他小商品用的籽、核、壳果，棉短绒及未列名的其他植物产品。

三、第三类　动、植物油、脂及其分离品，精制的食用油脂，动、植物蜡

本类仅由 1 章构成，即第 15 章。

第 15 章　动、植物油、脂及其分解产品，精制的食用油脂，动、植物蜡

本章包括动、植物油、脂及其分解产品，精制的食用油脂，动、植物蜡。本类（章）既包括原材料，经部分加工或完全加工的产品，也包括处理油脂物质或动、植物蜡所产生的残渣。

四、第四类　食品，饮料、酒及醋，烟草、烟草制品及烟草代用品的制品

本类共 9 章，包括加工程度超过第一类和第二类允许的范围，通常供人食用的动物或植物产品，本类还包括动、植物原料制成的饲料以及烟草及其制成的烟草代用品。

第 16 章　肉、甲壳动物、软体动物及其他水生无脊椎动物的制品

本章包括肉、食用杂碎、血、鱼、甲壳动物、软体动物及其他无脊椎动物的制品，是采用超出第 2 章、第 3 章及品目号 0504 所列加工方法（如蒸、煎、烤、炸、炒、均化、混合、加调味料等）进一步加工制作或保藏的产品。

第 17 章　糖及糖食

本章包括糖、糖浆，人造蜜、焦糖，提取或精炼所剩下的糖蜜、糖食，人造蜜和天然蜂蜜的混合物，以及化学提纯的蔗糖、乳糖、麦芽糖、葡萄糖和果糖。

第 18 章　可可及可可制品

本章包括各种形态的可可、可可脂、可可油以及含可可的食品。

第 19 章　谷物、粮食粉、淀粉或乳的制品，糕饼点心

本章包括谷物、粮食粉、淀粉或乳的制品，糕饼点心。

第 20 章　蔬菜、水果、坚果或植物其他部分的制品

本章包括蔬菜、水果、坚果或植物其他部分的制品，其制作或保藏方法超过了第 7、8、11 章所列的加工范围。

第 21 章　杂项食品

本章包括咖啡、茶及马黛茶的浓缩品及其制品，烘焙咖啡代用品（如烘焙大麦、麦芽、

菊苣根），酵母和发酵粉，调味汁及其制品，混合调味品，芥子粉及其调制品，汤料及其制品，均化混合食品，冰淇淋及其他冰制食品和其他品目未列名的食品。

第22章 饮料、酒及醋

本章包括水、其他无酒精饮料及冰，经发酵的酒精饮料（啤酒、葡萄酒、苹果酒等），经蒸馏的酒和酒精饮料（利口酒、烈性酒等）、乙醇、醋及其代用品。

第23章 食用工业的残渣及废料，配制的动物饲料

本章包括食品加工业所剩的残渣及废料，以及配制的动物饲料。这些产品大多数是植物物质的，也有一些动物产品，但已改变了原料的基本特性。其主要供饲养动物用，也有的用作其他工业原料。

第24章 烟草、烟草制品及烟草代用品的制品

本章包括烟草、烟草制品及烟草代用品的制品，不包括药用卷烟（第30章），但用专门配制的某些不具药物性质的产品制成的戒烟用卷烟仍归入本章。

五、第五类 矿产品

本类共3章，包括从陆地或海洋里直接提取的原产状态或只经过洗涤、粉碎或机械、物理方法精选的矿产品及残渣、废料。

第25章 盐，硫黄，泥土及石料，石膏料、石灰及水泥

本章一般包括天然的或经洗涤、破碎、磨碎、研粉、淘洗、细筛、粗筛以及用浮选、磁选或其他机械或物理方法精选的矿产品。

第26章 矿砂、矿渣及矿灰

本章包括各种冶金工业用的金属矿砂、矿渣及矿灰。

第27章 矿物燃料、矿物油及其蒸馏产品，沥青物质，矿物蜡

本章包括煤及其他矿物燃料、石油和从沥青矿物提取的油及其蒸馏产品和类似品，还包括矿物蜡及天然沥青物质。本章还包括废油。

六、第六类 化学工业及其相关工业的产品

本类共11章，包括化学工业产品以及以化学工业产品为原料做进一步加工的相关工业产品。

第28章 无机化学品，贵金属、稀土金属、放射性元素及其同位素的有机及无机化合物

本章包括绝大部分无机化学品及少数有机化学品，其编目结构按商品的分子结构从简单到复杂排列，即按元素、非金属化合物、金属化合物、杂项产品顺序排列。

第29章 有机化学品

本章分成13个分章，共有42个四位数品目号。本章按商品分子结构从简单到复杂排列。即按烃（第1分章），含氧基化合物（第2至第8分章），含氮基化合物（第9分章），有机-无机化合物、杂环化合物、核酸、磺酰胺（第10分章），从动植物料提取的初始物质（第11至第12分章），其他有机物（第13分章）排列。

第30章 药品

本章仅包括药品及用于医疗、外科、牙科或兽医用的某些其他物质或物料。

第31章　肥料

本章包括通常作天然或人造肥料的绝大多数产品。

第32章　鞣料浸膏及染料浸膏，鞣酸及其衍生物，染料、颜料及其他着色料，油漆及清漆，油灰及其他类似胶黏剂，墨水、油墨

本章包括用于鞣料及软化皮革的制剂、植物鞣膏、合成鞣料以及人造脱灰碱液，也包括植物、动物或矿物着色料及有机合成着色料，以及用这些着色料制成的大部分制剂，还包括清漆、干燥剂及油灰等各种其他制品。

第33章　精油及香膏，芳香料制品及化妆盥洗品

本章包括芳香物质、某些芳香物质的制品。

第34章　肥皂、有机表面活性剂、洗涤剂、润滑剂、人造蜡、调制蜡、光洁剂、蜡烛及类似品、塑型用膏，"牙科用蜡"及牙科用熟石膏制剂

本章主要包括通过工业处理油、脂或蜡而得的具有共同特点的各种产品（如肥皂、某些润滑剂、调制蜡、光洁剂及蜡烛）。

第35章　蛋白类物质、改性淀粉、胶、酶

本章包括蛋白类及蛋白质衍生物、糊精及其他改性淀粉以及酶，还包括从这些物质中的某些物质或其他物质中制得的胶水及酶制品。

第36章　炸药、烟火制品、火柴、引火合金、易燃材料制品

本章包括炸药，以及引爆时所需的辅助产品，即雷管、火帽、引爆管等。

第37章　照相及电影用品

本章包括照相感光硬片、软片、纸、纸板及纺织品，不论是否已曝光或已冲洗，还包括照相用的各种化学制剂及某些未混合产品。

第38章　杂项化学产品

本章包括广泛的化学产品及相关工业产品。

七、第七类　塑料及其制品，橡胶及其制品

本类共2章，主要包括塑料和橡胶等高分子聚合物。

第39章　塑料及其制品

本章包括高分子化合物及其制品，有人造树脂、合成树脂、塑料、纤维素酯、纤维素醚及其他一些具有树脂特性的人造高聚物以及塑料材料及制品。

第40章　橡胶及其制品

本章包括天然橡胶，而且包括与天然橡胶物理性质相似的产品，如具有一定弹性的天然橡胶、合成橡胶、油膏等。

八、第八类　生皮、皮革、毛皮及其制品，鞍具及挽具，旅行用品、手提包及类似容器，动物肠线（蚕胶丝除外）制品

本类共3章，包括生皮、皮革、毛皮及其制品，鞍具及挽具，旅行用品、手提包及类似品，动物肠线（蚕胶丝除外）制品。

第41章　生皮（毛皮除外）及皮革

本章包括生皮（毛皮除外）及皮革，按商品加工程度的顺序排列，先生皮，后皮革，

最后是皮革的边角废料、粉末和再生皮革。

第 42 章 皮革制品，鞍具及挽具，旅行用品、手提包及类似容器，动物肠线制品

本章主要包括皮革或再生皮革的制品，各种材料制的鞍具、挽具，旅行用品、手提包及类似容器，动物肠线。

第 43 章 毛皮、人造毛皮及其制品

本章包括生毛皮和已鞣制的各种动物的带毛毛皮、人造毛皮及它们的制品。

九、第九类 木及木制品、木炭，软木及软木制品，稻草、秸秆、针茅或其他编结材料制品，篮筐及柳条编结品

本类共 3 章，按照木及木制品、软木及软木制品、编结材料制品的顺序排列章次。

第 44 章 木及木制品，木炭

本章主要包括木材原料，经简单锯、削、切片、刨平、端接以及制成连续形状的木材，木质碎料板及类似木质材料板、纤维板、胶合板及强化木，木制品。

第 45 章 软木及软木制品

本章主要包括各种形状的天然软木、压制软木及软木制品。

第 46 章 稻草、秸秆、针茅或其他编结材料制品，篮筐及柳条编结品

本章包括稻草、秸秆、针茅或其他编结材料制品，篮筐及柳条编结品。

十、第十类 木浆及其他纤维状纤维素浆，回收（废碎）纸或纸板，纸、纸板及其制品

本类共 3 章，按纸张的加工程度分列于各章，包括纸浆、纸张及其制品、印刷品。

第 47 章 木浆及其他纤维状纤维素浆，回收（废碎）纸或纸板

本章包括木浆及其他纤维素浆，纸及纸板的废碎品；包括用各种纤维素含量高的植物材料或某些植物质纺织物废料制得的纤维素浆。

第 48 章 纸及纸板，纸浆、纸或纸板制品

本章包括纸及纸板，纸浆、纸或纸板制品。

第 49 章 书籍、报纸、印刷图画及其他印刷品，手稿、打字稿及设计图纸

本章包括书籍、报纸、印刷图画及其他印刷品，手稿、打字稿及设计图纸。

十一、第十一类 纺织原料及纺织制品

本类共 14 章，分为两大部分，第一部分是第 50 至第 55 章，包括普通纺织原料、纱线和织物，是按原料性质顺序排列的；第二部分是第 56 至第 63 章，按加工程度，从絮胎、特种纱线、特种织物、针织或钩编织物、服装、其他纺织制品和废旧纺织品按章顺序排列。

第 50 章 蚕丝

本章所称丝，包括家蚕丝、野蚕丝、蜘蛛丝、海丝及贝足丝等，还包括丝的原料、普通纱线和机织物以及作为丝归类的混纺材料和蚕胶丝。

第 51 章 羊毛、动物细毛或粗毛，马毛纱线及其机织物

本章包括羊毛、动物细毛或粗毛的原料，普通纱线和机织物，以及作为羊毛、动物毛归类的混纺材料。

第 52 章　棉花

本章包括籽棉、原棉、废棉、已梳棉、普通棉纱线和机织物，以及作为棉归类的混纺材料。

第 53 章　其他植物纺织纤维，纸纱线及其机织物

本章包括除棉以外的植物纺织材料的原料、普通纱线和机织物，以及纸纱线及其机织物。

第 54 章　化学纤维长丝

本章包括化学纤维长丝、普通纱线和机织物，以及作为化纤长丝归类的混纺材料。

第 55 章　化学纤维短纤

本章包括短纤或某些长丝丝束状的化学纤维及其普通纱线和机织物，作为化纤短纤归类的混纺材料也包括在内。

第 56 章　絮胎、毡呢及无纺织物，特种纱线，线、绳、索、缆及其制品

本章包括一些具有专门特性的非织造类纺织品，如絮胎、毡呢及无纺织物，特种纱线，线、绳、索、缆及其制品。

第 57 章　地毯及纺织材料的其他铺地制品

本章包括使用时以纺织材料为面的地毯及其他纺织材料铺地用品，也包括具有上述铺地用品特征但作其他用途（如挂在墙上或铺在桌上的等）的物品。

第 58 章　特种机织物、簇绒织物、花边、装饰毯、装饰带、刺绣品

本章包括各种纺织材料制的特种机织物、簇绒织物、花边、壁毯、装饰带、刺绣品，以及金属线制的用于衣着、装饰和类似用途的机织物和物品。

第 59 章　浸渍、涂布、包覆或层压的纺织物，工业用纺织制品

本章包括用浆料、塑料或橡胶浸渍、涂布、包覆或层压的纺织物和工业或技术用纺织制品。

第 60 章　针织物及钩编织物

本章包括不论使用何种纺织材料，也不论是否有弹性纱线或橡胶线制成的针织物和钩编织物，如纬编针织物、经编针织物、用纺织纱线构成链式线圈的缝编织物和钩编织物。

第 61 章　针织或钩编的服装及衣着附件

本章包括以纺织材料针织或钩编的男女服装（含童装）和衣着附件，以及上述物品的针织或钩编的零件。

第 62 章　非针织或非钩编的服装及衣着附件

本章包括各式服装、衣着附件及其零件。

第 63 章　其他纺织制成品、成套物品、旧衣着及旧纺织品、碎织物

本章有 3 个分章：第 1 分章为其他纺织制成品，是指用任何纺织物制成，且在其他章未具体列名的本章所列纺织品；第 2 分章为成套物品；第 3 分章为旧衣着及旧纺织品，碎织物。

十二、第十二类　鞋、帽、伞、杖、鞭及其零件，已加工的羽毛及其制品，人造花，人发制品

本类共 4 章，包括鞋、帽、伞、杖、鞭及其零件，已加工的羽毛及其制品，人造花、人

发制品。

第 64 章　鞋靴、护腿和类似品及其零件

本章包括除石棉外任何材料制的各种类型的鞋靴、护腿和类似品及其零件。

第 65 章　帽类及其零件

本章包括各种各样的帽子，不论用什么材料（石棉除外）制成及用途如何，还包括发网和帽型、帽坯、帽身、帽兜等帽类专用的零件。

第 66 章　雨伞、阳伞、手杖、鞭子、马鞭及其零件

本章包括各种材料制的雨伞、阳伞、手杖、鞭子、马鞭及其类似品，以及上述物品的零件及装饰物。

第 67 章　已加工羽毛、羽绒及其制品，人造花和人发制品

本章包括已加工的羽毛、羽绒及其制品，人造花和人发制品。

十三、第十三类　石料、石膏、水泥、石棉、云母及类似材料的制品，陶瓷产品，玻璃及其制品

本类共 3 章，包括各种石料、石膏、水泥、石棉、云母及类似材料的制品，陶瓷产品，玻璃及其制品。

第 68 章　石料、石膏、水泥、石棉、云母及类似材料的制品

本章包括石料、石膏、水泥、石棉、云母及类似材料的制品。

第 69 章　陶瓷产品

本章产品根据其成分和烧制工序分为两个分章：第 1 分章是硅化石粉或类似硅土及耐火材料制品；第 2 分章是其他陶瓷产品。

第 70 章　玻璃及其制品

本章包括各种形状的玻璃及玻璃制品。

十四、第十四类　天然或养殖珍珠、宝石或半宝石、贵金属、包贵金属及其制品，仿首饰、硬币

本类只有 1 章，即第 71 章，包括天然或养殖珍珠、宝石或半宝石、贵金属、包贵金属及其制品；仿首饰、硬币。

第 71 章　天然或养殖珍珠、宝石或半宝石、贵金属、包贵金属及其制品；仿首饰、硬币

第 71 章分为 3 个分章：第 1 分章是天然或养殖珍珠、宝石、半宝石；第 2 分章是贵金属及包贵金属；第 3 分章是珠宝首饰，金、银器及其他制品。

十五、第十五类　贱金属及其制品

本类共 12 章，主要包括贱金属材料及结构较简单的贱金属制品、金属陶瓷及其制品。

第 72 章　钢铁

本章包括钢铁冶炼的金属原料，钢铁的初级产品以及成品钢材。本章有 4 个分章。第 1 分章是原料，粒状产品；第 2 分章是铁及非合金钢；第 3 分章是不锈钢；第 4 分章是其他合金钢，合金钢或非合金钢的空心钻钢。

第 73 章　钢铁制品

本章钢铁制品是第 72 章产品加工而得的结构较为简单的制品。

第 74 章　铜及其制品

本章包括冶炼铜的中间产品、铜、铜母合金、铜粉、铜材及结构简单的铜制品。

第 75 章　镍及其制品

本章包括镍冶炼的中间产品、镍、镍合金、镍材以及镍制品。

第 76 章　铝及其制品

本章包括铝、铝合金、铝材及其制品。

第 77 章　（空章，以备将来使用）

第 78 章　铅及其制品

本章包括铅、铅合金、铅材及其制品。

第 79 章　锌及其制品

本章包括锌、锌合金、锌材及其制品。

第 80 章　锡及其制品

本章包括锡、锡合金、锡材及其制品。

第 81 章　其他贱金属、金属陶瓷及其制品

本章包括钨、钼、钽、镁、钴、铋、镉、钛、锆、锑、锰、铍、铬、锗、钒、镓、铪、铟、铌、铼、铊共 21 种贱金属及其制品。金属陶瓷及其制品也列入本章。

第 82 章　贱金属工具、器具、利口器、餐匙、餐叉及其零件

本章包括下列贱金属制品：手工工具；供手工工具、机床或手提式动力工具用的可互换工具，机器或机械器具用的刀及刀片，以及工具用板、杆、刀头及类似品；利口器、某些家用机械器具、餐匙、餐具和厨房用具。

第 83 章　贱金属杂项制品

本章包括贱金属制锁、铰链、小脚轮、建筑物及家具用配件及架座，保险箱、钱箱、档案柜、文件夹等办公用具和用品，铃、锣、雕塑像、相框、软管、扣、钩、盖、标志牌、焊条等特定类型的物品。

十六、第十六类　机器、机械器具、电器设备及其零件，录音机及放声机、电视图像、声音的录制和重放设备及其零件、附件

本类共 2 章，主要包括各种机器、机械器具、电器设备及其零件，录音机及放声机、电视图像、声音的录制和重放设备及其零件、附件。

第 84 章　核反应堆、锅炉、机器、机械器具及其零件

本章包括各种机器及机械器具，主要由下列三种货品组成：能量转换机器及其零件，如热能变成蒸汽能的锅炉等；利用能量变化做功的机器及其零件，如利用温度变化处理材料的机器，如烘炒设备、消毒设备等；利用能量做功的机器及其零件，如金属切削加工机床等。

第 85 章　电机、电气设备及其零件，录音机及放声机、电视图像、声音的录制和重放设备及其零件、附件

本章主要包括各种电气机器、设备、装置器具及一些相关的机电产品。主要由下列三种货品组成：利用电能做功的机器、设备及其零件，如机械能变成电能的发电机等；利用电信

号产生、变换的机器、设备及其零件，如电视广播发送设备等；利用不同形式电信号进行工作的机器、设备及其零件，如微波炉等。

十七、第十七类　车辆、航空器、船舶及有关运输设备

本类共4章，包括各种铁道、电车道用车辆及气垫火车，其他陆上车辆，包括气垫车辆，航空、航天器，船舶、气垫船及浮动结构体，以及与运输设备相关的一些具体列名商品。例如，集装箱，某些铁道或电车轨道固定装置和机械信号设备，降落伞、航空器发射装置等。

第86章　铁道及电车道机车、车辆及其零件，铁道及电车道轨道固定装置及其零件、附件，各种机械（包括电动机械）交通信号设备

本章包括铁道及电车道用的各种机动车辆，铁道及电车道的维修或服务车辆，各种铁道及电车道牵引车辆，上述车辆的零件，铁道及电车道轨道固定装置、配件及各种机械、安全或交通信号设备，各种集装箱。

第87章　车辆及其零件、附件，但铁道及电车道车辆除外

本章包括除铁道及电车道以外的各种陆路行驶车辆。

第88章　航空器、航天器及其零件

本章包括气球、飞艇及其他无动力航空器；飞机、直升机；航天器（包括卫星）及其运载工具；某些相关装置，如降落伞、航空器的发射装置、甲板停机装置及地面飞行训练器。

第89章　船舶及浮动结构体

本章包括船、艇及其他各种船舶和浮动结构体，如潜水箱、浮码头、浮筒等。

十八、第十八类　光学、照相、电影、计量、检验、医疗或外科用仪器及设备、精密仪器及设备，钟表，乐器，上述物品的零件、附件

本类共3章，包括光学、照相、电影、计量、检验、医疗用仪器及设备，精密仪器及设备，钟表，乐器以及上述货品的零件、附件。

第90章　光学、照相、电影、计量、检验、医疗或外科用仪器及设备，精密仪器及设备，上述物品的零件、附件

本章包括各种光学仪器及器具用光学元件。

第91章　钟表及零件

本章包括主要用于计时或进行与时间有关的某些操作的器具。

第92章　乐器及其零件、附件

本章包括乐器及乐器的零件。

十九、第十九类　武器、弹药及其零件、附件

本类仅有1章，即第93章。

第93章　武器、弹药及其零件、附件

本章包括所有供军事武装部队、警察或其他有组织的机构在陆、海、空战斗中使用的各种武器；也包括个人自卫、狩猎及打靶用武器，靠爆炸药进行发射的其他装置，炸弹、导弹、子弹、剑、刺刀、长矛和类似武器及其零件。

二十、第二十类 杂项制品

本类包括3章，杂项制品是指前述各类、章、品目号未包括的货品。

第94章 家具，寝具、褥垫、弹簧床垫、软座垫及类似的填充制品，未列名灯具及照明装置，发光标志、发光铭牌及类似品，活动房屋

本章包括各种家具及其零件，弹簧床垫、床褥及其他寝具或类似用品，用各种材料制成的未列名灯具和照明装置、装有固定光源的发光标志、发光铭牌和类似品，活动房屋。

第95章 玩具、游戏品、运动用品及其零件、附件

本章包括各种玩具；还包括户内及户外游戏用设备，运动、体操、竞技用具及器械，某些钓鱼、狩猎或射击用具，旋转木马和其他游乐场用的娱乐设备。

第96章 杂项制品

本章包括雕刻和模塑材料及其制品，某些扫把、刷子和筛，某些缝纫用品，某些书写及办公用品，某些烟具，某些化妆用具及本目录其他品目号未具体列名的物品。

二十一、第二十一类 艺术品、收藏品及古物

本类只包括1章，即第97章。

第97章 艺术品、收藏品及古物

本章包括艺术品、收集品、珍藏品以及超过100年的古物。

练习题

一、名词解释

《商品名称及编码协调制度》 品目 子目 空序号 品目条文 子目条文 类注 章注 子目注释 《中国海关进出口商品分类目录》 不完整品 未制成品 未组装件或拆散件 零售的成套货品

二、论述题

1. 分析《商品名称及编码协调制度》与《中国海关进出口商品分类目录》的异同。

2. 论述《协调制度》的基本结构。

3. 简述归类预裁定的基本内容。

4. 论述《协调制度》归类总规则的六个规则。

5. 熟悉《中国海关进出口商品分类目录》中各类、各章的名称以及包括范围。

6. 结合海关《进出口商品名称与编码》一书，试查找下列商品编码：

（1）食用高粱（净重40kg）。

（2）不锈钢制造的用于钻探石油的钻管，其最大外形尺寸为50mm，最大内孔24mm。

（3）冰箱用钢铁制螺母。

（4）腊肉（用猪的五花肉经盐腌制后风干而得）。

（5）氯磺化聚乙烯、比重为0.90（非线型、低密度）。

（6）35%的亚麻、25%的黄麻、40%的棉印花机织物。

（7）用于贴墙的背衬纺织物的玻璃马赛克。

（8）含有林可霉素的药粉（未配定计量、非零售包装）。

第十章

进出口税费

进出口税费是指在进出口环节中由海关依法征收的关税、消费税、增值税、船舶吨税、行邮税等税费。进出口环节税费征纳的法律依据主要是《海关法》《进出口关税条例》以及其他有关法律、行政法规。本章主要讲述进出口税费的基本内容，进出口货物完税价格的确定、原产地的确定、税率适用以及税收征管工作。

第一节　进出口税费概述

一、关税

关税是由海关代表国家，按照国家制定的关税政策和公布实施的税法及进出口税则，对进出关境的货物和物品向纳税义务人征收的一种流转税。关税的征税主体是国家，由海关代表国家向纳税义务人征收，其课税对象是进出关境的货物和物品，征税的依据是国家制定并公布的关税法律、行政法规。

关税纳税义务人是指依法负有直接向国家缴纳关税义务的单位或个人，也称为关税纳税人或关税纳税主体。中国关税的纳税义务人是进口货物的收货人、出口货物的发货人、进（出）境物品的所有人。

关税是国家税收的重要组成部分，是国家保护国内经济、实施财政政策、调整产业结构、发展进出口贸易的重要手段，也是世界贸易组织允许各缔约方保护其境内经济的一种手段。

（一）进口关税

在国际贸易中，进口关税被各国公认为是一种重要的经济保护手段。我国的进口关税分为正税与附加税。正税即按税则法定的进口税率征收的关税，可分为从价关税、从量关税、复合关税、滑准关税。进口附加税是由于一些特定需要而对进口货物除征收关税正税之外另行征收的关税，一般具有临时性的特点。

1. 从价关税

从价关税是包括中国在内的大多数国家所使用的主要计税标准。从价关税是以进口货物的完税价格作为计税依据，以应征税额占货物完税价格的百分比作为税率。货物进口时，以此税率和实际完税价格相乘来计算应征税额。

（1）计算公式。

进口关税税额＝进口货物完税价格×进口从价关税税率

（2）计算程序。

① 按照归类原则确定税则归类，将应税货物归入恰当的税目税号。

② 根据原产地规则和税率适用规定，确定应税货物所适用的税率。

③ 根据完税价格审定办法和规定，确定应税货物的完税价格。

④ 根据汇率使用原则，将外币折算成人民币。

⑤ 按照计算公式正确计算应征税款。

（3）计算实例。

国内某企业自澳大利亚进口一批黄油，完税价格为 200 万美元，设 1 美元 = 6.87 元人民币，计算应缴纳的进口关税。

解：

① 按照归类原则确定税则归类，黄油归入 0405.1000。

② 原产国澳大利亚适用最惠国税率 10%。

③ 审定完税价格为 2000000 美元 × 6.87 = 13740000 元。

④ 计算应征税款：

$$进口关税税额 = 进口货物完税价格 \times 进口从价关税税率$$
$$= 13740000 元 \times 10\%$$
$$= 1374000 元$$

2. 从量关税

从量关税是以进口商品的数量、体积、重量等计量单位计征关税的方法。计税时，以货物的计量单位乘以每单位的应纳税金额即可得出该货物的关税税额。目前，中国对冻整鸡及鸡产品、啤酒、石油原油、胶片等进口商品征收从量关税。

（1）计算公式。

$$进口关税税额 = 进口货物数量 \times 进口从量关税单位税额$$

（2）计算程序。

① 按照归类原则确定税则归类，将应税货物归入恰当的税目税号。

② 根据原产地规则，确定应税货物所适用的税额。

③ 确定其实际进口量。

④ 按照计算公式正确计算应征税款。

（3）计算实例。

国内某企业自加拿大进口一批重 10t 的冻鸡，计算应缴纳的关税。

解：

① 按照归类原则确定税则归类，冻鸡归入 0207.1200；

② 冻鸡适用从量关税，原产国加拿大适用最惠国从量关税单位税额 1.3 元/kg；

③ 实际进口量为 10t = 10000kg；

④ 计算应征税款：

$$进口关税税额 = 进口货物数量 \times 进口从量关税单位税额$$
$$= 10000kg \times 1.3 元/kg$$
$$= 13000 元$$

3. 复合关税

复合关税是对某种进口商品混合使用从价关税和从量关税计征关税。在海关税则中，一个税目中的商品同时使用从价、从量两种标准计税，计税时按两者之和作为应征税额征收的关税。从价、从量两种计税标准各有优缺点，两者混合使用可以取长补短，有利于关税作用的发挥。目前，中国对进口价格高于2000美元的磁带录像机、磁带放像机，对进口价格高于5000美元的非特种用途电视摄像机、非特种用途数字照相机、非特种用途摄录一体机等进口商品设置了复合计征关税方式。

（1）计算公式。

进口关税税额＝进口货物数量×进口从量关税单位税额＋进口货物完税价格×进口从价关税税率

（2）计算程序。

① 按照归类原则确定税则归类，将应税货物归入恰当的税目税号。

② 根据原产地规则，确定应税货物所适用的税率。

③ 确定其实际进口量。

④ 根据完税价格审定办法、规定，确定应税货物的完税价格。

⑤ 根据汇率使用原则，将外币折算成人民币。

⑥ 按照计算公式正确计算应征税款。

（3）计算实例。

国内某公司从瑞士进口一批广播级电视摄像机，完税价格为12万美元，共20台，设1美元＝6.87元人民币，计算应缴纳的进口关税。

解：

① 按照归类原则确定税则归类，广播级电视摄像机归入8525.8012。

② 广播级电视摄像机适用复合税率，原产国为瑞士，复合税率为完税价格不高于5000美元/台，执行单一从价关税，税率为35%；完税价格高于5000美元/台：每台征收从量关税，单位税额为9728元，再加上3%的从价关税。

③ 审定进口单价，每台摄像机单价为120000美元/20台＝6000美元/台。因此，该批货物完税价格高于5000美元/台：每台征收从量关税，单位税额为9728元，再加上3%的从价关税。

④ 审定完税价格为120000美元×6.87＝824400元。

⑤ 进口关税税额＝进口货物数量×进口从量关税单位税额＋进口货物完税价格×进口从价关税税率

$$=20×9728.00元+824400.00元×3\%$$
$$=219292.00元$$

4. 滑准关税

滑准关税是在《进出口税则》中预先按产品的价格高低分档制定若干不同的税率，然后根据进口商品价格的变动而增减进口税率的一种关税。当商品价格上涨时采用较低税率，当商品价格下跌时则采用较高税率，其目的是使该种商品的国内市场价格保持稳定。目前，我国对关税配额外进口的一定数量的棉花实行滑准关税。

（1）计算公式。

从价应征进口关税税额＝完税价格×暂定关税税率

从量应征进口关税税额＝进口货物数量×暂定单位税额

其中，确定滑准关税暂定关税税率的具体方式如下：

① 当进口棉花完税价格高于或等于15元/kg时，暂定按0.3元/kg计征从量关税。

② 当进口棉花完税价格低于 15 元/kg 时，暂定关税税率按下述公式计算：

$$R_i = 9.45/P_i + 2.6\% \times P_i - 1$$

R_i 为暂定关税税率，当 R_i 高于 40% 时，取 40%；P_i 为关税完税价格，单位为（元/kg）。

（2）计算程序。

① 按照归类原则确定税则归类，将应税货物归入适当的税号。

② 根据原产地规则和税率适用规定，确定应税货物所适用的税率种类。

③ 根据审定完税价格的有关规定，确定应税货物的完税价格；根据汇率适用规定，将外币折算成人民币。

④ 根据关税税率计算公式确定暂定关税税率。

⑤ 按照计算公式正确计算应征税款。

（3）计算实例。

国内某公司购进配额外未梳棉花 1t，原产地为哈萨克斯坦，成交价格为 CIF 某口岸 1000 美元/t。已知其适用中国银行的外汇折算价为 1 美元 = 人民币 6.87 元，计算应征进口关税税款。

解：

① 按照归类原则确定税则归类，未梳棉花归入税号 5201.0000，未梳棉花征收滑准关税。

② 确定关税税率，审定完税价格 1000 美元 × 6.87 = 6870 元。

③ 每千克（kg）未梳棉花的完税价格为 6870 元/1000kg = 6.87 元/kg。

④ 将此完税价格与 15 元/kg 进行比较，鉴于 6.87 元/kg 低于 15 元/kg，该进口货物原产国适用最惠国税率。根据"当配额外进口棉花完税价格低于 15 元/kg 时，暂定关税税率按公式计算，当公式计算值高于 40% 时取值 40%"的规定，计算该货物的暂定关税税率。

暂定关税税率 = 9.45/完税价格 + 2.6% × 完税价格 - 1

= 9.45/6.87 + 2.6% × 6.87 - 1 ≈ 0.554

该滑准关税税率计算后为 55.4%，大于 40%，按照 40% 的关税税率计征关税。

⑤ 应征进口关税税额 = 完税价格 × 暂定关税税率

= 6870 元 × 40%

= 2748 元

5. 进口附加税

进口附加税主要有反倾销税、反补贴税、保障措施关税、报复性关税等。

（1）含义。

反倾销税是指进口国政府在正常关税之外对倾销产品征收的一种附加关税。根据我国《反倾销条例》的规定，凡进口产品以低于其正常价值出口到我国且对我国相关企业造成实质性损害的，即为倾销。在实践中，抵制倾销最重要和最有效的措施是征收反倾销税。反倾销税由商务部提出建议，国务院关税税则委员会做出决定，海关负责征收，其税额不超过倾销幅度。

反补贴税是为了抵消商品于制造、生产或输出时所直接或间接接受的任何奖金或贴补而征收的一种特别关税。根据我国《反补贴条例》的规定，出口国（地区）政府或者任何公共机构提供的给接受者带来利益等的财政资助，以及任何形式的收入或者价格支持的即为补贴。反补贴税由商务部提出建议，国务院关税税则委员会做出决定，海关负责征收，其税额不超过补贴幅度。

保障措施关税是指进口产品数量增加，并对我国相关产业造成严重损害或严重威胁而征收的关税。分临时保障措施关税和最终保障措施关税，其不分国别，对来自所有国家和地区的同一产品，一般只适用一个税率。根据我国《保障措施条例》的规定，保障措施关税由商务部提出建议，国务院关税税则委员会做出决定，海关负责征收。

报复性关税是指当他国对本国出口货物有不利或歧视性待遇时，对从该国进口的货物予以报复而征收的一种附加税。《关税条例》规定：任何国家或者地区违反与中华人民共和国签订或者共同参加自由贸易协定及相关协定，对中华人民共和国在贸易方面采取禁止、限制、加征关税或者其他影响正常贸易的措施的，对原产于该国家或者地区的进口货物可以征收报复性关税，适用报复性关税税率。征收报复性关税的货物、适用国别、税率、期限和征收办法，由国务院关税税则委员会决定并公布。

（2）计算公式。

反倾销、反补贴等附加税的征收公式均一致，以反倾销税为例：

$$反倾销税税额 = 完税价格 × 反倾销税税率$$

（3）计算程序。

① 按照归类原则确定税则归类，将应税货物归入适当的税号。

② 根据反倾销税有关规定，确定应税货物所适用的反倾销税税率。

③ 根据审定完税价格的有关规定，确定应税货物的完税价格。

④ 根据汇率适用规定，将外币折算成人民币。

⑤ 按照计算公式正确计算应征的反倾销税税款。

（4）计算实例。

国内某公司从日本采购一批用于生产保鲜膜的偏二氯乙烯—氯乙烯共聚树脂，完税价格为14.2万美元，适用中国银行的外汇折算价为1美元＝人民币6.87元，计算应征的反倾销税税款。

解：

① 按照归类原则确定税则归类，偏二氯乙烯—氯乙烯共聚树脂归入3904.5000。

② 根据《中华人民共和国反倾销条例》的规定，商务部决定自2017年4月20日起，对进口原产于日本的偏二氯乙烯—氯乙烯共聚树脂（税则号列：3904.5000）征收反倾销税，期限为5年。反倾销税税率为47.1%。

③ 审定完税价格为142000美元 × 6.87 ＝ 975540元

④ 计算应征反倾销税税款：

反倾销税税额 ＝ 完税价格 × 反倾销税税率

　　　　　　　＝ 975540元 × 47.1%

　　　　　　　＝ 459479.34元

（二）出口关税

出口关税是海关以出境货物和物品为课税对象所征收的关税。世界各国为鼓励出口，一般不征收出口税，而对部分产品征收出口关税的主要目的是为了限制、调控某些产品的过度、无序出口，特别是对一些重要自然资源和原材料的无序出口。2019年，我国对鳗鱼苗、锌矿砂、铬铁等108项出口商品征收出口关税或实行出口暂定税率。

1. 计算公式

$$出口关税税额 = 出口货物完税价格 \times 出口关税税率$$

其中，出口货物完税价格 = 离岸价格 ÷ (1 + 出口关税税率)，即出口货物是以离岸价格（即FOB价）成交的，应以该价格扣除出口关税后作为完税价格；如果以其他价格成交，应换算成离岸价格后再按上述公式计算。

2. 计算程序

(1) 按照归类原则确定税则归类，将应税货物归入恰当的税目税号。

(2) 根据完税价格审定办法、规定，确定应税货物的完税价格。

(3) 根据汇率使用原则，将外币折算成人民币。

(4) 按照计算公式正确计算应征税款。

3. 计算实例

国内某企业从上海出口一批黄磷，出口价格为FOB上海120万美元。已知外汇折算率1美元 = 人民币6.87元，计算出口关税。

解：

(1) 按照归类原则确定税则归类，黄磷归入2804.7010，应征收出口关税，出口关税税率为20%。

(2) 确定应税货物的完税价格：

$$出口货物完税价格 = 离岸价格 ÷ (1 + 出口关税税率)$$
$$= 1200000 美元 ÷ (1 + 20\%)$$
$$= 1000000 美元$$

(3) 根据汇率使用原则，1000000 美元 × 6.87 = 6870000 元

(4) 计算应征税款为

$$出口关税税额 = 出口货物完税价格 × 出口关税税率$$
$$= 6870000 元 × 20\%$$
$$= 1374000 元$$

二、进口环节税

进口环节税是指进口的货物、物品，在办理海关手续放行后进入国内流通领域，与国内货物同等对待，所以需要缴纳应征的国内税，这些国内税依法由海关在进口环节征收。由海关征收的国内税费包括增值税、消费税。

(一) 消费税

1. 含义

消费税是以消费品或消费行为的流转额作为课税对象而征收的一种流转税。消费税是在对货物普遍征收增值税的基础上，选择少数消费品再予征收的税，消费税的立法宗旨和原则是调节国内消费结构，引导消费方向，确保国家财政收入。

进口环节的消费税由海关征收，其他环节的消费税由税务机关征收。进口环节消费税的起征额为人民币50元，低于50元的免征。进口的应税消费品，由纳税义务人向报关地海关申报纳税。

2. 征税范围

消费税的征税范围，主要是根据中国经济社会发展现状和现行消费政策、人民群众的消费结构以及财政需要，并借鉴国外的通行做法确定的。

消费税的征税范围仅限于少数消费品，大体可分为以下四种类型：

（1）一些过度消费会对人类健康、社会秩序、生态环境等方面造成危害的特殊消费品，如烟、酒、鞭炮、焰火等。

（2）奢侈品、非生活必需品，如贵重首饰、化妆品等。

（3）高能耗及高档消费品，如小轿车、摩托车等。

（4）不可再生和替代的石油类消费品，如汽油、柴油等。

2016年征收进口环节消费税的商品共15类，包括：烟、酒及酒精、高档化妆品、贵重首饰及珠宝玉石、鞭炮及焰火、成品油、摩托车、小汽车、高尔夫球及球具、高档手表、游艇、木制一次性筷子、实木地板、涂料、电池。征收最低3%，最高56%的消费税。

从2002年1月1日起，进口钻石及钻石饰品的消费税改由税务部门在零售环节征收，进口环节不再征收。从2002年6月1日起，除加工贸易外，进出口钻石统一集中到上海钻石交易所办理报关手续，其他口岸均不得进出口钻石。

3. 计算

消费税采用从价定率、从量定额、从价定率和从量定额的复合计税三种计算方法。

（1）计算公式。

① 实行从价定率计算的消费税是按照组成的计税价格计算。消费税采用价内税的计税方法，即计税价格的组成中包括了消费税税额。其计算公式为

$$消费税税额 = 消费税组成计税价格 \times 消费税税率$$

$$消费税组成计税价格 = （进口关税完税价格 + 进口关税税额） \div （1 - 消费税税率）$$

② 实行从量定额计算的消费税公式为

$$消费税税额 = 应征消费税进口数量 \times 消费税定额税率$$

③ 实行从价定率和从量定额的复合计税的计算公式为

$$消费税税额 = 消费税组成计税价格 \times 消费税税率 + 应征消费税进口数量 \times 消费税定额税率$$

（2）计算程序。

① 按照归类原则确定税则归类，将应税货物归入适当的税号。

② 根据有关规定，确定应税货物所适用的消费税税率。

③ 根据审定完税价格的有关规定，确定应税货物的完税价格。

④ 根据汇率适用规定，将外币折算成人民币。

⑤ 按照计算公式正确计算消费税税款。

（3）计算实例。

国内某企业进口丹麦产啤酒4500L(988L = 1t)，经海关审核其成交价格总值为CIF境内某口岸2000美元。其适用中国银行的外汇折算价为1美元 = 人民币6.87元，计算应征的进口环节消费税税款。

解：

① 按照归类原则确定税则归类，啤酒归入税号2203.0000，应征收进口环节消费税。

② 啤酒消费税税率为从量税，进口完税价格大于或等于370美元/t的消费税税率为250

元/t，进口完税价格小于 370 美元/t 的消费税税率为 220 元/t。

③ 进口啤酒数量为 4500L÷988L/t=4.55t；

计算完税价格单价为 2000 美元/4.55t=439.56 美元/t；

完税价格高于 370 美元/t，则消费税税率为 250 元/t。

④ 计算消费税税款：

应纳消费税税额 = 应征消费税进口数量 × 消费税定额税率

$$= 4.55t×250 元/t$$

$$= 1137.5 元$$

（二）增值税

1. 含义

增值税是以商品的生产、流通和劳务服务各个环节所创造的新增价值为课税对象的一种流转税。我国自 1994 年全面推行并采用国际通行的增值税制。征收增值税的意义在于，有利于促进专业分工与协作，体现税负的公平合理，稳定国家财政收入，同时也有利于出口退税的规范操作。

2. 征纳规定

进口环节的增值税由海关征收，其他环节的增值税由税务机关征收。进口货物以及在境内销售货物或者提供加工、修理、修配劳务的单位和个人为增值税的纳税义务人。进口环节增值税的起征额为人民币 50 元，低于 50 元的免征。进口环节增值税的减免项目，由国务院做出规定，其他任何地区或部门无权决定。

3. 适用税率

在我国境内销售货物（销售不动产或免征的除外）、进口货物和提供加工、修理、修配货物的单位或个人，都要依法缴纳增值税。

我国增值税的征收原则是中性、简便、规范，采取了基本税率再加一档低税率的征收模式。对纳税人销售或进口低税率和零税率以外的货物，提供加工、修理、修配劳务的，适用基本税率（17%）。对于销售或者进口农产品、石油液化气、天然气、图书、饲料等货物，适用低税率（13%）计征增值税。

根据营业税改增值税（简称"营改增"）的需要，2017 年 7 月 1 日起，将增值税税率由四档 17%、13%、11% 和 6%（其中 17% 和 13% 为原增值税税率，11% 和 6% 为原营业税税率）减至 17%、11% 和 6% 三档，取消 13% 这一档税率；将农产品、天然气等的增值税税率从 13% 降至 11%。

从 2018 年 5 月 1 日起，国务院将增值税基本税率从 17% 降至 16%，将交通运输、建筑、基础电信服务等行业及农产品等货物的增值税税率从 11% 降至 10%。

根据自 2019 年 4 月 1 日起执行的《关于深化增值税改革有关政策的公告》。增值税一般纳税人发生增值税应税销售行为或者进口货物，原适用 16% 税率的，税率调整为 13%；原适用 10% 税率的，税率调整为 9%。

适用 9% 低增值税率的货物包括：

（1）粮食、食用植物油。

（2）自来水、暖气、冷水、热水；煤气、石油液化气、天然气、沼气、居民用煤炭制品。

（3）图书、报纸、杂志。

（4）饲料、化肥、农药、农机、农膜。

（5）农业产品。

（6）金属矿采选产品。

（7）非金属矿采选产品。

（8）音像制品和电子出版物（自2007年1月1日起）。

（9）二甲醚（自2008年7月1日起）、盐（自2007年9月1日起）。

（10）国务院规定的其他货物。

4. 计算

进口环节的增值税以组成价格作为计税价格，征税时不得抵扣任何税额。其组成价格由关税完税价格加上关税组成；对于应征消费税的品种，其组成价格还要加上消费税。

（1）计算公式。

$$增值税组成价格 = 进口关税完税价格 + 进口关税税额 + 消费税税额$$
$$应纳增值税税额 = 增值税组成价格 \times 增值税税率$$

（2）计算程序。

① 按照归类原则确定税则归类，将应税货物归入适当的税号。

② 根据有关规定，确定应税货物所适用的关税及增值税税率、消费税税率。

③ 根据审定完税价格的有关规定，确定应税货物的完税价格。

④ 根据汇率适用规定，将外币折算成人民币（完税价格）。

⑤ 按照计算公式，首先计算关税税额，然后计算消费税税额，最后计算增值税税额。

（3）计算实例。

国内某企业从德国购进一辆豪华轿车，成交价格 CIF200000 美元，计算应征收的增值税额。（1美元 = 人民币6.87元）

解：

① 按照归类原则确定税则归类，豪华轿车的气缸容量（排气量）超过2000mL，但不超过2500mL，税则号列为8703.2351。

② 根据有关规定，原产德国适用进口关税最惠国税率15%，增值税税率13%，消费税税率9%。

③ 确定应税货物的完税价格为 200000 美元 × 6.87 = 1374000.00 元。

④ 计算关税税额：

$$
\begin{aligned}
进口关税税额 &= 进口货物完税价格 \times 进口从价关税税率 \\
&= 1374000 元 \times 15\% \\
&= 206100 元
\end{aligned}
$$

计算消费税税额：

$$
\begin{aligned}
应征消费税税额 &= [(进口关税完税价格 + 进口关税税额) \div (1 - 消费税税率)] \times 消费 \\
&\quad 税税率 \\
&= [(1374000 + 206100) \div (1 - 9\%)] 元 \times 9\% \\
&= 156273.63 元
\end{aligned}
$$

计算增值税税额：

$$应征增值税税额 = (进口关税完税价格 + 进口关税税额 + 消费税税额) \times 增值税税率$$

$$= (1374000 + 206100 + 156273.63) 元 \times 13\%$$
$$= 225728.57 元$$

三、船舶吨税

(一) 含义

船舶吨税是由海关在设关口岸对自中国境外进入境内港口的船舶征收的一种使用税，征收船舶吨税的目的是用于航道设施的建设。

根据《中华人民共和国船舶吨税法》规定，自中华人民共和国境外港口进入境内港口的船舶，使用了中国的港口和助航设备，应缴纳船舶吨税。按照规定缴纳船舶吨税的机动船舶，免征车船税；对已经征收车船税的船舶，免征船舶吨税。

(二) 征税规定

1. 计征规定

船舶吨税按照船舶净吨位和吨税执照期限征收。船舶净吨位指由船籍国或地区政府签发或者授权签发的船舶吨位证明书上标明的净吨位，吨税执照期限指按照公历年、日计算的期间，分为1年、90日与30日缴纳。应税船舶负责人在每次申报纳税时，可以自行选择申领一种期限的吨税执照。如定期班轮往往选择1年期吨税期限，而单航程租船运输多选择30日期限缴纳吨税。应税船舶在吨税执照有效期间进入境内其他港口的，免于缴纳吨税。

2. 税率

船舶吨税税率分为优惠税率和普通税率两种。中华人民共和国籍的应税船舶，船籍国（地区）与中华人民共和国签订含有相互给予船舶税费最惠国待遇条款的条约或者协定的应税船舶，适用优惠税率。其他应税船舶，适用普通税率。

船舶吨税税目税率表如表10-1所示。

表10-1 船舶吨税税目税率表

税目 （按船舶净吨位划分）	税率（元/净吨）					
	普通税率 （按执照期限划分）			优惠税率 （按执照期限划分）		
	1年	90日	30日	1年	90日	30日
不超过2000净吨	12.6	4.2	2.1	9.0	3.0	1.5
超过2000净吨，但不超过10000净吨	24.0	8.0	4.0	17.4	5.8	2.9
超过10000净吨，但不超过50000净吨	27.6	9.2	4.6	19.8	6.6	3.3
超过50000净吨	31.8	10.6	5.3	22.8	7.6	3.8

注：① 拖船按照发动机功率每千瓦折合净吨位0.67t。

② 无法提供净吨位证明文件的游艇，按照发动机功率每千瓦折合净吨位0.05t。

③ 拖船和非机动驳船分别按相同净吨位船舶税率的50%计征税款。

3. 操作流程

应税船舶在进入港口办理入境手续时，应当向海关申报纳税领取吨税执照，或者交验吨税执照（或者申请核验吨税执照电子信息）。应税船舶在离开港口办理出境手续时，应当交验吨税执照（或者申请核验吨税执照电子信息）。

应税船舶负责人应通过"互联网+海关"、国际贸易"单一窗口"等平台登录"海关船舶吨税执照申请系统",录入并向海关发送船舶吨税执照申请信息,如实填写"船舶吨税执照申请书"。同时应当交验如下证明文件:船舶国籍证书或者海事部门签发的船舶国籍证书收存证明、船舶吨位证明。由海关审核确定吨税金额。

(三) 免征船舶吨税的情形

(1) 应纳税额在人民币50元以下的船舶。

(2) 自境外以购买、受赠、继承等方式取得船舶所有权的初次进口到港的空载船舶。

(3) 吨税执照期满后24小时内不上下客货的船舶。

(4) 非机动船舶(不包括非机动驳船)。

(5) 捕捞、养殖渔船。

(6) 避难、防疫隔离、修理、改造、终止运营或者拆解,并不上下客货的船舶。

(7) 军队、武装警察部队专用或者征用的船舶。

(8) 警用船舶。

(9) 依照法律规定应当予以免税的外国驻华使领馆、国际组织驻华代表机构及其有关人员的船舶。

(10) 国务院规定的其他船舶。

其中第 (10) 项免税规定,由国务院报全国人民代表大会常务委员会备案。

对于符合上述第 (2)~(4) 项免征吨税规定的应税船舶,应税船舶负责人应当向海关提供书面免税申请,申明免税的依据和理由。

对于符合上述第 (5)~(10) 项规定的船舶,应税船舶负责人应当向海关提供海事部门、渔业船舶管理部门或机构出具的具有法律效力的证明文件或者使用关系证明文件,申明免税的依据和理由。

(四) 计算

(1) 计算公式。

$$船舶吨税税额 = 船舶净吨位 \times 适用税率(元/净吨)$$

(2) 计算实例。

有一法国籍净吨位为500净吨位的轮船,停靠在中国境内某港口装卸货物。纳税义务人自行选择为90日期缴纳船舶吨税,计算应征的船舶吨税。

解:

先确定税率,根据海关总署《适用船舶吨税优惠税率国家(地区)清单》的公告,法国籍应税船舶进境征收船舶吨税适用优惠税率,500净吨位的轮船90天期的优惠税率为3元/净吨。

$$
\begin{aligned}
船舶吨税税额 &= 船舶净吨位 \times 适用税率(元/净吨) \\
&= 500净吨位 \times 3元/净吨 \\
&= 150元
\end{aligned}
$$

四、进境物品进口税

(一) 含义

进境物品进口税(行李和邮递物品进口税,俗称行邮税),是海关对个人携带、邮递进境的物品关税、进口环节增值税和消费税合并征收的进口税。《中华人民共和国进出口关税条例》规定："进境物品的关税以及进口环节海关代征税合并为进口税，由海关依法征收。"

行邮税的征管工作是海关征税工作的重要组成部分，也是海关贯彻国家税收政策的一个重要方面。通过征收行邮税，对一些国内外差价较大的重点商品根据不同的监管对象予以必要和适当的调控，既能有效地发挥关税的杠杆作用，又能增加国家的财政收入，为国家建设积累资金。

（二）征收范围

海关总署规定数额以内的个人自用进境物品，免征行邮税。超过海关总署规定数额但仍在合理数量以内的个人自用进境物品，由进境物品的纳税义务人在进境物品放行前按照规定缴纳行邮税。超过合理、自用数量的进境物品应当按照进口货物相关规定办理相关手续。

行邮税的征收对象是超过海关总署规定数额但仍在合理数量以内的个人自用进境物品，具体是指入境旅客、运输工具，服务人员携带的应税行李物品、个人邮递物品、馈赠物品以及以其他方式入境的个人物品等。行邮税的起征额为人民币50元，低于50元的免征。

进境物品的纳税义务人，是指携带物品进境的入境人员、进境邮递物品的收件人以及以其他方式进口物品的收件人。纳税义务人可以自行办理纳税手续，也可以委托他人办理纳税手续。接受委托办理纳税手续的代理人，应当遵守《中华人民共和国进出口关税条例》中对委托人的各项规定，并承担相应的法律责任。行邮税的纳税义务人，应当在物品放行前缴纳税款。

（三）管理政策

海关对旅客携带进境的个人自用物品（行李物品）和旅客邮递进境的个人自用物品（邮递物品），在管理政策上有所区别。

1. 进口税起征点

进境居民旅客携带在境外获取的自用物品，总值在5000元人民币（含5000元）以内的；非居民旅客携带拟留在境内的自用物品，总值在2000元人民币（含2000元）以内的，海关予以免税放行，单一品种限自用、合理数量，但烟草制品、酒精制品以及国家规定应当征税的20种商品等另按有关规定办理。短期内或当天多次进出境旅客携带进出境物品，以旅途必需为限，不按照上述标准执行。

邮递进境物品应缴进口税超过50元人民币的，一律按商品价值全额征税。

2. 个人物品标准

进境居民旅客携带超出5000元人民币的自用物品，非居民旅客携带拟留在中国境内的自用物品，超出人民币2000元的，经海关审核确属自用的，海关仅对超出部分的自用物品征税，对不可分割的单件物品全额征税。

个人邮递物品受到价值限制，即个人寄自或寄往港、澳、台地区的物品，每次限值为800元人民币；寄自或寄往其他国家和地区的物品，每次限值为1000元人民币。个人邮寄进出境物品超出规定限值的，应办理退运手续或者按照货物规定办理通关手续。但邮包内仅有一件物品且不可分割的，虽超出规定限值，经海关审核确属个人自用的，可以按照个人物品规定办理通关手续。

（四）减免税措施

2019年4月3日，国务院常务会议决定下调对进境物品征收的行邮税税率，促进并扩大进口和消费。从2019年4月9日起，调降对个人携带进境的行李和邮递物品征收的行邮税税率。根据调整，行邮税税率将分别由现行的15%、25%、50%调降为13%、20%、50%。适用于13%一档的物品包括书报、食品、金银、家具、玩具和药品；适用于20%一档的物品包括运动用品（不含高尔夫球及球具）、钓鱼用品、纺织品及其制成品；适用于50%一档的物品包括烟、酒、贵重首饰及珠宝玉石、高档手表、高档化妆品。

另外，进口药品中的抗癌药和罕见病药，属于国家规定按3%税率征收进口环节增值税的进口药品，仍然按照货物税率征税，不征收13%的行邮税。抗癌药品、罕见病药品定义及范围详见《关于抗癌药品增值税政策的通知》（财税〔2018〕47号）、《关于罕见病药品增值税政策的通知》（财税〔2019〕24号）。与此前相比，本次调整扩大了按较低税率征税的药品范围。

（五）计算

1. 计算公式

行邮税从价计征，行邮税的计算公式为

$$行邮税税额 = 完税价格 \times 行邮税税率$$

海关应当按照《进境物品进口税税率表》及海关总署制定的《中华人民共和国进境物品归类表》《中华人民共和国进境物品完税价格表》对进境物品进行归类，确定完税价格和确定适用税率，征收进口税。

2. 计算程序

① 按照归类原则确定税则归类，将应税物品归入适当的税号。

② 根据有关规定，确定应税物品所适用的行邮税税率。

③ 根据审定完税价格的有关规定，确定应税货物的完税价格。

④ 根据汇率适用规定，将外币折算成人民币（完税价格）。

⑤ 按照计算公式计算行邮税税额。

3. 计算实例

某人士赴英国旅游，购买了一瓶价值100美元的50mL的香水，以及其他商品若干（总价超过5000元人民币）。其适用中国银行的外汇折算价为1美元＝人民币6.87元。请问回国入境时要不要缴纳行邮税？如果缴纳，需要缴纳多少？

解：

该人士向海关进行申报后，由于所带物品总价值超过了5000元，海关需要对其携带进境的香水进行征税。

① 按照归类原则确定税则归类，香水归入税号09010110。

② 根据《完税价格表》，香水的完税价格为300元人民币，完税价格≥10元/mL（g）的，税率为50%，完税价格<10元/mL（g）的，税率为20%。

根据海关总署规定，如果实际购买价格是《完税价格表》列明完税价格的2倍及以上，或是《完税价格表》列明完税价格的1/2及以下的物品，进境物品所有人应向海关提供销售方依法开具的真实交易的购物发票或收据，并承担相关责任。海关可以根据物品所有人提供的上述相关凭证，依法确定应税物品的完税价格。

③ 香水实际购买价格为100美元×6.87＝687元

实际购买价格高于列名完税价格的2倍以上，海关根据实际购买价格确定香水的完税价格。

④ 计算行邮税税额：

每毫升的香水完税价格为

$$687 元/50mL = 13.74 元/mL$$

13.74 元/mL≥10 元/mL，税率为 50%

应缴纳行邮税为

$$687 元×50\% = 343.50 元$$

五、税款滞纳金

征收税款滞纳金的目的在于使纳税人通过承担增加的经济制裁责任，促使其尽早履行纳税义务。

（一）征收范围

滞纳金是海关税收管理中的一种行政强制措施，关税、进口环节增值税、消费税、船舶吨税等的纳税人或其代理人，应当自海关填发税款缴款书之日起 15 日内缴纳税款，逾期缴纳的，海关依法在原应纳税款的基础上，按日加收滞纳税款 0.5‰的滞纳金。

（二）征收标准

逾期缴纳的进出口货物的关税、进口环节增值税、消费税、船舶吨税等，由海关按日征收 0.5‰的滞纳金。滞纳金起征额为人民币 50 元，不足人民币 50 元的免予征收。

1. 计算公式

关税滞纳金金额 = 滞纳的关税税额×0.5‰×滞纳天数

进口环节税滞纳金金额 = 滞纳的进口环节税税额×0.5‰×滞纳天数

根据《海关法》的规定，进出口货物的纳税义务人，应当自海关填发税款缴款书之起 15 日内缴纳税款；逾期缴纳的，由海关征收滞纳金。在实际计算纳税期限时，应从海关填发税款缴款书之日的第二天起计算，当天不计入。缴纳期限的最后一日是星期六、星期天或法定节假日，则关税缴纳期限顺延至周末或法定节假日过后的第一个工作日。如果税款缴纳期限内含有星期六、星期天或法定节假日不予扣除。滞纳天数按照实际滞纳天数计算，其中的星期六、星期天或法定节假日一并计算。

2. 计算实例

北京一家进出口公司进口一批货物，经海关审核其成交价格总值为 CIF 价 6000 美元。已知该批货物应征关税税额为人民币 23240 元，应征增值税税额为人民币 15238.8 元。海关于 2011 年 10 月 14 日（星期五）填发"海关专用缴款书"，该公司于 2011 年 11 月 9 日（星期三）缴纳税款。现计算应征的滞纳金。

解：首先确定滞纳天数，然后再计算应缴纳的关税和增值税的滞纳金金额。税款缴款期限为 2011 年 10 月 29 日（星期六），10 月 31（星期一）~ 11 月 9 日为滞纳期，共滞纳 10 天。

关税滞纳金金额 = 滞纳关税税额×0.5‰×滞纳天数

$$= 23240 元×0.5‰×10 = 116.2 元$$

代征税滞纳金金额 = 滞纳代征税税额×0.5‰×滞纳天数

$$= 15238.8 元×0.5‰×10 = 76.19 元$$

应缴纳滞纳金总金额 = 116. 20 元 + 76. 19 元 = 192. 39 元

六、税费计算的其他内容

关税、进口环节税、行邮税、滞纳金一律以人民币计价，四舍五入计算到分。起征点均为人民币 50 元，50 元以下免征。

进出口货物的成交价格如以外币计价的，应以中国人民银行公布的基准汇率折合成人民币计算，适用汇率的日期由海关总署规定。海关总署规定，对进出口货物的成交价格，海关在折合人民币时，应当采用当月适用的计征汇率计算。每月的计征汇率为上一个月的第三个星期三（若第三个星期三为法定节假日，顺延采用第四个星期三）中国人民银行公布的基准汇率；以基准汇率以外的外币计价的，为同一时间中国银行公布的现汇买入价和现汇卖出价的中间值（小数点保留四位，四位后四舍五入）。如上述汇率发生重大波动，海关总署认为必要时，可发布公告，另行规定计征汇率。

第二节　进出口货物完税价格的确定

我国海关税收征管主要使用从价税计税方式，即以货物的价格为基础确定纳税义务人需向海关缴纳的税款。审定完税价格是海关根据一定的法律规范和判定标准，确定进出货物海关计税价格的过程。准确认定进出口货物完税价格是贯彻关税政策的重要环节，也是海关依法行政的重要体现。

进出口关税、进口环节代征税的完税价格以人民币计算，采用四舍五入法计算至分。

一、概述

（一）含义

进出口货物完税价格是指海关对进出口货物征收从价关税时要依法确定进出口货物应缴纳税款的价格。也就是说，进出口货物完税价格是海关对进出口货物征收从价关税时审查估定的应税价格，是凭以计征进出口货物关税及进口环节税税额的基础。

（二）中国海关审价的法律依据

中国于 2001 年年底加入世界贸易组织后，已全面实施世界贸易组织估价协定，中国对进出口货物海关估价的法律法规与国际通行规则衔接。海关审价的法律依据可分为三个层次。

第一个层次是法律层次，即《海关法》。《海关法》规定："进出口货物的完税价格，由海关以该货物的成交价格为基础审查确定。成交价格不能确定时，完税价格由海关估定。"

第二个层次是行政法规层次，即《关税条例》。其作为《海关法》的配套法规，对估价定义、估价方法、海关和纳税义务人之间的权利义务做了原则性的规定。

第三个层次是部门规章，如海关总署颁布施行的《中华人民共和国海关审定进出口货物完税价格办法》（以下简称《进出口货物审价办法》）、《中华人民共和国海关审定内销保税货物完税价格办法》（以下简称《内销保税货物审价办法》）等。需要注意的是，准许进口的进境旅客行李物品、个人邮递物品及其他个人自用物品的完税价格和涉嫌走私的进出口货物、物品计税价格的核定，不适用《进口货物审价办法》。上述特殊情况的货物及物品完税价格的审定方法由海关总署另行制定。

二、《进出口货物审价办法》关于完税价格的审定

(一) 进口货物完税价格的审定

包括一般进口货物和特殊进口货物这两类货物完税价格的审定。

1. 一般进口货物完税价格的审定

进口货物的完税价格，由海关以该货物的成交价格为基础审查确定，并应当包括货物运抵中华人民共和国境内输入地点起卸前的运输及其相关费用、保险费。

对一般进口货物完税价格的审定有六种方法：进口货物成交价格方法、相同货物成交价格方法、类似货物成交价格方法、倒扣价格估价方法、计算价格估价方法和合理方法。这六种估价方法必须依次使用，即只有在不能使用前一种估价方法的情况下，才可以顺延使用其他估价方法。但如果进口货物纳税义务人提出要求，并提供相关资料，经海关同意，也可以选择倒扣价格估价方法和计算价格估价方法的适用次序。

(1) 进口货物成交价格方法。进口货物成交价格方法是第一种估价方法，它建立在进口货物实际发票或合同价格的基础上，在海关估价实践中使用率最高。

进口货物的成交价格，是指卖方向中华人民共和国境内销售该货物时，买方为进口该货物向卖方实付、应付的，并按有关规定调整后的价款总额，包括直接支付的价款和间接支付的价款。

需要注意的是，成交价格不完全等同于贸易实际中的发票或合同价格。贸易中的发票或合同价格取决于买卖双方的约定，其定价是自由的，但成交价格有其特定含义，必须符合境内销售，并由实付、应付价格和直接、间接支付及调整因素构成，还要满足一定的条件。

1) 境内销售。向中华人民共和国境内销售，是指将进口货物实际运入中华人民共和国境内，货物的所有权和风险由卖方转移给买方，买方为此向卖方支付价款的行为。因此，寄售、捐赠、经营租赁等交易方式进口的货物不能适用成交价格方式审定完税价格。

2) 实付、应付价格。成交价格不仅应包括实付价格，还要包括应付价格，即作为卖方销售进口货物的条件，由买方向卖方或者为履行卖方义务而向第三方已经支付或将要支付的全部款项。因此，现金、信用证或可转让有价证券等，或者在进口申报之时支付行为是否发生，都不影响海关的估价结论。海关应根据买方承担的付款义务确定完税价格。

3) 直接、间接支付。成交价格应包括直接支付和间接支付，其中直接支付是买方直接向卖方支付的款项；而间接支付是指买方根据卖方的要求，将货款全部或者部分支付给第三方，或者冲抵买卖双方之间的其他资金往来的付款方式。

4) 调整因素。调整因素包括计入项目和扣除项目。

① 计入项目。以成交价格为基础审查确定进口货物的完税价格时，未包括在该货物实付、应付价格中的，若由买方支付的下列项目，需计入完税价格。

a. 由买方负担的费用：

第一，除购货佣金以外的佣金和经纪费。佣金通常可分为购货佣金和销售佣金。购货佣金指买方向其采购代理人支付的佣金，按照规定，购货佣金不应该计入进口货物的完税价格中。销售佣金指卖方向其销售代理人支付的佣金，但上述佣金如果由买方直接付给卖方的代理人，按照规定应该计入定税价格中。经纪费是指买方为购进进口货物而向代表买卖双方利

益的经纪人支付的劳务费用，根据规定应计入完税价格中。

第二，与进口货物作为一个整体的容器费。

第三，包装材料费用和包装劳务费用。

b. 协助的价值：在国际贸易中，买方以免费或以低于成本价的方式向卖方提供了一些货物或者服务，这些货物或服务的价值被称为协助的价值。

c. 特许权使用费：特许权使用费是指进口货物的买方为取得知识产权权利人及权利人有效授权人关于专利权、商标权、专有技术、著作权、分销权或者销售权的许可或者转让而支付的费用。

d. 返回给卖方的转售收益：如果买方在货物进口之后，把进口货物的转售、处置或使用的收益的一部分返还给卖方，那么这部分收益的价格应该计入完税价格中。

② 扣减项目。进口货物的价款中单独列明的下列税收和费用，不计入该货物的完税价格：

a. 厂房、机械或者设备等货物进口后发生的建设、安装、装配、维修或者技术援助费用，但是保修费用除外。

b. 货物运抵境内输入地点起卸后发生的运输及其相关费用、保险费。

c. 进口关税、进口环节代征税及其他国内税。

d. 为在境内复制进口货物而支付的费用。

e. 境内外技术培训及境外考察费用。

f. 进口融资产生的利息费用。

5）成交价格本身须满足一定的条件。成交价格必须满足一定的条件才能被海关所接受，否则不能适用成交价格估价方法。根据规定，成交价格必须具备以下四个条件：

① 买方对进口货物的处置和使用不受限制。

② 进口货物的价格不应受到某些条件或因素的影响而导致该货物的价格无法确定。

③ 卖方不得直接或间接从买方获得因转售、处置或使用进口货物而产生的任何收益，除非上述收益能够被合理确定。

④ 买卖双方之间没有特殊关系，或虽有特殊关系但不影响成交价格。

（2）相同及类似货物成交价格方法。进口货物成交价格方法是海关估价中使用频率最高的一种估价方法，但由于种种原因，并不是所有进口货物都能采用这一方法，如不存在买卖关系的进口货物以及不符合成交价格条件的进口货物，就不能采用成交价格方法，而应按照顺序考虑采用相同或类似进口货物的成交价格方法。相同及类似进口货物成交价格法，即以与被估货物同时或大约同时向中华人民共和国境内销售的相同货物及类似货物的成交价格为基础，审查确定进口货物完税价格的方法。

1）相同货物和类似货物。相同货物是指进口货物在同一国家或地区生产的，在物理性性质、质量和信誉等所有方面都相同的货物，但表面的微小差异允许存在。类似货物是指与进口货物在同一国家或地区生产的，虽然不是在所有方面都相同，但却具有类似的特征、类似的组成材料、同样的功能，并且在商业中可以互换的货物。

2）相同或类似货物要素。据以比较的相同或类似货物应共同具备五个要素：一是须与进口货物相同或类似；二是须与进口货物在同一国家或地区生产；三是须与进口货物同时或大约同时进口，指在海关接受申报之日的前后各45天以内；四是商业水平和进口数量须与进口货物相同或大致相同，如没有相同商业水平和大致相同数量的相同或类似进口货物，可采用不同商业水平和不同数量销售的相同或类似进口货物，但必须对商业水平和数量、运输距离和方式的不同所产生的价格方面的差异做出调整，这种调整应建立在客观量化的数据资料的基础上；五是当存在两个或更多的价格时，选择最低的价格。

（3）倒扣价格估价方法。倒扣价格估价方法是以进口货物、相同或类似进口货物在境内第一环节的销售价格为基础，扣除境内发生的有关费用来估定完税价格。

1）用以倒扣的价格销售的货物应同时符合以下条件：

① 在被估货物进口时或大约同时销售的价格。

② 按照该货物进口时的状态销售的价格。

③ 在境内第一次转售的价格。

④ 按照该价格销售的货物合计销售总量最大。

⑤ 向境内无特殊关系方销售的价格。

2）倒扣价格估价方法的核心要素。

① 按进口时的状态销售。必须以进口货物、相同或类似进口货物按进口时的状态销售的价格为基础。如果没有按进口时的状态销售的价格，可以使用经过加工后在境内销售的价格作为倒扣的基础。

② 时间要素。必须是在被估货物进口时或大约同时转售给国内无特殊关系方的价格，其中"进口时或大约同时"为在进口货物接受申报之日的前后各45天以内。这一时间范围跟相同或类似货物成交价格方法的"同时或大约同时进口"的范围是一致的。如果找不到同时或大约同时的价格，可以采用被估货物进口后90天内的价格作为倒扣价格的基础。

③ 合计的货物销售总量最大。必须使用被估的进口货物、相同或类似进口货物以最大总量单位售予境内无特殊关系方的价格为基础估定完税价格。

3）倒扣价格估价方法的倒扣项目。确定销售价格以后，在使用倒扣价格法时，还必须扣除一些费用，包括以下四项：

① 该货物的同级或同种类货物在境内第一环节销售时通常支付的佣金或利润以及一般费用。

② 货物运抵境内输入地点之后的运输及相关费用、保险费。

③ 进口关税、进口环节税及其他国内税。

④ 加工增值额。如果以货物经过加工后在境内转售的价格作为倒扣价格的基础，则必须扣除上述加工增值部分。

（4）计算价格估价方法。计算价格估价方法是以发生在生产国或地区的生产成本作为基础的价格。因此，使用这种方法需要境外生产商提供成本方面的资料。

计算价格估价方法按顺序为第五种估价方法，但如果进口货物纳税人提出要求，并经海关同意，可以与倒扣价格估价方法颠倒顺序使用。此外，海关在征得境外生产商同意并提前通知有关国家或者地区政府后，可以在境外核实该企业提供的有关资料。按有关规定采用计算价格法时，进口货物的完税价格由下列各项目的总和构成：

1）生产该货物所使用的料件成本和加工费用。料件成本是指生产被估货物的原料成本，包括原材料的采购价值及原材料投入实际生产之前发生的各类费用。加工费用是指将原材料加工为制成品过程中发生的生产费用，包括人工成本、装配费用及有关间接成本。

2）向境内销售同等级或者同种类货物通常的利润和一般费用（包括直接费用和间接费用）。

3）货物运抵中华人民共和国境内输入地点起卸前的运输及其相关费用、保险费。

（5）合理方法。合理方法，是指当海关不能根据成交价格估价方法、相同货物成交价格估价方法、相同货物成交价格估价方法、类似货物成交价格估价方法、倒扣价格估价方法和计算价格估价方法确定完税价格时，根据公平、统一、客观的估价原则，以客观量化的数据资料为基础审查确定进口货物完税价格的估价方法。

2. 特殊进口货物完税价格的审定

（1）出境修理复运进境货物的估价方法：此类货物海关以境外修理费和料件费为基础审查确定完税价格。

（2）出境加工复运进境货物的估价方法：此类货物海关以境外加工费和料件费以及运输及其相关费用、保险费为基础审查确定完税价格。

（3）暂时进境货物的估价方法：经海关批准留购的暂时进境货物，以海关审查确定的留购价格作为完税价格。

（4）租赁进口货物的估价方法：以租金方式对外支付的租赁货物，在租赁期间以海关审定的该货物的租金作为完税价格，利息予以计入；留购的租赁货物以海关审定的留购价格作为完税价格；纳税义务人申请一次性缴纳税款的，可以选择申请按照规定估价方法确定完税价格，或者按照海关审查确定的租金总额确定完税价格。

（5）减免税货物的估价方法：特定减免税货物如果有特殊情况，在监管期内，经过海关批准可以出售、转让、移作他用，但须向海关办理纳税手续。海关以审定的该货物原进口时的价格为基础，扣除折旧部分价值作为完税价格。

（二）出口货物完税价格的审定

出口货物的完税价格由海关以该货物的成交价格为基础审查确定，包括货物运至中华人民共和国境内输出地点装载前的运输及其相关费用、保险费。

1. 成交价格估价方法

出口货物成交价格估价方法是《进出口货物审价办法》规定的第一种出口估价方法。出口货物的成交价格，是指该货物出口销售时，卖方为出口该货物应当向买方直接收取和间接收取的价款总额。

（1）出口销售。出口销售是确定出口货物是否存在成交价格的前提条件。交易是否符合销售定义，应根据以下三项标准做出判断：

1）所有权是否发生转移，是否由该交易的卖方转移给买方。

2）买方是否为了获得该货物支付对价。

3）货物的风险是否发生了转移，包括货物灭失的风险和货物损益的风险。

如果一项交易不能导致前述三个条件同时发生，则销售不存在，因此也就不能使用成交价格方法估价，而应采用其他方法估价。

（2）直接收取和间接收取。出口货物的成交价格应包括我国卖方向国外买方直接收取和间接收取的款项总额，其中直接收取是指我国卖方直接向国外买方收取款项，而间接收取是指国外买方根据我国卖方的要求，将货款全部或部分支付给第三方，或冲抵买卖双方之间的其他资金往来。

需征收出口关税的货物销售价格中包含了出口关税税额，按照相关规定，确定完税价格时应将出口货物价格中包含的出口关税税额予以扣除。

2. 成交价格估价方法以外的其他估价方法

在审查出口单位合同或发票金额中，包括但不限于以下情况，则不能使用成交价格估价方法确定完税价格，应在协商后依次使用其他估价方法进行确定：一是申报价格不符合出口货物成交价格的定义，例如出口货物不存在成交价格，我国出口商将货物交付给国外卖方时，不要求对方承担付款义务；二是海关对申报价格的真实性或准确性有怀疑，启动质疑程序，出口商不能做出合理的解释，或者未能在法定的期限内做出合理解释的。其他估价方法具体为：

1）同时或者大约同时向同一国家或者地区出口的相同货物的成交价格。

2）同时或者大约同时向同一国家或者地区出口的类似货物的成交价格。

3）根据境内生产相同或者类似货物的成本、利润和一般费用（包括直接费用和间接费用）、境内发生的运输及其相关费用、保险费计算所得的价格。

4）按照合理方法估定的价格。

操作层面，我国出口货物完税价格以 FOB 价格为基础审核确定，如出口货物采用其他术语成交，均需视情况将其他术语转换为 FOB 术语价格。并且按照规定，需将出口货物价格中包含的出口关税税额扣除，故出口货物完税价格 = FOB（中国境内口岸）价格 - 出口关税。而出口关税 = 出口货物完税价格 × 出口关税税率，由此得到：出口货物完税价格 = FOB/（1 + 出口关税税率）。

三、《内销保税货物审价办法》关于完税价格的审定

内销保税货物，包括因故转为内销需要征税的加工贸易货物、海关特殊监管区域内的货物和因其他原因需要按照内销征税办理的保税货物。《内销保税货物审价办法》规定，内销保税货物的完税价格，由海关以该货物的成交价格为基础审查确定。

（一）非海关特殊监管区域内加工贸易企业内销货物一般估价方法

1）进料加工进口料件或者其制成品（包括残次品）内销时，海关以料件原进口成交价格为基础审查确定完税价格。

2）来料加工进口料件或者其制成品（包括残次品）内销时，因来料加工料件在原进口时没有成交价格，所以海关以接受内销申报的同时或者大约同时进口的与料件相同或者类似的保税货物的进口成交价格为基础来审查确定完税价格。

3）加工企业内销的加工过程中产生的边角料或者副产品，以其内销价格为基础审查确定完税价格。

4）按照规定需要以残留价值征税的受灾保税货物，海关以其内销价格为基础审查确定完税价格。

5）深加工结转货物内销时，海关以该结转货物的结转价格为基础审查确定完税价格。

（二）海关特殊监管区域内销货物一般估价方法

1）海关特殊监管区域内保税加工货物内销估价办法。

海关特殊监管区域内企业内销的保税加工进口料件或者其制成品，海关以其内销价格为基础审查确定完税价格。

2）海关特殊监管区域内保税物流货物内销估价办法。

海关特殊监管区企业内销的保税物流货物，海关以该货物运出海关特殊监管区域时的内销价格为基础审查确定完税价格。

（三）内销保税货物的其他估价方法

内销保税货物完税价格不能依照以上估价方法确定时，应依次按照下列价格估定其完税价格：

（1）与该货物同时或者大约同时向中华人民共和国境内销售的相同货物的成交价格。

（2）与该货物同时或者大约同时向中华人民共和国境内销售的类似货物的成交价格。

（3）与该货物进口的同时或者大约同时，将该进口货物、相同或者类似进口货物在第一级销售环节销售给无特殊关系买方最大销售总量的单位价格，但应当扣除以下项目：

1）同等级或者同种类货物在中华人民共和国境内第一级销售环节销售时通常的利润和一般费用及通常支付的佣金。

2）进口货物运抵境内输入地点起卸后的运输及其相关费用、保险费。

3）进口关税及国内税收。

（4）按照下列各项总和计算的价格：生产该货物所使用的料件成本和加工费用，向中华人民共和国境内销售同等级或者同种类货物通常的利润和一般费用，该货物运入地点起卸前的运输及其相关费用、保险费。

（5）以合理方法估定的价格。纳税义务人向海关提供有关资料后，可以申请颠倒第（3）项和第（4）项的适用次序。

第三节　原产地确定与税率适用

一、原产地确定

（一）原产地规则的含义

各国为了适应国际贸易的需要，并为执行本国关税及非关税方面的国别歧视性贸易措施，必须对进出口商品的原产地进行认定。但是，货物原产地的认定需要以一定的标准为依据。为此，各国以本国立法形式制定出其鉴别货物"国籍"的标准，这就是原产地规则。

WTO《原产地规则协议》将原产地规则定义为：一国（地区）为确定货物的原产地而实施的普遍适用的法律、法规和行政决定。

（二）原产地规则的类别

原产地规则分为两大类：一类为优惠原产地规则，另一类为非优惠原产地规则。

1. 优惠原产地规则

优惠原产地规则是指一国为了实施国别优惠政策而制定的法律、法规，是以优惠贸易协定通过双边、多边协定形式或者是由本国自主制定的一些特殊原产地认定标准，因此也称为协定原产地规则。优惠原产地规则具有很强的排他性，优惠范围以原产地为受惠国（地区）的进口产品为限，其目的是促进协议方之间的贸易发展。优惠原产地规则主要有以下两种实施方式：一是通过自主方式授予，如欧盟普惠制（GSP）、中国对最不发达国国家的特别优惠关税待遇；二是通过协定以互惠性方式授予，如《北美自由贸易协定》《中华人民共和国与东南亚国家联盟全面经济合作框架协议》（以下简称《中国—东盟自由贸易协定》）等。

由于优惠原产地规则是用于认定进口货物能否享受比最惠国更优惠待遇的依据，因此其认定标准通常会与非优惠原产地规则不同，其宽或严完全取决于成员方。

截至 2017 年 7 月，我国共签订了《亚太贸易协定》《中国—东盟自由贸易协定》《内地与香港关于建立更紧密经贸关系的安排》（以下简称香港 CEPA）、《内地与澳门关于建立更紧密经贸关系的安排》（以下简称澳门 CEPA）、《对台湾农产品零关税优惠措施》《中国—巴基斯坦自由贸易协定》《中国—智利自由贸易协定》《中国—新西兰自由贸易协定》《中国—新加坡自由贸易协定》《中国—秘鲁自由贸易协定》《对埃塞俄比亚等最不发达国家给予的特别优惠关税待遇》（以下简称最不发达国家特别优惠关税待遇）、《海峡两岸经济合作框架协议》（ECFA）、《中国—哥斯达黎加自由贸易协定》《中国—冰岛自由贸易协定》《中国—瑞士自由贸易协定》《中国—澳大利亚自由贸易协定》《中国—韩国自由贸易协定》《中国—格鲁吉亚自由贸易协定》等优惠贸易协定。上述优惠贸易协定中均包含有相应的优惠原产地规则。

2. 非优惠原产地规则

非优惠原产地规则是一国根据实施其海关税则和其他贸易措施的需要，由本国立法自主制定的，因此也称为自主原产地规则。按照世界贸易组织的规定，适用于非优惠性贸易政策措施的原产地规则，其实施必须遵守最惠国待遇原则，即必须普遍地、无差别地适用于所有原产地为最惠国的进口货物。它包括实施最惠国待遇、反倾销和反补贴税、保障措施、数量限制或关税配额、原产地标记或贸易统计、政府采购时所采用的原产地规则。

（三）原产地认定标准

1. 优惠原产地认定标准

对于完全在一国（地区）获得或者生产的货物，适用完全获得标准。对于非完全在一国（地区）获得或者生产的货物，适用实质性改变标准。

（1）完全获得标准。完全获得，即从优惠贸易协定成员国或者地区直接运输进口的货物是完全在该成员国或者地区获得或者生产的，这些货物指：

1）在该成员国或者地区境内收获、采摘或者采集的植物产品。

2）在该成员国或者地区境内出生并饲养的活动物。

3）在该成员国或者地区领土或者领海开采、提取的矿产品。

4）其他符合相应优惠贸易协定项下完全获得标准的货物。

（2）实质性改变标准。主要分为：税则归类改变标准、区域价值成分标准、制造加工工序标准、其他标准。

1）税则归类改变，是指原产于非成员国或者地区的材料在出口成员国或者地区境内进行制造、加工后，所得货物在《协调制度》中税则归类发生了变化。

2）区域价值成分，是指出口货物船上交货价格（FOB）扣除该货物生产过程中该成员国或者地区非原产材料价格后，所余价款在出口货物船上交货价格（FOB）中所占的百分比。

区域价值成分 = [货物的出口价格（FOB）– 非原产材料价格] ÷ 货物的出口价格（FOB）×100%

不同协定框架下的优惠原产地规则均包含区域价值成分标准，但各有不同，具体情况需要根据贸易协定的内容进行确定。

3）制造加工工序，是指赋予加工后所得货物基本特征的主要工序。

4）其他标准，是指除上述标准之外，成员方一致同意采用的确定货物原产地的其他标准。

2. 非优惠原产地认定标准

分为完全获得标准和实质性改变标准。

（1）完全获得标准。适用于完全在一个国家（地区）获得的货物。符合以下条件的，视为在一国（地区）完全获得，以该国（地区）为原产地：

1）在该国（地区）出生并饲养的活的动物。

2）在该国（地区）野外捕捉、捕捞、收集的动物。

3）从该国（地区）的活的动物获得的未经加工的物品。

4）在该国（地区）收获的植物和植物产品。

5）在该国（地区）采掘的矿物。

6）在该国（地区）获得的上述第1）~5）项范围之外的其他天然生成的物品。

7）在该国（地区）生产过程中产生的只能弃置或者回收用作材料的废碎料。

8）在该国（地区）收集的不能修复或者修理的物品，或者从该物品中回收的零件或者材料。

9）由合法悬挂该国旗帜的船舶从其领海以外海域获得的海洋捕捞物和其他物品。

10）在合法悬挂该国旗帜的加工船上加工上述第9）项所列物品获得的产品。

11）从该国领海以外享有专有开采权的海床或者海床底土获得的物品。

12）在该国（地区）完全从上述第1）~11）项所列物品中生产的产品。

（2）实质性改变标准。实质性改变标准规定适用于非优惠性贸易措施项下两个及以上国家（地区）所参与生产货物原产地的确定。确定时，以最后一个对货物进行实质性改变的国家（地区）作为原产地。实质性改变标准以税则归类改变为基本标准，税则归类改变不能反映实质性改变的，以从价百分比、制造或者加工工序等为补充标准。

税则归类改变标准，是指在某一国家（地区）对非该国（地区）原产材料进行制造、加工后，所得货物在《税则》中的4位级税目归类发生了改变。

"制造、加工工序"标准，是指在某一国家（地区）进行的赋予制造、加工后所得货物基本特征的主要工序。

从价百分比标准，是指在某一国家（地区）对非该国（地区）原产材料进行制造、加工后的增值部分超过了所得货物的30%。用公式表示如下：

$$（工厂交货价 - 非该国（地区）原产材料价值）÷ 工厂交货价 \times 100\% \geqslant 30\%$$

（四）原产地证书

原产地证书是证明产品原产地的书面文件。它是受惠国的原产品出口到给惠国时享受关税优惠的凭证，同时也是进口货物是否适用反倾销、反补贴、保障措施等贸易政策的凭证。

1. 进口原产地证书

进口原产地证书签发机构在各自由贸易协定或优惠贸易安排中均有明确的规定，进口申报时必须提供指定机构签发的原产地证书。另外，部分自由贸易协定项下的进口货物规定了可凭规定格式的原产地声明代替原产地证书。对低于一定金额的货物，部分自由贸易协定还规定了可免于提交原产地证书或原产地声明。

进口人向海关提交的原产地证书,应当符合相应优惠贸易协定关于证书格式、填制内容、签章、提交期限等规定,并与商业发票、报关单等单证的内容相符。

原产地证书与报关单的关系:一份报关单应当对应一份原产地证书;一份原产地证书应当对应同一批次进口货物。

按照规定,为确定货物原产地是否与进出口货物收发货人提交的原产地证书及其他单证相符,海关可以对进出口货物进行查验,通过验核原产地标记、规格型号、品质、货柜号码及封志,必要时采取取样化验等方式判定货物原产地。

海关认为需要对进口货物收货人或其代理人提交的原产地证书的真实性、货物是否原产于优惠贸易协定成员国或者地区进行核查的,应当按照该货物适用的最惠国税率、普通税率或者其他税率收取相当于应缴税款的等值保证金放行货物。

海关认为必要时,可以对优惠贸易协定项下出口货物原产地进行核查,以确定其原产地。应优惠贸易协定成员国或者地区要求,海关可以对出口货物原产地证书或者原产地进行核查,并应当在相应优惠贸易协定规定的期限内反馈核查结果。

2. 出口原产地证书

按照规定,我国海关、中国国际贸易促进会及其地方分会(以下简称贸促机构)有权签发出口货物原产地证书。进口方要求出具官方机构签发的原产地证书的,申请人应当向海关申请办理;未明确要求的,申请人可以向海关、中国国际贸易促进委员会或者其地方分会申请办理。

《中国—东盟自贸协定》"升级版"满月 深圳出口企业享关税减免1.6亿元

2019年9月24日深圳海关透露,《中华人民共和国与东南亚国家联盟关于修订〈中国—东盟全面经济合作框架协议〉及项下部分协定的议定书》(《中国—东盟自贸协定》"升级版")自2019年8月20日正式生效实施一个月以来,深圳海关为深圳出口企业签发中国—东盟自由贸易协定原产地证明书1.2万份,签证货值为31.3亿元,获关税减免约1.6亿元,促进深圳医疗器械、电器、家具、玩具等优质产品出口销往东盟国家,助力深圳进出口企业积极开拓"一带一路"沿线市场。

中国—东盟自贸区是目前世界上人口最多的自贸区,也是发展中国家最大的自贸区,东盟已成为我国的第二大贸易伙伴。"升级版"证书为企业提供了更多的便利,中国制造商可以直接申请新版原产地证书;申报货物项数不再受20项的数量限制;原产地规则更为细化,设置五个原产地标准以便于企业申报;发票栏可选填出口方发票号或第三方发票号,简化了操作程序,提高了通关效率。

深圳海关"点面结合"加大宣传力度,举办企业政策宣讲会,面向百余家出口企业深度解读《中国—东盟自贸协定》"升级版"关税优惠政策,开展面对面辅导,结合企业实际情况精准讲解原产地规则及证书填制规范,及时为企业解惑答疑,全面提高政策利用率。

资料来源:《深圳特区报》

二、税率适用

税率适用是指进出口货物在征税、补税、追税或退税时选择适用的各种税率。

（一）关税正税税率适用

我国实行复式进口税则，即同一进口商品对应两种及以上的税率设置，实际工作中按照一定的原则和步骤选择一种正确的适用税率。

1. 适用时间

按照《关税条例》规定，进出口货物应当适用海关接受该货物申报进口或者出口之日实施的税率。要确定进出口货物关税税率，应首先确定货物被海关接受申报的时间。

另外，税率适用时间在实际运用时还需要区分以下不同情况：

（1）进口货物到达前，经海关核准先行申报的，应当适用装载该货物的运输工具申报进境之日实施的税率。

（2）进口转关运输货物，应当适用指运地海关接受该货物申报进口之日实施的税率；货物运抵指运地前，经海关核准先行申报的，应当适用装载该货物的运输工具抵达指运地之日实施的税率。

（3）出口转关运输货物，应当适用启运地海关接受该货物申报出口之日实施的税率。

（4）经海关批准，实行集中申报的进出口货物，应当适用每次货物进出口时海关接受该货物申报之日实施的税率。

（5）因超过规定期限未申报而由海关依法变卖的进口货物，其税款计征应当适用装载该货物的运输工具申报进境之日实施的税率。

（6）因纳税义务人违反规定需要追征税款的进出口货物，应当适用违反规定的行为发生之日实施的税率；行为发生之日不能确定的，适用海关发现该行为之日实施的税率。

（7）已申报进境并放行的保税货物、减免税货物、租赁货物或者已申报进出境并放行的暂时进出境货物，有需缴纳税款的，应当适用海关接受纳税义务人再次填写报关单申报办理纳税及有关手续之日实施的税率。

2. 选用税率

确定税率适用时间后，对照《税则》复式税率设置及随附关税税率附表，并从中选取正确适用税率。

（1）从低选用税率。对同时适用协定税率、特惠税率的进口货物有暂定税率的，应当从低适用税率。

（2）暂定税率优先。对适用最惠国税率、关税配额税率的进口货物同时设有暂定税率的，应当适用暂定税率；出口货物征收出口关税并同时设有出口暂定税率的，适用出口暂定税率。

（3）实行关税配额管理的进口货物，如能提供关税配额证明，则应适用关税配额税率。

（4）执行国家有关进出口关税减征政策时，首先应当在最惠国税率基础上计算有关税目的减征税率，然后根据进口货物的原产地及各种税率形式的适用范围，将这一税率与同一税目的特惠税率、协定税率、进口暂定税率进行比较，税率从低执行，但不得在暂定税率基础上再进行减免。

第四节 进出口税收征管

一、征缴方式

税费征缴方式是指海关征收税费和纳税义务人缴纳税费的方法和形式。税费征缴方式包括税费征收和税费缴纳两个方面。

（一）税费征收方式

税费征收方式是指海关确定关税纳税义务具体内容的方式。

1. 自报自缴方式

"自主申报、自行缴纳"以企业诚信管理为前提，企业自主申报报关单的涉税要素，自行完成税费金额的核算，自行完成税费缴纳后，货物即可放行（放行前如需查验，则查验后放行）。海关在放行后根据风险分析结果对纳税义务人申报的价格、归类、原产地等税收要素进行抽查审核。

2. 审核纳税方式

审核纳税方式，是指海关在货物放行前对纳税义务人申报的价格、归类、原产地等税收要素进行审核，并进行相应的查验（如需要）。确定货物的完税价格后核定应缴税款，纳税义务人缴纳税款后货物方予放行。

（二）税费缴纳方式

（1）以支付方式为区分点，可分为电子支付方式和柜台支付方式。

1）电子支付方式。电子支付系统通过财、关、库、银横向联网，实现海关税费信息在海关、国库、商业银行等部门之间的电子流转和税款电子入库。使用电子支付方式缴纳税款，通过"单一窗口""互联网+海关"与海关和经批准的商业银行签订电子支付三方合作协议，在报关前事先进行资格备案，进出口环节通过电子支付税费后货物即可放行。

2）柜台支付方式。海关做出征税决定后，海关填发税款缴款书，纳税义务人或其代理报关人员办理签收手续。签收后，纳税义务人或其代理报关人应在规定的时限内前往指定银行，在指定银行缴纳税款后，根据盖有证明银行已收讫税款业务印章的税款缴款书，海关办理核注及货物放行等后续手续。

（2）以缴纳频度为区分点，可分为逐票缴纳方式、汇总征税缴纳方式。

1）逐票缴纳方式。逐票缴纳方式即海关以纳税义务人纳税申报行为为单元，针对每一次申报应纳税款单独计征。逐票缴纳税费，可以是柜台方式支付，也可以是电子支付方式。

2）汇总征税方式。除海关企业信用管理中"失信企业"外，所有在海关注册登记的进出口报关单上的收发货人均可申请适用汇总征税模式，即在一定的时限内多次进出口产生的税款集中进行汇总计征的方式，以满足进出口企业对通关时效的需要。

二、税款担保

税款担保是海关事务担保的一种，是持纳税义务人以法定形式向海关承诺在一定期限内履行其纳税义务的行为。

（一）办理税款担保的情形

纳税义务人针对以下情形要求海关先放行货物的，应当按照海关初步确定的应缴税款向海关提供足额税款担保：

1）海关尚未确定商品归类、完税价格、原产地等征税要件的。

2）正在海关办理减免税审核确认手续的。

3）正在海关办理延期缴纳税款手续的。

4）暂时进出境的。

5）进境修理和出境加工的，按保税货物实施管理的除外。

6）因残损、品质不良或者规格不符，纳税义务人申报进口或者出口无代价抵偿货物时，原进口货物尚未退运出境或者尚未放弃交由海关处理的，或者原出口货物尚未退运进境的。

7）其他按照有关规定需要提供税款担保的。

（二）担保期限及方式

1. 担保期限

除另有规定外，税款担保期限一般不超过6个月，特殊情况需要延期的，应当经主管海关核准。

2. 担保方式

海关税款担保一般采用保证金、银行及非银行金融机构出具连带责任保证保函方式。采用保证金形式办理的担保，一般采取逐票方式。采用银行及非银行金融机构出具保函办理的担保，可采取逐票方式，也可采取办理汇总征税及循环担保方式。税款保函明确规定保证期限的，保证期限应当不短于海关批准的担保期限。

三、税收保全与强制措施

（一）保全措施

进出口货物的纳税义务人在规定的纳税期限内有明显的转移、藏匿其应税货物及其他财产迹象的，海关可以要求纳税义务人在海关规定的期限内提供海关认可的担保。纳税义务人不能在海关规定的期限内按照海关要求提供担保的，经直属海关关长或者其授权的隶属海关关长批准，海关应当采取税收保全措施。

1. 暂停支付存款

海关书面通知纳税义务人开户银行或者其他金融机构（以下统称金融机构）暂停支付纳税义务人相当于应纳税款的存款。

2. 暂扣货物或财产

因无法查明纳税义务人账户、存款数额等情形不能实施暂停支付措施的，书面通知（随附扣留清单）纳税义务人扣留其价值相当于应纳税款的货物或者其他财产。

（二）强制措施

进出口货物的纳税义务人、担保人自规定的纳税期限届满之日起超过3个月未缴纳税款或经海关总署批准延期缴纳税款的，自延期缴税时限届满之日起超过3个月仍未缴纳税款的，经直属海关关长或其授权的隶属海关关长批准，依次采取下列强制措施：

（1）书面通知金融机构从其存款中扣缴税款。

（2）将应税货物依法变卖，以变卖所得抵缴税款。

（3）扣留并依法变卖其价值相当于应纳税款的货物或者其他财产，以变卖所得抵缴税款。

无法采取税收保全措施、强制措施，或者采取税收保全措施、强制措施仍无法足额征收税款的，海关依法向人民法院申请强制执行，并按照法院要求提交相关材料。

四、税款退还、追补

（一）税款退还

纳税义务人按照规定缴纳税款后，因误征、溢征及其他国家政策调整应予退还的税款可由海关依法退还。

1. 多征税款退税

（1）海关发现多征税款的，应立即通知纳税义务人办理退税手续。纳税义务人应当自收到海关通知之日起 3 个月内办理退税手续。

（2）纳税义务人发现多征税款的，自缴纳税款之日起 1 年内，可以向海关申请退还多缴的税款并加算银行同期活期存款利息。

2. 品质或者规格原因退税

（1）已缴纳税款的进口货物，因品质或者规格原因原状退货复运出境的，纳税义务人自缴纳税款之日起 1 年内，可以向海关申请退税。

（2）已缴纳出口关税的出口货物，因品质或者规格原因原状退货复运进境并已重新缴纳因出口而退还的国内环节有关税收的，纳税义务人自缴纳税款之日起 1 年内，可以向海关申请退税。

3. 退关退税

已缴的出口关税的货物，因故未装运出口申报退关的，纳税义务人自缴纳税款之日起 1 年内，可申请退税。

4. 短装退税

散装进出口货物发生短装并已征税放行的，如该货物发货人、承运人、保险公司已对短装部分退还或者赔偿相应货款，纳税义务人自缴纳税款之日起 1 年内，可申请退还短装部分相应税款。

5. 赔偿退税

因进出口货物残损、品质不良、规格不符等原因或发生上述散装货物短装以外的货物短少情形，由进出口货物的发货人、承运人或保险公司赔偿相应货款的，纳税义务人自缴纳税款之日起 1 年内，可申请退还赔偿货款部分的相应税款。

退税必须在原征税海关办理。办理退税时，纳税义务人应填写"退税申请表"并持凭原进口或出口报关单、原盖有银行印章的税款缴纳书正本及其他必要单证（如合同、发票、协议、第三方商检机构证明、已经赔偿货款的证明文件、税务机关出具证明等）送海关审核。海关同意后，应按原征税或者补税之日所实施的税率计算退税额。

进口环节增值税已予抵缴的，除国家另有规定外不予退还。已征收的滞纳金不予退还。

（二）税款追补

1. 补税

（1）少征税款补税。进出口货物放行后，海关发现少征税款，即海关对该进出口货物实际征收的税款少于应当征收的税款的，应当自纳税义务人缴纳税款之日起 1 年内，由海关补征。

（2）漏征税款补税。海关发现漏征税款，即海关对进出口货物应当征收但未征收税款的，应当自货物放行之日起 1 年内，向纳税义务人补征漏征的税款。

2. 追税

（1）少征税款追税。因纳税义务人违反规定，导致海关对进出口货物或海关监管货物少征税款的，海关应当自缴纳税款之日起 3 年内追征税款。因纳税义务人违反规定造成海关监管货物少征税款的，海关应当自纳税义务人应缴纳税款之日起 3 年内追征税款。

（2）漏征税款追税。因纳税义务人违反规定，导致海关对进出口货物或海关监管货物漏征税款的，海关应当自该货物放行之日起 3 年内追征税款。

少征或漏征税款部分涉及滞纳金的应一并征收。补征的关税、进口环节代征税、滞纳金起征点均为 50 元。

郑州海关查获一起低报价格走私金属探测器案

郑州海关 9 月 5 日通报，该关查获一起低报价格走私金属探测器案，涉及多种型号金属探测器 200 余套，涉案货值约 3000 万元。

近日，郑州海关关员在对郑州某探测器公司申报进口的金属探测器进行风险分析时，发现该公司报关的进口商品价格波动异常，可能隐藏了"价格秘密"。经进一步调查发现，该公司负责人取得了国外某品牌探测器国内独家代理权后，为牟取非法利益，进口申报时故意制作虚假合同、虚假发票等单证，对部分货物的价格进行修改后向海关申报，每款探测器的低报价格幅度在 30% 至 50% 不等。

据介绍，随着户外探险活动在国内流行，轻便简易的金属探测器开始走俏。这种手持式仪器广泛用于地下管道探测、考古、地下探矿及探测地下金属。

9 月 2 日，郑州海关缉私部门对该公司立案侦查并展开抓捕行动，抓获该公司法定代表人陈某，当场查获多种型号金属探测器 200 多套，该案涉案货值约 3000 万元，涉嫌偷逃进口环节税款数百万元人民币。

《中华人民共和国海关法》规定，进口货物的收货人、出口货物的发货人应当向海关如实申报，交验进出口许可证件和有关单证。如果违反上述法律规定，以瞒报、伪报等方式逃避海关监管，偷逃应纳税款、逃避国家有关进出境禁止性或者限制性管理的，构成走私，应当承担相应的法律责任。

资料来源：《法制日报》，2019 年 09 月 06 日

练习题

一、名词解释

进出口税费　关税　关税纳税义务人　正税　进口附加税　从价关税　从量关税　复合关税　滑准关税　反倾销税　反补贴税　保障措施关税　报复性关税　出口关税　消费税　增值税　船舶吨税　进境物品进口税　滞纳金　进出口货物完税价格　进口货物成交价格方法　相同货物成交价格方法　类似货物成交价格方法　倒扣价格估价方法　计算价格估价方法　合理方法　原产地规则　优惠原产地规则　非优惠

原产地规则 完全获得标准 原产地证书 税率适用 自报自缴方式 审核纳税方式

二、论述题

1. 写出进出口关税、进口增值税、进口消费税的计算公式。

2. 简述核定进口货物完税价格的六种方法。

3. 论述优惠原产地认定标准。

4. 简述关税正税税率适用时间。

5. 讨论滞报金和滞纳金的区别。

6. 天津一家渔业生产企业从美国购进一批货物，成交价格合计为 CIF 境内目的地口岸 340000.00 美元，已知该产品按价格计征进口关税，进口关税税率为 5%，消费税税率 10%，增值税税率为 17%。适用中国银行的外汇折算价为 1 美元 = 人民币 6.3514 元，请计算该批货物应征进口关税、消费税以及增值税。

7. 内地某公司从香港购进轿车，该批货物应征关税税额为人民币 410000.00 元，应征进口环节消费税为人民币 82110.00 元，进口环节增值税税额为人民币 654121.24 元。海关于 2011 年 12 月 1 日（星期四）填发"海关专用缴款书"，该公司于 2011 年 12 月 26 日缴纳税款。请计算应征的滞纳金。

第十一章

进出口报关单证

进出口货物收发货人或其代理人，在货物进出口的时候需要向海关提供报关单以及批准货物进出口的证件、有关货运、商业单据，以便海关依据这些单据、证件查验货物的进出是否合法，确定关税的征收或减免事宜，编制海关统计。本章主要讲述报关单证的基本内容，报关单的填制和随附单证的准备。

第一节 报关单证概述

一、报关单证含义

报关单证是指进出口货物收发货人或其代理人向海关办理报关手续时，根据需要向海关提供报关单以及其他单据、证明的总称。

《海关法》第25条规定："办理进出口货物的海关申报手续，应当采用纸质报关单和电子数据报关单的形式"。所以进口货物的收货人、出口货物的发货人或其代理人，都必须在货物进出口的时候填写报关单向有关海关申报，同时提供批准货物进出口的证件和有关货运、商业单据，以便海关依据这些单据、证件查验货物的进出是否合法，确定关税的征收或减免事宜，编制海关统计。

二、报关单证作用

报关单证的作用在于进出口货物的报关人能够按照《海关法》和其他法律法规的要求合法履行进出境环节的相关义务，进而确保海关对进出境运输工具、货物、物品的监管、征收税费、查缉走私、编制统计和办理其他海关业务任务的顺利完成，维护国家进出口经济贸易活动的正常秩序。

（一）完成交易的需要

报关是货物进出口的必经环节，报关活动是国家对外经济贸易活动和国际商品供应链中的重要组成部分。报关单证质量直接关系着进出口货物的通关速度以及企业的经营成本和经济效益，同时也影响着海关的行政效率。

（二）报关单证是海关完成各项工作任务的重要依据

海关各项任务的完成是建立在对进出境活动的监督管理上的，缮制报关单证向海关报关，办理进出境手续是进出境活动的主要部分，因此，报关单证是否规范直接影响到海关工作的效率，涉及进出口货物的各项税费能否得到及时征缴，海关能否及时发现与打击走私活动，我国海关统计工作能否做到及时、准确，因此，报关单证是完成海关各项工作任务的重要依据。

（三）报关单证是维护国家进出口经济贸易活动正常秩序的重要保证

在当今社会，随着交通手段的不断改进以及信息、通信技术的不断提高，对企业的物流管理提出了比较高的要求，方便、快捷、合法地办理进出口通关对进出口企业具有重要意义。通过报关单证对报关主体资格的管理和报关行为的规范，为进出口货物真实、合法的报关提供了条件，确保了良好的报关秩序，提高了进出口货物的通关效率，保证了国家进出口经济贸易活动的正常秩序，实现了严密与效能的统一。

三、报关单证范围

报关单证可以分为报关单和随附单证两大类，其中随附单证包括基本单证、特殊单证。

报关单是指进出口货物报关单或者带有进出口货物报关单性质的单证，如特殊监管区域进出境备案清单、进出口货物集中申报清单、ATA 单证册、过境货物报关单等。

基本单证是指进出口货物的货运单据和商业单据，主要有进口提货单据、出口装货单据、商业发票、装箱单等。

特殊单证是指对进出口货物涉及特殊管制规定的单证、专业性单据。特殊管制规定的单证主要有进出口许可证件、加工贸易电子化手册和电子账册、征免税证明、原产地证明书等，专业性单据包括实施准入管理的证明、实施产品资质管理的证明、实施企业资质管理的证明、属于评估或验证类文件资料和涉及国家技术规范强制要求的证明材料等。

进出口货物收发货人或其代理人应向报关员提供基本单证、特殊单证，报关员审核这些单证后据以填制报关单。进出口货物报关单的填制必须真实、准确、完整，上述单证应齐全、有效、正确，报关单与随附单证必须一致，要做到单单相符、单证相符、单货相符、证货相符。

四、报关单证缮制的一般原则

填写报关单证是进口货物的收货人或出口货物的发货人向海关办理手续的一项法律行为。报关单证的质量如何，不但直接关系到出口企业能否及时报关通关，而且还能反映出企业员工素质和企业文化，因此，报关单证不能马虎对待，也不能杂乱无章、随意涂改，而要必须符合国际贸易商业习惯格式和海关的实际需要。原则上说，出口单证应符合"正确、完整、及时、简洁、整洁"的一般原则。

（一）正确

正确是单证缮制的根本。正确性即通常所说的"三相符"——单据与信用证相符、单据与单据之间相符、单据与所装货物相符。在实际业务中，单据的正确性既要求不能出现错误，还要求所出具的各种单据的种类、正副本份数和签章等必须符合海关以及其他监管部门的规定，如报关单与合同、发票、装箱单等内容相符。

单证不正确不仅会被银行拒收，被进口企业拒付货款，进而直接影响安全收汇，报关时被海关发现还有走私的嫌疑。因为"单据与所装货物相符"主要是指单据与实际交货内容相符，所以对出口企业来说，如果出现单据与所装货物不相符，海关就会干预，进而造成不必要的经济损失。如我国某进出口公司出口一批机电产品去美国，该机电产品型号为"E-

45"，数量为10台，每台单价为1.3万美元，合同总值为13万美元。货物装运报关时，海关查验货物发现单据上所打的货物的型号"E-45"与实际出境报关货物的型号不符，因此海关扣留该批货物，要求企业修改报关单证重新报关，导致企业交货延迟，存在违约风险，造成了不必要的损失。

(二) 完整

完整是指全套报关单据的种类、份数和单据本身的内容必须按规定和商业习惯齐备无缺。海关针对不同种类、不同性质的货物各有不同的规定，最简单的一套报关单据至少也应有：商业发票、装货单或运单、报关单等。在通常情况下，除上述几种单据外，海关规定要提供的还有装箱单、原产地证明、进出口许可证等。

进出口企业在向海关申报时，海关都规定企业需要提交＊＊＊单据正本＊＊份，副本＊＊份，报关时要备足份数。

单据的内容必须按照国际贸易商业习惯和格式，同时也要严格按照海关规定办理。例如，商业发票的内容至少应具备"发票"（INVOICE）、发票号、出票日期、受益人名称、收货人名称、唛头、货名、规格、数量、包装、单价、总金额、受益人签章等项目。

(三) 及时

及时是因为进出口单证工作的时间性很强。海关规定，出口货物的发货人或其代理人应当在装货的24小时以前向海关申报，如果在规定的期限之前没有向海关办理出口申报手续，海关可以拒绝接受通关申报；进口货物的收货人或其代理人应当自载运货物的运输工具申报进境之日起14天内向海关办理进口货物的通关申报手续，如果在规定的期限内没有向海关办理进口申报手续，海关将征收滞报金；进口货物的收货人自运输工具申报进境之日起超过三个月未向海关申报的，其进口货物由海关提取变卖处理；海关已接受申报的报关单电子数据，人工审核确认需要退回修改的，当事人应当在10日内完成修改并重新发送报关单电子数据；超过10日的，原报关单无效，当事人应当另行向海关申报。

因此，进出口企业应该按照海关的要求，及时缮制好相应的单证，准时向海关申报通关。

(四) 简洁

简洁是指单据中的各项内容要简明、通顺，力戒烦琐，避免画蛇添足；但必要内容不可或缺。近年来，许多国际组织或国家对国际贸易中的单证进行简化和标准化改革，进一步优化了贸易程序，方便了进出口企业从事贸易活动。如：暂时进出境的展览品可以使用ATA单证册，将各国要求和内容不同的报关单进行整合，简化了报关单内容，促进了国际展览业的发展。

(五) 整洁

整洁主要是指单证的表面清晰、整齐、美观大方，单证各项内容清楚、易读、记述简明。正确、完整是单证的内在质量，整洁则是其外观质量，单证的外观质量在一定程度上反映出一个企业的外贸业务及外文水平。单证的整洁性要求单证的格式设计和缮制力求标准化和规范化，单证内容的排列要行次整齐、字迹清晰、重点项目突出醒目，切忌头重脚轻、内容次序颠倒凌乱，单证中重要的内容（如单据编号、品名、规格、数量、单价、总金额等）不可打错或涂改。

海关总署：单证材料由 132 种缩减至 40 种

记者今天从海关总署了解到，在对海关和原出入境检验检疫两部分合计 206 部规章进行全面清理的基础上，海关总署通过修改或者废止 84 部现行规章，大幅精简海关单证，将要求企业和群众提交单证材料的种类由 132 种缩减至 40 种，精简比例达到 70%。

据了解，海关现行规章中要求行政相对人提交的有关单证和材料共计六大类 132 种，主要包括身份资质证明、海关出具单证、主管部门核发单证、企业内部管理制度、场所权属证明和商业单证。海关总署根据精简原则，对这些单证材料进行了全面清理。

经过本次清理，取消行政相对人提交的单证材料 92 种，保留单证材料 40 种，主要包括以下两类情形：一是海关与相关管理部门无法通过联网获取有关信息，海关自行查询存在一定困难且容易影响行政效率；二是，海关在办理业务过程中需要对有关单证进行签注作业，行政相对人提交此类单证是其办理相关业务的必经程序。

海关总署表示，上述保留单证随着海关与相关管理部门实施联网核查以及海关自身通关作业无纸化改革的深入推进，一旦条件成熟，将不再要求企业提交。

在精简上述单证材料的同时，海关总署在规章修订过程中，还就进一步提升精简单证改革成效、增强企业获得感和满足感做出了如下制度安排：

全面删除了现行规章中要求企业提交纸质单证的"纸质"字样，不再限定提交单证的具体形式，不再要求必须提交纸质单证；同时，对于现行规章中要求企业提交的照片或者文件也删去了"一式几张""一式几份"等明显带有纸质文本特征的数量要求，为下一步海关全面实现作业无纸化、单证电子化在法规制度层面扫除障碍、铺平道路。

全面删除了现行规章中海关要求验核企业提交单证原件的规定，在企业传输电子数据可以满足海关监管需要的情况下，不再要求企业向海关交验单证原件，企业可以通过"互联网＋海关"一体化办事平台，足不出户地办理有关业务，将企业"最多跑一次"变为"一次都不用跑"。

全面删除现行规章中要求企业提交单证材料的兜底条款，海关确需企业提交的单证材料必须具体列明，进一步规制海关自由裁量权，提升企业对海关单证要求的可预期性。

此外，海关总署除集中修改 82 部规章外，还整体废止了《海关对出口退税报关单管理办法》，该部规章的现有规定对于实际工作已失去指导和规范作用，故予以废止；另一部规章是《出入境检验检疫标志管理办法》，因目前已不再加施检验检疫标志，所以该部规章失去存在价值，一并废止。

资料来源：《法制日报》，2018 年 6 月 8 日

第二节 进出口货物报关单

一、进出口货物报关单概述

（一）含义

进出口货物报关单是指进出口货物收发货人或其代理人，按照海关规定的格式对进出口

货物的实际情况做出书面声明，以此要求海关对其货物按适用的海关制度办理通关手续的法律文书。它既是海关监管、征税、统计以及开展稽查和调查的重要依据，又是出口退税和外汇管理的重要凭证，还是海关处理走私、违规案件以及税务、外汇管理部门查处骗税、逃汇、套汇犯罪活动的重要书证。

（二）种类

进出口货物报关单可以分为以下几种类型：

1. 按进出口流向分类

报关单按进出口状态可分为进口货物报关单和出口货物报关单。

2. 按表现形式分类

（1）纸质报关单。

（2）电子数据报关单。在法律上，电子数据报关单与纸质报关单具有相同的法律效力。

（三）海关对报关单填制的一般要求

（1）进出口货物收发货人或其代理人应按照《中华人民共和国海关进出口货物申报管理规定》《报关单填制规范》《统计商品目录》《规范申报目录》等有关规定要求向海关申报，并对申报内容的真实性、准确性、完整性和规范性承担相应的法律责任。

（2）报关单的填报应做到"两个相符"：一是单证相符，即所填报关单各栏目的内容必须与合同、发票、装箱单、提单及批文等随附单据相符；二是单货相符，即所填报关单各栏目的内容必须与实际进出口货物的情况相符，不得伪报、瞒报、虚报。

（3）同一份报关单上的商品不能同时享受协定税率和减免税。

（4）一份原产地证书，只能用于同一批次进口货物。含有原产地证书管理商品的一份报关单，只能对应一份原产地证书。

（5）不同运输工具、不同航次、不同提运单、不同监管方式、不同备案号、不同征免性质的货物，均应分单填报。

（6）一份报关单所申报的货物，须分项填报的情况主要有：商品编号不同的，商品名称不同的，计量单位不同的，原产国（地区）/最终目的国（地区）不同的，币制不同的，征免不同的。

湖北省启用"关检合一"新报关单，企业通关大幅缩短

《湖北日报》讯（记者刘天纵、通讯员袁剑）8月1日上午8时26分13秒，武汉普路通供应链管理有限公司的30票进口机电产品通过海关放行。这是武汉海关开出的首批"关检合一"新报关单，总用时为40分钟。

而在以前，企业进口货物需分别到海关和检验检疫部门提交"报关单"和"报检单"，30票货物最快也需要一天时间才能通关。

武汉海关介绍，海关进出口货物整合申报于8月1日起在全省实施，原报关单、报检单合并为一张新报关单。原报关报检申报系统整合为一个申报系统，通过录入一张报关单、上传一套随附单证、采用一组参数代码，实现一次申报、一单通关。

整合申报是出入境检验检疫管理职责和队伍划入海关总署后，海关优化营商环境、应对复杂外贸形势和服务外贸企业的一项重要举措。

整合后，企业申报项目进一步精简。原报关、报检共229个申报项目精简到105个，统一了国别（地区）、港口、币制等8个原报关、报检共有项的代码，并将原报关、报检74项随附单据合并整合成10项，将102项监管证件合并简化成64项。另外，原分割的报关、报检申报系统，现在由"互联网＋海关"、国际贸易"单一窗口"接入。

"整合申报系统操作界面清晰明了，改变了以往报关、报检重复申报的问题，减少了录入报关、报检信息工作量，让企业不用'两头找、两头跑'，出口货物通关时效有了提高。"武汉普路通供应链管理有限公司运营总监说。

武汉海关提醒广大进出口企业：应及时关注报关单填制要求变化，使用新版报关单申报前，企业需事先完成"单一窗口"标准版用户注册、企业资质备案和电子口岸卡申请，及时下载《进出口货物申报项目录入指南》，方便货物快速通关。

资料来源：《湖北日报》，2018年8月2日

二、进出口货物报关单表头各栏的填写

（一）预录入编号

进出口货物报关单上方的预录入编号是指预录人单位录入报关单的编号。一份报关单对应一个预录人编号，由系统自动生成。

（二）海关编号

进出口货物报关单上方的海关编号是指海关接受申报时给予报关单的18位顺序编号。一份报关单对应一个海关编号，由系统自动生成。报关单海关编号第1~4位为接受申报海关的代码（海关规定的"关区代码表"中相应海关代码），第5~8位为海关接受申报的公历年份，第9位为进出口标志（"1"为进口，"0"为出口；集中申报清单"I"为进口，"E"为出口），后9位为顺序编号。

（三）境内收货人/境内发货人

境内收货人或境内发货人是指在海关备案的对外签订并执行进出口贸易合同的中国境内法人、其他组织名称及编码。编码填报18位法人和其他组织统一社会信用代码，没有统一社会信用代码的，填报其在海关的备案编码。

1. 统一社会信用代码

从唯一、统一、共享、便民和低成本转换等角度综合考虑，国家统一机构代码设计。新的社会信用代码为18位，由第1位登记管理部门代码、第2位机构类别代码、第3~8位登记管理机关行政区划码、第9~17位主体标识码（组织机构代码）、第18位校验码五个部分组成。

2. 海关注册编码

海关凭申请单位提交的工商营业执照、组织机构代码证和税务登记证等证件办理海关注册编码注册备案手续。海关注册编码共10位，第1~4位为企业注册地行政区划代码，第5位为企业注册地经济区划代码，第6位为企业经济类型代码，第7位为企业注册用海关经营类别代码，第8~10位为企业注册流水编号。

（四）进境关别/出境关别

报关单中的"进出境关别"特指根据货物实际进出境的口岸海关，本栏目应填报海关

规定的"关区代码表"中相应口岸海关的名称及代码。

关区名称是指直属海关、隶属海关或海关监管场所的中文名称。关区代码由四位数字组成，前两位为直属海关关别代码，后两位为求属海关或海关监管场所的代码。例如，货物由天津新港口岸进境，"进口口岸"栏不能填报为"天津关区"+"0200"，亦不应填报为"天津海关"+"0201"，而应填报为"新港海关"+"0202"。

（五）进口日期/出口日期

进口日期是指运载所申报进口货物的运输工具申报进境的日期。出口日期是指运载所申报出口货物的运输工具办结出境手续的日期。

进出口日期均为8位数字，顺序为年（4位）、月（2位）、日（2位）。例如，2019年7月5日填报为"20190705"。

（六）申报日期

申报日期是指海关接受进出口货物的收发货人、受其委托的报关企业向海关申报数据的日期。

以电子数据报关单方式申报的，申报日期为海关计算机系统接受申报数据时记录的日期。以纸质报关单方式申报的，申报日期为海关接受纸质报关单并对报关单进行登记处理的日期。

申报日期为8位数字，顺序为年（4位）、月（2位）、日（2位）。本栏目在申报时免予填报。

（七）备案号

填报进出口货物收发货人、消费使用单位、生产销售单位在海关办理加工贸易合同备案或征、减、免税审核确认等手续时，海关核发的《加工贸易手册》、海关特殊监管区域和保税监管场所保税账册、"征免税证明"或其他备案审批文件的编号。一份报关单只允许填报一个备案号。

（八）境外收货人/境外发货人

境外收货人通常是指签订并执行出口贸易合同中的买方或合同指定的收货人，境外发货人通常指签订并执行进口贸易合同中的卖方。

填报境外收货人的名称及编码，名称一般填报英文名称，检验检疫要求填报其他外文名称的，在英文名称后填报，以半角括号分隔；对于AEO互认国家（地区）的企业，编码填报AEO编码，填报样式为"国别（地区）代码+海关企业编码"；非互认国家（地区）AEO企业等其他情形，编码免于填报。

特殊情况下无境外收发货人的，名称及编码填报"NO"。

（九）运输方式

报关单中的运输方式包括实际运输方式和海关规定的特殊运输方式，前者指货物实际进出境的运输方式，按进出境所使用的运输工具分类；后者指货物无实际进出境的运输方式，按货物在境内的流向分类。

"运输方式"栏应根据货物实际进出境的运输方式或货物在境内流向的类别，按海关规定的"运输方式代码表"选择填报相应的运输方式名称或代码（见表11-1）。

表 11-1　运输方式代码表

运输方式代码	运输方式名称	运输方式代码	运输方式名称
0	非保税区	5	航空运输
1	监管仓库	6	邮件运输
2	江海运输	7	保税区
3	铁路运输	8	保税仓库
4	汽车运输	9	其他运输

（十）运输工具名称及航次号

运输工具名称指载运货物进出境的运输工具的名称或运输工具编号。

航次号指载运货物进出境的运输工具的航次编号。报关单"运输工具名称"与"航次号"的填报内容应与运输部门向海关申报的舱单（载货清单）所列相应内容一致。

一份报关单只允许填报一个运输工具名称及其航次号。直接在进出境地办理报关手续的报关单具体填报要求见表 11-2。

表 11-2　运输工具名称表

运输方式	运输工具名称栏	举　例
江海运输	船舶英文名称/航次号	DANU BHUM/013S
航空运输	航班号	NH0133
汽车运输	车牌号	粤 B03456
铁路运输	车厢号	K55
其他	填报具体运输方式	管道、驮畜

（十一）提运单号

提运单号是指进出口货物提单或运单的编号。报关单"提运单号"栏所填报的运输单证编号，主要包括海运提单号、海运单号、铁路运单号、航空运单号。提运单号必须与舱单数据一致。一份报关单只允许填报一个提单或运单号；当一票货物对应多个提单或运单时，应分单填报。

（1）水路运输：填报进出口提单号；如有分提单的，填报进出口提单号 + " * " + 分提单号。

（2）公路运输：启用公路舱单前，免于填报；启用公路舱单后，填报进出口总运单号。

（3）铁路运输：填报运单号。

（4）航空运输：填报总运单号 + "_" + 分运单号；无分运单的，填报总运单号。

（5）邮件运输：填报邮运包裹单号。

（6）非实际进出境货物，本栏目免予填报。

（十二）货物存放地点

填报货物进境后存放的场所或地点，包括海关监管作业场所、分拨仓库、定点加工厂、隔离检疫场、企业自有仓库等。

（十三）消费使用单位/生产销售单位

消费使用单位是指已知的进口货物在境内的最终消费、使用单位的名称，包括自行从境外进口货物的单位、委托进出口企业进口货物的单位等。

生产销售单位是指出口货物在境内的生产或销售单位，包括自行出口货物的单位、委托进出口企业出口货物的单位等。

本栏目可选填18位的法人和其他组织的统一社会信用代码。无18位统一社会信用代码的，填报"NO"。

（十四）监管方式

进出口货物报关单上所列的监管方式专指以国际贸易中进出口货物的交易方式为基础，结合海关对进出口货物征税、统计及监管条件综合设定的海关对进出口货物的管理方式。一份报关单只允许填报一种监管方式。

监管方式代码为4位数字。前两位按照海关监管要求和计算机管理需要划分的业务分类代码，例如02～08、44、46表示加工贸易货物，11～12表示保税仓储、转口货物，20～22表示外商投资企业进口货物，45表示退运货物，50～53表示特殊区域货物。后两位是参照国际标准编制的贸易方式代码，其中10～39表示列入海关贸易统计，41～66表示列入单项统计，00表示不列入海关贸易统计和单项统计。

根据实际对外贸易情况按海关规定的"监管方式代码表"选择填报相应的监管方式简称及代码。一份报关单只允许填报一种监管方式。

常见监管方式的名称、代码、适用范围及主要填报要求如下：

1. 一般贸易

一般贸易是指我国境内有进出口经营权的企业单边进口或单边出口的贸易。本监管方式代码"0110"，简称"一般贸易"。

2. 加工贸易

（1）来料加工。来料加工是指进口料件由境外企业提供，经营企业不需要付汇进口，按照境外企业的要求进行加工或装配，只收取加工费，制成品由境外企业销售的经营活动。本监管方式代码"0214"，简称"来料加工"，主要适用于来料加工项下进口的料件和加工出口的成品。

（2）进料加工。进料加工贸易是指进口料件由经营企业付汇进口，制成品由经营企业外销出口的经营活动。进料加工对口合同是指买卖双方分别签订进出口对口合同，料件进口时，我方先付料件款，加工成品出口时再向对方收取出口成品款项的交易方式。本监管方式代码"0615"，简称"进料对口"，主要适用于进料加工项下的进口料件和出口成品。

（3）结转。加工贸易经营企业将保税进口料件所加工的产品在境内结转给另一个加工贸易企业，用于再加工后复出口的，转入、转出企业分别填制进口、出口报关单，监管方式填报"来料深加工"（0255）或"进料深加工"（0654）。

加工贸易经营企业将加工过程中剩余的进口料件，结转到本企业同一加工监管方式下的另一个加工贸易合同上，继续加工为制成品后复出口的，应分别填制进口、出口报关单，监管方式填报"来料余料结转"（0258）或"进料余料结转"（0657）。

（4）料件内销。加工贸易加工过程产生的剩余料件、制成品、未完成品、残次品及受灾保税货物，经批准转为国内销售，不再加工复出口的，以及海关事后发现企业擅自转内销并准予补办进口补税手续的加工贸易项下货物，应填制进口报关单，监管方式填报"来料料件内销"（0245）或"进料料件内销"（0644）。

（5）加工贸易设备。加工贸易设备，指来料加工、进料加工贸易项下外商作价提供、不扣减企业投资总额的进口设备，以及服务外包企业履行国际服务外包合同，由国际服务外包业务境外发包方免费提供的进口设备。本监管方式代码为"0420"。

（6）不作价设备。加工贸易项下外商提供的不作价设备，指境外企业与境内企业开展来料、进料业务，外商免费向境内加工贸易收发货人提供加工生产所需设备，境内收发货人不需支付外汇、不需用加工费或差价偿还。本监管方式代码为"0320"，简称"不作价设备"。

3. 外商投资总额内进口设备、物品

外商投资企业作为投资进口的设备、物品，是指外商投资企业投资总额内的资金（包括中方投资）进口的机器设备、零部件和其他建厂（场）物料，安装、加固机器所需材料，以及进口本企业自用合理数量的交通工具、生产用车辆、办公用品（设备）。中外合资、合作企业进口设备、物品，监管方式代码为"2025"，简称"合资合作设备"；外商独资企业（以下简称外资企业）进口设备、物品，监管方式代码为"2225"，简称"外资设备物品"。

4. 暂时进出境货物

（1）进出境展览品。进出境展览品指外国为来华或我国为到外国举办经济、文化、科技等展览或参加博览会而进出口的展览品，以及与展览品有关的宣传品、布置品、招待品，小卖品和其他物品。本监管方式代码为"2700"，简称"展览品"，对应征免性质为"其他法定"（299）。

（2）其他暂时进出境货物。其他暂准进出境货物是指除进出境展览品之外的其他暂时进出关境，并且在规定的期限内复运出境或进境的货物。本监管方式代码为"2600"，简称"暂时进出货物"。

5. 租赁贸易

租赁贸易是指经营租赁业务的企业与外商签订国际租赁合同项下境内企业租赁进口或出租出口的货物。相关监管方式包括：租赁期在一年及以上的进出口货物，监管方式代码为"1523"，简称"租赁贸易"；租赁期在一年及以上的进出口货物分期办理征税手续时，每期征税适用监管方式代码为"9800"，简称"租赁征税"；租赁期不满一年的进出口货物，监管方式代码为"1500"，简称"租赁不满一年"。

6. 修理物品

进出境修理物品是指进境或出境维护修理的货物、物品。本监管方式代码为"1300"，简称"修理物品"。

7. 无代价抵偿进出口货物

无代价抵偿进出口货物是指进出口货物经海关征税或免税放行后，因货物残损、短少或品质不良及规格不符等原因，而由进出口货物的发货人、承运人或保险公司免费补偿或更换的与原货物相同或者与合同规定相符的货物。本监管方式代码为"3100"，简称"无代价抵偿"。

8. 退运货物

退运进出口货物是指原进、出口货物因残损、缺少、品质不良、规格不符、延误交货或其他原因退运出、进境的货物。本监管方式代码为"4561"，简称"退运货物"。

9. 直接退运货物

直接退运货物是指进口货物收发货人、原运输工具负责人或者其代理人在货物进境后、办结海关放行手续前，因海关责令或有正当理由获准退运境外的货物。本监管方式代码为"4500"，简称"直接退运"。

10. 国家或国际组织无偿援助和赠送的物资

国家或国际组织无偿援助和赠送的物资是指我国根据两国政府间的协议或临时决定，对外提供无偿援助的物资、捐赠品，或我国政府、组织基于友好关系向对方国家政府、组织赠送的物资，以及我国政府、组织接受国际组织、外国政府或组织无偿援助、捐赠或赠送的物资。本监管方式代码为"3511"，简称"无偿援助物资"。

11. 进出口捐赠物资

进出口捐赠物资是指境外捐赠人以扶贫、慈善、救灾为目的向我国境内捐赠的直接用于扶贫、救灾、兴办公益福利事业的物资，以及境内捐赠人以扶贫、慈善、救灾为目的向境外捐赠的直接用于扶贫、救灾、兴办公益福利事业的物资。本监管方式代码为"3612"，简称"捐赠物资"。

海关为义乌小商品增设"市场采购"监管代码

海关总署日前发布公告，为在义乌国际小商品城等采购的出口商品增列海关监管方式代码"1039"，即"市场采购"。

海关总署新闻发言人张广志表示，市场采购贸易方式是指由符合条件的经营者在经国家商务主管等部门认定的市场集聚区内采购的、单票报关单商品货值15万（含15万）美元以下、并在采购地办理出口商品通关手续的贸易方式。他说，为了适应小商品出口多、杂的特点，以市场采购贸易方式出口的商品，每票报关单随附的商品清单所列品种在10种以上的可简化申报，但应当提交商品清单。

据了解，自"市场采购"（1039）监管方式正式实施之日起6个月后，实施地区不再使用"旅游购物"（0139）监管方式。

资料来源：中国海关网站，2014年7月18日

（十五）征免性质

征免性质是根据实际情况按海关规定的"征免性质代码表"选择填报相应的征免性质简称及代码，持有海关核发的征免税证明的，应按照征免税证明中批注的征免性质填报。一份报关单只允许填报一种征免性质；涉及多个征免性质的，应分单填报。

征免性质分为如下几大类：

（1）一般征税，代码101：适用于依照《海关法》《进出口关税条例》《海关进出口税则》及其他法律、法规所规定的税率征收关税、进口环节增值税和其他税费的进出口货物。

（2）其他法定，代码299：适用于依照《海关法》《关税条例》，对除无偿援助进出口物资外的其他实行法定减免税的进出口货物，以及根据有关规定非按全额货值征税的部分进出口货物。

（3）特定减免税。

1）特定区域具体有：特定地区301，保税区307，其他地区399。

2）特定用途主要有：科教用品 401，残疾人 413，技术改造 403，重大项目 406，基础设施 412，远洋渔业 417，国产化 418，鼓励项目 789。其他还有海洋石油 606、陆上石油 608、贷款项目 609、贷款中标 611。

3）特定的贸易性质具体有：加工设备 501，来料加工 502，进料加工 503，边境小额 506。

4）特定企业：中外合资 601，中外合作 602，外资企业 603，自有资金 799，其他还有海洋石油 606、陆上石油 608、贷款项目 609、贷款中标 611。

（4）其他减免税：如整车征税 118 等。

（十六）许可证号

许可证号是指商务部配额许可证事务局、驻各地特派员办事处，以及各省、自治区、直辖市、计划单列市及商务部授权的其他省会城市商务厅（局）、外经贸委（厅、局）签发的进出口许可证编号。包括进（出）口许可证、两用物项和技术进（出）口许可证、两用物项和技术出口许可证（定向）、纺织品临时出口许可证、出口许可证（加工贸易）、出口许可证（边境小额贸易）的编号（见表 11-3）。一份报关单只允许填报一个许可证号。

表 11-3　常用许可证号

许可证号	许可证名称	许可证号	许可证名称
1	进口许可证	5	纺织品临时出口许可证
2	两用物项和技术进口许可证	6	两用物项和技术出口许可证（定向）
3	两用物项和技术出口许可证	7	出口许可证（加工贸易）
4	出口许可证	8	出口许可证（边境小额贸易）

（十七）启运港

启运港是指进口货物在运抵我国关境前的第一个境外装运港。启运港按海关规定的"港口代码表"填报相应的港口名称及代码，由 3 位英文和 3 位数据组成。例如，缅甸仰光的港口代码为"MMR018"。

无实际进出境的，本栏目填报"中国境内"。

（十八）合同协议号

合同（协议）号是指在进出口贸易中，买卖双方或数方当事人根据国际贸易惯例或国家有关法律、法规，自愿按照一定条件买卖某种商品签订的合同（包括协议或订单）的编号。

（十九）贸易国（地区）

发生商业性交易的按海关规定的"国别（地区）代码表"选择填报相应的贸易国（地区）中文名称及代码。进口填报购自国（地区），出口填报售出国（地区）。未发生商业性交易的填报货物所有权拥有者所属的国家（地区）。

（二十）启运国（地区）/运抵国（地区）

启运国（地区）是指进口货物起始发出直接运抵我国或在运输中转国（地区）未发生任何商业性交易的情况下运抵我国的国家（地区）。例如，申报进口货物的启运国为美国时，可以选择填报"USA-美国"，也可在本栏录入中文"美国"。

运抵国（地区）是指出口货物离开我国关境直接运抵或在运输中转国（地区）未发生

任何商业性交易的情况下最后运抵的国家（地区）。例如，申报出口货物的运抵国为马来西亚时，可以选择填报代码为"MYS-马来西亚"，也可在本栏录入中文"马来西亚"。

不经过第三国（地区）转运的直接运输进出口货物，应在启运国（地区）项目中填报进口货物的装货港所在国（地区），在运抵国（地区）项目中填报出口货物的指运港所在国（地区）。

经过第三国（地区）转运的进出口货物，如在中转国（地区）发生商业性交易，则以中转国（地区）作为启运/运抵国（地区）填报在本栏；如发生运输中转而未发生任何买卖关系的货物，其启运国（地区）或运抵国（地区）不变，仍以进口货物的始发国（地区）为启运国（地区）填报，以出口货物的最终目的国（地区）为运抵国（地区）填报。

（二十一）经停港/指运港

经停港填报进口货物在运抵我国关境前的最后一个境外装运港。

指运港填报出口货物运往境外的最终目的港；最终目的港不可预知的，按尽可能预知的目的港填报。

根据实际情况，按海关规定的"港口代码表"选择填报相应的港口名称及代码。经停港/指运港在"港口代码表"中无港口名称及代码的，可选择填报相应的国家名称及代码无实际进出境的货物，填报"中国境内"及代码。

（二十二）入境口岸/离境口岸

入境口岸填报进境货物从跨境运输工具卸离的第一个境内口岸的中文名称及代码；采取多式联运跨境运输的，填报多式联运货物最终卸离的境内口岸中文名称及代码；过境货物填报货物进入境内的第一个口岸的中文名称及代码；从海关特殊监管区域或保税监管场所进境的，填报海关特殊监管区域或保税监管场所的中文名称及代码。其他无实际进境的货物，填报货物所在地的城市名称及代码。

离境口岸填报装运出境货物的跨境运输工具离境的第一个境内口岸的中文名称及代码；采取多式联运跨境运输的，填报多式联运货物最初离境的境内口岸中文名称及代码；过境货物填报货物离境的第一个境内口岸的中文名称及代码；从海关特殊监管区域或保税监管场所出境的，填报海关特殊监管区域或保税监管场所的中文名称及代码。其他无实际出境的货物，填报货物所在地的城市名称及代码。

入境口岸、离境口岸类型包括港口、码头、机场、机场货运通道、边境口岸、火车站、车辆装卸点、车检场、陆路港、坐落在口岸的海关特殊监管区域等。按海关规定的"国内口岸编码表"选择填报相应的境内口岸名称及代码。

（二十三）包装种类

进出口货物报关单所列的"包装种类"栏是指进出口货物的所有包装材料，包括运输包装和其他包装。一般情况下，应以装箱单或提运单据所反映的货物处于运输状态时的最外层包装或运输包装作为"包装种类"向海关申报，并相应计算件数。

其中，运输包装即提运单所列货物件数单位对应的包装，按照海关规定的"包装种类代码表"，填报运输包装对应的2位包装种类代码。例如，使用再生木托作为运输包装的，在本栏填报中文"再生木托"或代码"92"。

若还有其他包装，包括货物的各类包装、植物性铺垫材料等，则在"其他包装"栏目的"包装材料种类"中，按照海关规定的"包装种类代码表"填报2位包装种类代码，在

"包装件数"栏目中填报对应件数数字。例如，其他包装中含有纸制或纤维板制盒（箱）包装的，在本栏填报中文"纸制或纤维板制盒（箱）"或代码"22"。

（二十四）件数

件数是指进出口货物运输包装的实际件数。运输包装指提运单所列货物件数单位对应的包装。报关单件数栏目不得为空，件数应大于或等于1，不得填报"0"。

舱单件数为集装箱的，填报集装箱个数；舱单件数为托盘的，填报托盘数。散装、裸装货物填报"1"。

（二十五）毛重

毛重是指商品重量加上商品的外包装物料的重量。毛重栏填报进出口货物及其包装材料的重量之和，不得为空。应以合同、发票、提运单、装箱单等有关单证中"GROSS WEIGHT"（缩写G.W.）栏所显示的重量确定进出口货物的毛重。

毛重的计量单位为千克（kg），毛重应大于或等于1kg，不足1kg的填报为1kg。

（二十六）净重

净重是指货物的毛重扣除外包装材料后的重量，即商品本身的实际重量。部分商品的净重还包括直接接触商品的销售包装物料的重量（如罐头装食品等）。净重栏填报进出口货物实际净重，不得为空。商品的净重一般都在合同、发票、装箱单或提运单据的"Net Weight"（缩写N.W.）栏体现。合同、发票等有关单证不能确定净重的货物，可以估重填报。

净重的计量单位为千克（kg），净重应大于或等于1kg，不足1kg的填报为1kg。

（二十七）成交方式

成交方式是指在进出口贸易中，进出口商品的价格构成和买卖双方各自应承担的责任、费用和风险，以及货物所有权转移的界限，以贸易术语（价格术语）进行约定的方式。

在填制进出口货物报关单时，应依据发票中的实际成交价格条款，按照海关"成交方式代码表"选择填报相应的成交方式代码（见表11-4）。无实际进出境的，进口填报CIF或其代码，出口填报FOB或其代码。

表11-4 成交方式代码表

成交方式代码	成交方式名称	成交方式代码	成交方式名称
1	CIF	5	市场价
2	CFR（C&F/CNF）	6	垫仓
3	FOB	7	EXW
4	C&I		

由于海关规定的成交方式代码表只有7种成交方式可供选择填报，所以这7种成交方式不完全等同于国际贸易中术语的概念，成交方式代码与《国际贸易术语2010通则》转换的对应关系见表11-5。

表11-5 贸易术语与成交方式的一般对应关系

组别	E组	F组			C组				D组		
术语	EXW	FCA	FAS	FOB	CFR	CPT	CIF	CIP	DAT	DAP	DDP
成交方式		FOB			CFR				CIF		

（二十八）运费

运费为进口货物运抵我国境内输入地点起卸前的运输费用，出口货物运至我国境内输出地点装载后的运输费用。运费可按运费单价、总价或运费率三种方式之一填报。

1. 运费标记

当按照运费率申报时，"运费标记"栏选择填报"1-率"；当按照每吨货物的运费单价申报时，"运费标记"栏选择填报"2-单价"；按照运费总价申报时，"运费标记"栏选择填报"3-总价"。

2. 运费/率

当"运费标记"为"1-率"，在本栏填报运费率；当"运费标记"为"2-单价"，在本栏填报运费单价；当"运费标记"为"3-总价"，在本栏填报运费总价。

3. 运费币制

当"运费标记"栏为"1-率"，本栏免予录入；如"运费标记"为"2-单价"或"3-总价"时，本栏按海关规定的"货币代码表"录入相应的币种代码。

（二十九）保险费

保险费为进口货物运抵我国境内输入地点起卸前的保险费用，出口货物运至我国境内输出地点装载后的保险费用。保险费可按保险费总价或保险费率两种方式之一填报。

1. 保险费标记

当按照保险费率申报时，"保险费标记"栏选择填报"1-率"；按照保险费总价申报时，"保险费标记"栏选择填报"3-总价"。

2. 保险费/率

当"保险费标记"为"1-率"，在本栏填报保险费率；当"保险费标记"为"3-总价"，在本栏填报保险费总价。

3. 保险费币制

当"保险费标记"栏为"1-率"，本栏无须填报；当"保险费标记"栏为"3-总价"时，本栏按海关规定的"货币代码表"录入相应的币种代码。

（三十）杂费

杂费为成交价格以外的、按照《进出口关税条例》相关规定应计入完税价格或应从完税价格中扣除的费用。杂费可按杂费总价或杂费率两种方式之一填报。

1. 杂费标记

当按照杂费率申报时，"杂费标记"栏选择填报"1-率"；按照杂费总价申报时，"杂费标记"栏选择填报"3-杂费总价"。

2. 杂费/率

当"杂费标记"为"1-率"，在本栏填报杂费率；当"杂费标记"为"3-杂费总价"，在本栏填报杂费总价。

提醒注意：应计入完税价格的杂费填报为正值或正率，应从完税价格中扣除的杂费填报为负值或负率。

3. 杂费币制

当"杂费标记"栏为"1-率"，本栏无须填报；当"杂费标记"栏为"3-杂费总价"时，本栏按海关规定的"货币代码表"录入相应的币种代码。

（三十一）随附单证

随附单证是指根据海关规定的"监管证件代码表"和"随附单据代码表"选择填报的进出口许可证件或监管证件、随附单据代码及编号。本栏不再填写上文中的（十六）许可证号、（十八）合同协议号。

本栏目分为随附单证代码和随附单证编号两栏，其中代码栏按海关规定的"监管证代码表"和"随附单据代码表"选择填报相应的证件代码；随附单证编号栏填报证件编号。

1. 一般贸易进出口货物"随附单证代码"栏填报"Y"。"随附单证编号"栏填写"＜优惠贸易协定代码＞"和"原产地证书编号"。

2. 优惠贸易协定项下，免提交原产地证据文件的小额进口货物"随附单证代码"栏填报"Y"。"随附单证编号"栏填报"＜优惠贸易协定代码＞XJE00000"

3. 加工贸易内销征税报关单，"随附单证代码"栏填报"c"。"随附单证编号"栏填报海关审核通过的内销征税联系单号。

（三十二）标记唛码及备注

1. 标记唛码

本栏用于填报标记码中除图形以外的文字、数字，无标记唛码的填报"N/M"。

标记唛码英文表示为 Marks，Marking，MKS，Marks & No.，Shipping Marks 等，通常是由一个简单的几何图形以及一些字母、数字和简单的文字组成，包含收货人代号、合同号和发票号、目的地、原产国（地区）、最终目的国（地区）、目的港或中转港和件数号码等内容。

2. 备注

备注是指除按报关单固定栏目申报进出口货物有关情况外，需要补充或特别说明的事项，包括关联备案号、关联报关单号，以及其他需要补充或特别说明的事项。

三、进出口货物报关单表体主要栏的填报

（一）项号

项号是指所申报货物在报关单中的商品排列序号及该项商品在"加工贸易手册""征免税证明"等备案单证中的顺序编号。分两行填报：第一行填报报关单中的商品顺序编号；第二行填报备案序号，专用于加工贸易及保税、减免税等已备案、审批的货物，填报该项货物在"加工贸易手册"或"征免税证明"等备案、审批单证中的顺序编号。

（二）商品编号

填报由 10 位数字组成的商品编号：前 8 位为《中华人民共和国进出口税则》和《中华人民共和国海关统计商品目录》确定的编码；第 9、第 10 位为监管附加编号。

（三）商品名称、规格型号

商品名称是指国际贸易缔约双方同意买卖的商品名称。报关单中的商品名称是指进出口货物规范的中文名称。

商品名称应据实填报，并与进出口货物收发货人或受委托的报关企业所提交的合同、发票等相关单证相符。商品名称应当规范，以能满足海关归类、审价及许可证件管理要求为准，可参照《中华人民共和国海关进出口商品规范申报目录》（以下简称《规范申报目录》）中对商品名称的要求进行填报。

（四）数量及单位

数量及单位栏是指进出口商品的成交数量及计量单位，以及海关法定计量单位和按照海关法定计量单位计算的数量。海关法定计量单位又分为海关法定第一计量单位和海关法定第二计量单位。海关法定计量单位以《中华人民共和国海关统计商品目录》中规定的计量单位为准。

本栏目分三行填报，填报的格式是数量在前，单位后随。例如，1200kg。

1. 第一行按进出口货物的法定第一计量单位填报数量及单位，法定计量单位以《中华人民共和国海关统计商品目录》中的计量单位为准。

2. 凡列明有法定第二计量单位的，在第二行按照法定第二计量单位填报数量及单位。无法定第二计量单位的，第二行为空。

3. 成交计量单位及数量填报在第三行。

（五）单价、总价、币制

单价是指进出口货物实际成交的商品单位价格的金额部分。"单价"栏填报同一项号下进出口货物实际成交的商品单位价格的数字部分。无实际成交价格的，填报单位货值。

总价是指进出口货物实际成交的商品总价的金额部分。"总价"栏填报同一项号下进出口货物实际成交的商品总价的数字部分。无实际成交价格的，填报货值。

币制是指进出口货物实际成交价格的计价货币的名称。"币制"栏根据实际成交情况按海关规定的"货币代码表"选择填报相应的货币名称或代码。如"货币代码表"中无实际成交币种，需将实际成交币种按照申报日外汇折算率折算成"货币代码表"列明的货币填报（见表11-6）。

表11-6 货币代码表

币制代码	币制符号	币制名称	币制代码	币制符号	币制名称
110	HKD	港币	300	EUR	欧元
116	JPY	日元	303	GBP	英镑
142	CNY	人民币	502	USD	美元

（六）原产国（地区）/最终目的国（地区）

原产国（地区）是指进口货物的生产、开采或加工制造的国家或地区。本栏应按"国别（地区）代码表"选择填报相应的国家（地区）名称或代码。进口货物原产国（地区）无法确定时，"原产国（地区）"栏应该填报"国别（地区）不详"（701）。

最终目的国（地区）是指已知的出口货物最终交付的国家和地区，也即最终实际消费、使用或进一步加工制造的国家（地区）。本栏应按"国别（地区）代码表"选择填报相应的国家（地区）名称或代码。

（七）境内目的地/境内货源地

境内目的地是指已知的进口货物在国内的消费、使用地区或最终运抵地，其中，最终运抵地为最终使用单位所在的地区。最终使用单位难以确定的，填报货物进口时预知的最终收货单位所在地。

境内货源地是指出口货物在国内的产地或原始发货地。出口货物产地难以确定的，填报最早发运该出口货物的单位所在地。

（八）征免

征免是指海关依照《海关法》《关税条例》及其他法律、行政法规，对进出口货物进行征税、减税、免税或特案处理的实际操作方式。同一份报关单上可以填报不同的征减免税方式。主要征减免税方式包括以下几种：

1）照章征税，是指对进出口货物依照法定税率计征各类税、费。

2）折半征税，是指依照主管海关签发的"征免税证明"或海关总署的通知，对进出口货物依照法定税率折半计征关税和增值税，但照章征收消费税。

3）全免，是指依照主管海关签发的"征免税证明"或海关总署的通知，对进出口货物免征关税和增值税，但消费税是否免征应按有关批文的规定办理。

4）特案减免，是指依照主管海关签发的"征免税证明"或海关总署通知规定的税率或完税价格计征各类税、费。

5）随征免性质，是指对某些特定监管方式下进出口的货物，按照征免性质规定的特殊计税公式或税率计征税、费。

6）保证金，是指经海关批准具保放行的货物，由担保人向海关缴纳现金的一种担保形式。

7）保函，是指担保人根据海关的要求，向海关提交的规定有明确权利义务的一种担保形式。

根据海关核发的"征免税证明"或有关政策规定，对报关单所列每项商品选择填报海关规定的"征减免税方式代码表"（见表11-7）中相应的征减免税方式的名称。另外，加工贸易报关单应根据登记手册中备案的征免规定填报。《加工贸易手册》中备案的征免规定为"保金"或"保函"的，不能按备案的征免规定填报，而应填报"全免"。

表11-7　征减免税方式代码表

代　　码	名　　称	代　　码	名　　称
1	照章征税	5	随征免性质
2	折半征税	6	保证金
3	全免	7	保函
4	特案减免		

（九）特殊关系确认

本栏目根据《进出口货物审价办法》第十六条，填报确认进出口行为中买卖双方是否存在特殊关系，有下列情形之一的，应当认为买卖双方存在特殊关系，在本栏目应填报"是"；反之填报"否"：

（1）买卖双方为同一家族成员的。

（2）买卖双方互为商业上的高级职员或者董事的。

（3）一方直接或者间接受另一方控制的。

（4）买卖双方都直接或者间接受第三方控制的。

（5）买卖双方共同直接或者间接地控制第三方。

（6）一方直接或者间接地拥有、控制或者持有对方5%以上（含5%）公开发行的有表决权的股票或者股份的。

（7）一方是另一方的雇员、高级职员或者董事的。

（8）买卖双方是同一合伙的成员的。

（十）价格影响确认

本栏目根据《进出口货物审价办法》第十七条，填报确认进出口行为中买卖双方存在特殊关系是否影响成交价格，纳税义务人如不能证明其成交价格与同时或者大约同时发生的下列任何一款价格相近的，应当视为特殊关系对进出口货物的成交价格产生影响，在本栏目应填报"是"；反之填报"否"：

（1）向境内无特殊关系的买方出售的相同或者类似进出口货物的成交价格。

（2）按照《进出口货物审价办法》倒扣价格估价方法的规定所确定的相同或者类似进出口货物的完税价格。

（3）按照《进出门货物审价办法》计算价格估价方法的规定所确定的相同或者类似进出口货物的完税价格。

（十一）支付特许权使用费确认

本栏目根据《进出口货物审价办法》第十一条和第十三条，填报确认进出口行为中买方是否存在向卖方或者有关方直接或者间接支付特许权使用费，且未包括在进口货物的实付、应付价格中。

特许权使用费是指进出口货物的买方为取得知识产权权利人及权利人有效授权人关于专利权、商标权、专有技术、著作权、分销权或者销售权的许可或者转让而支付的费用，包括专利权使用费、商标权使用费、著作权使用费、专有技术使用费、分销或转售权费、其他类似费用。

（十二）自报自缴

进出口企业、单位采用"自主申报、自行缴税"（自报自缴）的模式向海关申报时，填报"是"；反之填报"否"。

（十三）申报单位

自理报关的，填报进出口企业的名称及编码；委托代理报关的，填报报关企业名称及编码。编码填报18位法人和其他组织统一社会信用代码。

报关人员填报在海关备案的姓名、编码、电话，并加盖申报单位印章。

（十四）海关批注及签章

本栏目供海关作业时签注。

四、进出口报告单关联申报项目

根据中国国际贸易"单一窗口"标准版货物申报系统的要求，企业向海关申报时，除按照《报关单填制规范》的要求填制相关栏目外，还需要录入其他申报项目，实现申报人通过电子口岸平台一点接入、一次性提交，以满足口岸管理和国际贸易相关部门要求的标准化单证和电子信息，相关部门通过电子口岸平台共享数据信息、实施职能管理。

进出口报告单关联申报项目包括：报关单类型、货物存放地点、企业资质类别、企业资质编号、启运日期、UN编号、危险货物名称、货物属性代码、用途代码、产品许可/审批/备案号码、产品许可/审批/备案核销货物序号、产品许可/审批/备案核销数量、产品许可/审批/备案类别代码、产品许可/审批/备案名称、集装箱商品项号关系、集装箱货重、关联号码及理由、检验检疫签证申报要素、VIN 信息、关联报关单、关联备案、自主报税、担保验放、税单无纸化、报税监管场所、货场代码（黄埔海关专用）、货号、加工成品单耗版本号、集装箱号、集装箱规格、境外收/发货人代码、特殊业务标识、B/L 号、原箱运输、使用单位联系人、使用单位联系电话、非危险化学品、危包规格、危包类别、所需单证、检验检疫货物规格、集装箱拼箱标识。

五、其他进出境报关单

其他进出境报关单指除了《报关单填制规范》所规定的报关单格式以外，专用于特定区域、特定货物及特定运输方式的进出境报关单证。

（一）进出境货物备案清单

海关特殊监管区域（以下简称特殊区域）企业向海关申报货物进出境、进出区，以及在同一特殊区域内或者不同特殊区域之间流转货物的双方企业，应填制进（出）境货物备案清单，特殊区域与境内（区外）之间进出的货物，区外企业应同时填制进（出）口货物报关单，向特殊区域主管海关办理进出口报关手续。

货物流转应按照"先报进，后报出"的原则，在同一特殊区域企业之间、不同特殊区域企业之间流转的，先办理进境备案手续，后办理出境备案手续，在特殊区域与区外之间流转的，由区内企业、区外企业分别办理备案和报关手续。进（出）境货物备案清单原则上按《报关单填制规范》的要求填制。

保税区内企业从境外进口自用的机器设备、管理设备、办公用品，以及区内工作人员自用的应税物品，填制进（出）口货物报关单。

特殊区域（保税区除外）内企业从境外进口自用的机器设备、管理设备、办公用品，填制进（出）境货物备案清单。

进出境货物备案清单商品项数上限 50 项，单页备案清单最多打印 8 个商品项。

（二）过境货物报关单

过境货物报关单是指由过境货物经营人向海关递交申请过境货物进（出）境的法律文书，是海关依法监管货物过境的重要凭证。

（三）进（出）境快件报关单

进（出）境快件报关单是指进出境快件运营人向海关提交的申报以快件运输方式进出口货物、物品的报关单证。进（出）境快件报关单包括 A 类报关单、B 类报关单、C 类报关单。

（四）暂准进口单证册

暂准进口单证册，即 ATA 单证册，是指由世界海关组织通过的《货物暂准进口公约》及其附约 A 和《ATA 公约》中规定的，用于替代各缔约方海关暂准进出口货物报关单和税费担保的国际统一通用的海关报关单证。由于我国目前只加入了展览品暂准进口使用 ATA 单证册的有关国际公约，因此，我国目前只接受属于展览品范围的 ATA 单证册。

（五）集中申报清单

集中申报是指经向海关备案，进出口货物收发货人在同一口岸多批次进出口属于《中华人民共和国海关进出口货物集中申报管理办法》规定范围内的货物，可以先以"海关进（出）口货物集中申报清单"申报货物进出口，然后在海关规定的期限内再以进（出）口货物报关单集中办理海关申报手续的特殊通关方式。

第三节　报关随附单证

报关随附单证是指除进出口货物报关单之外的其他所有需要向海关提供的各种单证的总称。报关随附单证一般包括商业发票、装箱单、运输单据、进出口许可证、自动进口许可证、原产地证明书等，由于部分单据已经在之前章节有所叙述，本节主要对商业发票、装箱单、运输单据进行介绍。

一、商业发票

商业发票（Commercial Invoice，简称发票），是说明出口货物基本情况和价目清单的单据。在国际贸易的任何结算方式下，发票都是必不可少的单据之一。商业发票是海关统计和报关缴税的计算依据，世界上大多数国家凭发票对货物的描述、货价、重量、产地等内容征税。

（一）内容

1. 首文

首文（Heading）内容包括发票名称、买卖双方的名称和地址、合同号码、发票号码与日期、船名、装货港与卸货港等。有些发票还会在首文部分注明信用证号码、开证行名称、货物出运日期等。首文一般置于发票上端。

2. 本文

本文（Body）是发票的主要部分，是说明履约情况的重要依据。内容包括商品名称、规格、唛头、货物数量、单价、总金额、包装、毛重、净重等，它主要是通过对货物与价格的描述提供履约证明。

3. 结文

结文（Complementary Clause）内容包括出口商的签章、进出口许可证号、外汇许可证号、特殊文句说明等。

（二）缮制

商业发票没有统一格式，每个出具商业发票的企业都可以设计独特的发票样式，但制作发票时所要填写的基本内容大体相同。

1. 发票名称（Invoice Name）

发票上应有"Commercial Invoice"（商业发票）或"Invoice"（发票）字样。

2. 发票号码（Invoice No.）

发票号码是出口商制作发票的编号，是发票中不可缺少的内容之一。

3. 发票日期（Invoice date）

发票的日期就是发票的制作日期，也可以理解为发票的签发日期。

4. 合同号码（S/C. No）

发票中应反映进出口双方贸易合同的号码。

5. 信用证号码（L/C. No.）

信用证号码只有在采用信用证结算方式时才填写。有时，信用证中还要求在发票上加注开证行名称和信用证日期，也应将其填写在发票上。

6. 出票人名称与地址（Name and Address of the Issuer）

一般情况下，出票人也就是出口商，缮制商业发票时应填写出票人的中英文名称和地址。

7. 发票抬头人名称和地址（Header of the Invoice）

采用信用证结算，一般情况下填写开证申请人或收货人的名称和地址，但是如果信用证中指定了发票抬头人，那么按照信用证规定填写；采用其他结算方式时，填写合同中买方的名称和地址。

8. 运输事宜（Transport details）

此栏填写货物实际的起运港、目的港以及运输方式，如果货物需要转运，那么应该把转运港的名称也表示出来。

9. 支付方式（Terms of Payment）

此栏根据合同或信用证要求填写价格条款。

10. 唛头及件数（Marks and Number）

发票的唛头按照合同或信用证的规定填写，并与托运单、提单等单据唛头保持一致；如果货物为裸装货或散装货，可填写"N/M"。

11. 货物描述（Description of Goods）

货物描述内容包括商品名称、规格、尺寸、品质、数量、重量、包装等。贸易合同中一般包括货物的四个主要条款：品名条款、数量条款、品质条款、包装条款。如果不使用信用证结算方式，那么发票中应按合同条款标明货物内容；如果使用信用证结算方式，那么发票中关于货物描述的内容应与信用证严格保持一致。

12. 商品的包装、数量（Quantity）

商品的包装、数量等内容，凡是信用证规定的，需要按照信用证的原文填写发票，不得增减和删改；如果信用证上对这些条款没有具体规定，则可以按照合同或者实际装运货物的包装、数量填写商业发票。

13. 单价（Unit Price）

此栏应由计价货币、计量单位、单位数额和贸易术语组成，其中贸易术语后要跟随指定交货地名称。例如：单价一栏中填写 USD 20.23 per pc. CIF NEWYORK，则 USD 为计价货币，20.23 为计量单位，per pc. 为单位数额，CIF NEWYORK 为贸易术语。

14. 总价（Amount）

总价是数量与单价相乘的数额。

15. 金额大写（Total）

此栏填写总价的英文大写。

16. 出票人签名或盖章（Signature）

此栏填写出具商业发票的当事人签名或签章，另外按照《UCP600》的规定，商业发票也可以不必签名或签章，同样具有法律效力。

二、装箱单

（一）含义

装箱单（Packing List）又称包装单、码箱单、码单，装箱单是说明进出口货物的包装形式、包装内容、数量、重量、体积或件数的单据。装箱单全面反映货物包装情况，是商业发票的重要补充，也是收货人清点核对货物和海关查验货物的主要依据。

（二）缮制

一般情况下，先缮制商业发票再制作装箱单，所以装箱单出单日期比发票日期晚（也可以按发票日期填写），但一般不得晚于提单日期。在缮制时，应注意所有填写内容应与商业发票、提单等单据完全一致，如编号、品名、包装、件数、规格、尺码、毛重、净重等，并不得与信用证中的条款相抵触。

1. 装箱单名称（Title）

应按照合同或信用证的规定使用。通常用"Packing List" " Packing Specification" "Detailed Packing List "等名称。

2. 编号（No.）

装箱单一般没有编号，所以编号一栏填写商业发票号码即可。

3. 合同编号、销售确认书编号（Contract No. / Sales Confirmation No.）

填写国际货物买卖合同编号或销售确认书编号。

4. 唛头（Shipping Mark）

装箱单上的唛头要与发票保持一致，可以填写实际唛头，也可以只注"as per invoice No. ×××"。

5. 箱号（Case No.）

箱号又称包装件号码。在单位包装数量或品种不固定的情况下，需注明每个包装件内的包装情况，因此包装件数应编号。

6. 货物描述（Description，Specification）

装箱单上的货物描述要与发票保持一致，但是按照《UCP600》的规定，装箱单货物描述可以使用商品的统称，只要不与信用证相抵触即可。

7. 数量（Quantity）

此栏应注明货物的包装件数，并在合计栏处填写总数量。

8. 毛重（Gr. Weight）

此栏应注明每个包装的毛重和包装件内不同规格、品种、花色货物各自的总毛重（Sub Total），最后在合计栏处填写总毛量。

9. 净重（Net Weight）

此栏应注明每个包装的净重和包装件内不同规格、品种、花色货物各自的总净重（Sub Total），最后在合计栏处填写总净重。

10. 箱外尺寸（Measurement）

此栏注明每个包装的尺寸，并在合计栏处填写总体积。

11. 出票人签章（Signature）

缮制装箱单的当事人签字或签章，一般与商业发票保持一致。

三、运输单据

运输单据是指货物在国际运输环节中需要的各种单据，主要包括托运单、装货单、海运提单、海运单、航空运单、铁路运单、快递收据、提货单等。其中，本书中进口提货单据主要指提单，出口装货单据主要指装货单；另外，海运提单也常常作为报关的随附单据之一。

（一）装货单

1. 含义

装货单（Shipping Order；S/O）是出口货物托运中的一张重要单据，它既是托运人向船方（或陆路运输单位）交货的凭证，也是海关凭以查验放行的证件。只有经海关签章后的装货单，船方（或陆路运输单位）才能将货物装船、装车等。因此，装货单又称为"关单"。

装货单由托运人加盖"托运章"后交承运人订舱，承运人在接受订舱后填上预配船名、航次、关单号并加盖"订舱章"后交还给托运人，由托运人凭以报关。报关时，海关审核后放行，在装货单上加盖"放行章"后交还托运人，托运人即可将货物交由承运人办理装船、装车工作。

2. 缮制

装货单主要反映了货物信息和船务信息。

（1）编号（S/O No.）和日期（Date）。装货单编号是该批货物运输的唯一编号，以后大副签发收货单（大副收据）和船公司签发海运提单都使用这一编号。日期为装货单签发日期。

（2）船名（S.S.）和航次（Voy.）。如需转船，一般以符号"/"间隔列出第一程船和第二程船的船名。如为预订船只，装船时发生变化，则在装船后按照实际船名和航次在单据上做相应修改。

（3）运往地点（Destination）。一般为目的港名称，而不是最终目的地名称。如需转运，以符号"/"间隔表示出目的港和转运港的地点。如目的港为选择港，一般在港名前面或者后面加注"Option"字样。

（4）装舱（Stowed）。该栏在货物实际装船后由船方或者理货公司填写，指货物所装的具体舱位，以便装卸和整理。如果货物装在甲板上，该栏填写舱面。

（5）实收（Received）。此栏列明了货物实际装船的包装件数，是船公司最终签发提单的依据。如果此栏的数字与件数栏所列明的数字不同，出口人必须据此修改有关的报关数据。

装货单中的托运人、收货人、被通知人、唛头、件数、货物描述、重量、体积等内容，参见发票、海运提单等有关内容。

（二）海运提单

1. 含义

海运提单（Bill of Lading，B/L）是用以证明海上货物运输合同和货物已由承运人接收或装船，以及承运人保证据以交付货物的单证。根据海运提单中载明的向记名人交付货物，或者按照指示人的指示交付货物，或者向海运提单持有人交付货物的条款，构成承运人据以交付货物的保证。

在国际贸易中，海运提单是一种有价证券，同时代表物权和债权。在各国有关运输法律中，海运提单都被认定是一份非常重要的法律文件，海运提单上权利的实现必须以交付海运提单为要件。

2. 缮制

（1）单据名称（Title）。根据《UCP600》，提单，无论名称如何，表明承运人名称并由承运人、船长或其具名代理人签署的，表明货物已在信用证规定的装货港装上具名船只并从信用证规定的装货港发运至卸货港的运输单据，都被银行接受。

（2）提单号（B/L No.）。提单号一般按装货单上的编号填写。不同船公司有不同的提单号组成规则，通常，提单号由代表船公司名称的英文代码，加上装运港英文代码或目的港英文代码，或加上代表该航次数字和订舱顺序号数字等组成。提单号是查询、报关、跟踪货物、收运杂费、归档等环节中不可或缺的一项重要内容。

（3）托运人（Shipper）。托运人即出口商，安排货物出运的当事人。

（4）收货人（Consignee）。信用证结算方式下，收货人应该按照信用证中有关条款的规定填写；其他结算方式下，收货人通常是货物买卖合同中的进口商。提单由承运人经发货人转发给收货人，收货人持提单提货。

（5）通知人（Notify Party）。通知人是承运人为了方便货主提货的通知对象，通知人一般为收货人或其代理人，也有可能是其他与货权有关的当事人。

（6）收货地（Place of Receipt）。此栏填报实际收货地点，如工厂、仓库等。

（7）装运港（Port of Loading）。此栏填写装运实际货物的港口全称，必要时加上港口所在国家（地区）的名称。

（8）船名（Name of the Vessel）。若是已装船提单，此栏注明船名和航次。若是收货待运提单，在货物实际装船完毕后再填写船名。

（9）转运港（Port of Transshipment）。转运是指在信用证规定的装货港到卸货港之间的运输过程中，将货物从一船卸下并再装上另一船的行为。发生转运时，填写转运港名称，必要时加注所在国家（地区）的名称。

（10）卸货港（Port of Discharge）。卸货港填写实际货物被最后卸离船舶的港口全称，必要时加上港口所在国家（地区）的名称。

（11）目的地（Place of Delivery）。目的地填写货物最终目的地的城市名称、国家（地区）名称。

（12）签发的提单份数（Number of Original B/Ls）。托运人要求签发海运提单的份数，在此栏内填报。根据《UCP600》，信用证规定的每种单据须至少提交一份正本。

（13）唛头、箱号和封志号（Marks & No. Container/Seal No.）。唛头与商业发票保持一致；如果货物是集装箱装运，则集装箱号是该栏中的箱号；封志号是发货人装箱完毕后在集装箱箱门上加封封志的号码，此号码具有唯一性。

（14）箱数与件数（No. of Packages Or Shipping Units）。箱数与件数填写装入集装箱内货物的外包装件数或集装箱个数，分别用阿拉伯数字小写和英文数字大写来表示。

（15）货物名称与包装种类（Description of Goods and Packages）。货物名称与包装种类填写符合信用证或合同规定并与实际货物的名称、规格、型号、成分、品牌等相一致的货物名称和包装种类。

（16）毛重（Gross Weight）。毛重填报实际货物的毛重，以千克为计量单位。当货物没有毛重只有净重时，可以在毛重栏目内显示净重，不允许空白。

（17）体积（Measurement）。体积填写实际货物的体积，一般以立方米为计量单位。

（18）总箱数/货物总件数（Total Number of Container and/or Packages in Words）。用英文数字大写来填写集装箱的总箱数或货物的总件数。

（19）运费的支付（Payment of Freight）。运费是由托运人对承运人安全运送和交付货物而支付的一种酬劳，也是运输合同成立的对等条件。因此，有关运费由何方在何地支付，都应在托运单上载明。一般显示"FREIGHT PREPAID"为托运人在装运港支付运费；

"FREIGHT COLLECT" 为收货人在目的港支付运费。

（20）货物价值申报（Excess Value Declaration）。如果托运人有货物价值向承运人申报，可填写在此栏内。如果不需要对货物价值进行申报，此栏为空。

（21）签发的提单日期和地点（Place and Date of Issue）。该栏填写提单的签发日期和地点，其中地点一般就是装货港城市。

（22）承运人或承运人代理人签字、盖章（Sign or Authenticate）。根据《UCP600》，提单，无论名称如何，须标明承运人名称并由下列人员签署和证实：承运人或其具名代理人；船长或其具名代理人；承运人、船长或代理人的任何签字必须标明其承运人、船长或代理人的身份；代理人的任何签字必须标明其是代表承运人还是船长签字。

（三）提货单

1. 含义

提货单（Delivery Order）是指收货人凭正本提单或副本提单随同有效的担保向船公司或其代理人换取的，可向港口装卸部门提取货物的凭证。提货单的性质与提单完全不同，它是船公司或其代理人指令仓库或装卸公司向收货人交付货物的凭证，不具备流通或其他作用。

海洋运输中，船到卸货港后，进口商需持正本提单（或副本提单随同有效担保）向船公司或其代理换取提货单。进口商向海关进行进口货物申报，海关审核单据和货物无误后，在提货单上加盖海关放行章，并退返给进口商。进口商持盖有海关放行章的提货单向海关监管仓库领取货物。

2. 缮制

（1）收货人信息。一般包含"收货人名称"和"收货人开户银行与账号"两栏，由收货人或其代理人按实际情况填写。

（2）与运输相关的信息。包括船名、航次、启运港、目的港、提单号、交付条款、卸货地点等，内容须与进口货物报关单及随附单据相一致。

（3）与货物相关的信息。包括标记、货名、件数、重量和体积等。

（4）签章栏，包括收货人章、海关章以及需要的其他签章。进口商必须持盖有海关放行章的提货单才能向海关监管仓库提取货物。

练习题

一、名词解释

报关单证 进出口货物报关单 基本单证 特殊单证 预录入编号 海关编号 进口日期 出口日期 申报日期 备案号 监管方式 征免性质 许可证号 启运港 启运国 运抵国 经停港 指运港 入境口岸 离境口岸 成交方式 项号 原产国（地区） 最终目的国（地区） 境内目的地 境内货源地 征免 进出境货物备案清单 过境货物报关单 进（出）境快件报关单 商业发票 装箱单 装货单 海运提单 提货单

二、论述题

1. 简述报关单证的组成。

2. 论述报关单的常见监管方式填报要求。

3. 讨论报关单中启运国和运抵国确定的方式。

4. 讨论报关单中的成交方式与《国际贸易术语 2010 通则》中贸易术语的对应关系。

5. 简述报关单中主要的征减免税方式。

6. 论述报关单中特殊关系确认和价格影响确认的主要内容。

附件一

中华人民共和国海关进口货物报关单

（××海关）

预录入编号：　　　　海关编号：　　　　　　　　　　　　　　　　　　　　　　　　　　　页码／页数：

境内收货人	进境关别	进口日期	申报日期	备案号
境外发货人	运输方式	运输工具名称及航次号	提运单号	货物存放地点
消费使用单位	监管方式	征免性质	许可证号	启运港
合同协议号	贸易国（地区）	启运国（地区）	经停港	入境口岸
包装种类	件数	毛重（千克）	净重（千克）	成交方式	运费	保费	杂费
随附单证及编号							
标记唛码及备注							

项号	商品编号	商品名称及规格型号	数量及单位	单价／总价／币制	原产国（地区） 最终目的国（地区）	境内目的地	征免

报关人员	报关人员证号	电话	兹申明对以上内容承担如实申报、依法纳税之法律责任	海关批注及签章
申报单位			申报单位（签章）	

附件二

中华人民共和国海关出口货物报关单

（××海关）

预录入编号：　　　　　　海关编号：　　　页码/页数：

境内发货人	出境关别	出口日期	申报日期	备案号
境外收货人	运输方式	运输工具名称及航次号	提运单号	
生产销售单位	监管方式	征免性质	许可证号	
合同协议号	贸易国（地区）	运抵国（地区）	指运港	离境口岸
包装种类	件数	毛重（千克）	净重（千克）	成交方式	运费	保费	杂费
随附单证及编号							
标记唛码及备注							
项号 商品编号 商品名称及规格型号		数量及单位	单价/总价/币制	原产国（地区） 最终目的国（地区）	境内货源地	征免	
报关人员 报关人员证号 电话		兹申明对以上内容承担如实申报、依法纳税之法律责任 申报单位		海关批注及签章			
申报单位		（签章）					

第十二章

海关法律制度

海关作为对外贸易管制的主要机构之一，海关法律制度是海关进行各项工作的依据，了解海关法律制度能够提高报关的速度、效率以及质量。本章主要对海关统计制度、海关稽查制度、海关事务担保制度、知识产权海关保护制度、海关行政处罚制度、海关行政复议制度、海关行政申诉制度、海关行政裁定制度进行介绍。

第一节　海关统计制度

一、海关统计概述

（一）含义

《中华人民共和国海关统计条例》的第二条对海关统计做了明确定义，即海关统计是海关依法对进出口货物贸易的统计，是国民经济统计的组成部分。

海关统计具有三种内涵，即海关统计工作、海关统计资料和海关统计理论。海关统计工作是指搜集、整理和分析我国对外贸易进出口货物原始资料，形成海关统计资料的工作过程。海关统计资料是指反映我国对外贸易进出口货物情况的数据和资料，它是国家制定对外贸易政策和检查、监督政策执行情况及进行宏观经济调控的重要依据，也是研究对外贸易发展和国际经济贸易关系的重要资料。海关统计理论是指我国海关统计在实践中不断总结、逐步形成并不断完善的一整套较为系统的制度、原则和方法，是统计学原理与海关管理理论和海关具体业务的有机结合。

（二）性质

（1）海关统计是国家进出口货物贸易的统计。编制海关统计是海关的四大任务之一。《海关法》第二条规定："中华人民共和国海关是国家的进出关境监督管理机关。海关依照本法和其他有关法律、行政法规，监督进出境的运输工具、货物、行李物品、邮递物品和其他物品，征收关税和其他税费，查缉走私，并编制海关统计和办理其他海关业务。"

（2）海关统计是国民经济统计的重要组成部分。我国海关不仅负责搜集、汇总和整理进出口统计数据，还负责海关统计资料的编制、发布和分析。海关在执行监督管理中取得的报关资料，经过整理后，可以全面反映中国货物进出口和对外贸易运行的状况。我国公布国民经济计划执行结果和国际收支平衡表时，对外贸易的进出口数据就使用海关统计资料，海关统计是我国对外贸易的官方统计。

（3）海关统计是国家制定对外贸易政策、进行宏观经济调控的重要依据。海关统计是对进出关境的货物统计，能够全面地反映进出口商品的品种、数量、金额、贸易方式、经营单位和国别情况等。海关统计提供的对外贸易统计资料，为国务院以及有关主管部门了解对外贸易的运行状况和发展趋势，制定有关经济贸易政策和管理措施，以及检查、监督政策措施的执行效果提供决策依据。

（4）海关统计是研究我国对外贸易发展和国际经济贸易关系的重要资料。我国现行海关统计制度是参照联合国的国际贸易统计标准制定的，统计范围和统计口径同国际标准的要求基本相符。我国定期向联合国报送海关统计数据，因此，海关统计具有国际可比性，是研究对外贸易发展和国际经济贸易关系的重要资料。

（5）海关统计客观地反映了我国对外贸易进出口和海关依法行政的过程和结果。因此，海关统计是海关管理决策、管理方式和方法的确定以及评估海关执法状况和水平的重要依据。

（三）特点

海关统计，除具有社会经济统计的一般特点外，还具有全面性、可靠性和国际可比性等特点。

1. 全面性

《海关法》明确规定，所有进出境的货物必须向海关如实申报，接受海关监督管理，从而为海关及时收集全面的进出境货物统计资料提供了法律依据和根本保证。

2. 可靠性

海关统计的原始资料是经海关实际监管的进出口货物报关单及有关单证。海关统计是海关监管过程和结果的记录，因此，其可靠性由海关在对外贸易活动中所处的客观地位所决定。

3. 国际可比性

海关统计全面采用国际标准，统计方法与统计口径同各国通行的贸易统计方法是一致的，因此，海关统计数据具有国际可比性。

（四）任务和作用

1. 任务

海关统计是国家赋予海关的一项基本职能，海关统计的任务包括以下四项：

（1）依法开展统计调查，全面收集、审核进出口货物收发货人或者其代理人的原始报关资料，并对统计数据进行汇总、整理。

（2）依法对进出口贸易统计数据进行统计分析，研究对外贸易运行特点、趋势和规律。根据进出口贸易统计数据以及国内外有关宏观经济统计数据开展进出口实时监测和动态预警工作。

（3）利用海关统计数据依法开展统计监督，对企业进出口行为和过程进行监督，对海关执法活动进行分析评估，并检查和纠正虚报、瞒报、伪造、篡改统计资料的行为。

（4）根据国家有关规定开展统计咨询服务。除依法公布以及无偿提供的综合统计资料以外，海关提供进出口贸易统计的数据资料实行有偿咨询服务。

2. 作用

（1）有助于强化国家宏观经济管理与宏观调控。

1）海关统计全面运用现代计算机技术和科学的统计分析方法，可以客观、真实、及时、准确地反映国家对外贸易的总体情况，有利于国家及时掌握对外贸易情况，适时制定和调整对外贸易政策，进行宏观调控。

2）政府及其管理部门可以透过海关统计数据反映的现实情况，运用经济杠杆调整市场供求、避免主观性和盲目性。海关统计通过进出口数据，在一定程度上可以及时、正确地反映国内外市场供求变化情况，有利于政府及其管理部门对市场运行过程所产生的、不可避免的盲目性行为进行及时有效的干预；有利于经济实体知己知彼，有效组织生产和经营活动。

3）海关统计还可以对国家有效引进和利用外资提供依据。海关统计能及时、正确地反映中国进出口国外物质资源的基本情况，有利于国家对引进和利用外资政策的制定和适时调整。

（2）有助于国家对进出口情况进行监测、预警。海关统计部门可以通过对海关统计指标所采集的数据进行整合分析，向政府及有关管理部门反映进出口环节的不正常情况，引起政府及有关管理部门的重视，促使其进一步加强管理，从而起到对企业守法进行监督和规范进出口秩序的作用。

（3）有助于海关对业务管理、执法状况进行监控。通过对海关贸易统计和业务统计数据的监控分析，运用海关执法评估系统和预警监测系统，可以发现进出口货物和企业的各类不正常情况，加强海关科学管理，打击各种走私、违法活动。

二、海关统计制度的基本内容

（一）海关统计资料的管理

1. 海关统计数据的收集

（1）海关统计数据的原始资料。海关统计的原始资料是经海关确认的进出口货物报关单及其他有关单证。进出口货物报关单和经海关核发的其他申报单证是由海关总署规定统一格式和填制规范，由进出口货物收发货人或其代理人填制并向海关提交的申报货物状况的法律文书，是编制海关统计的重要凭证。

（2）海关统计数据的收集。《海关法》规定，所有进出关境的货物必须向海关如实申报，接受海关的监督管理，这为海关及时收集全面、准确的进出境货物统计资料提供了法律依据和根本保证。海关统计数据是由报关单数据库中提取生成的，当天结关的数据当天就转换到统计数据库中。

2. 海关统计数据的审核

海关统计数据的审核是指通过利用计算机的各种检控条件对已转入统计数据库的数据进行检查，并打印出各种统计数据审核表供统计人员进行复核。

海关统计数据的审核主要是由海关总署综合统计司和各地海关共同来完成的。海关总署主要负责各直属海关上报数据的最终复核、检查工作，重点是对错误信息进行检控。各关统计数据的审核模式是：电子审核、人工专业化审核、现场接单审核、通关数据综合复核、统计数据最终审核。

3. 海关统计资料的编制

海关统计资料的编制是指对所收集的统计数据进行科学的汇总与加工整理，使之系统化、条理化，成为能够反映进出口货物贸易和物品特征的综合统计资料。其范围为列入海关统计的货物、物品及海关统计项目。

4. 海关综合统计资料的发布

海关综合统计资料的发布是指各级海关统计部门对经汇总加工编制的海关统计资料，通过出版发行统计书刊、电子数据交换、新闻媒介等形式，定期向地方政府通报以及向社会各界公开发布。海关应当建立统计资料定期公布制度，向社会公布海关统计信息。海关可以根据社会公众的需要，提供相应的统计服务。

海关总署应当定期、无偿地向国务院有关部门提供有关综合统计资料。直属海关应当定期、无偿地向所在地省、自治区、直辖市人民政府有关部门提供有关综合统计资料。

海关综合统计资料包括下列内容：

(1) 各地区进出口总值表。

(2) 进出口商品贸易方式总值表。

(3) 国别（地区）进出口总值表。

(4) 主要商品进出口总值表。

(5) 进出口贸易方式企业性质总值表。

(6) 运输方式进出口总值表。

(7) 反映进出口总体进度的分析报告、进出口监测预警信息等。

（二）海关统计范围

根据联合国的国际货物贸易的统计原则，一国的对外贸易统计应反映因进、出该国经济领土而引起该国物质资源存量增加或减少的商品运动。我国依据这一原则制定本国的进出口货物贸易统计范围。根据联合国关于国际货物贸易统计的原则，列入中国海关统计范围的货物必须同时具备两个条件：一是跨越中国经济领土边界的物质商品流动；二是改变中国的物质资源存量。我国将进出口货物分为列入海关统计的进出口货物、不列入海关统计的货物和不列入海关统计但实施单项统计的货物。

1. 列入海关统计的进出口货物

列入海关统计的进出口货物以贸易方式进行分类。列入海关统计的货物主要包括：一般贸易、国家间或者国际组织间无偿援助与赠送的物资、其他捐赠物资、补偿贸易、来料加工贸易、进料加工贸易、寄售与代销贸易、边境小额贸易、加工贸易进口设备、对外承包工程出口货物、租赁贸易、外商投资企业作为投资进口的设备、物品、出境加工贸易、易货贸易、免税外汇商品、免税品、海关保税监管场所进出境货物、海关特殊监管区域物流货物、海关特殊监管区域进口设备及其他。

2. 不列入海关统计的货物

根据国际惯例和我国确定的海关统计范围，对于没有实际进出境或虽然实际进出境但没有引起境内物质资源存量增加或减少的货物、物品，不列入海关统计。不列入海关统计的货物包括：过境货物、转运货物或通运货物，暂时进出口货物，退运货物，无商业价值的货样或广告品，打捞物品，进出境旅客的自用物品（汽车除外），以及其他法律规定不列入海关统计的货物。

3. 不列入海关统计但实施单项统计的货物

为了更好地发挥海关统计在国民经济核算和海关管理中的作用，对于部分不列入海关统计的货物，海关对其实施单项统计，但统计数值不列入国家进出口货物贸易统计的总值。海关实施单项统计的货物包括：加工贸易成品油形式出口复进口、进料加工转内销货物、来料加工转内销货物、加工贸易转内销设备、进料深加工结转货物、来料深加工结转货物、加工贸易结转设备、进料加工结转余料、来料加工结转余料、退运货物、进料加工复出口料件、来料加工复出口料件、加工贸易退运设备、保税区运往非保税区货物、非保税区运入保税区货物、保税区退区货物、保税仓库转内销货物。

三、海关统计基本项目

进出口货物的统计项目包括：品名及编码、统计数量、统计价格、原产国（地区）、最终目的国（地区）、启运国（地区）、运抵国（地区）、贸易国（地区）、境内目的地、境内货源地、收发货人、贸易方式、运输方式、统计日期、关别、毛重与净重、品牌类型共17项。

进出口货物的品种、数（重）量、价格、国别（地区）和运输方式等，是各国（地区）对外贸易统计的常规项目。在海关统计中，对这些项目的定义和统计方法是全面采用了联合国建议的国际标准制定的；而境内目的地、境内货源地、贸易方式和关别等，则是为满足国家（地区）对外贸实施有效的宏观调控和海关对进出口货物实施有效监督管理的需要而设置的项目。对这些项目进行定义和统计的方法，是以相关的海关法规和海关业务制度为基础制定的。

根据国民经济发展和海关监管需要，海关可以调整进出口货物以及进出境物品的统计项目，对进出口货物以及进出境物品的部分统计项目进行长期或者阶段性统计。

四、海关统计的权利、义务及法律责任

海关统计部门对统计原始资料中的申报内容有疑问的，可以直接向当事人提出查询，核实有关内容，当事人应当及时据实做出答复。

海关统计人员对在统计过程中知悉的国家秘密、商业秘密、海关工作秘密负有保密义务。海关统计人员有权拒绝、揭发和制止影响海关统计客观性、真实性的人为干扰。海关统计人员应当遵守《海关法》和《统计法》的规定，不得自行、参与或者授意篡改海关统计资料、编造虚假数据。海关统计人员玩忽职守、滥用职权、徇私舞弊的，依法给予处分；构成犯罪的，依法追究刑事责任。

未经海关授权，任何单位或者个人不得擅自销售海关统计资料和海关统计电子数据。依法应当申报的项目未申报或者申报不实影响海关统计准确性的，除责令当事人予以更正外，需要予以行政处罚的，依照《海关行政处罚实施条例》的规定予以处罚。

第二节　海关稽查制度

一、海关稽查概述

（一）含义

海关稽查是海关在规定的期限内依法对被稽查人的会计账簿、会计凭证、报关单证以及其他有关资料和有关进出口货物进行核查，以监督被稽查人进出口活动的真实性和合法性。

对此，我们可从以下几方面来理解海关稽查的含义：

（1）海关享有依法实施稽查的权力。海关稽查的执法主体是海关本身，而不能为其他机关、组织所代替。《海关法》第四十五条将海关稽查制度以法律形式予以确认，使海关稽查有了法律授权。而《中华人民共和国海关稽查条例》（简称《海关稽查条例》）更是对实

施时海关享有的权利、义务等实体性和程序性规范的内容做出了具体的规定。

（2）海关稽查具有特定期限。海关稽查必须在法定的期限内，对与进出口有关的企业加以实施才具有法律效力，才能产生合法的法律效果。

对于一般进出口货物，海关的稽查期限是自货物放行之日起 3 年内；对于保税货物、特定减免税进口货物、暂时进出境货物等，海关的稽查期限是海关监管期限内及其后的 3 年内。

（3）海关稽查针对特定的对象。海关稽查的相对人是与进出口活动直接有关的企业、单位。只有与海关在进出口监督管理活动中产生法律关系的当事人，海关才能对其实施稽查。

（4）海关稽查具有特定的内容。海关稽查的内容主要是被稽查人的会计账簿、会计凭证、报关单证以及其他有关资料（以下统称账簿、单证等有关资料）和有关进出口货物。

（5）海关稽查具有特定目的。海关实施稽查是为了监督被稽查人进出口活动的真实性和合法性，规范企业的进出口行为。

（二）海关稽查的特征

从本质上看，海关稽查是海关监督管理职能的主要实现方式，也是海关监管制度的主要组成部分。然而，海关稽查与传统的海关监管相比又有着显著的区别，其特征主要表现为：

（1）将原有海关监管的时间、空间进行了大范围的延伸和拓展，使海关监管不再局限于进出口的实时监控，不再局限于进出境口岸，而是在货物结关放行之后的一定期限内，对与进出口货物直接有关的企业、单位的会计资料、报关单证和其他相关资料进行稽查，并对放行未结关货物的使用、管理情况进行核查。

（2）将海关监管的主要目标从控制进出口货物转变为控制货物的经营主体——进出口企业，不再人为地将企业与货物割裂开来。海关将围绕企业的进出口活动实施动态和全方位的监管，通过监管企业的进出口行为来达到监管进出口货物的目的。

（三）海关稽查的目标

根据海关实施稽查针对的内容和产生的影响，海关稽查的目标可以分为直接目标和最终目标。

（1）直接目标。即海关稽查直接作用于被稽查人（企业、单位），通过对被稽查人的会计资料、报关单证及其他相关资料和进出口货物的稽核，监督被稽查人进出口活动的真实性、合法性。因而，所追求的目标是具体的、有形的、现实的。

（2）最终目标。即通过有计划、分步骤的海关稽查，全面规范企业的进出口行为，提高进出口企业的守法自律意识，防范或减少企业违法行为的发生，维护正常的进出口秩序。因而，所追求的目标是整体的、无形的、长远的。

（3）实现海关稽查目标的主要手段。为了防范和查究在进出口货物的通关过程中和在保税货物、减免税货物的海关监管期间可能发生或者已经发生的各种走私违法行为，引导和规范从事进出口活动的企业守法经营，海关在进出口货物已实现脱离其控制后的规定期限内，以稽查的方式有针对性地稽核与进出口活动有关的企业账册、文件单证等商业记录，并实地核查有关进出口货物的使用情况或实际去向，以此保证海关对企业进出口活动的合法性、真实性进行有效监管。

二、海关稽查制度的基本内容

（一）海关稽查的对象

1. 海关稽查的企业、单位

根据《海关稽查条例》第三条的规定，海关对下列与进出口活动直接有关的企业、单位实施稽查：

（1）从事对外贸易的企业、单位，包括具备进出口业务经营权的专业对外贸易公司、工贸公司和有进出口业务经营权的企业、单位。

（2）从事保税加工业务的企业，包括承接来料加工业务的企业、承接进料加工业务的企业等。

（3）经营保税物流及仓储业务的企业。

（4）使用或者经营减免税进口货物的企业、单位，包括外商投资企业、使用减免税进口物资的企业、单位。

（5）报关企业，包括专业从事报关服务的企业，经营对外贸易仓储、运输、国际运输工具或国际运输工具服务及代理等业务又兼营报关服务的企业。

（6）海关总署规定的从事与进出口活动直接有关的其他企业、单位。

上述企业、单位是海关稽查的对象，也称为被稽查人。

2. 海关稽查的进出口活动

根据《〈中华人民共和国海关稽查条例〉实施办法》（以下简称《〈海关稽查条例〉实施办法》）的规定，海关对被稽查人实施稽查所涉及的进出口活动包括：

（1）进出口申报。

（2）进出口关税和其他税费的缴纳。

（3）进出口许可证件的交验。

（4）与进出口货物有关的资料的记载、保管。

（5）保税货物的进口、使用、储存、加工、销售、运输、展示和复出口。

（6）减免税进口货物的使用、管理。

（7）转关运输货物的承运、管理。

（8）暂准进出境货物的使用、管理。

（9）其他进出口活动。

（二）海关稽查的方法

1. 查账法

查账法是海关稽查最主要、最基本的方法。海关稽查人员根据会计凭证、会计账簿和财务报表等的内在关系，通过对被稽查人会计资料记录及其所反映的经济业务进行稽核、检查，以核查被稽查人的进出口行为是否合法、规范。查账法以被稽查人的各种会计资料为稽查的直接对象。

2. 调查法

调查法是指海关稽查人员通过观察、询问、检查、比较等方式，对被稽查人的进出口活动进行全面综合的调查了解，以核实其进出口行为是否真实、合法、规范的方法。

3. 盘存法

盘存法是指海关在检查进出口货物的使用状况时，通过盘点实物库存等方法，具体查证核实现金、商品、材料、在产品、产成品、固定资产和其他商品的实际结存量的方法。

4. 分析法

分析法是指海关利用现有的各种信息数据系统，充分依靠现代信息技术，对海关监管对象及其进出口活动进行全面综合的统计、汇总，再进行定量定性分析、评估，以确定被分析对象进出口活动的风险情况的基本方法。

此外，海关可以委托具有法定资质的社会中介机构就有关事项出具专业评估报告。专业评估报告经海关认可的，可以作为海关稽查的参考依据。

（三）对企业账簿、单证等有关资料的管理

1. 账簿、单证等有关资料的真实性

与进出口活动直接有关的企业、单位所设置、编制的会计账簿、会计凭证、会计报表和其他会计资料，应当真实、准确、完整地记录和反映进出口业务的有关情况。

2. 账簿、单证等有关资料的保管

（1）会计资料的保管。与进出口活动直接有关的企业、单位应当按照有关法律、行政法规规定的保管期限保管会计账簿、会计凭证、会计报表和其他会计资料。

（2）与进出口业务有关的海关统计原始资料的保管。对经海关确认的进出口货物报关单以及与进出口业务直接有关的其他资料进行保管，应按照海关稽查期限确定。

3. 账簿、单证等有关资料的报送

与进出口活动直接有关的企业、单位，应当按照海关要求报送有关进出口货物的购买、储存、加工、使用、损耗和库存的资料。

三、稽查制度的实施和处理

（一）稽查制度的实施

1. 海关稽查的实施程序

按照《海关稽查条例》和《〈海关稽查条例〉实施办法》的有关规定，海关稽查的实施由下列环节组成：

（1）稽查通知。海关实施稽查 3 日前，应当将稽查通知书送达被稽查人的法定代表人或者主要负责人或者指定的代表人。被稽查人在收到稽查通知书后，正本留存，副本加盖被稽查人印章并由被稽查人代表签名后交由海关留存。在特殊情况下，经直属海关关长或其授权的隶属海关关长批准，海关可以不经事先通知进行稽查，但开始稽查时仍应制发稽查通知书。

（2）稽查实施。海关将按照海关监管要求，根据进出口企业、单位和进出口货物的具体情况，确定海关稽查重点，制定稽查工作计划。海关进行稽查时，应当组成稽查组，其成员不少于 2 人。海关稽查组应当向被稽查人说明双方的权利和义务等有关事项。海关进行稽查时，海关工作人员与被稽查人有直接利害关系的应当回避。

（3）稽查报告与稽查结论。海关稽查组实施稽查后，应当向海关报送稽查报告。稽查报告认定被稽查人涉嫌违法的，在报送海关前应当就稽查报告认定的事实征求被稽查人的意见。被稽查人应当自收到相关材料之日起 7 日内，将其书面意见送交海关。海关应当在收到稽查报告之日起 30 日内做出"海关稽查结论"，并送达被稽查人。海关应当在稽查结论中说明做出结论的理由，并告知被稽查人拥有哪些权利。

2. 海关实施稽查时可以行使的职权

《海关稽查条例》规定，海关在实施稽查时可以行使下列职权：

（1）查阅、复制被稽查人的账簿、单证等有关资料。

（2）进入被稽查人的生产经营场所、货物存放场所，检查与进出口活动有关的生产经营情况和问题。

（3）询问被稽查人的法定代表人、主要负责人和其他有关人员与进出口活动有关的情况和问题。

（4）经直属海关关长或其授权的隶属海关关长批准，查询被稽查人在商业银行或者其他金融机构的存款账户。

（5）海关进行稽查时，发现被稽查人有可能篡改、转移、隐匿、毁弃账簿、单证等资料的，经直属海关关长或其授权的隶属海关关长批准，在不妨碍被稽查人正常的生产经营活动的前提下，可以暂时封存其账簿、单证等有关资料。海关在查明有关情况并经查明或者取证后，应当当即解除封存。

（6）海关进行稽查时，发现被稽查人的进出口货物有违反《海关法》和其他法律、行政法规嫌疑的，经直属海关关长或其授权的隶属海关关长批准，可以封存有关进出口货物。

3. 海关实施稽查时被稽查人的义务

《海关稽查条例》规定，海关在进行稽查时，被稽查人应当履行下列义务：

（1）应当配合海关稽查工作，并提供必要的工作条件。

（2）应当接受海关稽查，如实反映情况，提供账簿、单证等有关资料，不得拒绝、拖延、隐瞒。被稽查人使用计算机记账的，应当向海关提供记账软件、使用说明书及有关资料。

（3）海关行使查阅、复制、检查权时，被稽查人的法定代表人或者主要负责人或者指定的代表人应当到场，并按照海关的要求清点账簿、打开货物存放场所、搬移货物或者开启货物包装。

（4）海关进行稽查时，与被稽查人有财务往来或者其他商务往来的企业、单位，应当向海关如实反映被稽查人的有关情况，提供有关资料和证明材料。

（二）海关稽查的处理

海关稽查是海关监督被稽查人进出口活动真实性和合法性的一种措施。稽查中发现税款少征或漏征，或者被稽查人存在违法活动的，应按《海关稽查条例》的规定分别做出相应的处理：

（1）经海关稽查，发现关税或者其他进口环节的税收少征或者漏征的，由海关依照《海关法》和有关税收法律、行政法规的规定向被稽查人补征；因被稽查人违反规定而造成少征或者漏征的，由海关依照《海关法》和有关税收法律、行政法规的规定追征。

被稽查人在海关规定的期限内仍未缴纳税款的，海关可以依法采取强制执行措施。

（2）封存的有关进出口货物，经海关稽查排除违法嫌疑的，海关应当立即解除封存；经海关稽查认定违法的，由海关依照《海关法》和《海关行政处罚实施条例》的规定处理。

（3）经海关稽查，认定被稽查人有违反海关监管的行为的，由海关依照《海关法》和

《海关行政处罚实施条例》的规定处理。

（4）经海关稽查，发现被稽查人有走私行为，构成犯罪的，依法追究刑事责任；尚不构成犯罪的，由海关依照《海关法》和《海关行政处罚实施条例》的规定处理。

（5）海关通过稽查决定补征或者追征的税款、没收的走私货物和违法所得以及收缴的罚款，全部上缴国库。

（6）被稽查人同海关发生纳税争议的，依照《海关法》的规定办理。

四、海关稽查的法律责任

（一）被稽查人的法律责任

（1）被稽查人有下列行为之一的，由海关责令限期改正，逾期不改正的，处2万元以上10万元以下的罚款；情节严重的，撤销其报关注册登记；对负有直接责任的主管人员和其他直接责任人员处5000元以上5万元以下的罚款；构成犯罪的，依法追究刑事责任：

1）向海关提供虚假情况或者隐瞒重要事实的。

2）拒绝、拖延向海关提供账簿、单证等有关资料，以及相关电子数据存储介质的。

3）转移、隐匿、篡改、毁弃报关单证、进出口单证、合同、与进出口业务直接有关的其他资料，以及相关电子数据存储介质的。

（2）被稽查人未按照规定编制或者保管报关单证、进出口单证、合同，以及与进出口业务直接有关的其他资料的，由海关责令限期改正，逾期不改正的，处1万元以上5万元以下的罚款；情节严重的，撤销其报关注册登记，并对负有直接责任的主管人员和其他直接责任人员处1000元以上5000元以下的罚款。

（3）被稽查人未按照规定设置或者编制账簿，或者转移、隐匿、篡改、毁弃账簿的，依照会计法的有关规定追究法律责任。

被稽查人有上述（1）、（2）所列行为之一的，海关应当制发"海关限期改正通知书"，告知被稽查人改正的内容和期限，并对改正情况进行检查。被稽查人逾期不改正的，海关可以依据相关规定调整其信用等级。

（二）海关工作人员的法律责任

海关工作人员在稽查中玩忽职守、徇私舞弊、滥用职权或者利用职务上的便利收受、索取被稽查人的财物，构成犯罪的，依法追究刑事责任；不构成犯罪的，由海关依照《中华人民共和国公务员法》《海关法》和其他有关法律、行政法规予以处理。

中华人民共和国丽水海关行政处罚决定书（杭丽关缉违字〔2019〕0006号）

当事人：丽水市×××进出口有限公司

企业类型：有限责任公司

海关编码：3310961426

法定代表人：××

地址：丽水市莲都区圃山路×××号

2018年11月13日，丽水海关稽查科对当事人291520171157000037、291520171157000622、291520181158000188进口报关单项下葡萄酒的价格申报的真实性和合法性进行稽查，发现当事人未按规定保管上述进口报关单及与进口业务直接有关的资料，并于 2019 年 2 月 27 日向当事人制发《限期改正通知书》（丽关稽改（2019）201829150010 号），责令当事人提供上述报关单以及与进口业务直接有关的其他资料。而当事人于 3 月 27 日向丽水海关提交情况说明，称报关单、货物销售票据、缴款缴税单据、收付汇单证等各项记账凭证、货物出入库单等资料确已无法找到，无法提供。

以上行为有稽查通知书、限期改正通知书、询问笔录、查问笔录、情况说明、营业执照复印件、进口报关单资料为证。

当事人 291520171157000037、291520171157000622、291520181158000188 进口报关单及与进口业务直接有关的资料保管不善，且在丽水海关发出限期改正通知书后，书面回复无法整改的行为，违反了《中华人民共和国海关稽查条例》第七条第二款的规定。根据《中华人民共和国海关稽查条例》第三十一条的规定，决定对当事人做出如下行政处罚：

科处罚款人民币 2 万元整。

当事人应当自本处罚决定书送达之日起 15 日内，根据《中华人民共和国行政处罚法》第四十四条、第四十六条、第四十八条的规定，履行上述处罚决定。

当事人不服本处罚决定的，依照《中华人民共和国行政复议法》第九条、第十二条，《中华人民共和国行政诉讼法》第四十六条之规定，可自本处罚决定书送达之日起 60 日内向杭州海关申请行政复议，或者自本处罚决定书送达之日起 6 个月内，直接向丽水市中级人民法院起诉。

根据《中华人民共和国行政处罚法》第五十一条之规定，到期不缴纳罚款的，每日可以按罚款数额的百分之三加处罚款。

根据《中华人民共和国海关法》第九十三条、《中华人民共和国海关行政处罚实施条例》第六十条的规定，当事人逾期不履行处罚决定又不申请复议或者向人民法院提起诉讼的，海关可以将扣留的货物、物品、运输工具依法变价抵缴，或者以当事人提供的担保抵缴，也可以申请人民法院强制执行。

资料来源：杭州海关网站

第三节　海关事务担保制度

一、海关事务担保概述

（一）含义

海关事务担保，是指与进出境活动有关的自然人、法人或者其他组织，在向海关申请从事特定的经营业务或者办理特定的海关事务时，以向海关提交现金、保证函等担保，承诺在一定期限内履行其承诺的义务的法律行为。

（二）性质

1. 履行性

担保人提供的担保，具有在规定期限内由担保人履行其在正常情况下应当履行其承诺义务（办理某项海关手续）的性质。

2. 惩罚性

若由于担保人的过错，不能履行担保事项所列明的义务，海关将依法对担保人给予惩罚，让其承担一定的法律责任，以达到惩戒和教育的目的。

3. 补偿性

对涉及税款的担保，无论是责令补交税款，还是将保证金抵作税款，或是通知银行扣缴税款，主要目的还是在于补偿进出口税收的收入。

（三）作用

对进出境海关事务的担保制度，从本质上讲，是海关支持和促进对外贸易发展和科技文化交流的措施，既保障国家利益不被侵害，又便于进出境活动，促进对外贸易效率的提高。同时，担保制度对进出境活动的当事人也将产生较强的制约作用，促进企业守法自律，按时履行其承诺的诸如补交单证、补缴税款、按规定复出（进）口等义务。

二、海关事务担保的适用

（一）海关事务担保的一般适用

为使当事人获得提前放行、办理特定海关业务及免于扣留财产等便利，《海关事务担保条例》主要规定了四种情形下的海关事务担保：

1. 当事人申请提前放行货物的担保

当事人申请提前放行货物的担保是指在办结商品归类、估价和提供有效报关单证等海关手续前，向海关提供与应纳税款相适应的担保，申请海关提前放行货物。有下列情形之一的，当事人可以在办结海关手续前向海关申请提供担保，要求提前放行货物：

（1）进出口货物的商品归类、完税价格、原产地尚未确定的。

（2）有效报关单证尚未提供的。

（3）在纳税期限内税款尚未缴纳的。

（4）滞报金尚未缴纳的。

（5）其他海关手续尚未办结的。

国家对进出境货物、物品有限制性规定，应当提供许可证件而不能提供的，以及法律、行政法规规定不得担保的其他情形，海关不予办理担保放行。

地震影响单证滞后 海关帮忙企业不慌

"船到了，要卸货了，报关单证却还没拿到，怎么办？" 2011 年 2 月 24 日，一个求助电话打到了厦门海关下属肖厝海关通关科。

原来，上海华谊集团国际贸易有限公司进口的一批 2958.47t、货值 106.5 万美元的印尼产甲醇已经到港，但因印尼近期地震频发导致网络时断时续，通关所需的装货港重量证书、品质证书和原产地证书无法及时传输到位。

了解事情缘由后，关员及时向企业介绍了海关担保通关政策，给企业服下"定心丸"。然后依据进口合同中相关质量条款收取全额保证金，为这批货物办理通关手续，待货物相关单证到位，根据实际情况征收税款、退还保证金。

货物快速通关，企业避免了支付货物滞港带来的高额费用，公司负责人对海关部门设身处地为企业着想、热情周到的个性化服务一再表示感谢。

资料来源：中国海关网站

2. 当事人申请办理特定海关业务的担保

当事人申请办理特定海关业务的担保是指当事人在申请办理内地往来港澳货物运输，办理货物、物品暂时进出境，将海关监管货物抵押或者暂时存放在海关监管区外等特定业务时，根据海关监管需要或者税收风险大小向海关提供的担保。

当事人不提供或者提供的担保不符合规定的，海关不予办理所列特定海关业务。

3. 税收保全担保

进出口货物的纳税义务人在规定的纳税期限内有明显的转移、藏匿其应税货物及其他财产迹象的，海关可以指令纳税义务人提供担保；纳税义务人不能提供担保的，海关依法采取税收保全措施。

4. 免予扣留财产的担保

（1）有违法嫌疑的货物、物品、运输工具应当或者已经被海关依法扣留、封存的，当事人可以向海关提供担保，申请免予或者解除扣留、封存。

（2）有违法嫌疑的货物、物品、运输工具无法或者不便扣留的，当事人或或者运输工具负责人应当向海关提供等值的担保；未提供等值担保的，海关可以扣留当事人等值的其他财产。

有违法嫌疑的货物、物品、运输工具属于禁止进出境，或者必须以原物作为证据，或者依法应当予以没收的，海关不予办理担保。

（3）法人、其他组织受到海关处罚，在罚款、违法所得或者依法应当追缴的货物、物品、走私运输工具的等值价款未缴清前，其法定代表人、主要负责人出境的，应当向海关提供担保；未提供担保的，海关可以通知出境管理机关阻止其法定代表人、主要负责人出境。

（二）海关事务担保的其他适用

进口已采取临时反倾销措施、临时反补贴措施的货物应当提供担保的，或者进出口货物收发货人、知识产权权利人申请办理知识产权海关保护相关事务等，依照海关事务担保一般适用的规定办理海关事务担保。法律、行政法规有特别规定的，遵其规定。

（三）海关事务担保的免除

《海关法》的有关条款规定，如其他法律、行政法规根据实践需要规定在特定情形下可以免除担保提前放行货物的，这种"免除担保"的特别规范优先于"凭担保放行"的一般规范。因此，在这种特别规范的适用范围内，因各种原因未办结海关手续的货物，可以免除担保而被收发货人先于提取或装运出境。但同时规定，海关对享受免除担保待遇的进出口企业实行动态管理，当事人不再符合规定条件的，海关应当停止对其适用免除担保。

按照海关总署的规定，经海关认定的高级认证企业可以申请免除担保，并按照海关规定办理有关手续。

（四）海关事务总担保

为了使进出口货物品种、数量相对稳定且业务频繁的企业免于反复办理担保，《海关事务担保条例》规定，当事人在一定期限内多次办理同一类海关事务的，可以向海关申请提供总担保；提供总担保后，当事人办理该类海关事务，不再单独提供担保。同时规定，总担保的适用范围、担保金额、担保期限、终止情形等由海关总署规定。可申请总担保的常见情形有：

（1）ATA 单证册项下暂准出口货物由中国国际商会统一向海关总署提供总担保。

（2）经海关同意，知识产权权利人可以向海关提供总担保，总担保金额不得低于人民币 20 万元。

（3）由银行对纳税义务人在一定时期内通过网上支付方式申请缴纳的进出口税费提供总担保。

三、海关事务担保担保人的资格及担保责任

（一）担保人的资格

《海关法》规定："具有履行海关事务担保能力的法人、其他组织或者公民，可以成为担保人。法律规定不得为担保人的除外。"

具有履行海关担保义务能力是对自然人、法人或其他组织作为担保人的基本要求。对于担保人而言，其履行义务的能力主要表现在应当拥有足以承担担保责任的财产。公民作为担保人还应当具有民事行为能力，无民事行为能力或者限制行为能力的公民，即使拥有足以承担担保责任的财产，也不能作为担保人。

如其他有关法律对担保人资格已做出限制性规定，则这种法人、其他组织或公民就不能作为担保人。

（二）担保人的担保责任

《海关法》规定："担保人应当在担保期限内承担担保责任。担保人履行担保责任的，不免除被担保人应当办理有关海关手续的义务。"海关则应当及时为被担保人办理有关海关手续。

1. 担保责任的含义

担保人应承担的担保责任，主要是指被担保人应当在规定的期限内全面、正确地履行其承诺的海关义务。根据担保个案的不同情况，其责任范围也有区别。

2. 担保的期间

这是指担保人承担担保责任的起止时间。担保人在规定的担保期间内承担担保责任，若逾期，即使被担保人未履行海关义务，担保人也不再承担担保责任。鉴于法律规定可适用担保的范围内所涉及的事项千差万别，不可能对此做统一规定，因而担保期间主要由海关行政法规及海关规章来制定。

3. 担保责任的解除

被担保人如能在规定的期间内履行担保承诺的义务或者规定的担保期间届满，担保人的担保责任则应依法予以解除，由海关及时办理销案手续，退还有关保证金等。

四、海关事务担保的方式

《海关法》明确规定的海关事务担保方式分为以下四种：

（一）以人民币、可自由兑换的货币提供担保

人民币是我国的法定货币，支付我国境内的一切公共的和私人的债务，任何单位或个人

均不能拒收。

可自由兑换货币，指国家外汇管理局公布挂牌的作为国际支付手段的外币现钞。

（二）以汇票、本票、支票、债券、存单提供担保

汇票是指由出票人签发的，委托付款人在见票时或者在指定日期无条件支付确定的金额给收款人或持票人的票据，分为银行承兑汇票和商业承兑汇票两种。

本票是指由出票人签发的，承诺自己在见票时无条件支付确定的金额给收款人或持票人的票据。

支票是指由出票人签发的，委托办理支票存款业务的银行或者其他金融机构在见票时无条件支付确定的金额给收款人或者持票人的票据。

债券是指依照法定程序发行的，约定在一定期限还本付息的有价证券，包括国库债券、企业债券、金融债券等。

存单是指储蓄机构发给存款人的证明其债权的单据。

（三）以银行或者非银行金融机构出具的保函提供担保

保函，即法律上的保证，属于人的担保范畴。保函不是以具体的财产提供担保，而以保证人的信誉和不特定的财产为他人的债务提供担保；保证人必须是第三人；保证人当具有清偿债务的能力。

对于 ATA 单证册项下进出口的货物，可由中国国际商会这一特殊的第三方作为担保人，为展览品等暂时进出口货物提供保函方式的担保。

（四）以海关依法认可的其他财产、权利提供担保

这是指除上述财产、权利外的其他财产和权利。

五、事务担保的实施

（一）涉及担保金额的确定标准

当事人提供的担保应当与其需要履行的法律义务相当，除有违法嫌疑的货物、物品、运输工具无法或者不便扣留的情形外，担保金额按照下列标准确定：

（1）为提前放行货物提供的担保，担保金额不得超过可能承担的最高税款总额。

（2）为办理特定海关业务提供的担保，担保金额不得超过可能承担的最高税款总额或者海关总署规定的金额。

（3）因有明显的转移、藏匿应税货物以及其他财产迹象被责令提供的担保，担保金额不得超过可能承担的最高税款总额。

（4）为有关货物、物品、运输工具免予或者解除扣留、封存提供的担保，担保金额不得超过该货物、物品、运输工具的等值价款。

（5）为罚款、违法所得或者依法应当追缴的货物、物品、走私运输工具的等值价款未缴清前出境提供的担保，担保金额应当相当于罚款、违法所得数额或者依法应当追缴的货物、物品、走私运输工具的等值价款。

（二）办理海关事务担保的程序

1. 当事人申请担保

凡符合申请担保条件的货物，由当事人向办理有关货物进出口手续的海关申请担保。办理担保，当事人应当提交书面申请，以及真实、合法、有效的财产、权利凭证和身份或者资

格证明等材料，并按海关审核确定的担保方式提供担保。

2. 海关受理担保

海关应当自收到当事人提交的材料之日起 5 个工作日内对相关财产、权利等进行审核，并决定是否接受担保。当事人申请办理总担保的，海关应当在 10 个工作日内审核并决定是否接受担保。

符合规定的担保，自海关决定接受之日起生效。对不符合规定的担保，海关应当书面通知当事人不予接受，并说明理由。

3. 担保责任的履行

被担保人在规定的期限内未履行有关法律义务的，海关可以依法从担保财产、权利中抵缴。当事人以保函提供担保的，海关可以直接要求承担连带责任的担保人履行担保责任。

担保人履行担保责任的，不免除被担保人办理有关海关手续的义务。海关应当及时为被担保人办理有关海关手续。

担保财产、权利不足以抵偿被担保人有关法律义务的，海关应当书面通知被担保人另行提供担保或者履行法律义务。

4. 担保财产、权利的退还

当事人已经履行有关法律义务、不再从事特定海关业务，或者担保财产、权利被海关采取抵缴措施后仍有剩余的及其他需要退还的情形，海关应当书面通知当事人办理担保财产、权利的退还手续。

自海关要求办理担保财产、权利退还手续的书面通知送达之日起 3 个月内，当事人无正当理由未办理退还手续的，海关应当发布公告。

自海关公告发布之日起 1 年内，当事人仍未办理退还手续的，海关应当将担保财产、权利依法变卖或者兑付后上缴国库。

5. 担保的销案

当事人必须于规定的担保期限届满前，凭担保金支付收据或留存的保函向海关办理销案手续。在当事人履行了向海关承诺的义务后，海关将退还当事人已缴纳的担保资金或注销已提交的保函。

（三）担保人、被担保人的法律责任

担保人、被担保人违反《海关事务担保条例》使用欺骗、隐瞒等手段提供担保的，由海关责令其继续履行法律义务，处 5000 元以上 50000 元以下的罚款；情节严重的，可以暂停被担保人从事有关海关业务或者撤销其从事有关海关业务的注册登记。

担保人、被担保人对海关有关海关事务担保的具体行政行为不服的，可以依法向上一级海关申请行政复议或者向人民法院提起行政诉讼。

第四节 知识产权海关保护制度

一、知识产权海关保护概述

（一）含义

知识产权，概括的说是指公民、法人或其他组织对其在科学技术和文学艺术等领域内，主要基于脑力劳动创造完成的智力成果所依法享有的专有权利，因此又称智力成果权。

知识产权海关保护，是指海关对与进出口货物有关并受中华人民共和国法律、行政法规保护的商标专用权、著作权和与著作权有关的权利、专利权（以下统称知识产权）实施的保护。

（二）范围

知识产权具有无形性、专有性、地域性、时间性和可复制性的特点。世界贸易组织关于《与贸易措施有关的知识产权协议》将与贸易有关的知识产权的范围确定为：著作权、商标权、地理标志权、工业品外观设计权、专利权、集中电路布图设计权、未披露过的信息专有权。

我国借鉴发达国家海关的经验并遵循《与贸易措施有关的知识产权协议》的原则精神，结合我国国情，通过制定《知识产权海关保护条例》，把我国知识产权海关保护的适用范围确定为：与进出口货物有关并受中华人民共和国法律、行政法规保护的知识产权，包括商标专用权、著作权和与著作权有关的权利、专利权、奥林匹克标志专有权、世界博览会标志专有权。同时规定，侵犯受法律、行政法规保护的知识产权的货物禁止进出口。

（三）作用

1. 通过保护与进出口货物有关的知识产权来履行中国作为世贸组织成员国应尽的义务

我国加入WTO之后，一个全方位、宽领域、多层次的对外开放的格局逐渐形成，我国与世界各国在科技、经济、文化等方面的合作与交流日益频繁。为了给开展科技、经济、文化等方面的国际合作与交流创造一个良好的环境并提供有利的条件，我国通过建立和完善既符合国际通行做法，又具有中国特色的知识产权海关保护法律制度，从而严格遵循了WTO《与贸易有关的知识产权协议》的各项规定，全面履行了我国在双边协议中承诺的知识产权保护义务。

2. 通过保护与进出口货物有关的知识产权来规范进出口秩序

随着国家逐渐放开对进出口经营权和进出口商品经营品种的限制，越来越多的企业可以直接从事进出口贸易，这对促进对外贸易的发展产生了十分重要的作用。但同时一些国内企业为了挤占容量有限的国外市场，不惜采取低价竞销和冒用他人注册商标的手段大肆出口劣质商品，不仅破坏了我国出口商品的传统的经营渠道，也损害了我国出口商品的国际声誉。针对在对外贸易中侵犯知识产权的情况比较严重的状况，国家通过立法授予海关在进出境环节保护知识产权，对与进出口货物有关的知识产权进行保护，从而有效地规范了进出口秩序。

二、知识产权海关保护的备案

知识产权海关保护备案，是指知识产权权利人按照《知识产权海关保护条例》的规定，将其知识产权的法律状况、有关货物的情况、知识产权合法使用情况和侵权货物进出口情况以书面形式通知海关总署，以便海关在对进出口货物进行监管的过程中能够主动对有关知识产权实施保护。

（一）知识产权海关保护备案的申请人

知识产权海关保护备案的申请人应为知识产权权利人或者知识产权权利人委托的代理人。

（二）知识产权海关保护备案申请的文件及证据

1. 申请书及其内容

知识产权权利人可以将其知识产权向海关总署申请备案，应当向海关提交申请书。申请书应当包括下列内容：

（1）知识产权权利人的名称或者姓名、注册地或者国籍等。

（2）知识产权的名称、内容及其相关信息。

（3）知识产权许可行使状况。

（4）知识产权权利人合法行使知识产权的货物的名称、产地、进出境地海关、进出口商、主要特征、价格等。

（5）已知的侵犯知识产权货物的制造商、进出口商、进出境地海关、主要特征、价格等。

2. 随附文件、证据

知识产权权利人在提交备案申请书的时候应当随附与备案有关的文件、证据。

（三）知识产权海关保护备案申请的海关受理

海关总署应当自收到申请人全部申请文件之日起 30 个工作日内做出是否准予备案的决定，并书面通知申请人。不予备案的，海关须说明理由。

有下列情形之一的，海关总署不予受理：

（1）申请文件不齐全或者无效的。

（2）申请人不是知识产权权利人的。

（3）知识产权不再受法律、行政法规保护的。

（四）知识产权海关保护备案的时效

1. 备案有效期

知识产权海关保护备案自海关总署核准备案之日起生效，有效期为 10 年。自备案生效之日起知识产权的有效期不足 10 年的，备案的有效期以知识产权的有效期为准。

2. 续展备案有效期

在知识产权有效的前提下，知识产权权利人可以在知识产权海关保护备案有效期届满前 6 个月内，向海关总署申请续展备案，每次续展备案的有效期为 10 年。

知识产权海关保护备案有效期届满而不申请续展或者知识产权不再受法律、行政法规保护的，知识产权海关保护备案随即失效。

（五）知识产权海关保护备案的变更和撤销

1. 知识产权海关保护备案的变更与注销

备案知识产权的情况发生改变的，知识产权权利人应当自发生改变之日起 30 个工作日内，向海关总署办理备案变更或者注销手续。

2. 知识产权海关保护备案的撤销

海关发现知识产权权利人申请知识产权备案未如实提供有关情况或者文件的，海关总署可以撤销其备案。

知识产权权利人未依照规定办理备案变更或者注销手续，给他人合法进出口或者海关依法履行监管职责造成严重影响的，海关总署可以根据有关利害关系人的申请撤销有关备案，也可以主动撤销有关备案。

三、扣留侵权嫌疑货物的申请

知识产权权利人发现侵权嫌疑货物（已备案或尚未备案）即将进出口，或者接到海关就实际监管中发现进出口货物涉嫌侵犯在海关总署备案的知识产权而发出的书面通知的，可以向货物进出境地海关提出扣留侵权嫌疑货物的申请，并按规定提供相应的担保。

（一）知识产权权利人发现侵权嫌疑货物的扣留申请

1. 申请扣留侵权嫌疑货物的文件

知识产权权利人发现侵权嫌疑货物即将进出口的，可以向货物进出境地海关提出扣留侵权嫌疑货物的申请，提交申请书及相关证明文件。申请书应当包括下列主要内容：

（1）知识产权权利人的名称或者姓名、注册地或者国籍等。

（2）知识产权的名称、内容及其相关信息。

（3）侵权嫌疑货物收货人或发货人的名称。

（4）侵权嫌疑货物名称、规格等。

（5）侵权嫌疑货物可能进出境的口岸、时间、运输工具等。

侵权嫌疑货物涉嫌侵犯备案知识产权的，申请书还应当包括海关备案号。

2. 申请扣留侵权嫌疑货物的证据

权利人或其代理人提出申请时，除填具申请书外，还应提供足以证明侵权事实明显存在的证据。知识产权权利人提交的证据，应当能够证明以下事实：

（1）请求海关扣留的货物即将进出口。

（2）在货物上未经许可使用了侵犯其商品专用权的商标标识、作品或者实施了其专利。

3. 申请扣留侵权嫌疑货物的担保

知识产权权利人请求海关扣留侵权嫌疑货物的，应当向海关提供不超过货物等值的担保，用于赔偿可能因申请不当给收货人、发货人造成的损失，以及支付货物由海关扣留后的仓储、保管和处置等费用；知识产权权利人直接向仓储商支付仓储、保管费用的，从担保中扣除。

（二）海关发现侵权嫌疑货物的扣留申请

1. 海关书面通知知识产权权利人

海关对进出口货物实施监管，发现进出口货物涉嫌侵犯已在海关总署备案的知识产权的，应立即书面通知知识产权权利人。

2. 知识产权权利人的回复及其扣留申请

知识产权权利人在接到海关书面通知送达之日起3个工作日内应予以回复：

（1）认为有关货物侵犯其在海关总署备案的知识产权并要求海关扣留的，向海关提出扣留申请。其扣留申请办法与知识产权权利人发现侵权嫌疑的扣留申请相同。

（2）认为有关货物未侵犯其在海关总署备案的知识产权或者不要求海关扣留的，向海关书面说明理由。

知识产权权利人逾期未提出申请或者未提供担保的，海关不得扣留货物。

四、海关对侵权嫌疑货物的调查处理

（一）扣留有侵权嫌疑的货物

1. 海关制发通知和扣留凭单

知识产权权利人申请扣留侵权嫌疑货物并提供担保的，海关应当扣留侵权嫌疑货物，书面通知知识产权权利人，并将海关扣留凭单送达收货人或者发货人。

2. 知识产权权利人或收发货人查看货物

知识产权权利人在按规定提出申请并提供担保后，可以在海关扣留侵权嫌疑货物前向海

关请求查看货物；海关扣留侵权嫌疑货物，并将书面通知和扣留凭单送达收发货人。经海关同意，收发货人可以查看有关货物。

3. 收发货人的担保

涉嫌侵犯专利权货物的收货人或发货人认为其进出口货物未侵犯专利权的，应当向海关提出书面说明并附送相关证据，可以在向海关提交放行货物的申请和与货物等值的担保金后，请求海关放行其货物。

知识产权权利人未能在合理期限内向人民法院起诉的，海关退还担保金。

(二) 海关对扣留侵权嫌疑货物的调查

海关在实际监管中发现进出口货物有侵犯备案知识产权嫌疑并通知知识产权权利人后，知识产权权利人请求海关扣留侵权嫌疑货物的，海关应当自扣留之日起 30 个工作日内，对被扣留的货物是否构成侵犯知识产权进行调查、认定；不能认定侵权的，应当立即书面通知知识产权权利人。

海关对被扣留的侵权嫌疑货物进行调查，请求知识产权主管部门提供协助的，有关知识产权主管部门应当予以协助。海关对被扣留的侵权嫌疑货物及有关情况进行调查时，知识产权权利人和收发货人应当予以配合。

(三) 放行被扣留货物

有下列情形之一的，海关应当放行被扣留货物：

(1) 海关根据知识产权权利人申请扣留的侵权嫌疑货物，自扣留之日起 20 个工作日内未收到人民法院协助执行通知的。

(2) 海关依职权扣留的侵权嫌疑货物，自扣留之日起 50 个工作日内未收到人民法院协助执行通知，并且经调查不能认定被扣留的侵权嫌疑货物侵犯知识产权的。

(3) 涉嫌侵犯专利权货物的收货人或者发货人在向海关提供与货物等值的担保金后，请求海关放行的。

(4) 海关认为收货人或者发货人有充分的证据证明其货物未侵犯知识产权权利人的知识产权的。

(5) 在海关认定被扣留的侵权嫌疑货物为侵权货物之前，知识产权权利人撤回扣留侵权嫌疑货物的申请的。

(四) 没收被扣留的侵权货物

1. 海关没收侵权货物

被扣留的侵权嫌疑货物，海关经调查后认定侵犯知识产权的，予以没收，并应当将侵犯知识产权货物的有关情况书面通知知识产权权利人。

2. 侵权货物没收后的处理

(1) 被没收的侵犯知识产权货物可以用于社会公益事业的，海关应当转交给有关公益机构用于社会公益事业。

(2) 知识产权权利人有收购意愿的，海关可以将没收的侵权货物有偿转让给知识产权权利人。

(3) 被没收的侵犯知识产权货物无法用于社会公益事业且知识产权权利人无收购意愿的，海关可以在消除侵权特征后依法拍卖。

(4) 没收货物侵权特征无法消除的，海关应当予以销毁。

五、知识产权有关当事人承担的责任

（一）知识产权权利人应承担的责任

海关依法扣留侵权嫌疑货物，知识产权权利人应当支付有关仓储、保管和处置等费用。知识产权权利人未支付有关费用的，海关可以从其向海关提供的担保金中予以扣除，或者要求担保人履行有关担保责任。侵权嫌疑货物被认定为侵犯知识产权的，知识产权权利人可以将其支付的有关仓储、保管和处置等费用计入其为制止侵权行为所支付的合理开支。

海关接受知识产权保护备案和采取知识产权保护措施的申请后，因知识产权权利人未提供确切情况而未能发现侵权货物、未能及时采取保护措施或者采取保护措施不力的，由知识产权权利人自行承担责任。

知识产权权利人请求海关扣留侵权嫌疑货物后，海关不能认定被扣留的侵权嫌疑货物侵犯知识产权权利人的知识产权，或者人民法院判定不侵犯知识产权权利人的知识产权的，知识产权权利人应当依法承担赔偿责任。

（二）侵犯知识产权当事人应承担的责任

进口或者出口侵犯知识产权货物，经法院判定对知识产权产权人造成损害的，承担相应赔偿责任。其构成犯罪的，依法承担刑事责任。

上海海关关于上海××贸易有限公司出口侵犯"SKF及图形"商标专用权的轴承案件行政处罚决定书

沪关知字〔2019〕第029号

上海××贸易有限公司委托上海××国际货物运输代理有限公司，于2019年2月19日，以一般贸易方式向海关申报出口荷兰一批传动轴等。经查，实际出口货物中，有标有"SKF及图形"商标的带座轴承2套，价值360美元。对于上述货物，"SKF及图形"商标权利人SKF公司认为属于侵犯其商标专用权的货物，并向我关提出采取知识产权保护措施的申请。

我关经调查，认为当事人出口的带座轴承上使用的"SKF及图形"商标，与商标权人注册的"SKF及图形"商标相同，且事先未经商标权人许可。根据《中华人民共和国商标法》第五十七条第（一）项的规定，该货物属于侵犯他人商标专用权的货物。当事人出口上述货物的行为已构成出口侵犯他人商标专用权货物的行为。

以上有海关出口货物报关单证、海关查验记录、权利人权利证明、当事人查问笔录等材料为证。

根据《中华人民共和国海关法》第九十一条、《中华人民共和国海关行政处罚实施条例》第二十五条之规定，我关决定没收上述标有"SKF及图形"商标的带座轴承2套并处以罚款人民币250元。

当事人应当自本处罚决定书送达之日起15日内，根据《中华人民共和国行政处罚法》第四十四条、第四十六条、第四十八条的规定，履行上述处罚决定。

当事人不服本处罚决定的，依照《中华人民共和国行政复议法》第九条、第十二条，《中华人民共和国行政诉讼法》第四十六条之规定，可自本处罚决定书送达之日起

60 日内向海关总署申请行政复议，或者自本处罚决定书送达之日起 6 个月内，直接向上海知识产权法院起诉。

根据《中华人民共和国行政处罚法》第五十一条之规定，到期不缴纳罚款的，每日可以按罚款数额的百分之三加处罚款。

根据《中华人民共和国海关法》第九十三条、《中华人民共和国海关行政处罚实施条例》第六十条的规定，当事人逾期不履行处罚决定又不申请复议或者向人民法院提起诉讼的，海关可以将扣留的货物、物品、运输工具依法变价抵缴，或者以当事人提供的担保抵缴；也可以申请人民法院强制执行。

资料来源：上海海关网站

第五节　海关行政处罚制度

一、海关行政处罚概述

（一）含义

海关行政处罚是指海关根据法律授予的行政处罚权力，对公民、法人或者其他组织违反海关法律、行政法规，依法不追究刑事责任的走私行为和违反海关监管规定的行为，以及法律、行政法规规定由海关实施行政处罚的行为所实施的一种行政制裁。

（二）性质

海关行政处罚作为一种行政制裁行为，通过对违反海关法的当事人财产、资格或声誉予以一定的剥夺或者限制，以达到规范进出境监管秩序、保护国家利益和他人合法权益的目的。海关行政处罚以当事人的行为违反海关法律、行政法规，并需要追究当事人行政法律责任为前提，因此不能把海关行政处罚和海关行政强制措施相混淆。同时，对于应追究刑事法律责任的违反海关法的行为也不能以罚代刑，即不能用海关行政处罚代替刑事处罚。

（三）基本原则

1. 公正、公开原则

（1）公正原则。公正原则是指海关对公民、法人或者其他组织的行政处罚，应当同其违反海关法行为的事实、性质、情节及危害程度相当；对有基本相同的违法行为的两个以上的公民、法人或者其他组织，如果其违法行为发生的环境条件、危害程度基本相同，受到的处罚也应基本相同。

（2）公开原则。公开原则是指有关海关行政处罚的法律、行政法规及规章应当公布；海关执法人员应当公开执法身份，出示执法证件；海关行政处罚的依据、证据、理由等应当向当事人公开。

2. 法定原则

法定原则包括处罚的法律依据是法定的，海关行政处罚的程序是法定的，海关实施处罚的主体及其职权是法定的等。

3. 处罚与教育相结合的原则

海关行政处罚的功能不只是单纯的处罚和惩戒，而是通过制裁手段，使违法者改正违法行为，形成守法自律意识，因此海关行政处罚的过程包含着教育的内容。

4. 救济原则

按照现代行政法治要求，"有处罚即有救济"。也就是说，行为人受到处罚，同时应具有救济手段。海关行政处罚中的救济手段包括行政申诉、行政复议、行政诉讼和行政赔偿。

二、海关行政处罚的范围

《海关行政处罚实施条例》仅适用于应受海关行政处罚行为的处理。应受海关处罚行为包括不予追究刑事责任的走私行为和违反海关监管规定行为，以及法律、行政法规规定的由海关实施行政处罚的行为。

根据《海关法》的规定，走私情节严重的（主要以走私物的品种、数量和逃税额为标准），构成走私罪。认定和惩罚走私罪（追究刑事责任）属于司法机关的职能，不在海关行政处罚范围内；而依法不追究刑事责任的走私行为，以及涉嫌走私罪但人民检察院依法不追究刑事责任、构成走私犯罪但人民法院依法决定免于追究刑事责任的，应由海关依据《海关行政处罚实施条例》进行行政处罚。

（一）依法不追究刑事责任的走私行为

1. 走私行为

根据《海关行政处罚实施条例》的规定，走私行为是指违反《海关法》及其他有关法律、行政法规，逃避海关监管，偷逃应纳税款、逃避国家有关进出境的禁止性或者限制性管理，并具有下列情形之一的：

（1）未经国务院或者国务院授权的机关批准，从未设立海关的地点运输、携带国家禁止或者限制进出境的货物、物品或者依法应当缴纳税款的货物、物品进出境的。

（2）经过设立海关的地点，以藏匿、伪装、瞒报、伪报或者其他方式逃避海关监管，运输、携带、邮寄国家禁止或者限制进出境的货物、物品或者依法应当缴纳税款的货物、物品进出境的。

（3）使用伪造、变造的手册、单证、印章、账册、电子数据或者以其他方式逃避海关监管，擅自将海关监管货物、物品、进境的境外运输工具，在境内销售的。

（4）使用伪造、变造的手册、单证、印章、账册、电子数据或者以伪报加工贸易制成品单位耗料量等方式，致使海关监管货物、物品脱离监管的。

（5）以藏匿、伪装、瞒报、伪报或者其他方式逃避海关监管，擅自将保税区、出口加工区等海关特殊监管区域内的海关监管货物、物品运出区外的。

（6）有逃避海关监管，构成走私的其他行为的。

2. 按走私行为论处的行为

有下列行为之一的，按走私行为论处：

（1）明知是走私进口的货物、物品而直接向走私人非法收购的。

（2）在内海、领海、界河、界湖，船舶及所载人员运输、收购、贩卖国家禁止或者限制进出境的货物、物品，或者运输、收购、贩卖依法应当缴纳税款的货物，没有合法证明的。

与走私人通谋为走私人提供贷款、资金、账号、发票、证明、海关单证的，与走私人通谋为走私人提供走私货物、物品的提取、发运、运输、保管、邮寄或者其他方便的，以走私的共同当事人论处。

（二）违反海关监管规定的行为

违反海关监管规定的行为，是指海关管理相对人在从事运输工具、货物、物品的进出境活动或在从事海关监管货物的运输、储存、加工、装配、寄售、展示等业务活动中，违反《海关法》及其他有关法律、行政法规的规定，且未构成走私的行为。而主要是违反海关关于进出境监管的具体要求、监管程序和监管手续，没有按照海关规定履行应尽的义务，执法实践中简称为"违规"行为。

根据《海关行政处罚实施条例》，违反海关监管规定的行为主要有：

（1）违反国家进出口管理规定，进出口国家禁止进出口货物的。

（2）违反国家进出口管理规定，进出口国家限制进出口的货物或属于自动进出口许可管理的货物，进出口货物的收发货人向海关申报时不能提交许可证件的。

（3）进出口货物的品名、税则号列、数量、规格、价格、贸易方式、原产地、启运地、运抵地、最终目的地或者其他应当申报的项目未申报或者申报不实的。

（4）擅自处置监管货物，违规存放监管货物，监管货物短少灭失且不能提供正当理由的，未按规定办理保税手续，单耗申报不实，过境、转运、通运货物违规，暂时进出口货物违规的。

（5）非法代理、行贿、未经许可从事报关业务、骗取许可的。

（6）其他违法行为（中断监管程序、伪造、变造、买卖单证、进出口侵犯知识产权货物等）。

（三）法律、行政法规规定由海关实施行政处罚的行为

除《海关法》规定了走私行为和违反海关监管规定的行为由海关处理外，还包括其他法律、行政法规，以及国务院的规范性文件规定由海关实施处罚的行为的处理。

走私行为与违规行为的区别

《海关法》和《海关行政处罚实施条例》将违反《海关法》及其他有关法律、行政法规的行为分为走私行为和违规行为，这是两类性质完全不同的行为，有着本质的不同。

1. 主观故意不同

走私具有很强的主观目的性，其行为的目的就在于偷逃国家应缴税款或逃避国家对进出境运输工具、货物、物品的禁止或限制性管制，并往往有针对性地采取各种伪装欺骗手法，企图逃避海关监管；而违规行为在主观认识上通常表现为"过失"状态，没有很明确的追求逃税、逃证的主观目的性，通常也不会采取有针对性的欺骗手法来逃避海关监管。

2. 客观行为不同

走私若是为了达到逃税、逃证的目的，通常会采取欺骗手法逃避海关监管，而且这种逃避海关监管的手法是行为人在明知或应知条件下有针对性采取的。而违规行为一般都不会采取欺骗手法来掩饰自己的过失行为，其行为往往没有明确的逃税、逃证的针对性和目的性，发生的环节也多是在程序和手续方面不履行海关规定的义务。

3. 行为危害结果不同

走私行为侵害的主体是国家关于运输工具、货物、物品进出境税收和管制的实体性规定，通常会产生逃税、逃证的实质性危害，《海关行政处罚实施条例》规定的走私行为和以走私行为论处的行为都会直接产生逃税、逃证的结果。而违规行为侵害的是海关监管的程序、手续，以及具体要求等进出境管理秩序。

三、海关行政处罚的形式

（1）警告。

（2）罚款。

（3）没收走私货物、物品、运输工具及违法所得。

（4）撤销报关等企业的注册登记，暂停其从事有关业务的资格。

（5）取缔未经注册登记从事报关业务的企业。

四、海关行政处罚的程序

（一）一般规定

（1）海关发现的依法应当由其他行政机关或者刑事侦查部门处理的违法行为，应当制作案件移送函，及时将案件移送有关行政机关或者刑事侦查部门处理。

（2）海关在调查、收集证据时，办理行政处罚案件的海关工作人员（以下简称办案人员）不得少于2人，并且应当向当事人或者有关人员出示执法证件。

（3）办案人员有下列情形之一的，应当回避，当事人及其代理人有权申请其回避：

1）当事人的近亲属。

2）本人或者其近亲属与本案有利害关系。

3）与本案当事人有其他关系，可能影响案件公正处理的。

（二）案件调查

1. 立案

海关发现公民、法人或者其他组织有依法应当由海关给予行政处罚的行为的，应当立案调查。

海关受理或者发现的违法线索，经核实有下列情形之一的，不予立案：

（1）没有违法事实的。

（2）违法行为超过法律规定的处罚时效的。

（3）其他依法不予立案的情形。

海关决定不予立案的，应当制作不予立案通知书，及时通知举报人、线索移送机关或者主动投案的违法嫌疑人。

2. 调查取证

海关立案后，应当全面、客观、公正、及时地进行调查、收集证据。海关调查、收集证据，应当按照法律、行政法规及其他有关规定的要求办理。调查、收集的证据涉及国家秘密、商业秘密或者个人隐私的，海关应当保守秘密。

调查取证的手段包括查问违法嫌疑人、询问证人，依法检查运输工具和场所，查验货物、物品，对有关货物、物品进行取样化验、鉴定，查询案件涉嫌单位和涉嫌人员在金融机构、邮政企业的存款、汇款，依法扣留货物、物品、运输工具、其他财产及账册、单据等资料。

海关办理行政处罚案件的证据种类主要有：书证、物证、视听资料、电子数据、证人证言、化验报告、鉴定结论、当事人的陈述、查验与检查记录。证据应当经查证属实，才能作为认定事实的根据。

3. 调查中止和终结

（1）中止调查。海关办理行政处罚案件，在立案后发现当事人的违法行为应当移送其他行政机关或者刑事侦查部门办理的，应当及时移送。行政处罚案件自海关移送其他行政机关或者刑事侦查部门之日起中止调查。

（2）恢复调查。海关中止调查的行政处罚案件，有下列情形之一的，应当恢复调查：

1）其他行政机关或者刑事侦查部门已做出处理的海关移送案件，仍需要海关做出行政处罚的。

2）其他行政机关或者刑事侦查部门不予受理或者不予追究刑事责任，退回海关处理的。

（3）终结调查。经调查后，行政处罚案件有下列情形之一的，可以终结调查：

1）违法事实清楚、法律手续完备、据以定性处罚的证据充分的。

2）没有违法事实的。

3）作为当事人的自然人死亡的。

4）作为当事人的法人或者其他组织终止，无法人或者其他组织承受其权利义务，又无其他关系人可以追查的。

5）其他行政机关或者刑事侦查部门已做出处理的海关移送案件，不需要海关做出行政处罚的。

6）其他依法应当终结调查的情形。

（三）处理决定

海关关长应当根据对行政处罚案件审查的不同结果，依法做出以下决定：

（1）确有违法行为，应当给予行政处罚的，根据其情节和危害后果的轻重，做出行政处罚决定。

（2）依法不予行政处罚的，做出不予行政处罚的决定。

（3）符合撤销案件规定的，予以撤销。

（4）符合《海关行政处罚实施条例》规定的收缴条件的，予以收缴。

（5）违法行为涉嫌犯罪的，移送刑事侦查部门依法办理。

海关依法做出行政处罚决定或者不予行政处罚决定的，应当制发行政处罚决定书或者不予行政处罚决定书。

行政处罚决定书应当在宣告后当场交付当事人；当事人不在场的，海关应当在7日内将行政处罚决定书送达当事人。

（四）行政处罚决定的执行

海关做出行政处罚决定后，当事人应当在行政处罚决定书规定的期限内予以履行。海关对当事人依法做出暂停从事有关业务、撤销其注册登记等行政处罚决定的执行程序，由海关总署另行制定。

第六节　海关行政复议制度

一、海关行政复议概述

(一) 含义

海关行政复议是指公民、法人或者其他组织不服海关及其工作人员的具体行政行为，认为该行政行为侵犯其合法权益，依法向海关复议机关提出复议申请，请求重新审查并纠正原具体行政行为。海关复议机关按照法定程序对上述具体行政行为的合法性和适当性（合理性）进行审查并做出决定的海关法律制度。

(二) 特征

海关行政复议具有以下特点：

(1) 海关行政复议的申请人是公民、法人或者其他组织。

(2) 海关行政复议的被申请人是做出具体行政行为的海关。

(3) 海关行政复议是因公民、法人或其他组织认为海关具体行政行为侵犯其合法权益而引起的。

(4) 海关行政复议机关是做出具体行政行为海关的上一级海关。对海关总署直接做出的具体行政行为不服而申请复议的，海关总署是复议机关。

(三) 作用

1. 保护公民、法人或其他组织的合法权益

海关行政复议是保护海关管理相对人的合法权益，为管理相对人提供的一种法律救济途径。

2. 维护和监督海关依法行使职权

海关行政复议是为了维护海关具体行政行为的合法性，防止和纠正违法的或者不当的海关具体行政行为，使得做出具体行政行为的海关依法行使职权。

(四) 原则

1. 合法原则

合法性原则是海关行政复议的重要原则，包括复议的主体要合法、复议的程序要合法、复议的法律依据要合法等。

2. 公开原则

公开原则是行政法合理性原则的核心内容，在整个复议过程中，应当通过公开原则来保证申请人的权益，同时也便于申请人行使自己的权利，加强执法监督。

3. 公正原则

在海关行政复议中遵循公正原则主要包括适用法律依据正确、裁决适当、解决矛盾和争议且不得回避与不作为三个方面。

4. 及时原则

及时原则是实现行政复议的效率性和行政复议制度目的的要求。海关行政复议机关必须按照《行政复议法》规定的期限执行，延长期限也必须严格按照法律规定。

5. 便民原则

便民原则即在尽量节省费用、时间、精力的情况下，保证公民、法人或者其他组织充分行使复议申请权，同时，在为申请人提供便利时，也要照顾到海关行政复议机关的行政效率。

6. 有错必纠原则

贯彻有错必纠原则，就是遵循以事实为依据，以法律为准绳，这也是法治精神的必然要求。在海关的行政复议中只要坚持上述原则，就能坚持依法行政、有错必纠，保障法律、行政法规的正确实施。

二、海关行政复议的范围

公民、法人或者其他组织对下列海关具体行政行为不服的，可以申请行政复议：

（1）对海关做出的警告，罚款，没收货物、物品、运输工具和特制设备，追缴无法没收的货物、物品、运输工具的等值价款，没收违法所得，暂停从事有关业务，撤销注册登记及其他行政处罚决定不服的。

（2）对海关做出的收缴有关货物、物品、违法所得、运输工具、特制设备决定不服的。

（3）对海关做出的限制人身自由的行政强制措施不服的。

（4）对海关做出的扣留有关货物、物品、运输工具、账册、单证或者其他财产，封存有关进出口货物、账簿、单证等行政强制措施不服的。

（5）对海关收取担保的具体行政行为不服的。

（6）对海关采取的强制执行措施不服的。

（7）对海关确定纳税义务人、完税价格、商品归类、原产地、适用税率和汇率、减征或者免征税款、补税、退税、征收滞纳金、计征方式、纳税地点，以及其他涉及税款征收的具体行政行为有异议的。

（8）认为符合法定条件，申请海关办理行政许可事项或者行政审批事项，海关未依法办理的。

（9）对海关检查运输工具和场所，查验货物、物品或者采取其他监管措施不服的。

（10）对海关做出的责令退运、不予放行、责令改正、责令拆毁和变卖等行政决定不服的。

（11）对海关稽查决定或者其他稽查具体行政行为不服的。

（12）对海关做出的企业分类决定及按照该分类决定进行管理的措施不服的。

（13）认为海关未依法采取知识产权保护措施，或者对海关采取的知识产权保护措施不服的。

（14）认为海关未依法办理接受报关、放行等海关手续的。

（15）认为海关违法收取滞报金或者其他费用，违法要求履行其他义务的。

（16）认为海关没有依法履行保护人身权利、财产权利的法定职责的。

（17）认为海关在政府信息公开工作中的具体行政行为侵犯其合法权益的。

（18）认为海关的其他具体行政行为侵犯其合法权益的。

三、海关行政复议的管辖

海关行政复议的管辖，是指有关海关复议机关在受理海关行政复议案件上的分工和权限的制度。

对海关具体行政行为不服的，向做出该具体行政行为的海关的上一级海关申请行政复议。对海关总署做出的具体行政行为不服的，向海关总署申请行政复议。

对海关依法设立的派出机构依照法律、行政法规或者海关规章规定，以派出机构的名义做出的具体行政行为不服的，向设立该派出机构的海关申请行政复议。

四、海关行政复议的程序

（一）海关行政复议的申请

1. 复议的申请人

凡是符合海关受理的行政复议范围的案件，当事人应在法定的期限内向海关提出复议申请。海关行政复议申请人，是指认为自己的合法权益受到海关具体行政行为的侵犯，依法向海关复议机关申请行政复议的公民、法人或者其他组织。

2. 复议申请的期限

公民、法人和其他组织申请行政复议必须在法定期限内提出。关于申请行政复议的法定期限，《行政复议法》第九条明确规定，公民、法人或者其他组织认为具体行政行为侵犯其合法权益的，可以自知道该具体行政行为之日起 60 日内提出行政复议申请。因不可抗力或者其他正当理由耽误法定申请期限的，申请期限自障碍消除之日起继续计算。

3. 复议申请的方式与内容

申请人申请行政复议，可以书面申请，也可以口头申请；口头申请的，行政复议机关应当当场记录申请人的基本情况、行政复议请求、申请行政复议的主要事实、理由和时间。

（二）海关行政复议申请的受理

海关行政复议机关收到行政复议申请后，对复议申请进行审核，凡是符合法定的范围、条件和要求的，自收到复议申请书之日起 5 日内做出受理决定，并书面通知当事人。但是对于下列所述情况海关复议机关不予受理：

（1）申请人不是认为海关具体行政行为侵犯其合法权益的公民、法人或者其他组织。

（2）不属于海关行政复议范围的。

（3）超过法定申请复议期限，且无法律、法规规定的其他特殊情形的。

（4）已向人民法院提起行政诉讼，人民法院已经依法受理的。

两个以上的复议申请人对同一海关具体行政行为分别向海关复议机关申请复议的，海关复议机关可以并案审理，并以后一个申请复议的日期为正式受理的日期。

如果海关行政复议机关决定不予受理，应当在 5 日内做出不予受理的决定，制作"行政复议申请不予受理决定书"，并送达申请人。

（三）海关行政复议的审理

海关行政复议的审理工作是指海关行政复议机关受理复议案件后，对复议案件的事实是否清楚，适用依据是否准确，程序是否合法等方面进行全面审查。审理后，复议机关对复议案件提出处理意见。海关行政复议期间，具体行政行为不停止执行。但是，如果被申请人或复议机关认为需要停止执行的，以及申请人申请停止执行，经复议机关审核认为其要求合理而裁决停止执行的，可以停止原具体行政行为的执行。

（四）海关行政复议的决定

海关复议机关在对案件依法审理后，做出复议决定。

1. 做出复议决定的期限

海关行政复议机关应当自受理申请之日起 60 日内做出行政复议决定。但有下列情况之一的，经海关行政复议机关负责人批准，可以延长 30 日：

（1）复议案件案情重大、复杂、疑难的。

（2）经申请人或其代理人同意的。

（3）有第三人参加复议的。

（4）申请人或其代理人提出新的事实或证据需进一步调查的。

（5）决定举行行政复议听证的。

海关行政复议机关延长复议期限，应当制作"延长行政复议审查期限通知书"，并送达申请人、第三人、被申请人。

2. 复议决定的种类

（1）决定维持。海关行政复议机关对于原海关的行政行为适用法律、行政法规、规章和具有普遍约束力的规范性文件正确，具体行政行为所认定的事实清楚、证据确凿，符合法定权限、法定程序，内容适当的复议案件应给予维持的决定。上述条件必须同时具备，缺一不可。

（2）决定被申请人限期履行法律职责。对于复议申请人要求被申请人履行某一法定职责有事实和法律上的依据、被申请人具有这一法定职责且被申请人未履行此法定职责无正当理由的，海关行政复议机关经审理后认为被申请人的不作为行为属于未履行法定职责的，应做出责令其在一定期限内履行法定职责的决定。

（3）责令被申请人在一定期限内重新做出具体行政行为。海关行政复议机关认定原海关行政行为具有主要事实不清、证据不足、适用法律错误、违反法定程序、超越或滥用职权或具体行政行为明显不当的，应决定撤销、变更或者确认该具体行政行为违法；对于决定撤销或者确认该具体行政行为违法的，可以责令被申请人在一定期限内重新做出具体行政行为。行政复议机关责令被申请人重新做出具体行政行为的，被申请人不得以同一的事实和理由做出与原具体行政行为相同或者基本相同的具体行政行为。

（4）变更决定。具体行政行为具有可变更的情形，主要是指具体行政行为的内容明显不当或者适用依据错误。复议机关可以全部或者部分改变具体行政行为的内容，标明决定所改变的是原具体行政行为的内容。复议机关一旦做出变更决定，原具体行政行为即不存在，代之以复议机关做出的新的具体行政行为。

（5）撤销决定。对于被申请人做出的具体行政行为应予以撤销的，做出撤销决定。对某个具体行政行为申请行政复议，如果海关复议机关经审查确认该具体行政行为应该被撤销或者被确认违法，应符合下列条件之一：

1）主要事实不清、证据不足。

2）适用依据错误。

3）违反法定程序。

4）超越或者滥用职权。

5）具体行政行为明显不当。

第七节　海关行政申诉制度

一、海关行政申诉制度概述

（一）含义

海关行政申诉制度是指公民、法人或者其他组织不服海关做出的具体行政行为但在法定期限内未申请行政复议或提起行政诉讼，或者不服海关行政复议决定但在法定期限内未提起行政诉讼的，向海关提出申诉请求，海关对原具体行政行为的合法性和适当性进行审查并做出处理决定的法律救济制度。这适用于已经丧失行政复议和诉讼救济权利的当事人，本着保护当事人合法权益、实事求是、有错必纠的原则，再给当事人一次陈述理由、申辩意见的机会。

（二）海关办理申诉案件的基本制度

1996 年颁布实施的《行政处罚法》对当事人针对行政机关做出的行政处罚的申诉权做了原则规定。随着行政领域执法实践的发展，申诉成为行政复议、行政诉讼之外公民、法人和其他组织寻求法律救济的重要途径。

为了规范海关申诉案件的办理，保护公民、法人或者其他组织的合法权益，保障和监督海关依法行使职权，海关总署依据《海关法》《行政处罚法》，以及其他有关法律、行政法规，制定了《中华人民共和国海关办理申诉案件暂行规定》（以下简称《申诉规定》）。

（三）海关行政申诉制度的作用

海关申诉制度，作为一种为公民、法人和其他组织提供法律救济手段的制度，是围绕着有错必纠，便民利民，切实保护公民、法人和其他组织合法权益的原则和目标模式设计和运作的。《申诉规定》的实施，对及时解决行政争议，提高行政效率，监督海关依法行使行政职权，进一步贯彻执法为民、依法行政理念，减轻信访压力，缓解社会矛盾都具有积极的作用。

二、海关办理申诉案件的范围

（1）公民、法人或者其他组织不服海关做出的具体行政行为但在法定期限内未申请行政复议或提起行政诉讼，向海关提出申诉请求的案件。

（2）公民、法人或者其他组织不服海关行政复议决定，但在法定期限内未提起行政诉讼的，向海关提出申诉请求的案件。

（3）海关有关部门接到公民、法人或者其他组织的信访、投诉，如涉及海关具体行政行为或者行政复议决定的合法性问题，由申诉人按规定提出申诉要求而转送海关申诉审查部门的申诉案件。

三、海关办理申诉案件的管辖

（一）申诉案件的管辖海关

申诉人可以向做出原具体行政行为或者复议决定的海关提出申诉，也可以向其上一级海关提出申诉。

对海关总署做出的具体行政行为或者复议决定不服的，应当向海关总署提出申诉。例如，海关总署认为必要时，可以将不服广东省内直属海关做出的具体行政行为或者行政复议决定向海关总署提出申诉的案件，交由广东分署办理。

（二）海关申诉审查部门

对海关调查、缉私部门经办的具体行政行为不服的申诉案件由调查、缉私部门具体负责办理；对其他海关具体行政行为和复议决定不服的申诉案件，由负责法制工作的机构具体负责办理。

四、海关办理申诉案件的程序

（一）申诉人提出申诉申请

申诉人提出申诉应当递交书面申诉材料，申诉材料中应写明申诉人的基本情况、明确要求撤销或者变更海关原具体行政行为的申诉请求、具体事实和理由。

（二）海关受理申诉申请

海关申诉审查部门收到申诉人的书面申诉材料后，应当在5个工作日内进行审查，做出受理或不予受理的决定。决定受理申诉的，海关申诉审查部门收到书面申诉材料之日即为受理之日。对不符合规定的，决定不予受理，并书面告知申诉人不予受理的理由。

（三）海关审查申诉案件

申诉审查部门应当对原具体行政行为、行政复议决定是否合法进行审查。

申诉案件的审查，原则上采取书面审查的办法。申诉人提出要求或者申诉审查部门认为有必要时，可以向有关组织和人员调查情况，听取申诉人、与申诉案件有利害关系的第三人的意见，听取做出原具体行政行为或者复议决定的海关或者原经办部门的意见。必要时，可以采用听证的方式调查情况、听取意见。

原具体行政行为、复议决定的经办人员不得担任申诉案件的审理人员。申诉人认为申诉案件的审理人员与本案有利害关系或者有其他关系可能影响公正审理的，有权申请该审理人员回避。审理人员认为自己与本案有利害关系或者有其他关系的，应当申请回避。

（四）申诉案件的处理决定

海关应当在受理申诉之日起60日内做出处理决定；情况复杂的案件，经申诉审查部门负责人批准，可以适当延长，但延长期限最多不超过30日。延长审查期限应当书面通知申诉人。

海关经对申诉案件进行审查，应当分下列情况做出处理决定：

（1）原具体行政行为、复议决定认定事实清楚，证据确实充分，适用依据正确，程序合法，内容适当的，决定维持，驳回申诉人的申诉请求。

（2）海关有不履行法定职责情形的，决定在一定期限内履行或者责令下级海关在一定期限内履行。

（3）原具体行政行为主要事实不清，证据不足的；适用依据错误的；违反法定程序，可能影响公正处理的；超越或者滥用职权的；具体行政行为明显不当的。决定撤销、变更或者确认违法；需要重新做出具体行政行为的，由原做出具体行政行为的海关重新做出。

（4）原复议决定违反法定程序，可能影响公正处理的，决定撤销，由原复议机关重新做出复议决定。

五、申诉人的救济途径

经申诉后，申诉人对海关改变原行政行为或者做出的新的行政行为仍不服的，可以依据《行政复议法》和《行政诉讼法》的规定向复议机关申请行政复议，或向人民法院提起行政诉讼。

第八节　海关行政裁定制度

一、海关行政裁定概述

（一）含义

海关行政裁定是指海关在货物实际进出口前，应对外贸易经营者的申请，依据有关海关的法律、行政法规和规章，对与实际进出口活动有关的海关事务做出的具有普遍约束力的决定。

（二）适用范围

海关行政裁定主要适用于以下海关事务：

（1）进出口商品的归类。

（2）进出口货物原产地的确定。

（3）禁止进出口措施和许可证件的适用。

（4）海关总署决定可以适用行政裁定的其他海关事务。

（三）海关行政裁定的作用

保证各海关执法的统一性和规范性，避免不同的对外贸易经营者在不同的海关、于不同的时间受到不同的待遇。

促进海关法律规范解释的透明度，促成对外贸易经营者知法、守法经商。

增强海关执法和对外贸易经营者贸易活动的可预知性，加快通关速度，降低贸易成本，提高贸易效率。

通过在法律制度上限制海关的自由裁量权，防范执法风险。

二、海关行政裁定的程序

（一）海关行政裁定的申请

1. 申请人

海关行政裁定的申请人只能是在海关注册登记的进出口货物经营单位。进出口货物经营单位可以自行向海关申请，也可以委托他人向海关提出申请。

2. 申请的期限和方式

除特殊情况外，申请人一般应当在货物拟进口或出口的3个月前向海关总署或者直属海关提交书面申请。

申请人每一份申请只能就一项海关事务请求行政裁定，如果申请人有多项海关事务要求裁定，必须逐项申请。

3. 申请书的主要内容

海关行政裁定申请书的内容主要包括：

（1）申请人的基本情况。

（2）申请行政裁定的事项。

（3）申请行政裁定的货物的具体情况。

（4）预计进出口日期及进出口口岸。

（5）海关认为需要说明的其他情况。

4. 提交申请书及其他申请资料的要求

（1）申请人应当按照海关要求提供足以说明申请事项的资料，包括进出口合同或意向书的复印件、图片、说明书、分析报告等。

（2）申请书所附文件如为外文，申请人应同时提供外文原件及中文译文。

（3）申请书应当加盖申请人印章，所提供文件与申请书应当加盖骑缝章。

（4）申请人委托他人申请的，应当提供授权委托书及代理人的身份证明。

海关认为必要时，可要求申请人提供货物样品。

5. 商业秘密的保护

申请人为申请行政裁定向海关提供的资料，如果涉及商业秘密，可以要求海关予以保密。申请人对所提供资料的保密要求，应当以书面形式向海关提出，并具体列明需要保密的内容。除司法程序要求提供的以外，未经申请人同意，海关不应泄露。

（二）海关行政裁定的受理

直属海关收到行政裁定申请书后，应进行初审。对符合规定的申请，应在接受申请之日起 3 个工作日内移送海关总署或其授权机构。申请资料不符合有关规定，海关要书面通知申请人在 10 个工作日内补正；申请人逾期不补正的，视为撤回申请。

海关总署或其授权机构收到申请书后，应自收到之日起的 15 个工作日内做出受理或不受理的决定，并应书面告知申请人。对于不受理的，还应说明理由。具有下列情况之一的，海关不予受理：

（1）申请超出行政裁定范围的。

（2）申请人不具备资格的。

（3）申请与实际进出口活动无关的。

（4）海关已就同一事项做出有效的行政裁定或有其他明确规定的。

（5）经海关认定不予受理的其他情形。

（三）海关行政裁定的审查

海关行政裁定的审查机构应为海关总署或海关总署授权的机构。海关在受理申请后，做出行政裁定以前，可以要求申请人补充提供相关资料或货物样品。申请人主动向海关提供新的资料或样品作为补充的，应当说明原因。海关审查决定是否采用。审查过程中，海关可以征求申请人以及其他利害关系人的意见。

申请人可以在海关做出行政裁定前，以书面形式向海关申明撤回其申请。申请人在规定期限内未能提供有效、完整的资料或样品，影响海关做出行政裁定的，海关可以终止审查。

（四）做出裁定

海关对申请人申请的海关事务应当根据有关事实和材料，依据有关法律、行政法规、规章进行审查并做出行政裁定。决定应当自受理申请之日起 60 日内做出。

海关做出的行政裁定应当书面通知申请人，并对外公布。

三、海关行政裁定的法律效力

行政裁定与海关规章具有同等法律效力，在关境内具有普遍约束力。对于裁定生效前已经办理完毕裁定事项的进出口货物，不适用该裁定。

（一）海关行政裁定的失效与撤销

1. 海关行政裁定的失效

海关做出行政裁定所依据的法律、行政法规及规章中的相关规定发生变化，影响行政裁定效力的，原行政裁定自动失效。

2. 海关行政裁定的撤销

有下列情形之一的，由海关总署撤销原行政裁定：

（1）原行政裁定错误的。

（2）因申请人提供的申请文件不准确或者不全面，造成原行政裁定需要撤销的。

（3）其他需要撤销的情形。

海关撤销行政裁定的，应当书面通知原申请人，并对外公布。撤销行政裁定的决定，自公布之日起生效。

经海关总署撤销的行政裁定对已经发生的进出口活动无溯及力。

海关总署应公布自动失效或被撤销的行政裁定，并应告知申请人。

（二）海关行政裁定的异议审查

进出口活动的当事人对于海关做出的具体行政行为不服，并对该具体行政行为依据的行政裁定持有异议的，可以在对具体行政行为申请复议的同时一并提出对行政裁定的审查申请。复议海关受理该复议申请后应将其中对于行政裁定的审查申请移送海关总署，由海关总署做出审查决定。

练习题

一、名词解释

海关统计　海关统计工作　海关统计资料　海关统计理论　海关稽查　查账法　盘存法　海关事务担保　知识产权　知识产权海关保护　海关行政处罚　走私行为　违规行为　海关行政复议　海关行政申诉　海关行政裁定

二、论述题

1. 简述海关统计的重要意义。

2. 论述说明海关统计的基本项目。

3. 简述海关稽查的基本内容。

4. 简述海关稽查的流程。

5. 简述海关事务担保的性质和作用。

6. 论述办理海关事务担保的实施程序。

7. 结合实际，讨论知识产权海关保护的重要意义。

8. 简述海关行政处罚的范围。

9. 讨论海关行政复议制度存在的必要性。

10. 简述海关办理申诉案件的范围。

11. 论述海关行政裁定的程序。

第四篇
境外海关

第十三章

境外海关通关简介

在进行对外贸易过程中，不仅要掌握中国内地海关和报关内容，还要对境外海关通关的程序有所了解。首先，在 E 组贸易术语进口或 D 组贸易术语出口的情况下，只有把货物从他国（地区）实际出境或进境才算完成交易，因此必然涉及境外海关的通关要求；其次，即使在 F 组、C 组贸易术语下，境内出口商也需要了解境外海关的通关要求，以帮助境外进口商顺利进口结关；最后，如果境外有跨国公司，其跨国公司进出口业务也需要涉及境外海关的管理，因此，了解境外海关通关具有重要的意义。本章主要对世界上主要经济体海关的基本情况以及通关要求进行简要介绍。其中，由于香港是我国单独关税区，不受我国海关总署管辖，特列一节单独介绍。

第一节 欧盟海关

一、欧盟海关概述

欧盟是世界上最大的经济体之一，人口近 5 亿，总部位于比利时首都布鲁塞尔。同时，欧盟也是世界上最有活力的国际组织之一，在贸易、农业、金融等方面趋近于一个统一的联邦国家。2020 年 1 月 31 日英国脱离欧盟后，欧盟还有 27 个成员国：奥地利、比利时、保加利亚、塞浦路斯、捷克、丹麦、爱沙尼亚、芬兰、法国、德国、希腊、匈牙利、爱尔兰、意大利、拉脱维亚、罗马尼亚、立陶宛、卢森堡、马耳他、荷兰、波兰、葡萄牙、斯洛伐克、斯洛文尼亚、西班牙、瑞典。

2018 年，欧盟海关处理了约 3.43 亿份报关单，平均每秒处理 11 份；监管出口货物1.96 万亿欧元，监管进口货物 1.98 万亿欧元；监管进出关境运输工具 1630 万辆（架、艘），征收关税 253 亿欧元。

欧盟共同的海关规则已超越了关税同盟，随着共同关税的推行延伸到贸易政策的所有方面，如优惠贸易、卫生与环境、共同工业和渔业政策、利用非关税措施和共同的外部关系政策措施保护欧盟的经济利益等。

欧洲委员会设有海关委员会，同时，设有税务与海关同盟总司，主管海关事务。欧盟各成员国海关当局主要负责监管共同体国际贸易，促进公平、开放的贸易环境，促进内部市场的共同贸易政策以及可对贸易造成影响的共同政策的实施，促进供应链的整体安全。

2008 年 2 月，欧盟通过全面修改有 40 年历史的《欧共体海关法典》。同年 6 月 4 日，欧盟《官方公报》刊载《现代化欧共体海关法典》的内容。《现代化欧共体海关法典》于2008 年 6 月 24 日生效。其他多项构成现代化海关监管架构的措施于 2009—2013 年逐步实行，目的在于完成以《现代化欧共体海关法典》和无纸通关为开端的改革进程，使海关工作方法更加现代化，加强人员能力建设，有效、高效地对资源进行重新配置。

二、欧盟海关通关要求

(一) 进口

1. 进口货物运抵欧盟关境

货物运抵欧盟口岸后,将货物运抵欧盟的承运人或其代理人,或货物运抵后负责其运输的承运人,应在3个小时内报告海关货物已运抵口岸。

将货物运抵欧盟的承运人、货物运抵后负责其运输的承运人、海运公司、航空公司、陆路运输公司,或其代理人,应在发出运抵报告后24小时内,向海关进行运输工具进境申报。运输工具进境申报可与运抵报告合并进行。运输工具进境申报应使用C1600表格。如某些商业单证或计算机记录中已包含C1600表格中的必要信息,海关可以接受用上述商业单证或计算机记录申报。以下为可接受的商业单证和记录:海运提单、空运单、集装箱舱单、装货单、发货记录(计算机库存系统中的发货记录)。

如需使用商业单证和记录申报,请联系卸货地海关,询问该海关可以接受的商业单证和记录。

如货物已在"欧共体过境手续"或"共同过境手续"下过境运输,目的地海关留存的过境单证副本可用来进行运输工具进境申报。空运或海运货物在"欧共体简化过境手续"下所使用的舱单亦可用来进行运输工具的进境申报。

未经海关许可,不得卸货(发生紧急状况时,出于安全考虑,可在未经海关许可的情况下先行卸货,但卸货后应立即报告海关货物已运抵口岸)。海关要求卸货以进行查验时,必须卸货。

货物取得进入口岸许可之后,将进入海关指定的临时存放区(海运货物不超过45天,其他货物不超过20天),未经海关许可不得搬运(为保存货物而进行的正常搬运除外)、打开或检查,直至海关批准可以进行以下处理或使用,否则可能被处以罚款或追究刑事责任:放行后自由流转;过境;进入海关监管区,等待海关批准,以用作他途;进行加工贸易;暂准进境;进入保税区或保税仓库。

2. 进口申报

如欲从海关当局获得处理或使用货物的许可,须向海关提交"欧盟统一报关单"(Single Administrative Document,简称SAD,进口、出口和过境通用,在英国又称海关C88表)。根据《欧共体海关法典》和《欧共体第2454/93号条例》,在欧盟所有成员国,均应使用"欧盟统一报关单"进行报关。"欧盟统一报关单"一式八联,第一联至第三联由出口国使用,第四联至第八联跟随货物。无论电子报关单还是纸质报关单,海关接受申报后,均会向报关人发放一个唯一的申报编号,格式为:三位口岸代码、六位号码(包括0)、一位字母、六位接受申报日期,示例:120-112034B 190302。

(1) 报关形式。电子申报:"欧盟统一报关单"99%以电子方式提交海关(各成员国海关均有自己的通关系统)。如进口商或其代理人的计算机系统与海关通关系统兼容,进口商或其代理人获得海关批准后可以直接向海关通关系统录入通关所需信息(称为直接录入,Direct Trader Input,简称DTI),之后海关通关系统会自动生成电子报关单。计算机自动生成的报关单可以大大加快通关进程。部分企业获得海关批准后甚至可以通知海关当局进入企业计算机系统直接获取企业在自己的计算机系统中录入的报关单信息,而不必提交报关单。海关批准进口后，将向进口商或其代理人签发《进口入境许可书》。

纸质申报：在个别情况下，企业可在指定海关办公区域递交纸质报关单。海关将会把报关单信息录入通关系统。海关批准进口后，将直接在报关单上盖章，颁发进口入境许可。

（2）报关人。根据欧盟法律规定，报关人应为欧盟常住居民或在欧盟拥有永久营业地点或注册办公室的公司。但是，如系过境申报、暂准进口申报，或仅偶尔作为申报人申报进口货物（不进行经常性的进口活动），可不受此限制。"欧盟统一报关单"可由进口商或其代理人提交海关当局。代理形式分为两种：

直接代理：代理人以委托人的名义代表委托人申报（委托人承担缴纳税费责任）。

间接代理：代理人以自己的名义代表委托人申报（连带责任，委托人和代理人均可被要求承担缴纳税费责任）。

（3）申报和受理时限。进口商和（或）其代理人可在货物运抵口岸之前提前 4 天申报（但海关只有在货物运抵后才会接受申报），或在货物运抵口岸后 14 天内申报。

（4）单证要求。需提交"欧盟统一报关单"、供货商发票、合同、提单、运单、装货单、装箱清单、保险证明、银行汇票，必要时还应提交重量证书、配额证明、原产地证（或者出口国发票上或其他商业文件上的原产地声明）、ATR 货物流通证书（仅针对土耳其零关税货物）、商品检验证书、动植物检疫证书、食品卫生检验证书、临时进口证书、特定减免税所需证明、批文、进口货物许可证等。

（5）归类。申报时，进口商或其代理人应根据进口国税则对商品进行归类。确定正确的商品编码和海关手续代码非常重要，归类错误有可能被处以罚款。录入或填写申报单时，如难以确定商品编码，可联系税则与统计办公室（Tariff and Statistical Office，简称 TSO），该办公室将免费签发具有法律效力的归类意见书（Binding Tariff Information，简称 BTI），决定商品归类编码。该意见书自签发之日起六年内有效。

3. 缴纳税费

海关接受申报并根据相应规则审核确定商品归类和完税价格后，进口货物应根据相关法律法规缴纳关税、增值税、特别消费税、农业税和（或）其他税费。多数情况下，经常进口货物的企业会通过使用延期缴纳账户（Deferment Account，需向海关申请）提供担保（银行或保险公司担保，需海关批准），并开设可直接向海关转账的账户，履行担保放行手续。批准延期的税费金额不能超过担保金额，保证金应足以支付每个自然月所有延期缴纳税费。进口商或其代理人平均可推迟 30 天缴纳税费。企业也可通过担保支票、银行汇票、BACS（Bankers´ Automated Clearing Services）小额支付系统、CHAPS（Clearing House Automated Payment System）大额支付系统提供担保，这些形式的担保可接受货币为欧元。

申请适用"简单进口增值税会计制度"（Simplified Import VAT Accounting，简称 SIVA）或"特别消费税担保制度"（Excise Payment Security System，简称 EPSS）的企业允许提供非全额进口增值税或非全额消费税担保海关批准申请后，会向申请人颁发延期缴纳税费批准号（Deferment Approval Number，简称 DAN），在填制报关单时，只有填写该批准号，才可享受延期缴纳税费待遇。

每月延期缴纳的关税和进口增值税应于下月的第 15 日一并缴纳。如该月第 15 日为非工作日，则应于第 15 日之后的第一个工作日缴纳（一共延期 2~6 周，即平均延期 30 天）。特别消费税可延期 30 天缴纳，但会计月度为每月 15 日至下月 14 日。延期缴纳的特别消费税应于第二个月的第 29 日缴纳（如为非闰年的 2 月份，则于 2 月 28 日缴纳）。如第 29 日（或非闰年的 2 月 28 日）为非工作日，则于之前一日缴纳。

4. 验放

报关文件齐全、足额缴纳税费或按规定提供担保的进口货物，海关将予以放行。部分货物需进行查验（如根据风险分析确定的高风险货物等）。查验后单货相符的货物，海关将予以放行。

（二）出口

1. 出口货物申报

出口货物的代理报关要求与进口相同。如出口商委托代理人办理出口手续，代理人仅代表其办理手续；如海关认为申报有需要进一步解释说明的地方，根据相关法律规定，出口商而非其代理人系法定的申报人，出口商应承担确保申报信息准确无误的责任。

出口报关应提交的单证和文件：欧盟统一报关单，报关所需的商业文件（如合同、发票、提单、运单、装箱单、保险单、载货清单等随附单证），运输（转运）文件，批文、许可证、认证书和（或）限制性货物出口的许可文件，计算海关税费的资料，其他单证。

如报关人在出口之际已掌握海关要求申报的全部信息，则进行常规申报。如在出口之际，部分关于发货的详细信息仍无法获得（如临时增加货物等），企业可先向海关申报简要信息，并在启运之日起 14 天内补正，补充申报全部详细信息。

出口申报时，除应提供货物原产地、目的国、商品编码、海关手续代码、价格等信息外，还应填写"全球货物统一编码"，这是最为重要的一条信息。2009 年 7 月 1 日起，欧盟将要求企业在出口报关单中申报产品安全信息。如报关人未提供"全球货物统一编码"，海关通关系统将会为货物自动发放一个"全球货物统一编码"。该编码根据世界海关组织的相关标准设定，共 35 位，由数字和字母组合而成，分为四个部分。有了"全球货物统一编码"这个货物识别码，货物每到达一个口岸，经认证的装货人便会通过该编码把抵达信息传输至海关通关系统。

2. 审单

海关收到出口报关单后，将审查货物是否符合出口管制规定，是否应提交许可证件、检验证件等。符合出口条件，承运人即可将货物装入拟离开欧盟关境的运输工具，并在海关提出查验要求时接受海关查验。

3. 税费缴纳和出口退税

目前，欧盟对出口货物不征收出口关税、出口环节税或其他税费，但欧盟委员会有可能临时决定征收出口环节税（如发生灾荒导致某种农产品出现短缺不宜出口等）。需临时征收出口税费时，海关和农业部门将会发布联合公告，告知出口商如何办理通关和税费缴纳手续。属于应缴出口税费的货物，出口商或其代理人应根据海关计算的出口税费金额及时足额缴纳税费。如货物系在"共同农业政策"项下出口，则可享受出口退税政策。

4. 验放

经海关单证审核无误的出口货物，海关将予以放行（部分货物查验后放行）。

（三）便捷通关制度

1. 海关货运简化手续（Customs Freight Simplified Procedures，简称 CFSP）

海关货运简化手续分为两步，须以电子方式申报。企业须向海关申请授权方可通过此简化手续通关。经认证的企业自大多数非欧盟国家进口的货物均可享受快速放行待遇。

第一步，在边境口岸使用简化报关单提交最基本的信息，货物先期放行。第二步，放行后，在规定期限内以电子方式向海关提交全面的用于海关贸易统计和财税方面的信息。企业借此可在现金流等方面获益，与一般报关手续结合使用，更能满足企业需要。但此类货物放行后，同其他货物一样，仍须接受海关反走私或其他后续监督管理。

2. 经认证的经营者（Authorised Economic Operator，简称 AEO）**制度**

欧盟根据世界海关组织《全球贸易安全与便利标准框架》和美国的"海关-商界反恐伙伴计划"引入此制度，以确保国际贸易供应链安全，保护欧盟边境及其公民免受恐怖主义威胁。经过认证的企业（AEO 企业）可享受快速通关及其他优惠待遇。欧盟已经对部分企业进行了 AEO 认证，包括进口商、出口商、货代、仓库运营商、码头运营商等。

第二节　美　国　海　关

一、美国海关概述

美国海关分为两个部分，即美国海关边境保护局（U. S. Customs and Border Protection，简称 CBP）与美国移民海关执法局（U. S. Immigration and Customs Enforcement，简称 ICE），分别负责边境执法与案件调查，于 2003 年 3 月 1 日成立。

（一）美国海关边境保护局（CBP）

CBP 的成立使美国历史上首次实现了由一个机构统一管理进入美国口岸的人员与货物。CBP 的组建旨在整合口岸执法部门的管理资源和管理技能，提高管理效能与效率，实现在利用一切可支配的资源保护和防御美国免遭侵害的同时便利合法贸易与合法旅行的目标。

CBP 的首要使命是防范恐怖分子和恐怖武器进入美国。为此，CBP 将着力增强美国边境及各口岸的安全，并把美国的安全区扩展至美国的地理边境之外，从而使美国的边境由第一道防线变为最后一道防线。

CBP 的主要职责还有：缉捕非法入境者和查禁毒品及其他违禁品，保护农业及经济利益免遭有害动植物和疾病的侵害，保护美国商业免遭知识产权侵权损害，规范与便利国际贸易，征收进口关税，执行美国贸易法律。

作为美国单一的边境管理机构，CBP 对保护美国及其国民承担着至关重要的责任。CBP 采取的增强安全与便利合法贸易及旅行的战略是：改进风险目标甄别系统，推进提前获取抵达美国的人员与货物的信息；与其他国家（地区）政府和与企业建立伙伴关系，以推进"向外扩展安全区"；使用预先检查技术，配置有关装备；增加边境安全监管人力；会同其他机构联手打击贸易瞒骗、知识产权侵权、洗钱等活动，以及协调对非法毒品的控制下交付。

（二）美国移民海关执法局（ICE）

ICE 拥有约 3 万名工作人员，是美国联邦政府中最大的调查机构之一。该局是美国国土安全部下辖的主要调查机构，被赋予了多项职责：截断恐怖融资、反洗钱、打击非法武器买卖、打击移民诈骗和贩卖人口、拘留并驱逐外来犯罪分子和其他美国认为应当驱逐的外国人。另外，该局还监督美国国内移民和海关法律的实施，对约 9000 项美国联邦设施实施保护。

(三)"9·11"后美国海关推出的反恐安全行动

1. 美国盾牌计划(Project Shield America)

美国海关打击国际恐怖主义有两方面使命：一是保护美国公众，阻止大规模杀伤性武器及其他恐怖器具进入美国；另一是防止国际恐怖分子和犯罪组织从美国及美国以外获得制造大规模杀伤性武器的材料和技术，以及军火、资金及其他支持。2001 年 12 月 4 日，美国海关推出美国盾牌计划，旨在同美国有关企业合作，制止列名武器和军民两用战略敏感技术出口，防范其技术产品被恐怖分子和资助恐怖分子的国家所利用和获取。

2. 集装箱安全倡议(CSI)

美国海关于 2002 年 1 月推出这项计划，旨在增强海运货物集装箱的安全，防止其被恐怖分子利用。海运集装箱货运是国际贸易的关键环节，每年进出全球各主要港口的海运货物集装箱多达 2 亿只，美国进口总值中近 50% 是海运集装箱货物。CSI 的核心是美国海关向重要的境外海港派驻检查员，在货物集装箱运往美国之前先行甄别。美国海关的派驻官员与实施 CSI 港口的海关官员一道工作时，能够监测该港运往美国集装箱中潜在的大规模杀伤性武器。由于运往美国的海运集装箱近 70% 经由世界 20 个大港发出，因此，美国海关首先将这 20 大港作为推行 CSI 的重点（其中涉及我国的港口为：香港、上海和深圳）。美国海关还将在其他输美集装箱量大且具备设施与技术条件的港口推广 CSI。

3. 海关—商界反恐伙伴计划(C-TPAT)

美国海关推出的这项计划是其应对恐怖威胁整体战略的组成部分，旨在由政府和商界共同构建和维护一个安全的供应链，保证贸易高度守法以提供可靠的通关风险布控信息，使海关既能快捷办理加入 C-TPAT 企业的进口通关手续并即时解决其所遇问题，又能确保边境安全与反恐。C-TPAT 利用目前商界为保障国际货运不被恐怖分子及其同谋利用而采用的安全程序，并进一步强化了要求。加入 C-TPAT 的企业需自我评估其供应链的安全程序，找出薄弱环节，加强安全措施；还需承诺同供应链各个环节的服务供应商共同努力来增强其在全球的安全程序与安全进程。

4. 24 小时（提前申报）**规则**(24-Hour Rules)

2002 年 8 月，美国海关提出实行 24 小时提前申报规则的建议，2002 年 12 月 2 日，"24 小时规则"正式生效。这项规则规定，自 2002 年 12 月 2 日，对于所有输往美国的海运货物，承运人必须于货物在境外港口装船之前 24 小时向美国海关申报货运舱单信息。

5. 30 点智能边境协议(30-Point Smart Border Accord)

美国宾夕法尼亚州州长里奇与加拿大副总理 Manley 于 2001 年 12 月签署了"智能边境"声明及其 30 点行动计划，以在便利人员与货物合法流动的同时，增强美国与加拿大间边境的安全。行动计划的四大基点是：人员安全流动、货物安全流动、保障设施安全、信息共享与协同执法。

6. "安全信息申报"(SECURITY FILLING，也称"10 + 2")

美国海关和边境保护局（CBP），于 2010 年 1 月 26 日起正式实施"安全信息申报"，申报错误可导致最高达 5000 美元的罚款。"10 + 2"要求是 CBP 于 2008 年 1 月发布的，要求进口商和承运人在美国以外起运港装货前 24 小时提交有关输美货物的电子信息。"10 + 2" 10 个要素是要求进口商提供制造商（或供应商）名称和地址、卖方名称和地址、买方名称和地址、运往地名称、集装箱内货物位置、拼箱货主名称和地址、进口商记录编号/国外贸易区申请人识别号码、收货人编号、货物原产地和商品编码 10 个数据要素。2 个数据要素要求承运人补充申报的信息包括货物舱单信息和集装箱状态信息两类，即货物在运输工具中的具体位置信息及集装箱满载或空箱等动态信息。

二、美国海关通关要求

(一) 进口

进口货物办理海关手续后方可进入美国。运抵后直接进入外贸区（即保税区）的货物并不经过海关。

1. 进口人

美国允许个人进口自用或商用货物并自行办理报关手续。进口人应承担确保其货物符合所有进口规定的责任（如合理标识，符合安全标准，在货物运抵美国之前取得必要的进口许可证等）。在海关报关单上须填写进口人号码，可填写美国税务部门营业注册登记号码，如进口人未在美国税务部门进行营业注册或系个人进口，则提供社会保险号码。

2. 申报人

进口货物应由其货主、购货商或报关代理办理报关手续。如货物运交"指定人"，则持有经发货人背书的海运提单（或空运单）的人有权办理报关手续。最常见的情况是，由持有运货到进境口岸的承运人所开具的货主证明书（"承运人开具的证明书"）的人或公司（即海关意义上的"货主"）办理报关手续。在某些情况下，可用提单副本或运货收据报关。若货物并非由公共承运人进口，则持有货物拥有权证明的进口人或其代理人办理报关手续。

3. 货物运抵口岸

货物运抵口岸时，海关并不通知进口人，一般应由承运人通知进口人。法定进口人（指货主、购货商、货主或购货商指定的报关代理、收货人）应在进境地海关办理报关手续，并协调验放安排。若想快速通关，则可在货物运抵前进行预申报，但预申报货物运抵口岸前海关不会给予放行许可。

4. 申报方式

（1）电子申报。电子申报是指通过美国海关与边境保护局的"自动化商业系统"（Automated Commercial System，简称 ACS）提交电子报关单。

（2）纸质申报。纸质申报是指在海关与边境保护局指定地递交纸质报关单。

5. 报关步骤

（1）一阶段报关。货物运抵美国口岸之日起 15 日内，应向美国海关与边境保护局指定地交验下列报关单证，海关确定符合放行条件后，担保验放：进境舱单（海关与边境保护局 7533 表格）、立即交货申请表和特许证（海关与边境保护局 3461 表格）或货物验放需要的其他表格；进口申报权证明；商业发票（无商业发票时，提供形式发票）；装箱清单（需要时提供）；其他用以确定货物是否可以入境的单证；税费担保证明（货主既可通过美国当地担保公司提供担保，也可预存以美国货币计算的保证金，或提供美国政府担保。如系通过代理人报关，经代理人许可，货主也可使用代理人的担保）。

如货物未在规定期限内申报，将被海关作为无人认领货物转至候领仓库（General Order Warehouse），进口人应承担货物存放在候领仓库期间的仓储费用。如货物在候领仓库存放 6

个月后仍无人认领（申报），将拍卖或销毁。易腐烂、易变质货物和爆炸物则在更短期限内变卖。

（2）二阶段报关。货物担保验放后 10 个工作日内，货主或其报关代理应向指定海关交验下列单证，申报征税和贸易统计需要的信息，缴纳预估税费：货物验放后退给进口人、报关行或其代理人的一阶段报关单证回执联；二阶段报关单（海关与边境保护局 7501 表格）；计征关税、贸易统计、证明货物已满足所有进口规定而需要的其他单证（如系通过报关代理以电子方式报关，即通过海关与边境保护局自动化商业系统的"自动化报关代理界面"报关，上述纸质单证可能只需要部分提供或完全不需要提供）。

此阶段，进口人必须申报货物完税价格，但申报的完税价格须由海关审核确定。完税价格的确定一般有下列方法：

成交价格法是最主要的估价方法。成交价格是指买方为进口货物已付或应付价格。其他因素也有可能要计入成交价格，如包装成本、销售佣金、版权或特许权使用费等。

若无法确定成交价格，则使用相同货物成交价格法。

若无法找到与被估价货物相同的货物，或无法确定可以接受的与被估价货物相同的货物的成交价格，则使用类似货物成交价格法。类似货物是指与被估价货物在同一国家由同一生产商生产，可与被估价货物互换的货物。

上述相同或类似货物必须已在被估价货物出口美国的同时或大约同时向美国出口。

进口人必须在申报时填写货物的商品编码。美国国际贸易委员会发布的《美国协调税则》按照产品类型规定了不同产品的商品归类（如动物产品、植物产品、纺织纤维、纺织产品等）。

报关时，进口人应缴纳预估关税和其他税费。所适用的关税税率最终由海关决定。每项商品关税税率取决于其归类编码。同一编码项下的货物可能适用不同税率（一般税率、优惠税率、零税率等）。关税一般为从价税，即按进口货物完税价格的百分比征收。某些货物须征收从量税（以件、升、公斤等为单位征收），某些货物则征收复合税（从价税和从量税结合）。

6. 关于货物查验和单证审核

海关通过对货物进行查验的方式对单证进行审核，确定以下情况：货物完税价格；货物是否需标注原产国，是否需施加特殊标识、标签，标识是否正确；货物当中是否有禁止类物品；发票是否以正确方式开具；货物是否存在溢短装，与发票不符；货物当中是否有非法麻醉品等。

法定进口人（指货主、购货商、货主或购货商指定的报关代理、收货人）应协调安排货物的查验，以便海关确定单货是否相符。

（二）出口

1. 申报人

根据《美国出口管理条例》的规定，货主（发货人）为法定出口人，如货主委托代理公司办理出口报关手续，出现问题时，由货主承担责任。

2. 出口货物申报

货物出口时必须办理报关手续，全面、准确填制出口单证信息，并按海关要求交验相关单证，否则货物可能会被扣留、没收，货主也可能被处以罚款、受到政府审计或负面通报。

出口时，一般应交验以下单证：《货主出口报关单》（自 2009 年 3 月起，《货主出口报关单》已为"电子出口信息"取代，企业原来需填写到《货主出口报关单》上的信息，现在须通过"自动化出口通关系统"提交给美国海关与边境保护局，或直接录入到该系统当中）；报关所需的商业文件（如合同、商业发票、提单、运单、装箱单、保险单、载货清单等）；目的地管制声明；运输（转运）文件；批文、许可证、认证书和（或）限制性货物出口的许可文件；计算海关税费和出口退税的资料；其他单证。

3. 出口单证和记录保存期限

出口商应自出口之日起将所有出口单证和记录保存 5 年。美国商务部工业与安全局、美国海关与边境保护局会在需要时核查出口单证和记录，如届时出口商无法提供，就可能受到传讯。对每一票货物，美国出口法律均要求出口商及出口过程中涉及的各方保存以下单证和记录：批文申请、许可证申请；国际进口证书申请；国际进口证书；交货确认证书或类似交货证明；空运单、海运提单、码头收据、承运人出具的简式提单及其他出口通关单证；备忘录、记录、信函、合同、招标书、形式发票；客户购货订单；装箱清单；商业发票。

第三节　日 本 海 关

一、日本海关概述

日本海关总部为"日本海关及关税局"，隶属于财政部。海关法（CUSTOMS LAW）、海关关税法（CUSTOMS TARIFF LAW）及临时关税法（TEMPORARY TARIFF LAW）是日本海关关税政策与行政管理的基本法律条文。

日本海关及关税局下设六个处（协调处、人教处、关政政策与法律处、执法处、海关通关处以及事后稽查、调查与情报处）、四个办公室（信息管理办公室、地方海关监察办公室、海关管理研究办公室、经济伙伴关系办公室）和两名顾问（国际组织顾问、国际事务与研究顾问）。各处处长、各办公室主任和两名顾问分管与海关行政管理和关税政策有关的所有事务。

海关及关税局有三大职能：征收进口关税、消费税和进口货物应纳的其他国内税（每年征税约 5 万亿日元，约占日本年度税收的 10%）；对货物流动进行监管，防止有害物品走私进入日本（如麻醉品、火器和其他违禁品）；促进贸易便利，协调国际贸易手续，促进世界经济增长和人民生活水平的提高。

日本通过关区海关管理各地区海关务，关区海关受海关关税局直接监管控制。日本全国划分为东京、横滨、神户、大阪、名古屋、门司、长崎、函馆、冲绳九个关区（AREA），各关区总部为总关（CUSTOM HOUSE），下辖若干分关（BRANCH OFFICE）及防卫站（GUARD POST）。总部长官将大部分职权授予分关主管处理地区事务。除冲绳关区外，各总关下设四个处，即协调处、执法处、通关处、事后稽查、调查与情报处。

二、日本海关通关要求

（一）进口

根据日本《海关法》第 67 条至 72 条，申报时，必须提交进口报关单，申报货物数量、价格及其他必要信息。日本90%以上的进口申报手续已实现信息化。一般来说，必须在货物进入海关监管区或其他海关指定区域后申报。但对于一些经日本财务省关税局局长批准的特殊物品，在未卸货或未进入堆场前也可申报。

进口货物一般应由进口该货物的人员或其代理人申报，通常做法是由报关行作为进口商的代理进行申报。

根据日本《海关法》第68条的规定，进口申报时需提交以下单证和文件：进口（征收关税）报关单（海关 C-5020 表格），一式三份；发票；海运提单或空运单；原产地证书（适用 WTO 税率时提供）；普惠制原产地证书（表 A）（适用优惠税率时提供）；装箱清单、运费清单、保险凭证等（必要时提供）；《海关法》以外的其他法律法规要求提供的许可证、证书等（进口限制类货物时提供）；关于关税和特别消费税减免税的详细说明（适用减免税时提供）；关税缴纳凭证（货物需要课征关税时提供）

原则上，上述需额外提供的单证和文件，海关仅在其对确定是否给予入境许可具有重要参考意义时方要求提供。限制类物品必须提供进口许可文件。

（二）出口

出口货物在出口前必须存放在海关监管区或海关指定的其他存放区域。出口商或其代理人必须向日本财务省关税局申报货物数量、价格及其他必要信息。

出口商或其代理人须提交出口报关单，申报出口货物的性质、数量、价格等信息，并随附发票和其他单证，如批文、许可证等。海关会将出口报关单和发票等随附单证进行比对，确认归类是否正确，是否已取得相关出口批文或许可证，货物是否享受减免税，是否需对货物进行查验等。

出口申报时，出口商应提交两份出口报告，一份用于进行贸易统计，另一份由海关留存，用于将来进行出口认证。

出口申报时应提交以下单证和文件：出口报关单；发票；其他单证和文件，如认证书、许可证、批文等。

原则上，海关查验均在海关查验区进行。如货物无法移至查验区，则在货物存放区进行查验。如查验后单货相符，则货物可以放行。

第四节　中国香港海关

香港为我国的一个单独关税区，香港海关不受我国海关总署的管辖。

一、香港海关概述

香港海关前身为出入口管理处，成立于1909年，初期主负责保障税收的工作；1949年出入口管理处与物料供应署、贸易署及工业署合并成工商署；1962年成立工商署缉私队；1977年改称香港海关，部门首长称为海关总监；1982年8月1日成为独立的政府部门。香港回归后，海关总监改称为海关关长，进一步成为香港的主要官员之一，须由行政长官提名，报请中央人民政府任命。海关关长除向保安局局长负责外，也同时向商务及经济发展局局长和财经事务及库务局局长负责。

香港海关的主要职责有：进口及出口清关，进口及出口报关，征税，受理牌照及许可证之申请，保障消费者权益及执行相关法例，保护知识产权工作及执行相关法例，毒品管制。

香港海关的首长为海关关长，由一名海关副关长协助处理部门事务，另五名首长级人员分别掌管辖下五个工作单位。五个工作单位包括：行政及人力资源发展处（AD 分处）、边境及港口处（BP 分处）、税务及策略支援处（ES 分处）、情报及调查处（II 分处）和贸易管制处。

二、香港海关通关要求

中华人民共和国香港特别行政区是一个自由港。一般进口或出口货物均无须缴付任何进口关税，也无任何关税限额或附加税。此外，也不设任何增值税或一般服务税。但有四类商品（酒类、烟草、碳氢油类及甲醇），无论进口或在本地生产，均须缴税。

（一）进出口报关

根据进出口（登记）规例（香港法例第 60 章）的规定，凡将物品进口或出口的人士，除豁免报关物品外，必须在物品进口或出口后十四日内向海关关长递交一份资料正确及齐备的进口或出口报关表。任何人士若未递交所需报关表，均会被罚款。

递交进出口报关单方式包括直接电子报关和经指明代理人的纸张转电子报关服务。直接电子报关服务是指报关单须以电子方式，通过政府委聘的服务供应商（简称服务供应商）提供的服务递交，在将物品进口或出口人士向服务供应商登记后，便可利用其提供的前端服务配套，例如用户软件或网上电子报关表格，把需要的资料编成规定格式的信息。加上有效的电子签署，电子报关单便可传送到服务供应商的系统。若报关单符合格式要求，得到服务供应商的系统接纳，系统便会发出"收妥信息"给报关者，报关单的电子信息也会即时传送到政府的系统中。另一方面，若报关单不被服务供应商的系统接纳而需退回，系统便会发出"错误信息"给报关者，报关人士必须做出适当处理后再递交报关单。

经指明代理人的纸张转电子报关服务是指服务供应商亦可透过分布本港各区的服务代理网络，提供不同的服务把纸张报关单资料转为电子信息。凡将物品进口或出口的，只需填写一份特定的纸张报关授权表格，服务代理便会将填写在表格上的资料转为电子信息，再经有关服务供应商传送给政府。纸张转电子信息服务将收取额外服务费用。

（二）应课税货品

进出口酒类、烟草、碳氢油类及甲醇到香港均须缴付税款。进出口商应向香港海关申请进出口牌照。此外，也须持有移走/出口许可证。

（三）禁运货品

禁运货品乃指进出口条例（香港法例第 60 章）及其他香港法律禁止或管制进口之货品。进出口商如有意进口禁运货品，须事先取得进口证、许可证或证明书。禁运货品包括危险药品、制造危险药品或精神药物所需的化学品、枪械及军火、战略商品、药剂产品、药物、放射性物质、辐照仪器、无线电发送器具、濒临绝种物种、动植物、除虫剂、耗蚀臭氧层物质、纺织品、未经加工钻石及若干食品。

（四）转运货物豁免许可证方案

根据工业贸易署采用的若干条件，凡按转运货物豁免许可证方案下注册的船务公司、运输公司、航空公司及其委任之代理商，在转运药剂等货物时，无须申领进出口许可证。

（五）审单和查验

香港海关通过文件检查（例如舱单）的方式，必要时进行货物检查，实施进出口货物管制。货物检查以抽样形式进行。抽选之货物将被拘留，并由海关关员进行货物检查。

进口时，倘若一批货物被香港海关抽选作为货物检查，进口商及其代表可向船务公司、航空公司及运输商查询有关通关程序的资料；或根据进口形式向香港海关办事处查询。出口时；倘若一批货物被香港海关抽选作货物检查，通常检查会在出口商或其代表，货车司机或有关船务公司、航空公司及运输商的代表面前进行；如有任何查询，可根据出口形式致电香港海关办事处。

（六）私人物件随身行李进出口清关

进入香港的旅客在入境时应向海关关员申报超出烟酒免税优惠之应课税货品、禁运物品或商用之进口货物的数量。进口超出烟酒免税优惠之应课税货品，均须缴交税款。进口禁运物品则须在货品进口时出示有关之进口证、许可证及证明书。倘若旅客携带之货物乃用作贸易或商业用途，则必须向海关关长递交进口报关表。

离开香港的旅客在出境时应向海关关员申报禁运物品或商用之出口货物的数量。出口禁运物品则需要附有关之出口证、许可证及证明书。倘若旅客携带之货物是用作贸易或商业用途，旅客则必须向海关关长递交出口报关表。

第五节　澳大利亚海关

一、澳大利亚海关概述

澳大利亚《宪法》第86章明确规定：海关为公共职能部门，依法实施强制性的措施和管理，严厉惩罚违法者，同时采取一切必要的措施促进商贸的发展。澳大利亚海关是澳大利亚联邦最早设立的政府机构之一，总部设在堪培拉。

（一）澳大利亚海关的发展

澳大利亚海关有以下职能：除对人员、货物、运输工具及邮件等的监管外，还代表其他政府有关业务部门实施边境管理，如卫生检疫、动物保护、文物保护、商标保护及移民事宜等；实施联邦政府的部分推动工业发展的措施，如关税、配额、补贴、出口激励措施等；征收关税、部分销售税、间接税及其他有关税费，对违法者进行起诉；向澳大利亚统计局提供进出口贸易统计材料。

2008年12月4日，澳大利亚海关署更名为"澳大利亚海关与边境保卫局"，拥有了更多边境保卫职权，包括协调边境情报的搜集并对情报进行分析，协调监管、监视和水上行动，进行国际合作，打击海上偷渡等。职权增强后，澳大利亚海关通过统一的监管和一点问责制，可以应对复杂的边境保卫方面的挑战。

澳大利亚海关与边境保卫局负责管理澳大利亚边境的安全。澳大利亚海关与边境保卫局致力于与其他政府机构（特别是联邦警察、检验检疫局、移民部和国防部）和国际组织一起，打击边境上非法货物和人员的流动。拦截非法毒品和武器，保护澳大利亚民众安全，是澳大利亚海关与边境保卫局的一项重要任务。澳大利亚海关与边境保卫局运用多种技能（包括情报分析、计算机系统分析、工作犬和各种其他技术），确定高风险的飞机、船舶、货物、邮递物品和旅客。

澳大利亚海关与边境保卫局服务的客户包括澳大利亚民众、政府、商界、旅客和其他政府机构。

（二）澳大利亚 ICS 系统

澳大利亚海关与边境保卫局"一体化货物通关系统"（Integrated Cargo System，简称 ICS）是用于处理进口和出口运输工具申报和报关单申报的电子通关系统。该系统将海关与出口商（或其代理）、仓库和货栈经营者、集货人、货代、航空公司、船公司、许可证签发机构和其他政府部门（如澳大利亚统计局 ABS，澳大利亚检验检疫局 AQIS）联网，提供以下功能：自动化进出口申报；免除让企业交验纸质许可证件的需要；加快和简化进出口海运和空运货物舱单的处理；加强海关监控高风险进出口货物能力，同时保证大部分进出口货物通关顺畅；向 ABS 及时传输进出口贸易统计信息。

澳大利亚海关与边境保卫局分别在伦敦、曼谷、北京、布鲁塞尔、雅加达、东京和华盛顿设有代表处。

二、澳大利亚海关通关要求

（一）进口

进口货物报关分为以下两个阶段：

1. 一阶段申报

一阶段申报应在货物实际抵达澳大利亚之前进行。申报内容包括运输方式和航程的详细信息、货物信息、预计抵达澳大利亚的时间等。提前申报这些信息可以让澳大利亚海关和检验检疫部门实现提前风险分析，加快验放速度。

所有货物的一阶段申报均须通过澳大利亚海关与边境保卫局的"一体化货物通关系统"（ICS）进行。过境货物和转口货物也须以电子方式向海关申报。货物信息可在货物抵达口岸前"随有随报"，提交 ICS 系统。该系统接到各种申报信息后会在需要处理时按顺序处理（保税搬运申请例外，在相关货物报告提交后方可提出）。

这种"早申报、早跟踪"模式可使申报人尽早申报货物，尽早实现对货物运输和申报受理状态的跟踪，对货物何时放行做到心中有数，并加快通关放行速度。

2. 二阶段申报（正式报关）

二阶段申报是对运输工具实际所载货物的详细申报，即通常所说的"进口报关单"申报。货物抵达后，进口商或经授权的报关代理使用"完整进口报关单"（Full Import Declaration，简称 FID）报关、清关。完税价格超过起征点的进口货物均须使用"完整进口报关单"报关。目前起征点为 1000 澳元。

（1）申报方式。二阶段申报有三种申报方式：填制进口报关单（海关 B650 表格），现场递交海关；购买电子证书，通过海关互动网站与海关在线交流、申报信息；或基于您提供的信息，由报关代理为您办理海关手续。

（2）受理申报时，海关将审核申报人身份，申请数字证书时需要提供申报人身份证明。

纸质报关申报人每次向海关递交纸质进口报关单证时均应交验申报人身份证明。通过报关代理进行申报时，无须提供申报人身份证明，但海关将审核委托的报关代理人的身份证明。

（3）如欲通过 ICS 系统报关，须先在海关登记注册。可以通过与海关在线交流进行电子注册，或填制登记表格（海关 B319 表格）并现场递交海关。

（4）报关单填制务必如实、正确。申报不实、伪瞒报，很有可能面临处罚。

（5）与纸质报关单相比，海关优先处理电子申报的进口报关单。如以纸质报关单申报，海关将代您把申报信息录入海关电子系统。

在收到进口报关单后，如货物和申报满足海关和检验检疫机构的所有相关监管规定，海关将尽量在收到税费后 30 分钟内通知货主提货。

（二）出口

出口货物装船或装机离境之前，必须向海关申报。绝大多数出口报关单通过 ICS 系统进行电子申报。有时企业会递交纸质出口报关单，由海关录入 ICS 系统。

澳大利亚海关对部分货物实行出口管制。澳大利亚禁止出口类货物分为四种：完全禁止类（受保护野生动物、部分文物、部分武器和其他危险品）、特定情形下禁止类、仅针对个别地方禁止类、禁止出口但满足规定条件后（如取得许可证主管机构签发的出口许可证）可以出口类。

对系统提示为"高风险"的货物，海关将要求申报人提供进一步信息，查看纸质商业单证，或对货物进行查验，确保单货相符。

货物放行出口后，少部分出口货物需要接受后续稽查，由海关核查出口报关单申报是否准确、全面。后续稽查是海关出口监管制度的重要组成部分。

除极个别获得特许的情形外，在货物出口信息录入 ICS 系统、海关同意出口之前，货物不能装船或装机，直至海关发出放行指令。

第六节　印度海关

一、印度海关概述

印度海关是指印度消费税和海关中央委员会（Central Board of Excise and Customs，简称 CBEC），隶属于财政部税务总局。

印度消费税和海关中央委员会的主要任务包括：制定关税和中央消费税计征政策，征收关税和中央消费税，打击走私，管理海关、中央消费税和麻醉品事务等。

印度消费税和海关中央委员会下设 4 个主要海关及 7 个海关专员办事处，这些机构具体实施海关的各项职能。其中，4 个主要海关设在孟买、加尔各答、马德拉斯和科钦。七个海关专员办事处分别设在孟买、德里、班加罗尔、果阿、新坎德拉、纳瓦希瓦和维萨格。另外，还有六个专门进行反走私工作的海关办事处，分别设在艾哈迈达巴德、孟买、加尔各答、帕特那、西龙和勒克瑙。

二、印度海关通关要求

进出口货物可通过海运、空运或陆路运输三种渠道进口至印度或自印度出口至其他国家和地区，也可以邮政包裹或旅客行李的形式进出口。在印度，如果进出口商没有获得印度外贸总局（DFGT）颁发的 IEC 代码（Importer and Exporter Code），其进口货物是不允许入境的。但进口自用物品不需要 IEC 代码。

另外，德里机场海关、孟买港海关已实现信息化，在实现信息化的海关，舱单（载货清单）申报和进出口报关单申报均须以电子方式提交。

（一）进口

进口的相关手续由运输工具负责人（承运人）、进口商及其代理人办理。

承运人应在货物抵达前申报进口舱单（海运、空运）或载货清单（陆路运输）。载货清单须在抵达前提前 12 小时向海关申报。如未在规定期限内申报，对承运人的罚款金额最高可达 5 万卢比。若特别消费税官员认为承运人未在规定期限内申报系出于正当理由，可不予处罚。在设有 EDI 系统的海关，可以用电子方式申报。

卸货后（一般 3 天之内），进口商或其代理人须先填写《进口报关单》（Bill of Entry），一式四份，第一联和第二联由海关留存，第三联由进口商留存，第四联由进口商缴纳税款的银行留存。否则，须向港务局或机场当局缴纳高昂的滞留费。如货物系通过电子数据交换（EDI）系统申报，则无须填制纸质的《进口报关单》，但需在计算机系统中录入海关处理货物通关申请所需要的详细信息，由 EDI 系统自动生成《进口报关单》。

为了实现货物的快速通关，印度相关法律规定，允许在货物抵达前提前 30 天进行预申报。如载有该货物的运输工具在提交预申报之日起 30 天之内抵达，则该预申报视为有效。申报单证和文件提交后，如发现有误或因其他原因需要修改（如归类错误、打字错误、装货或卸货计划有变等），需要获得印度消费税和海关中央委员会（CBEC）副主席或助理主席批准后方可修改。只有在确认修改申请并无欺诈意图的情况下，海关才会予以批准。修改申请必须依据通关时已经提交的单证而非通关后补充的单证提出。

部分进口商已获得享受绿色通道便利通关待遇的许可。在填写进口报关单时，此类进口商须注明可享受绿色通道便利通关待遇。通关时，其货物可不经常规查验即可通关，货物查验率大大降低，但其他通关手续与一般货物相同。

收到《进口报关单》后，海关会与进口舱单或载货清单进行对比，以审单、估价。若申报一致且单证齐全，海关将接受申报。一般来说，海关接受申报日期的关税税率为适用的关税税率。部分货物可能需进一步提供单证或查验后（查验时进口商或其代理人须在场）方可正确计征关税。进口关税可通过进口商与海关之间的往来账户划转至海关账户，也可在指定银行通过填写 TR-6 Challan 表格以存款或即期汇票形式缴纳。不同地方的海关指定了不同的银行代收关税，故在缴纳关税之前，请务必确认应将款项存入哪家银行。进口关税应在《进口报关单》退进口商或其代理人缴纳关税之日起 5 个工作日内（不含节假日）缴纳。

如在缴纳关税之前货物已经接受查验，那么缴纳关税后可直接提取货物。如在缴纳关税之前未进行查验，需向查验人员报告；如有必要，需进行查验。海关有时会随机抽查货物。查验人员发出"放行"指令后，方可提取货物。

货物查验后，如非禁止类货物，且已缴纳关税，海关经办官员将发出"放行"指令。

（二）出口

印度海关规定只有在获得"出境许可"后才可装货。承运人可提前 14 天申请出境许可，以便进行舱单申报。出口商或承运人收到海关审核批准的出口舱单或出口报关单后，方可装货。行邮物品无须舱单申报，但需要海关审核批准。

所有出口舱单或载货清单均应在货物启运前提交海关，并须载有运输工具负责人签字的

"申报属实"声明。应提交的信息和单证与进口舱单类似，包含出口商、承运人的姓名和名称、收货人、发票号、装箱详细信息、货物品名和描述、数量、离岸价格等信息。需要修改时，在海关确认无欺诈意图后方可修改。如运输工具上仅载有乘客行李，则无须申报。海关收到申报后，每个舱单或载货清单均将被编号。

出口商须提前办理以下手续：向外贸总局申领营业身份认证号码（BIN）；在指定银行开立往来账户，以接收出口退税；如果系在"出口促进计划"下出口，则须到海关登记许可号、预许可号、DEPB 号等。

海关审单后，需纳税货物应通过指定银行或出口商与海关之间的往来账户缴纳税款。海关审单后，货物信息将提交查验人员，以确定是否需要查验。需查验货物一般将移至查验区进行查验，确认货物是否系禁止类货物，单货是否一致，出口退税申请是否符合规定等。如货物并非禁止类货物，且相应税款也已经缴纳，那么海关应发出"准予装货"或"准予出口"指令，予以放行。

第七节　巴西海关

一、巴西海关概述

巴西海关事务由财政部下属的联邦税务总局负责。巴西海关的主要职责包括：制定和执行海关政策，监督检查外贸法规的执行情况；征收关税；实施进口货物事后稽查；实施海关监管制度；组织反倾销调查；实施知识产权边境保护和对货币进出境进行监管等。

巴西联邦税务总局国务秘书（副部级）是海关最高领导人，1 名副国务秘书分管海关事务。全国税务与海关分为 10 个纳税区，有的管理海关事务，有的没有海关事务。

二、巴西海关通关要求

（一）报关单证

报关时，需 5 份用英文或葡萄牙文填写的商业发票。发票必须由制造商、销售商和中间商分别用英文或葡萄牙文填写出详细的有关装船的情况，并附有英、葡两种文字的产品说明书。发票还应申明产地和确切的价格。出口商可向进口商询问是否需要出口国商业部门对货币价格的证明和公证材料。巴西海关对于没有呈报商业发票的行为，其惩罚的金额将等同于关税；当商业发票与报关单不符时，罚金将是关税的 1% ~5%。

提货单要求有 5 份不可转让的提货单。一份附于商业发票，其他所有的提货单或货运清单必须用数字和文字注明运费。

原产地证明一般不需要，因为商业发票上已注明了产地。如果需要，则应备有两份正式的产地证明，由商业部门证明并附公证。

有些货物，如动物、动物制品、种子和植物等，需要卫生证明。卫生证明首先必须经过公证，然后送交巴西使领馆认证。出口商可就有关问题询问进口商。

（二）报关与入境

根据联邦税务与海关总局制定的海关条例，所有货物的报关程序均需通过"巴西外贸网"（SISCOMEX）进行。货物申报单在该网立案之日起即为报关程序的开始，该网正式通知货物通关授权之日起即为报关程序的结束。申请者通过该网可随时在电脑上查看报关程序的进展情况。

货物申报单在外贸网络系统立案之日起即为报关程序的开始，货物通关授权在外贸网络系统正式通知之日起即为报送程序的结束。

巴西海关根据风险分析对报关货物实行抽检的审查方式，即按照绿色、黄色、红色这三种不同的颜色分类处理。

（1）绿色通道，即报关货物可全部免检，并自动通关。约有 64% 的进口货物、80% 的出口货物通过这一通道报关进出口。

（2）黄色通道，即仅检查报关文件，经核实后，货物自动通关。约有 17.3% 的进口货物、19% 的出口货物通过这一通道报关进出口。

（3）红色通道，即报关文件和货物均需经过检查后方能通关。约有 18.2% 的进口货物、1% 的出口货物通过这一通道报关进出口。另外，进口货物还有灰色通道，即产品经过允许后才能订货和报关进口，约占进口货物总量的 0.5%。

若进口货物需申领进口许可证，进口商一般应在货物装船前向巴西工商旅游部外贸操作局（DE）提出申请，该进口许可证在装船之日起 60 天内有效。货物到港后 90 天内，进口商应办理报关手续，并将进口申报单输入外贸网络系统进行登记，开始报关程序。申报单的内容应按联邦税务总局的规定格式填写。在巴西海关审核了一系列进口申报数据后，进口商才可提货。根据有关规定，海关应在 5 个工作日之内提出验货结果，验货时当事人应在场，货物若需样检，费用由当事人承担。另外，有些特殊商品可采取提前报关制，例如散装货、易燃易爆和有辐射性的危险货物、活畜、植物以及新鲜水果等易损货物、印刷用纸张、政府部门进口的货物、陆路、河、湖运输的货物。

（三）自由贸易区

巴西最大的港口有桑托斯、里约热内卢、巴拉那瓜、累西腓和维多利亚。巴西在上述口岸设立了各种形式的自由区，如自由港、自由贸易区、保税仓库和转口区等。这其中最著名的是马瑙斯自由贸易区。凡进入该区的货物，其商业发票的提货单上必须注明"马瑙斯自由贸易区"（Free Lone of Manaus）字样，但不允许通过该区向巴西其他地区运送进口货物。在该区有两道边关，第一道是从国外进入特区，另一道是从特区进入国内。一方面允许外国商品从国外进入特区，不受海关管制；另一方面，商品从特区进入国内市场需要办理进口手续，货物需经海关检查，并缴纳进口关税。

第八节 俄罗斯海关

一、俄罗斯海关概述

俄罗斯联邦共和国海关署成立于 2004 年 3 月，直属于俄联邦政府领导。署长和副署长由俄联邦政府直接任免，各地区海关局局长、直属海关关长及其他海关官员的任免按联邦海关署署长确定的程序办理。

俄罗斯海关实行垂直管理体制，统一管理全国海关，在组织机构上可分为四个层次：海关署、直属地区海关局（直属海关）、隶属海关、海关监管点。署机关内设多个局（即组织监督总局、信息技术总局、海关监管总局、反走私总局、商品目录和贸易管制总局、后勤保障总局、联邦海关收入局、财经总局、监督审计局、外汇监管局、条法局、行政事务局、干部局、社会联系局、海关安全局、稽查局、海关合作局、海关统计分析局、调查局、强力保障局、法制局）；7个直属地区海关局（分设在俄联邦七大行政区中，即中央海关局、西北海关局、远东海关局、南方海关局、西伯利亚海关局、乌拉尔海关局、伏尔加河沿岸海关局），直属海关5个（弗努科沃机场海关、达玛捷多瓦机场海关、谢列梅捷沃机场海关、中央消费税海关、中央能源海关），直属专业化地区海关局4个；隶属海关127个；海关监管点709个、监管口岸446个。此外，俄罗斯海关共有8个驻外代表处（驻白俄罗斯、乌克兰、哈萨克、吉尔吉斯、芬兰、德国、比利时和中国），海关学院1个、分院3个（拟增至6个）。世界海关组织欧亚经济共同体成员国教育培训中心设在俄罗斯海关学院，独联体地区信息情报联络中心设在莫斯科。

俄罗斯海关的基本职能是：监管、征税、缉私、统计和其他海关业务。

二、俄罗斯海关通关要求

（一）进口

1. 进口货物运抵俄罗斯关境

货物和运输工具运抵俄罗斯边境口岸时，货代公司或承运人应在15日内向海关提交以下文件和信息：运输工具的注册国家情况；货物承运人的名称及地址；货物发送国和货物运抵国名称；发货人和收货人的名称和地址；承运人拥有的商业文件；货运标志和货物包装种类；货物名称及商品编码（不少于前4位）；货物净重（千克）或货物体积（立方米），外形巨大的货物除外；关于禁止或限制进入俄罗斯联邦关境的货物情况；出具国际货物运输提单。

2. 进口货物申报及清关

按照俄罗斯海关法规定，报关人只能是俄罗斯公民。外国企业或货主只能委托俄罗斯报关行或报关员办理进口申报手续；

报关行或报关员在接受进口收发货人的委托办理报关手续时，应当对委托人提供的情况和文件的真实性、完整性进行审查，如果未履行审查义务或申报中违反法律规定的，应当承担相应的法律责任；报关员应如实准确地填写报关单所列的各项内容，向海关提交必需的文件和资料。

进口报关应提交的单证和文件包括进口货物报关单；报关所需的商业文件（如合同、发票、运单、提单、装箱单、保险单、载货清单等随附单证）；运输（转运）文件；批文、许可证、认证书和（或）限制性货物进口的许可文件；货物原产地证明文件；计算海关税费的资料；报关行证明文件和俄罗斯海关颁发的报关员证件。

货主或报关代理应按海关计算的税款及时足额缴纳海关税费，包括进口关税、增值税及海关杂费，或按规定办理海关担保手续；当进口货物申报价格低于海关风险价格参数时，货主需根据海关要求提供相应的合同成交价格证明文件。如无法提供所需文件，俄罗斯海关将按照最低风险价格计征关税。

根据俄罗斯海关法规定，对于报关文件齐全、足额缴纳关税、单货相符的进口货物，海关应在3个工作日内予以放行；如果货物属于保税仓、境内加工、免税贸易、临时进境、复出口等特殊监管的，海关可有条件放行货物。

（二）出口

出口货物的代理报关要求与进口完全相符。出口报关应提交的单证和文件包括：出口货物报关单；报关所需的商业文件（如合同、发票、运单、提单、装箱单、保险单、载货清单等随附单证）；运输（转运）文件；批文、许可证、认证书和（或）限制性货物出口的许可文件；计算海关税费的资料，报关行证明文件和俄海关颁发的报关员证件。

属于应缴出口关税的货物，货主或报关代理应根据海关计算的出口税额及时足额缴纳税费。

出口报关单被受理后，承运人可以将货物装入拟离开俄罗斯关境的运输工具并接受海关查验。经海关单证审核和查验无误的出口货物，海关应在3个工作日内予以放行。

俄罗斯加强海关数字化建设

2019年9月5日，俄罗斯联邦海关署署长布拉温在东方经济论坛例会（符拉迪沃斯托克）上发表题为《远东运输走廊的数字化未来：国际经验及俄罗斯现状》的讲话。

讲话中布拉温表示："远东运输走廊的数字化未来同海关业务密切相关。数字化为经济发展开启了新的机会，海关支持经济发展，并在保证监管质量的前提下致力于使海关行政快速顺畅。先进IT技术与人工智能的发展为海关至2030年的发展规划奠定了基础。"

"同时，俄罗斯海关在国际合作方面的成熟经验、同其他国家机关及商业届的有效合作，同样也为2030年发展规划及海关数字化技术发展奠定了基础。"

"现阶段俄罗斯联邦海关署共设69个数据中心，无纸化报关率达99.9%。电子海关与电子申报中心对全俄罗斯境内的电子报关单进行审单放行操作。已经投入运行的符拉迪沃斯托克电子申报中心和在建的远东电子海关将在2020年集中审理远东地区的报关单证。这一自动化过程将极大地缩短监管时间，降低腐败风险。

"此外，转关手续电子化是远东运输走廊发展的重要环节。2017年俄罗斯海关已实现了电子转关单在线提交，2019年俄罗斯海关共审理了60万份电子转关报关单。自2019年5月起试行电子转关报关单在线审理，计划在2020年初实现转关货物自动放行。为大规模实现电子报关单在线办结，俄罗斯海关将积极同其他国家海关开展合作。目前已与19个亚太地区国家的海关签订了合作协议。中国是俄罗斯最大的贸易伙伴国，因此与中国海关总署的合作最为积极和主动，包括货物及运输工具信息互换、海关监管结果互认、大型集装箱检测设备结果互换等合作项目，下一步还将实施更多监管方面的合作。"

资料来源：2019年第五届东方经济论坛例会

第九节 南非海关

一、南非海关概述

南非海关隶属于南非税务署（South African Revenue Service，简称SARS）。根据1997年

南非税务署第 34 号法令，南非海关的任务是：确保所有税收应收尽收；确保相关法律得以遵守；保护南非边境；促进贸易便利。

南非海关的职能包括：实施海关和贸易方面的法律、法规、规章；征收关税和进出口环节税；通过控制禁限类货物的进出口，保证南非公民的社会福利；确保货物及时通关，促进跨境旅客的快速通关；促进南非融入世界经济并使南非人民从中受益。

二、南非海关通关要求

（一）进口

南非进口货物可通过空运、海运、公路运输、铁路运输或邮递渠道进口至南非。抵达南非的货物只能通过经政府批准的进口地进入南非。

根据南非法律规定，船只所有人或飞机机长必须在抵达或离开南非关境时向海关进行运输工具进境或出境申报，提交与航程、货物、储存、船员/机组成员、旅客有关的详细信息，并声明申报的真实性。

为保证税收应收尽收，所有相关法律规定得以遵守，进口商必须向海关申报其携、运进境货物、物品以及运输方式。根据法律规定，进口商或其代理应在货物抵达后 7 天内（海运、空运或铁路运输的散装货物申报期限为 14 天，集装箱货栈的货物申报期限为 28 天）进行进口申报。未申报或未在规定期限内申报的货物可能被移至国有仓库进行扣押。

南非进口货物分为以下类别：家庭消费货物，即直接进入南非关境用于消费的货物（根据不同情况，货物需纳税，或享受减免税、退税待遇）；保税仓储货物（暂不缴纳关税）；在南非境内或通过南非过境或担保运输的货物；暂准进境货物（包括来料、进料加工货物在内，加工后需复出口）。

报关人须按照规定格式填制报关单，如实、准确申报，并为应税货物缴纳税费。海关受理报关单时，必要时将要求交验相关单证，进行单证审核，必要时还将对货物进行查验，确定应纳税额（关税和增值税）以及单货是否相符。未申报或未如实申报可能会导致货物被海关扣留或没收，货物相关负责人被处以罚款。海关有权代表卫生部、农业部以及其他相关政府部门扣留进口货物。

（二）出口

出口管制系海关核心业务之一，一些重大的经济决定均系基于海关贸易统计数据做出。因此，南非海关重视出口贸易统计数据的准确性以及对南非进口依存度的数据统计。

南非的出口报关单一般人工处理，但南非海关鼓励企业使用自动化系统报关。

受理出口申报时，海关要求提供出口报关单正本和审计副本，并留存记录，以备将来查考，并用于贸易统计。海关要求时，还应提交与货物相关的单证（如运输单证）。

进出境口岸、过境区、集装箱货栈大多设有查验设施。根据《海关与特别消费税法》的相关规定，或在出于安全考虑时，海关经办官员可申请在企业厂区等场所直接对货物进行查验。

某些货物系南非相关政府部门绝对禁止出口（禁止类）或满足一定条件方可出口的货物（限制类）。限制类货物须取得特别许可证/批文或认证书方可出口。出口时，海关会要求交验上述单证，确保货物出口满足所有法律、法规、规章的规定。需要出口许可证的货物须在通关时出具许可证。出口许可证须向贸易与工业部申领。

自由贸易园区加强监管。"非正庄模式是交叉贸易区"，若监管同样产品且日货物总价值超过
任意批量的，仍不低值商品采集批货申报凭证。

通过 TradeNet 系统后批量，货代报关行允许批的一份报关单最多可涵盖 50 项商品，对
单独应关税和其他贸易范围的人一份报关单的，超过此值后每 3 个专项范围上的商品应各出报关
单填写格式，(特许证货物除外)，从原图一次运货，放行日起至运费，

第十节　新加坡海关

一、新加坡海关概述

新加坡海关隶属于新加坡财政部。2003 年 4 月 1 日重组后，新加坡海关成为贸易便利
化和税收执法事务的牵头部门。新加坡海关负责实施海关和贸易执法措施，包括自贸协定和
战略货物的有关政策措施。

新加坡海关的主要职责包括：征收关税、进出口环节税和其他税费；防止偷逃税，避免
税收流失；为商界和海关事务提供一站式解决方案（如许可证、批文和原产地证书的签发，
归类和估价意见书的签发等）；通过简化海关手续和暂不缴税方案，促进贸易便利；实施自
贸协定中与贸易相关的规定；监管战略货物和战略货物技术贸易。

新加坡海关设一名署长、一名副署长、一个内部审计办公室和六大处（贸易处、守法
监管处、战略发展处、政策规划处、监管站与服务处、情报调查处）。副署长和内部审计办
公室直接向署长报告工作。

二、新加坡海关通关要求

（一）申报人

报关手续由收货人或其代理人通过 TradeNet 系统办理。作为收货人的代理人办理报关
手续的货代或报关行必须已在新加坡海关注册登记，并通过 TradeNet 系统拿到了代理报关
许可证。

在海关注册登记的货代和报关行可从事以下活动：通过 TradeNet 系统为本公司或代表
客户办理进口、出口或转运报关手续；通过"银行间 GIRO 系统"向海关办理消费税或其他
税费的纳税申报手续；申请行业关税或其他关税的免除，或申请消费税减免（此处指个人
和家庭自用物品之外的货物的消费税和关税的减免）；经营私用保税仓或零消费税仓库。

（二）进口

在进口货物至新加坡之前，必须先通过 TradeNet 系统获得进口许可。进口报关时，货
主或代理须在进境地海关交验该进口许可证明（或进口批文、ATA 单证册），随附相关单证
（如发票、装箱清单、提运单、空运单等），并按照进口时适用的税率缴纳关税和（或）消
费税办理货物通关验放手续。

对于进口后将直接进入当地消费流通的货物，关税和（或）消费税应在货物放行前缴
纳。不管进口人是否系纳税义务人，进口货物均须缴纳关税和（或）消费税。消费税金额
的计算基于成本、保险费、运费、关税做出。消费税和（或）关税一般应在进口报关时缴
纳。货物进口后进入私用保税仓或海关监管区，或在"零消费税仓库计划"（ZGS）、"主要
出口商计划"（MES）等特别政策下进口的，暂不缴纳消费税和（或）关税。

货物需要分期分批进口报关的，贸易商每次报关时均应交验同一许可证，由海关核注、
签章，直至全部货物通关完毕。

进口高科技产品时，某些高科技产品可能受出口国出口管制，该国出口商可能请求新加
坡进口商提供"进口证书交货核对证明"（ICDV），以便从相关政府部门获得出口许可。进

口商可向新加坡海关申请"进口证书交货核对证明"。在该证明项下进口的货物必须直接进口至新加坡，且不能再转至其他国家。

通过 TradeNet 系统申报时，货代或报关行申报的一份报关单最多可涵盖 50 项商品，并可将应纳关税和无关税货物纳入一份报关单申报，但须满足 3 个条件：货物共用一份海运提单或空运单（转运货物除外），从同一地点放行，放行后运至同一收货地点。

（三）出口

下列货物从新加坡出口货物，须获得相应"海关出口许可证"：对于不受出口管制的无关税海运或空运货物，应在出口后 3 日内通过 TradeNet 系统补领出口许可证；对于受出口管制的货物或公路运输、铁路运输货物，应在出口前通过 TradeNet 系统申领出口许可证；对于在"临时进口计划"项下进口至新加坡、后又复出口的货物，应在复出口前通过 TradeNet 系统申领临时进境货物复出口许可证；对于在"临时出口计划"项下出口的货物，应在货物出口前通过 TradeNet 系统申领出口许可证（之后需复运进境）。

成为 TradeNet 系统用户，可参考以下步骤办理：指定一个可以通过 TradeNet 系统申报的报关代理（如 TradeNet 系统服务中心、海运货代或空运货代）帮助办理出口报关手续；向 TradeNet 系统报关代理提供出口发票、海运提单（空运单），以便其申报出口货物；海关给与出口许可后，从 TradeNet 系统报关代理那里领取出口许可证。

新加坡修订食用蛋类产品进口许可证要求

2019 年 4 月 5 日，新加坡食品局（SFA）发布通知，修订食用蛋类产品进口许可证要求。主要修订内容包括：从 2019 年 4 月 1 日开始，对进口食用鸡蛋增加一个新的许可条件，要求在许可证申请和/或续订之前，食用蛋类产品进口商要提交业务连续性计划（BCP），该 BCP 将详细说明进口商为减轻供应中断影响而采取的预防战略；进口商在许可证到期前 3 个月提交 BCP，以便有足够的时间进行评估和批准；BCP 经批准并签发/续签进口蛋类产品的许可证后，进口商将被要求按照批准的 BCP 进口鸡蛋。

资料来源：中国海关网站

练习题

一、名词解释

欧盟报关人　欧盟海关货运简化手续　经认证的经营者制度　美国海关边境保护局　美国移民海关执法局　美国盾牌计划　集装箱安全倡议　海关—商界反恐伙伴计划　24 小时（提前申报）规则　30 点智能边境协议　美国海关安全信息申报　自由港　澳大利亚一体化货物通关系统　巴西绿色通道　巴西黄色通道　巴西红色通道

二、论述题

1. 查找资料，了解欧盟海关委员会的管理机制以及与成员国海关的协调。
2. 讨论"9·11"事件对美国海关监管模式的影响。
3. 论述整理经济发达国家与发展中国家在海关监管中的区别。
4. 结合实际，讨论研究境外海关通关内容的重要性。

参考文献

[1] 朱占峰. 报关实务 [M]. 2版. 北京：人民邮电出版社，2016.

[2] 黄丹. 报关理论与实务 [M]. 重庆：重庆大学出版社，2017.

[3] 蒋晓梅，李爽. 新编报关实务 [M]. 北京：清华大学出版社，2016.

[4] 马俊，杨云匀，郑汉金，等. 国际货物贸易海关通关实务 [M]. 北京：清华大学出版社，2018.

[5] 胡俊芳. 报关实务 [M]. 上海：复旦大学出版社，2017.

[6] 唐超平. 国际贸易货物海关通关实务 [M]. 北京：对外经济贸易大学出版社，2014.

[7] 《中国海关报关实用手册》编写组. 2019中国海关报关实用手册 [M]. 北京：中国海关出版社，2019.

[8] 罗兴武. 报关实务 [M]. 4版. 北京：机械工业出版社，2019.

[9] 刘迅. 海关通关实务 [M]. 杭州：浙江大学出版社，2017.

[10] 王云. e时代报关实务 [M]. 北京：中国海关出版社，2016.

[11] 张炳达，顾涛. 海关报关实务 [M]. 3版. 上海：上海财经大学出版社，2015.

[12] 张兵. 进出口报关实务 [M]. 3版. 北京：清华大学出版社，2016.

[13] 李洁，翟树芹. 进出口报关实务 [M]. 广州：华南理工大学出版社，2017.

[14] 吕玉花. 货物进出口报关实务 [M]. 上海：上海财经大学出版社，2014.

[15] 左武荣. 进出口报关实务 [M]. 北京：中国纺织出版社，2018.

[16] 叶红玉，王巾. 报关实务 [M]. 3版. 北京：中国人民大学出版社，2019.

[17] 陆洲艳，钱华，李人晴. 国际物流通关实务 [M]. 2版. 北京：清华大学出版社，2019.

[18] 宋方伟，曹红梅，卫莉. 报关实务 [M]. 南京：东南大学出版社，2018.

[19] 孙丽萍. 进出口报关实务：2016年版 [M]. 北京：中国商务出版社，2016.

[20] 海关总署监管司. 中国海关通关实务 [M]. 北京：中国海关出版社，2015.

[21] 郑俊田，张红. 海关实务 [M]. 3版. 北京：对外经济贸易大学出版社，2018.

[22] 钟飞燕. 报关实务与操作 [M]. 北京：人民邮电出版社，2017.

[23] 张艰伟. 关务基础知识 [M]. 北京：中国财政经济出版社，2017.

[24] 张晓妮，李菁，刘丽萍. 报关理论与实务 [M]. 北京：中国人民大学出版社，2017.

[25] 姚长佳. 报关实务 [M]. 4版. 大连：大连理工大学出版社，2017.

[26] 《中国海关保税实务大全》编委会. 中国海关保税实务大全 [M]. 北京：中国海关出版社，2017.

[27] 白世贞. 通关管理 [M]. 北京：科学出版社，2017.

[28] 张援越，黄苹，寇毅，等. 报关基础与实务 [M]. 北京：中国海关出版社，2017.

[29] 李爱红. 报关实务实训教程 [M]. 北京：经济管理出版社，2016.

[30] 李富，华阳. 报关业务基础与技巧 [M]. 南京：南京大学出版社，2016.

[31] 武晋军，唐俏. 报关实务 [M]. 3版. 北京：电子工业出版社，2016.

[32] 白世贞，吴绒，陈化飞. 通关管理实务 [M]. 北京：化学工业出版社，2016.

[33] 《中国海关通关速查手册》编委会. 中国海关通关速查手册2019版 [M]. 北京：中国海关出版社，2019.

[34] 程敏然，董晓波. 现代关税与报关实务 [M]. 合肥：安徽大学出版社，2015.

[35] 侯伟强，肖利秋. 新编报关实务 [M]. 大连：大连理工大学出版社，2015.

[36] 张荣，张帆. 报关实务 [M]. 北京：电子工业出版社，2018.

[37] 中国报关协会. 关务基本技能2018版 [M]. 北京：中国海关出版社，2018.

[38] 钱华，陆洲艳，胡三勤. 海关与商检 [M]. 北京：清华大学出版社，2015.

[39] 周坚，谢兴伟．报关与报检实务［M］．上海：上海交通大学出版社，2018.

[40] 李贺．报检与报关实务［M］．3 版．上海：上海财经大学出版社，2019.

[41] 何景师，梁嘉慧．报关实务［M］．北京：北京师范大学出版社，2019.

[42] 顾永才，王斌义．报检与报关实务［M］．5 版．北京：首都经济贸易大学出版社，2019.

[43] 国家口岸管理办公室．欧盟海关法典［M］．北京：中国海关出版社，2016.

[44] 傅纯恒．进出口报关实务［M］．北京：中国商务出版社，2015.

[45] 熊正平，黄碧蓉，黄君麟．报检与报关实务［M］．北京：人民邮电出版社，2015.

[46] 徐晨．报关实务［M］．北京：中国海关出版社，2014.

[47] 曲如晓．报关实务［M］．3 版．北京：机械工业出版社，2019.

[48] 林弘．海关估价［M］．2 版．北京：中国海关出版社，2018.

[49]《中华人民共和国海关进出口税则》编委会．中华人民共和国海关进出口税则［M］．北京：经济日报出版社，2019.

[50] 姜颖．报关实务［M］．哈尔滨：哈尔滨工业大学出版社，2018.

[51] 王树文，李海莲．海关管理评论第 4 辑［M］．北京：对外经济贸易大学出版社，2018.

[52] 钟昌元．海关税收制度［M］．3 版．北京：中国海关出版社，2018.

[53] 赵东明，杨帆．报检实务［M］．2 版．北京：首都经济贸易大学出版社，2017.

[54] 顾永才．报检与报关实务［M］．4 版．北京：首都经济贸易大学出版社，2017.

[55] 谢国娥．海关报关实务［M］．6 版．上海：华东理工大学出版社，2017.

[56] 郑俊田，徐晨，郜媛莹．中国海关通关实务［M］．8 版．北京：中国商务出版社，2017.

[57]《外贸企业海关业务一本通》编委会．外贸企业海关业务一本通［M］．北京：团结出版社，2017.

[58] 王洪亮．海关报关实务［M］．3 版．北京：北京交通大学出版社，2016.

[59] 倪淑如，倪波．海关报关实务［M］．北京：中国海关出版社，2016.

[60] 张立英，岳文．国际贸易报关实务［M］．北京：北京理工大学出版社，2016.

[61] 王洪，徐德岭．国际货运与报关代理［M］．3 版．北京：中国铁道出版社，2016.